MICHAEL MAIER

JACQUES HANDSCHINS „TONCHARAKTER"

BEIHEFTE ZUM
ARCHIV FÜR MUSIKWISSENSCHAFT

HERAUSGEGEBEN VON
HANS HEINRICH EGGEBRECHT
IN VERBINDUNG MIT REINHOLD BRINKMANN,
CARL DAHLHAUS †, KURT VON FISCHER,
WOLFGANG OSTHOFF UND ALBRECHT RIETHMÜLLER

BAND XXXI

FRANZ STEINER VERLAG STUTTGART
1991

MICHAEL MAIER

JACQUES HANDSCHINS „TONCHARAKTER"

ZU DEN BEDINGUNGEN SEINER ENTSTEHUNG

FRANZ STEINER VERLAG STUTTGART
1991

CIP-Titelaufnahme der Deutschen Bibliothek
Maier, Michael:
Jacques Handschins „Toncharakter" : zu den Bedingungen
seiner Entstehung / Michael Maier. - Stuttgart : Steiner, 1991
 (Beihefte zum Archiv für Musikwissenschaft ; Bd. 31)
 Zugl.: Freiburg, Univ., Diss., 1988
 ISBN 3-515-05415-4
NE: Archiv für Musikwissenschaft / Beihefte

VORWORT

In der vorliegenden Arbeit wird versucht, ein Bild des Musikers und Musikwissenschaftlers Jacques Handschin und seines Werks zu entwerfen. Ein solches Bild muß die Stellung des Musikers Handschin zur musikalischen Praxis und den Blick des Musikers Handschin auf die Theorie der musikalischen Elemente gleichermaßen hervortreten lassen. Begonnen hat Handschin als Orgelvirtuose. Er hat sich bemüht, bei den Komponisten im Rußland der ersten Jahrzehnte des Jahrhunderts eine neue Literatur für sein Instrument anzuregen und ist noch spät, in Basel, mit Werken Alexander Glasunows und Iwan Kryschanowskijs an die Öffentlichkeit getreten. Äußere Umstände erzwangen Handschins Zuwendung zur Musikwissenschaft. Nun richtete er seinen Blick auf das Ganze der Musik. Es war die Tradition des Physikers Hermann von Helmholtz und des Psychologen Carl Stumpf, in die Handschin sich als Musiker stellte.

Den musikgeschichtlichen Schriften, in denen Handschin an seine Praxis als Organist anknüpft, und seinen Beiträgen zur theoretischen Musikwissenschaft gemeinsam ist das Motiv der lebendigen Tradition. Immer wieder betont er, daß die komponierte Musik der Interpretation bedarf, um wirklich zu werden. In diesem Sinn hat er versucht, auch der alten Musiktheorie Aktualität zu verleihen. Handschin bezog die Gegenposition zu den Versuchen, auf empiristischer Grundlage eine „Verbindung der Akustik mit der Musikwissenschaft" zu leisten.

Gegenüber dem von Handschin erhobenen musiktheoretischen Anspruch mochte ich mich nicht damit begnügen, nur verschiedene Schulen anhand ihrer Definitionen des musikalischen Tons gegeneinanderzustellen. Deshalb habe ich versucht, Stumpfs Tonpsychologie von ihren Prämissen bis in ihre inneren Konsequenzen nachzuzeichnen. Vor diesem Hintergrund soll Jacques Handschins Bild hervortreten.

Die vorliegende Arbeit ist vom Gemeinsamen Ausschuß der Philosophischen Fakultäten der Albert-Ludwigs-Universität Freiburg i. Br. 1988 als Dissertation angenommen worden; sie wurde für den Druck durchgesehen. Ich danke meinem verehrten Doktorvater, Herrn Professor Dr. Albrecht Riethmüller, Frankfurt. Er hat den Plan zu dieser Arbeit freudig begrüßt. Seine gedankliche Präsenz und sein freundlicher Rat haben ihr Entstehen stets begleitet. Als Lehrer hat er mir an historischen und ästhetischen Gegenständen den weitgespannten Wirkungskreis der Musik farbig vor Augen geführt. Seinen Interpretationen theoretischer Texte verdanke ich die Einsicht in die grundlegende Bedeutung der griechischen Musiktheorie. Sein Blick für das Ganze eines Themas, seine terminologische Strenge und seine Kunst der Darstellung stehen mir als Vorbild vor Augen. Ebensosehr danke ich Herrn Professor Dr. Michael Elsässer, Freiburg. Durch seine eindringlichen Interpretationen der Werke des deutschen Idealismus hat er mich an die Tradition der Philosophie herangeführt. Herrn Professor Dr. Hans Oesch, Basel, danke ich für ein ausführliches Gespräch, in dem er mir ein eindrucksvolles Bild des Forschers Handschin entwarf. Danken möchte ich Frau Dr. Hanna Stäblein, Erlangen, die mir Zugang zu Handschins Nachlaß gewährte. Besonderen Dank schulde ich Herrn Professor Dr. Dr. h. c. Hans Heinrich Eggebrecht, Freiburg. In seinem Blick auf die komponierten Werke wurde der Begriff des musikalischen Denkens für mich lebendig. Er hat mich bei meiner Arbeit durch wertvollen Rat unterstützt. Ich danke ihm für die Aufnahme der Arbeit in die Beihefte zum Archiv für Musikwissenschaft. Der Deutschen Forschungsgemeinschaft gilt mein Dank für einen Druckkostenzuschuß. Meinen Eltern danke ich für vertrauensvolle und großzügige Finanzierung meines Studiums, meiner lieben Jutta danke ich für ihre Hilfe.

INHALT

ABKÜRZUNGEN

AfMf	Archiv für Musikforschung
AMl	Acta Musicologica
CSM	Corpus Scriptorum de Musica
GS	Scriptores ecclesiastici de musica..., herausgegeben von M.Gerbert OSB, 3 Bände, St. Blasien 1784
JAMS	Journal of the American Musicological Society
JbP	Jahrbuch der Musikbibliothek Peters
MGG	Die Musik in Geschichte und Gegenwart, herausgegeben von Fr. Blume, Kassel und Basel 1949-68, Suppl. 1969ff.
MQ	The Musical Quarterly
NZfM	Neue Zeitschrift für Musik
NZZ	Neue Zürcher Zeitung
RM	La Revue Musicale
SIMG	Sammelbände der Internationalen Musikgesellschaft
SJbMw	Schweizerisches Jahrbuch für Musikwissenschaft
SMZ	Schweizerische Musikzeitung
VfMw	Vierteljahresschrift für Musikwissenschaft
ZfMw	Zeitschrift für Musikwissenschaft
ZIMG	Zeitschrift der Internationalen Musikgesellschaft

EINLEITUNG

1919 gründeten der Mathematiker Valentin Kowalenkow und der Orgelvirtuose Jacques Handschin in Petrograd (vormals St. Petersburg, ab 1924 Leningrad) auf Veranlassung der wissenschaftlich-theoretischen Sektion der Musikabteilung des Volkskommissariats der Aufklärung ein akustisches Laboratorium. Gegenstand der Forschung waren temperierte Tonleitern; nur Projekt blieb der Bau eines Klaviers mit 19 Tasten pro Oktave. Als Ergebnis dieser kurzen Zusammenarbeit — Handschin übersiedelte im Mai 1920 nach Basel — darf jedoch eine Fragestellung angesehen werden, die Handschin mit sich nahm und die ihm nicht verloren ging: die Frage nach den Elementen der Musik und nach der Möglichkeit ihrer Ordnung im systematischen Aufbau einer Musiktheorie.

Die vorliegende Arbeit entspringt der Absicht, Handschins Beitrag zur Musiktheorie, die Kategorie „Toncharakter", die er in dem gleichnamigen Werk *Der Toncharakter. Eine Einführung in die Tonpsychologie* (Zürich 1948) dargelegt hat, gemäß den Bedingungen ihrer Entstehung zu entfalten, ihren Ort in Handschins musikwissenschaftlichem Werk zu bestimmen und damit die Stellung des Autors selbst „dans un monde musical" zu beleuchten. Dieses Ziel soll durch vier Schritte erreicht werden: (1) Zunächst werden Grundpositionen des Historikers Handschin vorgestellt, die sich als Ausgangspunkte für sein systematisches Werk lesen lassen. (2) Sodann werden die Tonbestimmungen einer auf Reform der musikalischen Praxis zielenden Musiktheorie betrachtet. (3) Es folgt die Darstellung des empiristischen Versuchs einer Begründung der Musiktheorie in seiner doppelten Form als Helmholtzsche und Stumpfsche (oder tonpsychologische) Tonlehre. (4) Diesem Ansatz wird zuletzt der Gedanke entgegengestellt, mit dem Handschin an die Platonisch-Pythagoreische Tradition anknüpft.

Die Anlage der Arbeit liegt sowohl in der Eigenart als auch in dem tatsächlichen Geschick von Handschins *Toncharakter* begründet. Handschin hat seine *Einführung in die Tonpsychologie* 1948 zugleich mit seiner *Musikgeschichte im Überblick* erscheinen lassen. Aber was der Autor als Konstellation dachte, wurde auseinandergelesen. Der 1981 in dritter Auflage erschienenen „besten kurzgefaßten Musikgeschichte, die jemals geschrieben wurde"[1], steht Handschins systematischer Versuch, sein *Toncharakter*, als vergriffenes Buch gegenüber, das von der Kritik als unverständlich verworfen wurde.

Deutlich sichtbar wird die von Handschin dargestellte Konstellation von Musikgeschichte und Musikwissenschaft an einem Vortrag über „La notion de ‚qualité' dans la psychologie du son", den er 1936 auf dem musikwissenschaftlichen Kongress in Barcelona hielt und der gleichsam die Keimzelle des späteren *Toncharakter* bildet. Bei der Diskussion der Frage, wie das zentrale Merkmal des musikalischen Tons zu bestimmen und diese Bestimmung zu begründen sei, verweist Handschin auf die Rivalität der beiden Wege, die Carl Stumpf und Hugo Riemann beschritten. Gemeinsam ist ihnen die Abkehr von der Helmholtzschen Musiktheorie. Aber während Riemann an den „Tonvor-

---

1 Dahlhaus, Rez. der Neuauflage von: J. Handschin, *Musikgeschichte im Überblick*.

stellungen" des „letzten Beethoven" das Maß der Musik und Beweis genug für das Bestehen einer musikalischen Logik fand, hat Stumpf aus der Rede von „Tonvorstellungen" nur den lizentiösen Sinn herausgehört: ‚Denken kann ich aber, was ich will'.
Handschin macht auf die historische Dimension der zwischen Stumpf und Riemann
spielenden Kontroverse um die Tonlehre aufmerksam. „[...] was das frühe Mittelalter
zum ‚Qualitätsproblem' in der Musikpsychologie beigetragen hat, ist ebenso wichtig wie
unbeachtet", schreibt er rückblickend in seinem Aufsatz über das *Problem der
Musiktheorie*[2]. 1948, im *Toncharakter*, sieht Handschin das Ergebnis der Kontroverse
in einer Dissoziation: „Der heutige Zustand ist jedenfalls der einer weitgehenden Ratlosigkeit bei den Psychologen und eines vollständigen Beiseitestehens der Musiktheoretiker"[3]. Wichtiger als ersteres scheint Handschin die Konsequenz dieser Auseinanderent-
wicklung für die Musiktheorie: „Damit ist der Musiker sich selbst überlassen, und er
klammert sich um so mehr mit verengertem Gesichtskreis an die Riemannschen Funktionen"[4].

Der vermittelnde Standpunkt aber, den Handschin in diese Diskussion einzubringen
suchte, und der ihm zugrunde liegende Gedanke werden in der neueren musikpsychologischen und musiktheoretischen Literatur ungünstig bewertet. Den Musikpsychologen
gilt Handschins Beitrag als obsolet, diffus oder als fachfremd[5]; für Helga de la Motte-
Haber handelt es sich um „eine Art spekulativer Phänomenologie"[6], die „nur scheinbar auf psychische Gegebenheiten rekurriert"[7]. Die in Handschins Ansatz vorausge-
setzte „kosmische Ordnung [...] kann nicht mehr im Rahmen einer psychologischen Betrachtung reflektiert werden"[8]. Steht Handschin also exterritorial zur musikpsychologischen Fachdisziplin, so ordnet ihn die Musikwissenschaft in der Einteilung der „Begründungen musiktheoretischer Systeme" unter die „Ontologen" ein[9]. Mit diesem
Ausdruck wird ein Vorgehen benannt, das die Betrachtung des Tonsystems, die Harmonik, als vorzüglichsten Gegenstand der Musiktheorie an den Anfang stellt und dadurch
im Gegensatz zur „ästhetischen Betrachtung" oder „Werkbetrachtung" steht. In Überlegungen zu diesen beiden musiktheoretischen Ansätzen und zu ihrem Verhältnis kommt

2 Handschin, *Problem der Musiktheorie*, S. 36.
3 Handschin, *Toncharakter*, S. 36.
4 Ebd., S. 238.
5 Vgl.: C. C. Pratt, Rez. von: J. Handschin, *Der Toncharakter*, in: MQ XXXV, 1949; Ch. W.
Fox, Rez. von: J. Handschin, *Der Toncharakter*, in: JAMS II, 1949, S. 179: „A first reading
is a bewildering experience, since the purpose and line of thought of the writer are by no means
clear"; A Wellek, *Musikpsychologie und Musikästhetik*, Bonn ³1982, S. 145: Handschins
Buch läßt „einen ‚synthetischen' psychologischen Leitgedanken, ja überhaupt ein eigentlich
psychologisches Konzept vermissen"; ders., Brief an J. Handschin vom 18.11.1948: „Anders
gesagt: Sie sind eben nicht Psychologe, und Tonpsychologie ist nun eben, wie das Wort sagt,
Psychologie [...] Wer nicht Fachmann im Gesamtfache der Psychologie ist — und einen nicht-
psychologischen Fachmann in der Tonpsychologie kann es nicht geben — der wird von vornherein nicht in der Lage sein, solche Prinzipienfragen richtig einzuschätzen".
6 Helga de la Motte-Haber, *Musikpsychologie. Eine Einführung*, S. 22.
7 Dies., *Psychologie und Musiktheorie*, S. 5.
8 Ebd.
9 Dahlhaus, *Systematische Musikwissenschaft*, S. 49ff. und 78.

Dahlhaus auf ,,Jacques Handschins Unterscheidung zwischen ,Theoretikern' und ,Theorielehrern' '' zu sprechen. Handschins Forderung nach einer Musiktheorie, die mehr wäre als eine ,,bloße Handwerkslehre'', macht Dahlhaus sich zu eigen. Er hält sie aber nur mehr in ,,ästhetischer Kontemplation'' für einlösbar, in ,,selbst- und weltvergessener Versenkung in ein Kunstwerk'', die er als ,,Umdeutung der ,ontologischen' Kontemplation und als Übertragung einer Anschauungsform vom Tonsystem auf das tönende Gebilde'' versteht[10]. Angesichts einer solchen Umorientierung, der zufolge nicht länger die Harmonik, sondern die musikalische Analyse — verstanden als Dokument der besagten Kontemplation — das Zentrum der Musiktheorie bildet, scheint Handschins Ansatz veraltet.

Handschin ist aber nicht einem historisch zurückstehenden Ansatz einfach nur verhaftet geblieben. Als Orgelvirtuose stand für ihn die Interpretation der Werke Bachs am Anfang. Daß er eine ,,ästhetische Kontemplation'', die in Bach ihren vorzüglichsten Gegenstand findet, zunehmend kritisch und selbstkritisch beurteilte, gibt seiner Besinnung über den Gegenstand der Musiktheorie und seiner Zuwendung zur Betrachtung der musikalischen Elemente ihre Signifikanz. Um den Weg zu ermessen, den Handschin durchschritt, gilt es, einen Blick auf die Ereignisse zu werfen, die ihn zur Gründung des akustischen Laboratoriums, ja überhaupt zur Beschäftigung mit Musikwissenschaft veranlaßten.

In einem Aufsatz über *J.-S. Bach et le XIXᵉ siècle*, einer verkürzten französischen Fassung des Bach-Kapitels der *Musikgeschichte*, zieht Handschin 1950 ein Fazit seiner interpretierenden Beschäftigung mit dem Komponisten und schließt mit einer biographischen Notiz. Er erinnert sich an einen Umschwung in seiner beruflichen Laufbahn und eine Art bouleversement in seiner gedanklichen Entwicklung: ,,1910 trat ich begeistert für die ,Bach-Bewegung' ein. Ermutigt durch den Pianisten Alexander Ziloti begann ich ab 1915, zum ersten Mal alle Orgelwerke Bachs aufzuführen. Erst die Revolution von 1917 hat diesen Aufführungszyklus unterbrochen [...] Ich war damals fest überzeugt, daß es das Heil der musikalischen Welt ausmache, sie immer mehr mit der Kunst Bachs zu durchdringen''[11]. Durch seine Formulierung, daß es der Revolution bedurft habe, um den Vortragszyklus zu unterbrechen, illustriert Handschin noch 1950 die ,,ästhetische Kontemplation'', die in der Petersburger Zeit sein Weltbild bestimmte. Aus der Retrospektive scheint er es indessen nicht zu bedauern, daß sein Orgelzyklus unterbrochen, sein Sendungsbewußtsein gekränkt und sein monde musical erschüttert wurde. Der Schlag, der ihn traf, hat nicht nur seine Laufbahn aus einer um Bach kreisenden ,Bewegung' abgelenkt, sondern ihm auch einen Impuls mitgeteilt, der ihn zu neuer Betätigung unter veränderten Blickwinkeln führte. ,,Ich muß sagen, daß diese ,Bewegung' mich heute nicht mehr bewegt'', urteilt er aus der veränderten Sicht und fährt fort: ,,Man ist

---

10 Ebd., S. 43f.

11 ,,J'ai été vers 1910 un des enthousiastes du ,mouvement Bach' et j'ai, grâce aux encouragements du grand pianiste Alexandre Ziloti, entrepris pour la première fois en 1915 d'interpréter toutes les œuvres d'orgue de Bach: cycle qui ne fut interrompu que par la révolution de 1917 [...] J'avais donc alors la conviction que le salut du monde musical dépendait de ce qu'il serait mieux pénétré de l'art de Bach'' (Handschin, *J.-S. Bach et le XIXᵉ siècle*, S. 163).

im Leben einmal stetig in ‚Bewegung' und wenn es in derselben Richtung nicht mehr
weitergeht, so ändert man seine ‚Bewegung' ''[12].

Bereits in der Zeit, auf die Handschin in seiner Notiz zurückblickt, hatte er aber
nicht allein ästhetische Ideen vor Augen. Die politischen Ereignisse führten neue Aufgaben an ihn heran, die verhinderten, daß die Kunst Bachs und ihre Interpretation auf der
Orgel die organisierende Mitte von Handschins monde musical und das bestimmende
Ziel seiner Bewegung blieben. In den Berichten, die Handschin nach seiner Übersiede-
lung nach Basel von den musikpolitischen Vorgängen in der Sowjetunion gibt, ist es besonders interessant, wie er die ,,organisierende Tätigkeit des staatlichen Musikor-
gans''[13] und daneben seine eigene Wandlung vom Organisten zum Organisator beschreibt. ,,Eines Tages im Februar 1919 trug mir Lurje [Arthur Lourié, der damalige
Leiter der ,,Musikabteilung des Volkskommissariats der Aufklärung''[14]] die Leitung
der Sektion für Musikwissenschaft an. Ich war erschreckt über die Uferlosigkeit der sich
eröffnenden Perspektive, sagte aber zu und versuchte, die mir dargebotene Formel mit
Inhalt zu füllen. Zunächst lieferte ich ein Programm musikwissenschaftlichen Aufbaus''[15]. Man spürt bereits in diesem lakonischen Bericht von 1920 nichts mehr von der
,,Überzeugung'', mit der Handschin seinen Orgelzyklus unternahm. Sein ,,Programm
musikwissenschaftlichen Aufbaus'' bestand aus zwei Teilen: ,,Als Baustein wurde in erster Linie ein Vortragszyklus über allgemeine (physikalische) Akustik veranstaltet, für
den ich das Glück hatte, in Professor Kowalenkow (vom Petersburger Elektrotechni-
schen Institut) eine hervorragende Kraft zu finden. Als Versuch eigener Betätigung zeigte ich hintereinander zwei Vorlesungszyklen zur Geschichte der Orgel an [...]''

Wir finden die ,,ästhetische Kontemplation'' durch akustische Untersuchungen ersetzt. ,,Mit Professor Kowalenkow zusammen legte ich den Grund zu einem Laboratorium für Akustik; die Instrumente wurden teils dem Museum des früheren Hoforchesters
entnommen, teils aus einem Depot physikalischer Instrumente erworben. Ich bedaure
nichts mehr, als daß es mir nicht vergönnt war, mit diesem hervorragenden Forscher
und fruchtbaren Geist weiterzuarbeiten und die Brücke von der allgemeinen zur musikalischen Akustik zu beschreiten''. Wie verhält sich die ,,ästhetische Kontemplation'' einerseits, die ,,ontologische Kontemplation'' andererseits zu der hier unternommenen
Aufklärung?

Betrachten wir einerseits Handschins zunehmend kritischen Blick auf Bach und die
Bach-Literatur, betrachten wir andererseits seine Stellung zur Disziplin Tonpsychologie,
also zu dem Versuch eines solchen Brückenschlags zwischen ,,allgemeiner-'' und ,,musi-
kalischer Akustik''.

Über die als Inbegriff von Musik verstandene Kunst Bachs, von der er selbst einmal
,,le salut du monde musical'' erwartet hatte, schreibt Handschin 1950: ,,Ich bin heute

---

12 ,,J'avoue donc qu'aujourd'hui ce ‚mouvement' ne m'émeut plus, bien que je continue à appré-
cier l'art de Bach et que j'en fasse une ‚consommation', pour ainsi dire, hebdomadaire. Mais
tant qu'on est en vie, on est toujours en ‚mouvement' et si l'on ne peut continuer dans la même
direction, l'on change de ‚mouvement' '' (ebd., S. 164).
13 Handschin, *Musikalisches aus Rußland*, S. 266.
14 Ebd., S. 265.
15 Dieses und die folgenden Zitate ebd., S. 272f.

nicht mehr der Ansicht, daß irgendeine Kunstform, wie gediegen sie sei, die definitive Kunstform selbst sein kann"[16]. Anstatt sie metaphysisch zu überhöhen, erscheint es Handschin künstlerischer, die Artefakte als vorläufige Abbilder, nicht als selbständige Idole zu betrachten. Er hat aus der Auseinandersetzung mit Bach eine seiner Grundpositionen gewonnen, nämlich eine dezidierte Stellungnahme zu dem Problem musikalischer Form. Handschin hat die Zuwendung zu diesem Problem, die der Musiktheorie und Musikpsychologie dieses Jahrhunderts gemeinsam ist und die Musikpsychologie sogar in der Differenz zur Tonpsychologie konstituiert, mit dem Erfolg einer bestimmten Formkonzeption in Zusammenhang gebracht: mit der sogenannten monothematischen. Er hat ihr Ideal, den unter dem Aspekt von Einheit analysierbaren ‚lückenlosen' musikalischen Zusammenhang, skeptisch betrachtet; genauer: er hat dieses Ideal eigentlich nicht als Form akzeptiert. „Nicht alles, was euch Form ist, ist mir Form"[17]. Die mittels „gedanklich-thematischer Arbeit"[18] hergestellte und in der Analyse ‚lückenlos' herausstellbare Form schien Handschin eher die idée fixe der auf musikalische Logik bedachten Theoretiker als das unbestrittene Ideal von Komposition zu sein. Handschin hat sich auf die ästhetischen Anschauungen Debussys und Mussorgskis berufen, um die Kategorie des Geschmacks gegen die „musikalische Mathematik"[19] und das Formbewußtsein gegen „l'art de «serrurier byzantin»"[20] zu verteidigen. Carl Dahlhaus hat in der Suche nach der den Zusammenhang des Kunstwerks tragenden „Substanz" eine Formkonzeption und ein Analyseverfahren am Werk gesehen, das im ersten Viertel dieses Jahrhunderts „Anspruch auf musikalische Omnipräsenz" machte[21]. Daß Handschin einer solchen Einheitskonzeption gegenüber auf die verschiedenartige Kritik eines russischen und eines französischen Komponisten hinwies, zeigt, daß er in dem Gedanken der Vereinheitlichung eine allgemeine Tendenz erblickte, die er von verschiedenen Seiten beleuchten wollte. Wenn Handschin dabei stets wieder Bach als Idol der großen Ordnung apostrophiert, als jenen „Meister, der sich innerhalb seiner Zeit in eigenwilliger Art eine Welt zimmert"[22], so erscheint seine kritische Einstellung nicht allein auf den kompositionsgeschichtlichen Vorgang und seine musikästhetische Bearbeitung gerichtet, sondern gewinnt ihre Schärfe als Kritik an der einstmals selbst verfochtenen „weltvergessenen Versenkung".

Aber schon Handschins Petersburger Beschäftigung mit „musikalischer Akustik" bedeutet diesen ästhetischen Fragen gegenüber nicht die bloße Zuwendung zu etwas anderem. Die von Dahlhaus festgestellte Verlagerung des ersten Gegenstandes der Musikwissenschaft vom „Tonsystem" auf das „tönende Gebilde" steht nicht allein im Kontext der Kompositionsgeschichte. Die Musikästhetik reagiert damit auch auf einen ande-

---

16 „Je ne crois plus aujourd'hui qu'une forme d'art, aussi précieuse qu'elle soit, puisse être définitive" (Handschin, *J.-S. Bach et le XIXᵉ siècle*, S. 163).

17 Handschin, *Musikgeschichte*, S. 367.

18 Handschin, *Dur-Moll*, Sp. 981.

19 Handschin, *Mussorgski*, S. 16.

20 Handschin, *Debussy*, S. 611.

21 Dahlhaus, *Musiktheorie im 18. und 19. Jahrhundert*, S. 135.

22 Handschin, *Musikgeschichte*, S. 319; vgl. ders., *J.-S. Bach et le XIXᵉ siècle*, S. 160: „Il crée son univers musical sans être lui-même au centre de l'univers musical".

ren Umschlag. Mit nichts anderem als einer „ästhetischen Kontemplation", einer Betrachtung über das Wesen des Kunstwerks, beschließt Hermann von Helmholtz sein naturwissenschaftliches Werk über die *Lehre von den Tonempfindungen*. Helmholtz hat
deutlich gesehen, daß durch die von ihm versuchte empirische Erklärung das „System
der musikalischen Töne und der Harmonie" zu einem vorkünstlerischen, „vormusikalischen" Substratbereich vergleichgültigt wird und seinen Rang an das nicht vollständig
deduzierbare Kunstwerk abtreten muß. Die Form des Kunstwerks wird, als Gegenstand
ästhetischer Kontemplation, in demselben Maß erhöht, wie das System der musikalischen Töne zu „gleichgültigem Stoff" depotenziert wird. Einzig im Kunstwerk erblickt
Helmholtz, was er in Kunst erblicken will: „das Bild einer solchen Ordnung der Welt,
welche durch Gesetz und Vernunft in allen ihren Teilen wesentlich beherrscht wird"[23].

Handschins dezidierte Äußerungen zu dem Problem musikalischer Form lassen sich
vor diesem Hintergrund mit seiner Haltung gegenüber der Tonpsychologie Carl Stumpfs
verknüpfen: Stumpf, der sein ganzes Unternehmen „Tonpsychologie" aus der Kritik an
Helmholtz abgeleitet hat, wollte nicht bloß die akustischen Fragen neu aufrollen, die
Helmholtz ungeklärt zurückgelassen hatte. Gerade weil Stumpfs Tonpsychologie meist
nur nach ihren Ergebnissen beurteilt und dabei auf eine Sinnespsychologie reduziert
wird, der man die „Musikpsychologie" entgegenstellt, soll hier die Betonung auf
Stumpfs Programm gelegt werden. Aus ihm wird deutlich, daß er sich nicht bei dem
Helmholtzschen Gegensatz von unveränderlich gegebenem, naturwissenschaftlich be-
stimmbarem physikalisch-physiologischem Stoff und ästhetisch zu betrachtendem Gebilde beruhigen mochte. Früh hat Stumpf die Gefahr der Verwandlung des „tönenden
Gebildes" in ein tönernes, in ein, wie Stumpf sagt, „hausbackenes" Gebilde diagnostiziert; in ein solches, das sich bei Abzug des akustisch Tönenden als das Nichts einer subjektiven Setzung erweist. Der Empirist Stumpf wendet sich gegen die Ideen, aber auch
gegen die Idole. „Für den in musikalischen Formen Aufgewachsenen [...] etwas langweilig" findet er das Motiv einer im Kunstwerk allenthalben verborgenen und durch
Analyse „überall wiedergefundenen [...] Einheit in der Mannigfaltigkeit", wie es der
Ästhetiker James Sully in seinem Essay *Das Schöne in der musikalischen Form* im Anschluß an Helmholtz durchführt. „Was das allgemeine Princip angeht, so zweifelt ja
Niemand, daß bei aller Kunst Einheit in der Vielheit eine Rolle spielt; aber wie und warum, das ist die Frage, und sie wäre vielleicht gerade an der Musik fruchtbringend zu
erörtern. Wer die Wirkungen der Kunst nicht schon aus Erfahrung kennt, müßte doch
aus Beschreibungen wie den obigen den Eindruck empfangen, daß nicht bloß die
Kunsttheorie, sondern die Kunst selbst ein mäßiger Genuß und wenigstens die ihr zu
Grunde liegende geistige Beschäftigung ziemlich hausbackener Art wäre"[24]. Aus dieser
Kritik wird deutlich, „daß Stumpf nicht ganz der ‚Ton'-Psychologe im Sinne des Ver-
zichts auf ‚Musik' ist, den man aus ihm hat machen wollen"[25]. Solche Kritik an einer
bloß verstandesmäßig konstruierten und gegen den Einwand subjektiver Setzung durch
subjektive Metaphern metaphysisch überhöhten Form hat Handschin nur fortgeführt.

---

23 Helmholtz, *Lehre von den Tonempfindungen*, S. 591.
24 Stumpf, *Musikpsychologie in England*, S. 291.
25 Handschin, *Toncharakter*, S. 184.

Daß Stumpf erneut bei der Untersuchung dessen ansetzte, was Helmholtz durch seine Arbeit für physikalisch-physiologisch vollständig erklärt hielt und als ästhetisch gleichgültigen Stoff beiseite setzte, muß aus seiner Überzeugung verstanden werden, daß nur in der Untersuchung dieses ganz und gar nicht gleichgültigen „Stoffs" das allgemeine Prinzip sichtbar werde, das der Musik Wirklichkeit verleiht, und durch das auch das tönende Gebilde erst zu einer tönenden Form sich erhebt. Aber auch Stumpf hat die „Tonsubstanz" empirisch aufzufinden versucht. Das erstrebte Ziel der *Tonpsychologie*: eine besser als bei Helmholtz geleistete „Verbindung von Akustik und Musikwissenschaft", eine wirklich musikalische Akustik, hat er nicht erreicht. Um die Spannung zwischen Stumpfs Absicht und dem tatsächlich von ihm Erreichten zu ermessen, sei der Ironie, mit der der frühe Stumpf über James Sullys bloß begriffliche Setzungen urteilt, die objektive Verzweiflung gegenübergestellt, mit der er sich in seinem letzten Werk auf bloß sinnliche Gegebenheiten stützt, wenn er von den „uns durch den Gesichts- und Tastsinn bekannten beiden Ohren" spricht[26].

Betrachten wir die Schwierigkeit genauer, die in dieser Verbindung liegt. Auch Dahlhaus macht auf die Bedeutung einer Vermittlung der „Instanzen musiktheoretischen Denkens" aufmerksam: Helmholtz habe in dieser Absicht seine Kritik an dem physikalistischen Versuch, die Generalbaßregeln auf Naturgesetze zu gründen, revidiert und nicht mehr wie in der ersten Auflage seiner *Lehre von den Tonempfindungen* (1863) den (vermeintlich) zugrundeliegenden „unveränderlichen Naturgesetzen" nur „ästhetische Principien" entgegengestellt, sondern beide in ein engeres Verhältnis gesetzt. Dahlhaus spricht von der Ersetzung eines „ausschließenden Kontrasts" durch einen „ergänzenden".

In der ersten Ausgabe stellt Helmholtz an der Gelenkstelle seines Werks sicher, daß die vorgenommene „Verbindung der Akustik mit der Musikwissenschaft"[27] nicht als Gemeinsamkeit von Gesetzen verstanden werde, „die rein mechanisch und ohne Willkür bei allen lebenden Wesen eintreten müssen, deren Ohr nach einem ähnlichen anatomischen Plan konstruiert ist, wie das unsere"[28]. In der „dritten, umgearbeiteten Ausgabe" seines Werks hat er das den Übergang regierende ‚nicht — sondern' durch eine andere Verknüpfung ersetzt. „Daraus folgt der Satz, der unseren musikalischen Theoretikern und Historikern noch immer nicht genügend gegenwärtig ist, daß das System der Tonleitern, der Tonarten und deren Harmoniegewebe nicht auf unveränderlichen Naturgesetzen beruht, sondern daß es die Consequenz ästhetischer Principien ist, die mit fortschreitender Entwickelung der Menschheit einem Wechsel unterworfen gewesen sind und ferner noch sein werden", zitiert Dahlhaus aus der ersten Auflage der *Lehre von den Tonempfindungen*. In „späteren Auflagen" von Helmholtz' Werk dagegen laute die Stelle: „[...] daß das System der Tonleitern, der Tonarten und deren Harmoniegewebe nicht bloß auf unveränderlichen Naturgesetzen beruht, sondern daß es zum Theil auch die Consequenz ästhetischer Principien ist [...]"[29].

---

26 Stumpf, *Erkenntnislehre*, S. 171.
27 Helmholtz, *Lehre von den Tonempfindungen*, S. 1.
28 Ebd., S. 386.
29 Diese Änderung des Textes von Helmholtz, *Lehre von den Tonempfindungen*, [1]1863 und [2]1865, S. 358 findet sich in [3]1870, S. 370 ([6]1913, S. 386).

Dahlhaus warnt davor, die Stelle als „halben Widerruf", als „Zugeständnis an den
‚Physikalismus' der Musiktheoretiker" zu verstehen. Vielmehr handele es sich um eine
„Präzisierung, die nichts anderes besagt, als daß außer den musikalischen Setzungen
auch die vormusikalischen Bedingungen — wie die Abstufung der Sonanzgrade — zu
den Prämissen gehören, in denen das System der Ton-, Intervall- und Akkordzusam-
menhänge begründet ist"[30]. Obwohl Dahlhaus von einer Präzisierung spricht, ist nicht
abschließend zu bestimmen, wie Helmholtz' Korrektur das Verhältnis der beiden Teile
seines Werks verändert[31]. Dahlhaus' Interpretation ist geprägt von der Auseinandersetzung mit dem Physikalismus Riemanns. Ihm gegenüber verteidigt Dahlhaus die „absolute Freiheit des Tonkünstlers gegenüber seinem Material", die Helmholtz dem Musiker
zuspricht[32]. Riemann will den Komponisten von physikalischen Gegebenheiten abhängig sehen, Dahlhaus gibt die Alternative, sich über solche Bedingtheit zu erheben und
sie von sich abhängig zu machen. Zielt Helmholtz auf ein „wohl zusammenhängendes
System", in dem sich beide Teile seines Werks verbinden, so kehrt Dahlhaus mit einem
Beispiel für „ergänzenden Kontrast" und mit Felix Kruegers Terminus ‚Sonanz' (statt
Konsonanz) zu der Disjunktion von „vormusikalischen Bedingungen" und „musikalischen Setzungen" zurück. Die „Abstufung der Sonanzgrade" beschreibt er, zugleich
„ergänzende Kontraste" ‚abstufend', als einen „in der Natur der menschlichen Wahrnehmung begründeten Sachverhalt, den die Kompositionstechnik entweder — und zwar
in verschiedenen Formen — ausnutzen oder ignorieren, aber nicht aus der Welt schaffen
kann"[33].

Carl Stumpfs Projekt einer Musikpsychologie entsprang der Kritik an Helmholtz'
physikalischer Theorie der Konsonanz. Aber nicht anders als Helmholtz seine *Lehre von
den Tonempfindungen* hat er seine *Tonpsychologie* als Versuch einer „Verbindung der
Akustik mit der Musikwissenschaft"[34] verstanden. Als hätte er Helmholtz' „Präzisierung" vor Augen, läßt Stumpf die Betrachtung des „isolirten Intervalls" durch „den
erfahrungsmäßigen, theils im Tonsystem theils im augenblicklichen Stande der Musik
begründeten Zusammenhang" bestimmt sein. Er will die Ansicht des englischen Musikpsychologen Edmund Gurney widerlegen, es handle sich bei dem Zusammenhang der
musikalischen Phänomene um eine „glatte continuirliche Fläche, an welcher jede Mühe
der Forschung verloren wäre". Stumpf spricht von einem „Gewebe"[35]. Damit ist nicht

---

30 Dahlhaus, *Musiktheorie im 18. und 19. Jahrhundert*, S. 41f.

31 Die Schwierigkeit besteht darin, daß Helmholtz das Verhältnis der Teile anders gewichtet, ohne
   seinen Begriff von „Consequenz" genauer zu fassen. Daß es ihm aber gerade um letzteres zu
   tun ist, geht daraus hervor, daß er nach seiner Korrektur weiterhin nachdrücklich auf der Freiheit der ästhetischen Prinzipien insistiert.

32 Riemann, *Elemente der Ästhetik*, S. 32: „Helmholtz hat eine viel zu große Meinung von der
   absoluten Freiheit des Tonkünstlers gegenüber seinem Material und betont nicht genügend den
   ganz bestimmten Empfindungswert, den alle Elemente desselben haben, sodaß von einer Willkür in ihrer Verwertung sogar noch viel weniger als in anderen Künsten gesprochen werden
   kann".

33 Dahlhaus, *Musiktheorie im 18. und 19. Jahrhundert*, S. 41f.

34 Helmholtz, *Lehre von den Tonempfindungen*, [6]1913, S. 1.

35 Stumpf, *Musikpsychologie in England*, S. 348f.

ein unklares Ineinander gemeint. Stumpf bestimmt das „Tonsystem" als Mittleres zwischen den Extremen der „unveränderlichen Naturgesetze" und der „ästhetischen Prinzipien". Mit derselben Betonung auf dem Ineinander, aber nun ohne zentralen Gegenstand leitet er die von ihm herausgegebenen *Beiträge zur Akustik und Musikwissenschaft* ein: „Zur ‚Akustik und Musikwissenschaft' in dieser Verbindung rechnen wir alles, was zum Verständnis der Thatsachen des Hörens und der Musik beigebracht werden kann, seien es physikalisch-physiologische, biologische, psychologische, oder seien es ethnologische, musikgeschichtliche oder musiktechnische Betrachtungen. Nur rein physikalische und ebenso rein historische Untersuchungen sind ausgeschlossen [...]"[36].

Dahlhaus kehrt nicht ohne Grund zu einer Dichotomie von Bedingungen und Setzungen zurück. Zwar hat Stumpf versucht, Helmholtz' Rede vom ‚teils/teils' begrifflich zu präzisieren[37]. Aber die von ihm als zentrales Phänomen der Musik in den Mittelpunkt gestellte Konsonanz bezeichnete er nach dem sinnlichen Eindruck als „Verschmelzung". Ihr gegenüber sah sich Stumpf zu immer wieder anders unterschiedenen Hinsichten geführt und gezwungen, die Zusammensetzung der von ihm unterschiedenen Momente des Klingenden immer wieder zu verschieben. So setzte sich schließlich die von Franz Brentano entwickelte und von Géza Révész propagierte Lehre durch, es entspringe die von den Psychologen so genannte „musikalische Qualität" des Tons nicht erst aus theoretischer Betrachtung, sondern sei eine fixe Gegebenheit wenn nicht physikalischer, so doch sinnespsychologischer Art. Der Musikhistoriker Dahlhaus wehrt sich gegen den „Fehlschluß, daß aus Wahrnehmungsgesetzen ästhetische Urteile ableitbar seien"[38], und verwirft ins eigene Terrain hineinreichende Ansprüche. Bereits Riemann hat nicht anders reagiert. Zwar zögerte Riemann zunächst nicht, „das ganze Gebiet der Vorgänge vom Ohr bis zur Gehirnrinde" zu überspringen[39] und die zentrale Stellung des Schrittes Dominante — Tonika in physikalischen Gegebenheiten zu fundieren und erwartete dann auch von Stumpfs *Tonpsychologie* nichts anderes als die Untermauerung solcher Fundierung durch Aufdeckung und lückenlose Aneinanderreihung der Mittelglieder. Aber als Révész' *Nachweis, daß in der sogenannten Tonhöhe zwei voneinander unabhängige Eigenschaften zu unterscheiden sind* (1913) erschien, fand Riemann darin keine Vermittlung, nicht das von ihm ungeduldig sechzehn Jahre lang erwartete „Hinüberfinden" und die „Herstellung eines wirklich widerspruchslosen Contacts der Theorie der Tonempfindungen mit der praktischen Kunstübung"[40], sondern mußte eine

---

36 Stumpf, Vorwort zu: *Beiträge zur Akustik und Musikwissenschaft* I, 1898, S. VI.

37 Stumpf unterscheidet dazu die „unmittelbare Beurteilung eines Sinnesinhalts" (Stumpf, *Tonpsychologie* I, S. 175) von der „Anwendung mittelbarer Kriterien" (Stumpf, *Tonpsychologie* I, Überschrift des § 9, S. 153ff.) und „dem Inhalt der Empfindungen entnommene [...] Ordnungsprincipien" (Stumpf, *Psychologie und Erkenntnistheorie*, S. 485) von angelegten, auf „Bedeutungen" gerichtete „Vorstellungen und Auffassungen" (Stumpf, *Tonpsychologie* II, S. 203).

38 Dahlhaus, *Musiktheorie im 18. und 19. Jahrhundert*, S. 93.

39 Vgl. Stumpf, *Neuere Untersuchungen zur Tonlehre*, S. 20.

40 Vgl. Riemann, *Tonvorstellungen* (1914), S. 2: „Nur sehr langsam bin aber auch ich zu der Erkenntnis der Gründe gelangt, weshalb die Schwierigkeiten des Hinüberfindens von den

„Vermengung von Begriffen der exakten Wissenschaft mit solchen des Gebietes der musikalischen Vorstellung" beklagen und erblickte insgesamt in Révész' Spiralgewebe nichts als eine „blendende Bluette"[41]. Daß Dahlhaus angesichts einer sich als „Vermengung" darstellenden Verbindung zu einer Disjunktion von Bedingungen und Setzungen zurückgeht, muß aus dem ungünstigen Verlauf des Forschungsunternehmens „Tonpsychologie" erklärt werden.

Auch Handschins *Toncharakter* setzt sich mit dieser Dichotomie auseinander. Die Gestalt, in der sie an ihn herantrat, wird an einer merkwürdigen Konjunktion von Tonpsychologie und Musikgeschichte deutlich. Auf der tonpsychologischen Seite stehen dabei zwei Texte von Stumpfs Mitarbeiter Erich Moritz von Hornbostel. Der erste sucht die „Grundlage der Musik" als Gegenstand der *Psychologie der Gehörserscheinungen* in die Kategorie „Tonigkeit" zu fassen. Anders als bei Handschin, bei dem der Begriff Toncharakter auf das zentrale musikalische Kennzeichen des Tons zielt, bedeutet „Toncharakter" bei Hornbostel einen Oberbegriff, unter den eine Verschiedenheit möglichst „rein deskriptiv und theoriefrei" gesammelter Aspekte des Tons subsumiert werden. Darunter findet sich auch die „Grundlage der Musik". Nicht anders stellt Hornbostels zweiter Text das Verhältnis der „Tonigkeit" zur Praxis her. Die Abhandlung über *Musikalische Tonsysteme* ist ein auf empirische Musik gestützter Einspruch gegen Riemanns Versuch, die Musik durch kausale Abhängigkeit von der Physik festzulegen. Aber auch Hornbostel denkt das Verhältnis von Bedingungen und Setzungen entweder als Abhängigkeit von Gegebenheiten, deren Herrschaft über die Musik er nur geringer ansetzt als Riemann, oder als Abhängigkeit von willkürlicher Setzung, die beide Teile durch ein Drittes — die „Blasquinte" — miteinander verklammert. Auf der anderen Seite steht der Musikhistoriker Otto Johannes Gombosi, der sich sehr kritisch mit dem „Toncharakter" auseinandersetzte und Handschins Werk am meisten beeinflußte. Nach seiner Ansicht verweilt Handschin zu lange bei Selbstverständlichkeiten. Gombosi findet bei Handschin nur „Dinge, die gewissermaßen naturgegeben sind: Oktavausschnitte aus einem heptatonisch-diatonischen System sind nun einmal so, und die Zusammensetzung der Oktave aus Quarte + Quinte ist eine Elementarerkenntnis"[42]. Gegenüber diesen extremen Positionen kann man Handschins Erkenntnisabsicht präzise fassen: Er wollte wissen, was Gombosis Ausdruck „gewissermaßen" für die „gewissermaßen naturgegebenen Dinge" bedeutet. Es beleuchtet Handschins Frage, daß die Ansätze Gombosis und Hornbostels sich nicht als zwei rein verschiedene Hinsichten auf die Musik darstellen. Gerade in der Verfolgung ihrer je eigenen Absichten war es „gewissermaßen natur-

---

physikalisch-physiologischen Untersuchungen der klanglichen Erscheinungen zu den ästhetischen Betrachtungen der Gebilde lebendiger Musik so schier unüberwindliche sind". — Riemann hat die hier aufgegebene Erwartung bereits 1898 in seiner Rezension von Stumpfs *Konsonanz und Dissonanz* artikuliert: „Mit Spannung erwarte ich nun — und mit mir alle ernsten Interessenten — die endliche Herstellung eines wirklich widerspruchslosen Contacts der Theorie der Tonempfindungen mit der praktischen Kunstübung" (ebd., S. 457).

41 Riemann, *Tonhöhenbewußtsein und Intervallurteil*, S. 268. — Vgl. Révész' Replik *Über die beiden Arten des absoluten Gehörs. Tonqualitätserkennung und Tonhöhenerkennung* und Riemanns Nachsetzen: *Dr. Révész' Tonqualität*.

42 Gombosi, *Studien zur Tonartenlehre des frühen Mittelalters* I, S. 155.

gegeben'', daß sich die Hinsichten verschränkten. Um den Gegensatz von dynamischer und thetischer Bezeichnung der Töne einerseits (in der antiken Tradition) und rein thetischer Bezeichnung andererseits (als Charakteristikum des mittelalterlichen Neubeginns) zu fixieren, griff Gombosi zu Hornbostels Argument einer naturhaft gegebenen ,,prämodalen Melodik'', die als ein (in der Neumenschrift dokumentiertes) Interim die ,,antiken Modi'' von der ,,Tonartenlehre des frühen Mittelalters'' getrennt haben sollte. Hornbostel dagegen suchte die gegensätzlichen psychologischen Gegebenheiten der kontinuierlichen Tonhöhe und des starren Oktavrahmens durch eine gewissermaßen naturhaft gegebene, globale ,,Kulturzusammenhänge'' stiftende Faszination an der auch für ihn im Mittelpunkt der ,,musikalischen Tonsysteme'' stehenden Idee des Quintenzirkels zu verbinden. Handschin war überzeugt, daß es sich hier um eine ein wenig willkürliche Fügung, dort um eine unhaltbare Disjunktion handelte. Er wollte ihnen gegenüber auf das schöne Spiel dieser Momente hinweisen, dessen Wirklichkeit sich ergibt, wenn man sie recht aufeinander bezieht.

I. GRUNDPOSITIONEN DES HISTORIKERS HANDSCHIN

1. DER STREIT DER DISZIPLINEN UM DAS MUSIKALISCH EINE

„Harmoniker nennt man diejenigen Musiktheoretiker, welche direkt von der musikalischen Praxis ihren Ausgang nehmen und nicht von mathematischen Intervallbestimmungen, im Gegensatz zu den Kanonikern, welche das Umgekehrte tun. Bei den Griechen verkörperte sich die letztere Methode in der Schule des Pythagoras, die erstere in der des Aristoxenos. Aristoxener und Harmoniker sind daher identisch, ebenso Pythagoreer und Kanoniker. Solche divergierende Richtungen hat es natürlich in der wissenschaftlichen Behandlung der Grundlagen der Musik immer gegeben; heute sind die Tonpsychologie und die Musikästhetik ähnliche Gegensätze"[1]. Hugo Riemann bestimmt es als die Aufgabe der Musiktheorie, die Stellungnahme zur „musikalischen Praxis" mit der Erkenntnis der „Grundlagen der Musik" zu verbinden. Er läßt keinen Zweifel daran, welcher Tradition er dabei folgt: Auf Aristoxenos hat Riemann zurückgegriffen, als er die Programmusik kritisierte[2], und wiederum auf Aristoxenos, als er dem Instrumentarium musiktheoretischer Grundbegriffe den Terminus „Agogik" einfügte. Bei seiner Auseinandersetzung mit der Tonpsychologie indessen verzichtet er auf diesen Rückgriff und schweigt von der Kritik des Aristoxenos an dem Empirismus und Praktizismus der harmonikoi. Riemann vermeidet damit einen Hinweis, der, wenn auch nur durch vage Allusion, den Gedanken an eine Kritik seiner Harmonielehre wecken könnte. Es geht ihm um eine klare Grenzziehung. Mit der Rede von „Harmonikern" gewinnt er einen Ursprung für den historischen Verlauf vom Früheren für uns zum Früheren der Sache nach, dessen Ziel seine Harmonielehre bildet: Die historische Perspektive zeigt die Harmonielehre als das Werk der Harmoniker. „Die kontrapunktische und harmonische Musik führte allmählich zur Erkenntnis der Bedeutung der konsonanten Dreiklänge; Zarlino (1558) erkannte bereits die gegensätzliche Struktur des Durakkords und des Mollakkords; Rameau (1722) sprach zuerst aus, daß wir auch einfache Melodien stets im Sinn von Harmonien hören [...]", und er „begriff auch bereits, daß es nur drei Funktionen der Harmonie gibt"[3]. Der Entwicklung der praktischen Musik entspricht der theoretische Fortschritt in der Erkenntnis der musikalischen Grundlagen. Dem steht auf der Seite der anderen musiktheoretischen Richtung kein vergleichbarer Ertrag gegenüber. Riemann spricht von einem „Fiasko"[4]. Das Standardwerk der Disziplin, die 1898 unvollendet aufgegebene *Tonpsychologie* Carl Stumpfs, „findet sich überhaupt nicht auf musikalisches Gebiet hinüber"[5]. Carl Stumpf, auf den der Be-

1 *Riemann Musik-Lexikon*, ⁸1916, S. 437, Art. *Harmoniker*.
2 Riemann, Γιγνόμενον *und* Γεγονός *beim Musikhören*, in: Bericht über den I. Kongress für Ästhetik und Allgemeine Kunstwissenschaft, S. 518ff.
3 *Riemann Musik-Lexikon*, ⁸1916, S. 436f., Artikel *Harmonielehre*.
4 Ebd., S. 1140, Artikel *Tonphysiologie*.
5 Ebd.

griff, das Programm, ja eine ganze Schule der „Tonpsychologie" zurückgehen, steht, wie Riemann 1916 urteilt, „noch immer bei den Vorfragen und ist noch nicht bis zur Entwicklung des Klangbegriffs vorgedrungen"[6]. Riemann führt das Scheitern der Tonpsychologie auf die naturwissenschaftliche Auffassung der Grundlagen der Musik und die empirische Methode der Musikbetrachtung zurück. Der praxisfernen Theorie der Tonpsychologen, die „die real erklingenden Töne für das Material der Musik" halten[7], entspricht es, daß ihr „jüngster Zweig", die „musikalische Ethnographie", sich der Erforschung einer theorielosen Praxis widmet[8]. Anstatt zu unverrückbaren Normen, wie sie Riemann aus dem Studium der klassischen Werke gewann, mußte eine solche Forschung zu einer Vielheit von Ergebnissen gelangen und sich in ihr zersplittern. Diese Konsequenz zeigte sich für Riemann freilich auch auf dem gleichsam einheimischen und angestammten Gebiet der Tonpsychologen, der Tonlehre: Immer neue und schwieriger zu ordnende „Toneigenschaften" wurden entdeckt. Das Laienhafte daran war für Riemann mit dem erwähnten Verfehlen des Klanges bei Stumpf mitgesetzt, denn „Klang ist, was der Laie Ton nennt"[9].

Die Grundlagen der Musik sind also nach Riemann nicht in dem stofflichen, vormusikalischen Substratbereich zu finden, in dessen Untersuchung die Tonpsychologen ihre Aufgabe sahen. Ihr methodischer Vorsatz, „nicht das Spätere zum Früheren zu machen"[10], hindert sie daran, einerseits von der Betrachtung der komponierten Gestalten, der musikalischen Werke, und andererseits vom Dreiklang auszugehen. Er trennt ihr naturwissenschaftliches Verfahren von demjenigen, womit die Musikästhetik die Grundlagen der Musik gewinnt. Die „spekulative Theorie der Musik"[11] darf die Geschichte der Musik teleologisch betrachten und die Grundlagen in den Kunstmitteln erkennen, in denen die klassischen Werke — „Riesenbauten wie die neunte Symphonie Beethovens"[12] — ihr „felsenfestes Fundament"[13] besitzen. In der Erkenntnis dieser Kunstmittel — der Töne als Klangvertreter —, die Riemann vom bloßen Medium der Musik — den Tönen in ihrer spektralen Zusammensetzung — unterscheidet, stützen sich Musiktheorie und Musikästhetik gegenseitig: Riemanns *Lehre von den Tonvorstellungen*[14] gibt die Begriffe, ohne die die Werkbetrachtung blind wäre; die komponierten Werke geben den Tonvorstellungen ihr Ziel. Im Aufstellen der „Gesetze der Ordnung und Einheitlichkeit [...], durch welche die Musik Gestaltung, Form annimmt"[15], treffen sich Musikästhetik und Musiktheorie.

Riemann blickte gelassen auf die tonpsychologische Kritik an seiner Darstellung. Aber nicht nur von der Seite der Tonpsychologen und Ethnologen sah sich Riemann

---

6 Ebd., S. 1092, Artikel *Stumpf, Carl.*

7 Ebd.

8 Vgl. Riemann, *Geschichte der Musiktheorie*, S. VI.

9 *Riemann Musik-Lexikon*, [8]1916, S. 551, Artikel *Klang.*

10 Stumpf, *Tonpsychologie* I, S. 137.

11 *Riemann Musik-Lexikon*, [8]1916, S. 45, Artikel *Ästhetik.*

12 Riemann, *Elemente der Ästhetik*, S. 188.

13 Riemann, *Geschichte der Musiktheorie*, S. 529.

14 Vgl. Riemann, *Tonvorstellungen*, S. 1f.

15 *Riemann Musik-Lexikon*, [8]1916, S. 45, Artikel *Ästhetik.*

Einwänden ausgesetzt. Von musikästhetischer Seite wurde ihm vorgeworfen, eben die besagte „Einheitlichkeit" theoretisch zu verfehlen. Er habe das Problem musikalischer Form nur von der Ebene der Satzlehre aus, nur als praxisorientierter „Musiktheoretiker" betrachtet und beanspruche den Titel eines Musikästhetikers zu Unrecht. Indem er die Musik in Analogie zur Sprache aufgefaßt und die Einheit der Form als Problem der musikalischen Syntax begriffen habe, bleibe sein Verständnis der Werke unzureichend: „Riemanns wissenschaftliche Darlegungen verlassen sich im wesentlichen auf die Formalanalyse allein"[16]. Rudolf Schäfke hat die über Riemann hinausgehende neue musikästhetische Richtung 1933 als „Energetik" bezeichnet[17]. Sie fragt nach der das Werk konstituierenden Einheit. Dadurch setzt sie sich von der im „Formal-Technischen" verbleibenden „Formenzergliederung nach früherer und schematischer Weise" ab[18], der auch Riemann zugerechnet wird. Die neu entstandene „musikalische Analyse" hebt sich nach Schäfke von der „poetisch-psychologischen" ebenso wie von der „formalen" Analyse dadurch ab, daß sie das Werk als ein Ganzes versteht und jenes Einheitsmoment bestimmt, das für Riemann ein unbestimmtes „gemeinsames Etwas" geblieben war[19]. „Die heutige Musikästhetik strebt hinweg vom Einzelnen der Oberfläche, legt Wert auf die inneren Beziehungen, sucht die reinmusikalische Einheit"[20], beschreibt Schäfke das energetische Programm. Wie Riemann den Tonpsychologen vorwarf, es gelte, die Grundlagen der Musik, nicht das physikalisch-akustische Substrat eines jeglichen Erklingenden zu bestimmen und die Betrachtung auf die komponierten Werke hin zu orientieren, so wurde er nun selbst kritisiert. Anstatt wie Riemann nur die formale Erscheinung der Musik durch Phrasierungsbögen gliedernd einzuteilen (um ihre Syntax zu erhellen), wollte die neue Musikästhetik das Wesen der Musik ergreifen.

Als Jacques Handschin 1929 den „neuen Riemann-Einstein", also die elfte, von Alfred Einstein bearbeitete Auflage von Riemanns *Musik-Lexikon* besprach, ging er auf das gespannte Verhältnis der Riemannschen Musiktheorie zur Tonpsychologie auf der einen und zur energetischen Musikästhetik auf der anderen Seite nicht explizit ein. Dagegen unternimmt er es auf eigentümliche Weise, Riemann zu charakterisieren. Dazu widmet er ein volles Drittel seiner Besprechung einigermaßen umwegig wirkenden Vorüberlegungen: Der Rezensent Handschin spricht über verschiedene Weisen, die menschliche „Vorstellungswelt" zu strukturieren und diese Struktur zu repräsentieren. Er erweist daraufhin das Lexikon als eine solche Ordnungsmöglichkeit und würdigt erst zuletzt Riemanns und Einsteins Leistung. Erblickt Handschin die Bedeutung von Riemanns Gesamtwerk „nicht so sehr in den Spezialforschungen [...], welche er verschiede-

16 Schäfke, *Musikästhetik*, S. 384.
17 Ebd., S. 394ff.
18 Ebd., S. 436.
19 Vgl. Riemann, *Elemente der Ästhetik*, S. 190: „Bei den allergrößten Formen z.B. der mehrsätzigen Sonate [...] geht für die einzelnen Sätze die Kontrastierung so weit, daß als gemeinsames Band oft kaum mehr übrig bleibt als die Verwandtschaft der Tonarten [...] Die höhere geistige Einheit, welche außerdem die einander gegenübergestellten Charaktere zusammenschließen muß, läßt sich schwer demonstrieren [...] Dennoch ist klar, daß ein gemeinsames Etwas doch dazu gehört, das Heterogene zusammenzubringen".
20 Schäfke, *Musikästhetik*, S. 443.

nen, weit auseinanderliegenden Gebieten widmete, als in der lehrhaft-enzyklopädischen Zusammenfassung''[21], so konfrontieren seine Vorüberlegungen den enzyklopädischen Autor sozusagen mit der Deweyschen Dezimalklassifikation. Es ist eine merkwürdige Rezension. Handschin scheint mit ihrer Anlage auf das Erstaunen des Lesers gezielt zu haben, denn er läßt einen fiktiven Leser zu Wort kommen, der seine Vorüberlegungen unterbricht und auf die Besprechung des Lexikons dringt.

Handschin beginnt mit einer Definition. ,,»Der Mensch ist ein Augentier, demgemäß ist seine Vorstellungswelt hauptsächlich räumlich gegliedert«. Dies lehrt uns die Biologie und die Psychologie.'' Von diesem Basissatz leitet Handschin folgende Überlegung ab: Soll ,,die Menge der vorgestellten Tatsachen, die ein Wissensgebiet ausmachen'', als ,,ein geordnetes Ganzes'' vorgestellt werden, so sei dieses Ganze durch das Bild eines Zimmers zu veranschaulichen, ,,das als Archiv ausgestaltet ist''. Wäre darin ,,jede Einzeltatsache im richtigen Kasten, im richtigen Fach und am richtigen Ort untergebracht (je nachdem muß sie auch an mehreren Orten untergebracht sein), so ließe sich in gewissem Sinn behaupten, daß wir in diesem Zimmer den betreffenden Wissenszweig wie als Materialsammlung, so als System vollständig besitzen''. Handschin denkt offenbar an eine Bibliothek, deren Größe dem Umfang der Materialsammlung entspricht. Wie aber soll in diesem imaginären Musikzimmer der Systemaspekt verwirklicht werden? Handschin richtet sich seinem Ausgangssatz entsprechend ein: ,,Den sachlichen Beziehungen zwischen den Dingen entspricht hier die räumliche Nähe''. Handschin vergleicht nun die Vorstellung einer Bibliotheksordnung, in der eine Systematik sichtbar und handgreiflich wird, mit dem ,,Kopf des Gelehrten'', der diese handliche Repräsentation seines Wissens erstellt hat und sich ihrer bedient. Wie das räumlich-wirkliche hat auch das ,,zerebrale Archiv [...] sowohl gedächtnismäßig viel zu fassen, als auch alles an den richtigen Platz zu tun und das Netz der Beziehungen sachgemäß auszuspinnen''. Kann das räumlich-systematische Modell eine ,,Vorstellungswelt'' adäquat repräsentieren? Handschin weist auf die Differenz hin, die in der ,,Lebendigkeit'' des ,,zerebralen Archivs'' besteht: ,,Hier kann im Idealfalle ein neues Gliederungsprinzip wie mit einem Hebelgriff durchgeführt werden, und das Netz der Beziehungen erneuert sich stets aus sich selbst heraus''. Kommt es auf einen ,,allfälligen Wechsel der Grundeinstellung'' an, so erweist sich die Unbeweglichkeit der Kästen und Schränke als hinderlich. Handschin überträgt sie auf die Starre systematischer Ordnungen. Er macht den Gegensatz von Starre und ,,Lebendigkeit'' durch das Spiel anschaulich, das er der Einbildungskraft des Lesers abverlangt. Handschin hält die Vorstellung einer wohlgeordneten Bibliothek mit seinem Ausgangsaxiom zusammen, legt dem Leser das Gedankenspiel nahe, sich die Ordnung beliebiger ,,Einzeltatsachen'' vorzustellen wie die seiner Bücher und Noten und führt ihn dadurch auf die Frage, ob nicht ein anderes, weniger statisches Modell besser dazu geeignet sei.

Handschin läßt seine Vorstellungsreihe durch einen Zwischenruf unterbrechen: ,,Aber was soll dies alles..., es handelt sich doch um ein Lexikon!'' Handschin erklärt sich: ,,Ein Lexikon ist eben jenes ,Zimmer als Archiv', nur mit dem Unterschied, daß

21 Handschin, *Der neue Riemann-Einstein*, S. 497ff. Die folgenden, nicht nachgewiesenen Zitate ebenda.

an Stelle der systematischen Ordnung der Schränke und Fächer die alphabetische getreten ist [...] Eine systematische Ordnung ist stets Meinungsverschiedenheiten unterworfen, da sie von Anschauungen ausgeht, welche verschieden sein können [...]'' Für ein ,,Archiv, das der Allgemeinheit dienen soll'', bleibt also nur ,,ein neutrales Einteilungsprinzip übrig, eben das alphabetische''. Nun folgt die eigentliche Rezension.

Was hat Handschin im Sinn, wenn er bei Gelegenheit einer Rezension mögliche Ordnungsprinzipien der menschlichen ,,Vorstellungswelt'' problematisiert? Es wirft ein erstes Licht auf den Autor, daß er mit seinen in der Art eines wissenschaftstheoretischen Feuilletons vorgetragenen Überlegungen sehr genau das Problem von Riemanns Lexikon und der darin enthaltenen musikalischen Ordnung thematisiert. Das Bild aber, dessen er sich bedient, entstammt der Kontroverse um empirische oder nativistische Herleitung unserer Auffassung mehrdimensionaler Mannigfaltigkeiten. Es handelt sich um den Vergleich, den Hermann Lotze zur Erklärung seiner empirischen Raumtheorie beizuziehen liebte und den Carl Stumpf eifrig bekämpfte. Handschins Bild schlägt eine Brücke von der durch Riemann vertretenen (musikalischen) Ordnung zu der psychologischen Frage nach einer Ordnung überhaupt und zu der tonpsychologischen Frage nach der musikalischen Bedeutung einer solchen Ordnung.

Die Organisation seines Lexikons hatte Riemann noch in der letzten von ihm selbst besorgten achten Auflage (1916) beschäftigt. Zur Diskussion stand die Trennung von Personen- und Sachteil. Riemann wehrt sich im Vorwort gegen den Vorschlag einer solchen Teilung und will die ,,Einbändigkeit'' bewahrt sehen. ,,Gerade das bunte Gemisch von Biographien und orientierenden kleinen Abhandlungen hat sich zu sehr als nutzbringend und anregend erwiesen, als daß ich es aufgeben könnte. Gar mancher wird beim Aufsuchen eines biographischen Details zufällig auf einen solchen Spezialartikel aufmerksam und weiß mir deshalb für die Anordnung Dank''[22]. Riemann beurteilt den Wert der Einbändigkeit seines ,,Lieblingswerks''[23] also durchaus nicht nach Gründen der Handlichkeit. Das ,,bunte Gemisch'' von Personen und Sachen ist von pädagogischer Absicht durchwaltet. In welchen der ,,Spezialartikel'' sich das Auge des nur an einem ,,biographischen Detail'' interessierten Lesers auch ,,zufällig'' verirren mag, immer wird es sich um eine ,,orientierende kleine Abhandlung'' handeln. Stets aber führt die durch Zerstreuung herbeigeführte Orientierung den Leser auf die Riemannsche Musiktheorie. So sicher, wie die Musikgeschichte nach Riemanns Ansicht in ihrem in den Details zufälligen Verlauf auf die funktionale Harmonielehre führte, so ungezwungen wird der Leser durch eine ,,anregende und nutzbringende'' Ordnung in die Riemannsche Musiktheorie hineinfinden.

Es entspricht dieser Absicht, die Einheitlichkeit der Lehre handgreiflich durch die Einbändigkeit eines Lexikons zu demonstrieren, das ,,ein Handbuch bleiben soll''[24]. Riemann wendet sich gegen eine ,,Disposition, die schließlich als Erweiterung der Ein-

---

22 *Riemann Musik-Lexikon*, [8]1916, S. X: Vorwort zur achten Auflage.
23 Vgl. Einstein, Anmerkung zur neunten Auflage des *Riemann Musik-Lexikon*, [9]1919, S. X. Auch in dem bereits 1918 noch von Riemann selbst für die neunte Auflage verfaßten Vorwort steht der Gedanke an die Einheit des Lexikons im Mittelpunkt.
24 *Riemann Musik-Lexikon*, [8]1916, S. X.

zelartikel eines musikalischen Fachlexikons zu Einzelbänden definiert werden muß''.
Wie sein Artikel ,,Geschichte der Musik'' darlegt, droht das Lexikon dabei, ,,den Charakter eines einheitlichen Werks zu verlieren und zu einer Bibliothek zu werden''[25].
Riemann gibt eine Liste von historischen Spezialgebieten. Aus ihnen hebt er ein der Absicht seines Handbuchs verwandtes Werk hervor, das sich auf ,,die neuere Musikgeschichte, die Geschichte der Musik, welche noch heute lebt und klingt'', konzentriert,
und dessen Titel als Programm gelesen werden will: Raphael Georg Kiesewetters *Geschichte der europäisch-abendländischen oder unserer heutigen Musik* (1834, [2]1846)[26].
Riemann will also die Einheit der Musik geradezu materiell in seinem Lexikon verkörpert sehen. Alles ,,bunte Gemisch'' soll sich in dem Kreis seiner Vorstellungswelt halten
und auf das Zentrum seiner Enzyklopädie orientiert bleiben. Würde der Umfang seines
Lexikons auf den Raum einer Bibliothek und die Einzelartikel auf Einzelbände ausge-
dehnt, müßte sich die das Lexikon organisierende Musiktheorie zu einer Bibliotheksordnung verdünnen.

Handschin führt dem Leser die Problematik von Riemanns synthetischer Absicht
eindrucksvoll vor Augen. Sowohl die musikhistorische als auch die ethnologische Forschung müssen die von Riemann umspannte Vorstellungswelt sprengen. Die Auflage des
Riemann Musik-Lexikon, die Handschin bespricht, ist von Alfred Einstein auf zwei
Bände erweitert worden, wobei das Ineinander von Personen und Sachen beibehalten
wurde. Handschin geht weiter: ,,Wenn der Leser sich vergegenwärtigt, daß die Preußi-
sche Staatsbibliothek in Berlin einen großen Lesesaal voll Musikliteratur hat, und daß
dies doch nur ein Bruchteil der Bestände der Bibliothek auf diesem Gebiet sind, wobei
diese Bestände ihrerseits nicht vollständig sind, dann wird er ungefähr eine Vorstellung
haben von dem Umfang, den die musikwissenschaftliche Literatur im strengeren und
freieren Sinn erreicht hat''[27]. Handschin stellt also die Frage nach der Strukturierung
eines ,,Wissensgebietes'' genau bei Gelegenheit des Veraltens einer Systematik. Er ver-
sieht diese systematische Frage mit dem Index ihrer historischen Bedingtheit. Handschin
beschreibt, wie der Grundriß von Riemanns System gleichsam mit jeder Neuauflage tiefer in der alphabetischen Reihenfolge versinkt. Offen bleibt, warum Handschin so ein-
dringlich auf dieses Minimum an Systematik hinführt und eine als Selbstverständlichkeit
erscheinende Anordnung problematisiert.

Wir haben bisher nur den äußerlichen, gleichsam raumanalogen Aspekt der Einheitlichkeit von Riemanns Lexikon behandelt. Diese ,umfangslogische' Betrachtung erschien uns wie eine Bestätigung von Handschins Ausgangssatz. An dessen so handgreif-
licher Konkretisierbarkeit ließ sich Riemanns Angst vor Dissolution ablesen. Aus ihr
folgt aber nun die Frage nach der inneren Einheit von Riemanns Lexikon. Wird sich der
Ansatz von Handschins Rezension auch in Bezug auf diese Frage als aufschlußreich erweisen? Gehen wir noch einmal zu dem Anfang zurück, den Handschin setzt: ,,»Der
Mensch ist ein Augentier, demgemäß ist seine Vorstellungswelt hauptsächlich räumlich
gegliedert«. Dies lehrt uns die Biologie und die Psychologie.'' Handschin trennt sein

---

25 Ebd., S. 364, Artikel *Geschichte der Musik*.
26 Ebd.
27 Handschin, *Der neue Riemann-Einstein*, S. 498.

Apriori durch Anführungszeichen von seinem eigenen Text ab. Er übernimmt es als Ausgangspunkt, ohne weiter auf seine Herkunft, seine Geltungsbedingungen oder seine Reichweite einzugehen. Man erfährt aus dem Text nicht mehr, als daß aus der Anwendung des Lehrsatzes, der räumlichen Abbildung eines Zusammenhanges von Tatsachen, gewisse Schwierigkeiten entspringen, die man durch eine nicht-räumliche Ordnung vermeidet. In der Weise, wie diese ‚prinzipielle Einsicht' sich als ein Erstes vorträgt, gehört sie zu jener Gattung von Prämissen und Grundsätzen allerallgemeinster Art, die die Ansichten gerade jener Musiktheoretiker, ,,welche direkt von der musikalischen Praxis ihren Ausgang nehmen'', meist ebenso unangefochten regieren, wie sie niemals ausdrücklich namhaft gemacht werden. Handschin zielt aber nicht nur auf die Fragwürdigkeit ebenso allgemeiner wie leerer Prämissen, die er dem Leser vor Augen führt. Vor dem Hintergrund der von Riemann aufgestellten Opposition von Tonpsychologie und Musikästhetik läßt sich der Satz präzise auf das Herzstück von Riemanns Musiktheorie und damit auf das Zentrum seines Lexikons beziehen. Es geht Handschin um eine hintergründige Stellungnahme zu dem Weg, den Riemann von der Kritik der Tonempfindungen bis zu seiner Lehre von den Tonvorstellungen durchlaufen hat. In seiner Kritik der ,,Tonphysiologie oder Tonpsychologie'' hatte Riemann betont, daß die ,,geistige Verarbeitung der Tonreize [...] nicht mehr ein physisches Erleiden, sondern eine aktive Betätigung logischer Funktionen ist''[28]. Im selben Moment mußte er die Schlußfolgerung abwehren, daß ,,die Aufstellung eines sogenannten Systems der Harmonielehre [...] etwas von der Willkür Abhängiges'' sei[29]. Wie bewahrt er sein ,,System der Harmonielehre'' vor dem Vorwurf, es handle sich um eine beliebige Setzung? Wie soll die Harmonielehre der besagten ,,Souveränität'' die Grenze ziehen? Riemann sieht das Problem in seinem eigenen System von Tonordnungs- oder Funktionszeichen begründet: ,,Leider muß der Verfasser bekennen, daß die Möglichkeit, auch sehr weit von der Tonika abliegende Harmonien noch ihrer Verwandtschaft nach mit Funktionsbezeichnungen zu versehen, vielfach nach seiner Methode arbeitende intelligente Musiker verführt hat, was noch bezeichnet werden kann, auch als noch verständlich zu betrachten''[30]. An seiner Beobachtung, daß die Tonika bei allzugroßen ‚Ausweichungen' ihre zusammenfassende Kraft für die Vorstellung einbüßt und nur noch als abstraktes Zentrum für die Funktionsschrift fungiert, wird deutlich, daß das Problem der Einheit sich hier für Riemann reproduziert. Der Leser, der das ,,bunte Gemisch'' der einschlägigen Artikel von Riemanns Lexikon daraufhin befragt, wie der Autor diese Schwierigkeit auflöst, wird Riemanns je nach dem Zusammenhang durchaus wechselnde Stellungnahmen verwirrend und desorganisierend finden. Die systematische Einheit des Lexikons zerbricht an der Frage, was an den ,,Grundlagen der Musik'' vom Subjekt in freier Spontaneität gesetzt sei und was demgegenüber — in welcher Art immer — gegeben sei; wie sich die Spontaneität zu dem Gegebenen kategorial formend, oder dieses jene determinierend verhalte; ob sich dieses Verhältnis bei Gelegenheit einfacher Tonverhältnisse anders darstelle als

---

28 *Riemann Musik-Lexikon*, ⁸1916, S. 1140, Artikel *Tonphysiologie*.
29 Ebd., S. 437, Artikel *Harmonielehre*.
30 Riemann, *Tonvorstellungen*, S. 7f., Fußnote.

bei der Betrachtung der Werke, und was endlich für die Musik aus den verschiedenen Prämissen und daraus folgenden divergierenden Ansichten und Aspekten folge, die man in Riemanns Lexikon antrifft. Legt man das entscheidende Gewicht auf Riemanns Artikel „Harmonielehre", so erhält man folgende Antwort: Die Harmonielehre, das Herzstück der Riemannschen „Ästhetik", zielt nicht auf die „naturwissenschaftliche Methode der Untersuchung der Hörvorgänge"[31], sondern auf die „Erklärung der Denkvorgänge beim musikalischen Hören"[32], und ist deshalb „ein Stück Philosophie und Naturforschung"[33]. Riemann erläutert: „Sofern das musikalische Denken, das Kombinieren musikalischer Vorstellungen zu sinnvollen Verläufen, die geradezu als seelische Erlebnisse qualifiziert werden müssen, denselben Gesetzen logischer Gestaltung unterliegt, wie jede andere produktive Phantasietätigkeit, und sofern ein mehr oder minder strenger Kausalnexus zwischen den erregenden Schallschwingungen und den Tonempfindungen und weiter zwischen den Tonempfindungen und den musikalischen Vorstellungen statuiert werden kann, der die Möglichkeit ergibt, die ästhetischen Geschehnisse in verständlicher Weise zu formulieren, ist bis zu einem gewissen Grad eine exakte Theorie der Natur der Harmonie möglich"[34].

Es ist schwer, diesen Satz als ganzen zu verstehen oder auch nur das Verhältnis der beiden Teilbedingungen zu klären, die Riemann doch einigermaßen gleichwertig aneinandersetzt. Walten in den Tonvorstellungen die allgemeinen „Gesetze logischer Gestaltung" oder beruhen die Tonvorstellungen auf dem „mehr oder minder strengen Kausalnexus zwischen [...] den Tonempfindungen und den musikalischen Vorstellungen"? Wird durch diese doppelte Gründung das „felsenfeste Fundament" der Harmonielehre unterhöhlt oder untermauert? Es erscheint wie eine ironisierende Spiegelung von Riemanns Bestimmung der Harmonielehre als eines „Stücks Philosophie und Naturforschung", wenn Handschin seinen Basissatz ebenfalls, mit dem gleichzeitigen Rekurs auf „Biologie und Psychologie", doppelt absichert — und ihn zugleich doppelt relativiert. Denn nichts anderes als eine Relativierung bedeutet die einschränkende Formulierung: „»Der Mensch ist ein Augentier, *demgemäß* ist seine Vorstellungswelt hauptsächlich räumlich gegliedert«." Sie bedeutet eine Relativierung aber umso mehr, als der Satz hier auf die Strukturierung eines um das Hörbare zentrierten „Wissensgebietes" angewendet wird. Bleibt, wie gesehen, die optische- oder Raumvorstellung gegenüber dem Problem sachlicher Beziehungen in einer „Vorstellungswelt" bloß formal, so stellt sich in diesem Fall überdies die Frage, ob nicht die Eigenheiten des optischen Abbildungsraumes mit den Besonderheiten des Gegenstandes kollidieren[35].

---

31 *Riemann Musik-Lexikon*, [8]1916, S. 1140, Artikel *Tonphysiologie*.
32 Ebd., S. 436, Artikel *Harmonielehre*.
33 Ebd., S. 437.
34 Ebd.
35 In diesem Sinn führt R. N. Shepard in seiner Arbeit über *Structural Representations of Musical Pitch* als Eigenschaften des „metrical embedding space" zunächst die „three standard axioms of distance": „positivity, symmetry and triangle inequality" ein, um fortzufahren: „Nevertheless, empirical data on the perceived relations between tones may systematically depart, as we shall see, from even these quite general geometrical constraints" (Shepard, *Structural Representations of Musical Pitch*, S. 355f.).

Bereits bei der allgemeinen Frage nach der Strukturierung eines „Wissensgebietes" hat sich die Begrenztheit des von Handschin beigezogenen naturalisierten Apriori gezeigt. Die räumliche Gliederung ist nur ein Behelf zur Vorstellung der ‚Möglichkeit eines Beisammen'. Wie aber steht es mit einem solchen Behelf in dem speziellen Fall der Grundlagen der Musik? Daß Handschin die Besprechung eines Musiklexikons mit dem Hinweis auf das „hauptsächliche" Vorwalten einer optischen Orientierung bei der Modellbildung einleitet, impliziert nicht nur die Frage nach den an der Erkenntnis dieser Grundlagen beteiligten Disziplinen und ihren Verfahrensweisen, sondern auch nach den Eigenheiten des Gehörs. Fraglos handelt es sich bei der Berufung auf räumliche Modelle um die von Sinnespsychologen vertretene „Anwendung mittelbarer Kriterien" dem Gehör gegenüber, deren Kritik einen zentralen Gegenstand von Stumpfs *Tonpsychologie* bildet. Geradezu am Beginn von Stumpfs Arbeit aber steht die Frage nach der Legitimität dieser biologisch motivierten Verfahrensweise, die eng mit dem Versuch einer „Herleitung der Musik aus dem thierischen Entwickelungsproceß" zusammenhängt.

In Handschins Rezension von Riemanns Enzyklopädie der Musik sind die wesentlichen Themen seiner eigenen Arbeit versammelt. Historie und Systematik erscheinen in ihnen vielfältig verspannt. Um aber ihr Verhältnis zu bestimmen, gilt es zunächst, Handschins eigene „Vorstellungswelt" näher auszuleuchten. Dazu nehmen wir die musikästhetische Problematik wieder auf, die, wie oben angedeutet, über Riemanns Formkonzept hinausführte.

2. KRITIK AM REDUKTIONISMUS DER ENERGETISCHEN MUSIKÄSTHETIK

Der *Riemann-Einstein* weist in seinem Artikel „Tonbestimmung" auf einen Aufsatz Handschins über *Reine Harmonie und temperierte Tonleitern* hin, der auch das Problem der räumlichen Darstellung von Tonverhältnissen behandelt[36]. Doch soll bei der Darstellung von Handschins „Vorstellungswelt" der „Ausgang von der musikalischen Praxis" genommen werden, um biographisch getreu vorzugehen und um Handschins Zuwendung zur Tonpsychologie das rechte Gewicht zu verleihen.

„Es gibt heute für die Musikbetrachtung kaum einen aktuelleren Begriff als den der Form. Zugleich aber gibt es wohl keinen, der weniger geklärt wäre." Mit dieser Situationsbeschreibung beginnt ein Aufsatz Handschins aus dem Jahre 1932, der diejenigen Texte des Autors zusammenfaßt, die sich mit der aktuellen musikalischen Situation auseinandersetzen[37]. Von diesen Texten her fällt Licht auf Handschins doppelten Blickwinkel als Musiker und Musikwissenschaftler ebenso, wie auf seine Maxime, sich als Historiker nicht der Vergangenheit zuzuwenden, „ohne fest in der Gegenwart verwurzelt zu sein"[38].

Handschin hat seine Ansicht über die Bedeutung des Formbegriffs aus einer Anzahl von Rezensionen gewonnen, die allesamt Formkonzepte besprechen. Ob es sich dabei

36 Vgl. Handschin, *Über reine Harmonie und temperierte Tonleitern* (1927).
37 Vgl. Handschin, *Der Begriff der Form in der Musik*.
38 Vgl. Handschin, *Réflexions dangereuses*, S. 43.

um die Goethesche Metamorphosenlehre bei Fritz Cassirer[39], den mathematischen Symmetriebegriff bei Wilhelm Werker[40], architektonische „Bauformen" bei Kurt Weidle[41] oder um andere Modelle handelt, stets sieht Handschin Formbegriffe fraglos an die Musik herangetragen: „Im allgemeinen nimmt jeder seinen Formbegriff als etwas Gegebenes und begibt sich damit auf Reisen durch das weite Land der Musikbetrachtung"[42]. Die verschiedenen Formbegriffe beruhen auf ebensovielen verschiedenen philosophischen oder weltanschaulichen Grundannahmen. Deshalb will Handschin klären, welche Begriffe von Form möglich sind, und untersuchen, mit welcher Konsequenz sie in die Musikbetrachtung eingehen. Angesichts der Vielfalt von Konzepten greift Handschin zu einem Reduktionismus. Er teilt die Formbegriffe in drei mögliche Positionen ein:

(1) Das platonisierende Konzept begreift die Form als das in mathematischen Proportionen erfaßbare Wesen des Gegenstandes[43].

(2) Das aristotelisierende Konzept denkt unter dem Begriff der Form die Einheit der Komponenten des Kunstwerks[44].

(3) Der Formbegriff Kants ist die begriffliche Formulierung des Sachverhalts, daß eine in der Anschauung gegebene Mannigfaltigkeit als Zusammenhang erscheint.

Während die ersten beiden Konzepte — sei es mit mathematischer Bestimmtheit, sei es mit biologischen Metaphern — das Wesen ihres Gegenstandes ergreifen wollen, handelt es sich bei dem dritten, das Handschin sich zu eigen macht, nur um eine Begriffsbestimmung. In diesem Sinn unterscheidet Handschin „zwischen einer Philosophie, die nur objektiv-kritische Besinnung über unsere Begriffe ist [...], und einer, die aufbauend ein Bild der Welt vor uns hinstellen will"[45]. Sind Platon und Aristoteles die beiden möglichen „Grundtypen" des letztgenannten Verfahrens, so scheinen Handschin die auf sie zurückgehenden Weltbilder und Begriffswelten keinen rechten Platz für die Kunst im einen und keine rechten Begriffe für ihre Betrachtung im anderen Fall zu bieten. Handschin sieht sowohl den platonischen als auch den aristotelischen Formbegriff

---

39 Vgl. Handschin, Rez. von: F. Cassirer, *Beethoven und die Gestalt. Ein Kommentar* (1925), S. 79.

40 Vgl. Handschin, *Aus dem Wohltemperierten Klavier*, S. 371f.

41 Vgl. Handschin, Rez. von: K. Weidle, *Bauformen in der Musik* (1925).

42 Handschin, *Begriff der Form*, S. 332.

43 Handschin denkt dabei besonders an die Formüberlegungen A. Speisers und A. Zeisings. Vgl. Handschin, Rez. von: A. Speiser, *Formfragen in der Musik* (Vortrag); zu Zeising vgl. *Toncharakter*, S. 396f.

44 Wie dabei zugleich das Kunstwerk selbst und die in ihm wirksame organisierende Kraft gedacht werden müssen, kann man sich am besten an Heinrich Schenkers Beschreibung der Funktion der „Urlinie" vergegenwärtigen: „Gewissermaßen ist die Urlinie wie des Menschen Seelenkern" (Schenker, *Der Tonwille. Flugblätter zum Zeugnis unwandelbarer Gesetze der Tonkunst einer neuen Jugend dargebracht von Heinrich Schenker*, S. 24); vgl. Handschin, Rez. von: H. Schenker, *Das Meisterwerk in der Musik* (1925). Zu Schenkers Ausdruck „Seelenkern" vgl. den Artikel *Archeus* in: *Historisches Wörterbuch der Philosophie*, hg. von J. Ritter und K. Gründer, Basel 1971ff.

45 Handschin, *Begriff der Form*, S. 332.

als wenig ergiebig für die Betrachtung musikalischer Form an. Die „platonische Richtung" findet er „zu sehr erpicht, alles in quantitative Abstufungen aufzulösen; sie vernachlässigt das Nebeneinander der Qualitäten, dem in der Kunst eine so große Bedeutung zukommt. Diese Auffassung gibt uns kein Mittel an die Hand, um den Wesensunterschied zwischen dem Kunstwerk und irgend einem beliebigen, nach mathematischen Proportionen geformten Gegenstand zu erfassen"[46]. Gegenüber den mathematischen Bestimmungsversuchen bleibt also das Kunstwerk für Handschin ein objet ambigu[47]. Nicht minder problematisch erscheint ihm die Formbetrachtung unter dem aristotelisierenden Begriff der Entelechie. Ist der platonisierende Formbegriff etwas „allzu Blutleeres" und Abstraktes, so gilt ihm die Form im aristotelischen Sinn als „etwas allzu Vitales, etwas, das bereits die übrigen Elemente des Kunstwerks in sich aufgesogen hat"[48]. Handschin präzisiert gegenüber diesen beiden, sich in der Betrachtung des Kunstwerks unter einem Totalaspekt berührenden Extremen die Absicht und das Ziel seiner Abhandlung: „Was wir suchen ist die Form als lebendige künstlerische Kategorie, aber nur als eine Kategorie, die neben sich für andere Kategorien Raum läßt"[49]. Diese Forderung findet Handschin durch eine Bestimmung Kants erfüllt, in der die „metaphysische Spekulation" zurückgestellt ist: „Beim besonnenen Kant finden wir die schlichten Worte: ‚In der Erscheinung nenne ich das, welches macht, daß das Mannigfaltige der Erscheinung in gewissen Verhältnissen geordnet werden kann, die Form der Erscheinung'"[50]. Obwohl auch Kant das „Ordnen in Verhältnisse" als das Wesentliche einer Form bestimmt, unterscheidet er sich doch von dem platonischen Formkonzept. Handschin betont diese Differenz, die in der Rede von dem „Mannigfaltigen der Erscheinung" zutage trete. Der nachdrückliche Hinweis, daß es ein Mannigfaltiges sei, das geordnet werde, verhindert, daß die Form zur allein wesentlichen oder zur alle Dimensionen des Kunstwerks unter sich subsumierenden Zentralkategorie überhöht wird. So wird durch die erscheinende Mannigfaltigkeit ein rein quantitativer Zugriff auf das Kunstwerk unmöglich. Durch die Mannigfaltigkeit legt sich das „Ordnen in Verhältnisse" in verschiedene Aspekte auseinander. Der Mannigfaltigkeit entspricht eine Mehrheit von Hinsichten auf qualitativ unterschiedliche Ebenen des Kunstwerks, die nicht ineinander übergeführt oder unter einem zentralen Gesichtspunkt subsumiert werden können, son-

---

46 Ebd., S. 333f.
47 In seiner Rezension des Vortrags von Andreas Speiser über *Formfragen in der Musik* [vgl. dazu ders., *Die mathematische Denkweise* (1932)] betont Handschin, daß sich gerade die Frage des Musikers nach dem proprium musikalischer Form unter den Betrachtungshinsichten des Mathematikers Speiser nicht findet und das ihr zugrunde liegende Problem von einem mathematischen Gesichtspunkt aus verschwindet: „Doch nun kommt der Musiker mit einer Frage. Zugegeben, daß die musikalische Form sich so [nach Proportionen] aufbaut. Aber wie verhält sich der Begriff der Form zum Begriff des Kunstwerks? Diese Frage wurde vom Vortragenden nicht eigentlich diskutiert, man kann eher sagen, daß ihre Beantwortung im Sinne der Identität von Form und Kunstwerk diè Voraussetzung seines Vortrags bildete".
48 Handschin, *Begriff der Form*, S. 334.
49 Ebd.
50 Ebd.; es handelt sich um ein verkürztes Zitat einer Stelle aus der *Kritik der reinen Vernunft*, B 34.

dern stets nur in dem gegebenen Kunstwerk vereinigt sind. So fällt weder „der geistige Gehalt" des Kunstwerks unter den Begriff der Form, noch das „künstlerisch-anschauliche Material [...], das Melos, die Harmonik, der Rhythmus"[51].

Handschin bestimmt das Kunstwerk als Gegenstand für die Reflexion. Freilich könne man unter dem Begriff der Form auch „die Ganzheit, den Zusammenhang, das Inhalteinigende" des Kunstwerks verstehen, jenes Moment, wodurch das Kunstwerk als ein „schlechthin Überzeugendes und Notwendiges"[52] erscheint. Dabei dürfe der Formbegriff durchaus eine „metaphysische Färbung" annehmen[53]. Aber Handschin behandelt dieses das Kunstwerk abschließende Moment eher als Problem, als zunächst durchaus ‚unbestimmtes Etwas'[54]. Keinesfalls will er es an den Anfang der Kunstbetrachtung setzen und ihren Weg aus Begriffen deduzieren. Wir werden ein Beispiel für eine solche, von Handschin skeptisch betrachtete Verfahrensweise diskutieren und dabei die Gründe seines ‚Plädoyers für Vielheit' beleuchten. Zuvor soll Handschins äußerst knappe Darlegung möglicher Formbegriffe mit seiner Betrachtung konkreter Werke zusammengehalten werden. Dabei ist eine Schwierigkeit zu gewärtigen. Handschin schließt seine Überlegungen mit der konzilianten Wendung: „Gerne will ich zugeben, daß mein Formbegriff eines weiteren Ausreifens bedarf"[55]. Er hält also auch nach seinem Versuch einer systematischen Orientierung daran fest, daß es sich, wie er an ihrem Anfang formulierte, um einen „aktuellen Begriff" handelt. Die Darstellung wird deshalb das Gewicht auf die Modifikationen legen, die Handschins Überlegungen zur musikalischen Form entsprechend den verschiedenen Gegenständen annehmen, und die Aspekte, die sich je nach Gelegenheit in ihnen verzahnen, nicht in die konsequente Entwicklung oder lineare Entfaltung eines Standpunkts auflösen. Eher gilt es, durch Heranziehung verschiedenster Texte die Reichweite der Formproblematik auszumessen und dadurch auf den Horizont von Handschins „Vorstellungswelt" hinauszusehen.

Am ausführlichsten hat Handschin die hier auf philosophische Modelle reduzierten Positionen (1) und (2) in einer rezeptionsgeschichtlichen Arbeit vorgestellt, in der *Différentes conceptions de Bach* diskutiert werden[56]. Die jüngste Station in der Rezeptionsgeschichte Bachs sieht Handschin dadurch markiert, daß die Deutung seiner Musik sich ausschließlich auf Kriterien der Kompositionstechnik zu stützen sucht: „Nous ne cherchons plus le fond de cette musique dans une sphère sentimentale pittoresque ou psychologique, mais avant tout et surtout en elle-même"[57]. Prototypisch für diesen neuen Ansatz sei Ernst Kurths Buch über die *Grundlagen des linearen Kontrapunkts*. Wie aus dem Untertitel zu entnehmen, zielt das Werk auf eine *Einführung in Stil und Technik von Bachs melodischer Polyphonie*[58], also auf Bachs kompositorische Verfahrenswei-

---

51 Ebd., S. 335.
52 Ebd.
53 Ebd., S. 334f.
54 Vgl. oben Anm. 19.
55 Ebd., S. 337.
56 Vgl. Handschin, *De différentes conceptions de Bach*.
57 Ebd., S. 22.
58 Vgl. Kurth, *Grundlagen des linearen Kontrapunkts*, Bern 1917. Kurth hat später den Untertitel in *Bachs melodische Polyphonie* verkürzt.

se. Für Fragen, die über das „technische Gebiet" des Kontrapunkts hinausgehen und in das „umfassende allgemeinere ästhetische Gebiet von Bachs Kunststil" hineinreichen, verweist Kurth auf André Pirros und Albert Schweitzers Werke über Bach[59]. Handschin sieht in Kurths Werk aber nicht nur ein Lehrbuch des Kontrapunkts, sondern zugleich eine über Pirro und Schweitzer hinausgehende „nouvelle esthétique de Bach [...] qui remplace la thèse de la peinture en musique"[60]. Die Frage nach den „traits fondamentaux de Bach" wird durch diese neue Ästhetik auf das Gebiet der musikalischen Technik gelenkt. Worauf wird sie den Hauptakzent legen, um die kompositorischen Prinzipien Bachs aufzuweisen? Handschin sieht zwei Möglichkeiten: „Ne serait-ce pas dans l'essence purement musicale de cette musique? Ou même dans sa forme seule?" Er beschreibt den Grundgedanken Kurths im Sinn der ersten Möglichkeit: „La ligne mélodique comme résultat d'une force motrice qui tantôt se reserre et tantôt se relâche — voilà ce que Kurth, le premier, nous a fait saisir"[61]. Kurth habe die Eigenart von Bachs Melodik auf technischer Ebene entwickelt, indem er ihren Gegensatz zur Melodik der Klassik herausstellte. Beide werden so gegeneinandergestellt, daß bei Bach die nur durch ihre Bewegungsenergie bestimmte „mélodie" über die Taktgrenzen hinweggehe und in ihrer Entfaltung nicht durch die Taktschwerpunkte behindert werde. „Ainsi Bach représente dans l'idée de Kurth une liberté qu'il qualifie de sublime, les classiques viennois représentent une contrainte, un alourdissement"[62]. Handschin wendet ein, daß diese Unterscheidung die Individualität Bachs nicht erreiche, da sie in höherem Maße für den a-capella-Stil zuträfe. Dennoch handle es sich um die prägnante Formulierung eines Stilgegensatzes.

Indem Kurth den Gegensatz zwischen einem der Musik auferlegten, sie beengenden Schema und einem freien Ensemble von Linienverläufen dem Oberbegriff der Form unterstellt, erhält er als Gegensatz zum (klassischen) „Schema" einen modifizierten und erweiterten Formbegriff. „Ici le mot de forme est, naturellement, employé dans un sens plus large, impliquant non seulement la juxtaposition des parties dans un œuvre, mais aussi l'entrelacement des parties qui se déroulent simultanément"[63]. Was allerdings die ästhetische Bewertung betrifft, so macht Handschin darauf aufmerksam, daß Mattheson und Scheibe, deren Stellungnahmen er als die erste Station der Bach-Rezeption anführt, anders als Kurth geurteilt hätten[64]. Der Vorwurf des Schematischen sei zu Bachs Zeit eher gegen die fugierte Schreibweise erhoben worden, während Kurth ihn an die klassische Sonatenform richte. Dementsprechend werde das Verdikt der Autoren des 18. Jahrhunderts, Bachs Musik sei weniger liebenswert als gelehrt, bei Kurth positiv gewendet. Bachs Musik sei nicht Ausdruck subjektiven Beliebens (und auch nicht, nach Schweitzer, ein gelehrtes Sprechen in konventioneller Symbolik), sondern die Darstellung des metaphysischen Wesens der Musik. Gemäß dieser Interpretation tritt Kurths

---

59 Vgl. Kurth, *Kontrapunkt*, S. 220.
60 Handschin, *De différentes conceptions de Bach*, S. 19.
61 Ebd.
62 Ebd.
63 Ebd., S. 22.
64 Ebd., S. 9.

Formbegriff nicht nur in Gegensatz zu einem Formschema, sondern er überwindet auch die Dichotomie von Schema und ausgedrückten (subjektiven) Inhalten. Nicht als ein Inhalt, sondern in der Indifferenz zum musikalischen Satz, und dadurch zugleich objektiv, tritt das kinetische Wesen der Musik in die Erscheinung. Die Erhabenheit von Bachs Melodik, die die ästhetische Betrachtung als unvermittelte Nähe zum Wesen der Musik erkennt, deutet die technische Analyse als Erhobensein über formale Schemata. Diese Zusammenfassung des technischen und des interpretatorischen Befundes ist für Handschin der Grundzug einer nicht auf ihren Hauptvertreter Kurth beschränkten „tendance de l'esthétique moderne'', die er bestrebt findet, „de considérer la substance musicale non plus comme résultat de forces psychologiques mais comme une manifestation d'essences métaphysiques. Tout en cherchant l'essence de la chose en elle-même, on y voit transparaître des idées métaphysiques''[65]. Doch selbst bei vorausgesetzter Wesensunmittelbarkeit des kompositorischen Subjekts, das sich nicht auf subjektiv der Musik eingelegte Intentionen zu stützen braucht, treten in der technischen Ausführung des energetischen Programms Differenzen hervor. Handschin schreibt: „Dans cette idée de forme ou d'organisme deux nuances sont possibles. L'une, proprement organique, considère les parties de l'œuvre comme membres d'un être vivant, l'autre, mathématique, envisage les proportions entre les parties. A vrai dire, l'une de ces manières de voir nécessite toujours l'autre''[66]. Handschin stellt den Vertretern der ‚mathematischen Denkweise' Wilhelm Werker und Wolfgang Graeser die „Organiker'' Fritz Jöde und Walter Hamburger gegenüber. Gemeinsam indessen ist allen die Bemühung um Bach. Handschin läßt die Aktualität besonders der *Kunst der Fuge* mit der Aktualität des Formproblems zusammenfallen. „Notre époque ayant retrouvé le sentiment de la forme musicale — que nous considérons cette dernière comme construction ou comme organisme — il était naturel que ses yeux s'ouvrissent pour un art de ce genre''[67].

Wie steht dieser Bericht Handschins über die neuen Tendenzen der Musikbetrachtung zu den nur drei Jahre später verfaßten Überlegungen zum *Begriff der Form in der Musik*? Die dritte Position, die Handschin dort den Konzepten: Form als (mathematische) Konstruktion und Form als Organismus entgegenstellt, erscheint in dem früheren Text noch nicht. Handschin sieht noch keine Veranlassung, sie diesen Modellen entgegenzustellen. Er kann sogar die um die Anordnung der Kontrapunkte der *Kunst der Fuge* geführte Diskussion als Indiz für „le sentiment de la forme retrouvé'' verstehen[68]. Es gilt zu zeigen, weshalb Handschin diesen Modellen und dem in ihnen verkörperten Objektivitätsideal gegenüber eine zunehmend reservierte Haltung einnahm, die sich — wiederum bei Gelegenheit der *Kunst der Fuge* — zur dezidierten Ablehnung steigerte. Es gilt zu fragen, an welchen Gegenständen sich Handschin seinerseits orientierte, um

---

65 Ebd., S. 24.
66 Ebd., S. 22.
67 Ebd., S. 28.
68 Immerhin hält er gegenüber den neueren Formauffassungen auch einen herkömmlichen Formbegriff ausdrücklich fest, der auf die „organisation horizontale'' beschränkt ist; vgl. ebd., S. 26: „A Leipzig Bach retrouve à l'orgue l'ancienne exubérance unie à la stricte organisation; le principe organisateur est même plus accentué: à l'organisation verticale ou polyphonique s'ajoute une organisation horizontale (forme au sens strict) plus marquée''.

Form als Kategorie der Anschauung und ihr Ideal als Plastizität zu bestimmen. Die Untersuchung muß dazu eine Bewegung Handschins nachvollziehen, in deren Verlauf er sich völlig umorientierte. Der Gegensatz, den Handschins auf Kant gestütztes Formmodell zu den hier referierten Positionen darstellt, geht nicht in dem Gegensatz von zwei historischen Stilen und der Prädilektion auf, die Handschin etwa für die Klassik hegen mochte. Anders als Kurth wollte er den Unterschied der Musik Bachs und der Wiener Klassik nicht als Unterschied im kompositorischen Rang auffassen[69]: ,,Nous préférons admirer dans cet inépuisable XVIIIe siècle la concurrence de deux systèmes musicaux et humains très différents, dont l'un représenté par le grand Jean-Sébastien''[70]. Handschin hat den Positionen hohes Gewicht zugemessen, von denen er sich entfernte. Dies gilt besonders für Ernst Kurth, über dessen *Linearen Kontrapunkt* er 1932 schreibt: ,,Selten hat ein theoretisches Werk in so hohem Maße zum Ausdruck gebracht, was eine Epoche ersehnte''[71].

Eine Differenz zur Absicht der Energetiker und zu ihrem Anspruch auf Wesenserkenntnis zeigt sich freilich bereits in der rezeptionsgeschichtlichen Anlage von Handschins Aufsatz über *Différentes conceptions de Bach*. In seiner Einleitung findet es Handschin unumgänglich, die Frage ,,Qu'est-ce que Bach?'' aufzuspalten in die Teilfragen ,,Qu'est-ce que Bach pour nous? et qu'a-t-il été pour les générations précédentes?'' Die Maxime, die ihn dabei leitet, ist ein Verzicht: ,,Notre savoir n'étant jamais absolu, jamais capable d'atteindre l'essence même d'une chose, nous ne déterminons une chose que dans ces relations avec d'autres''[72]. Handschin spricht es deutlich aus, daß er die Komplexität des Phänomens ‚Bach' nicht auf *eine* Definition reduzieren will. Eher als ihren Gegenstand werde durch einen solchen Versuch die jeweilige Zeit sich selbst charakterisieren. Aber den erkenntniskritischen Vorbehalt, den er sich als Historiker selbst macht, überträgt er (noch) nicht auf seinen Gegenstand und enthält sich einer Kritik der von Kurth beanspruchten Erkenntnis des Wesens der Musik.

Handschin beschließt seinen Text über den *Begriff der Form in der Musik* mit zwei Anmerkungen, die seine Stellung zu den beobachteten Aspekten des energetischen Programms — Erkenntnis des Wesens der Musik und musiktheoretische Konkretisierung dieses Wesens als Formkonstituens — präzisieren. Zum einen stellt er die Betonung musikalischer Form der Betrachtung der Musik sub specie ihrer ,,Tiefe'' entgegen: ,,Vor einer Konsequenz sollte man schließlich nicht zurückschrecken: Sofern es uns in der Kunst um die Form wieder Ernst ist, werden wir nicht mehr so ausgesprochen der ‚Tiefe' nachhängen können. Die Romantik hat dies getan und darüber den Sinn für die Form verloren. Nehmen wir lieber den Standpunkt ein, daß die echte Tiefe sich ungesucht und ungezwungen von selbst einstellt''[73]. Handschin macht deutlich, daß sich die von ihm

---

69 Vgl. Handschin, *Bach au tournant des époques* (1932), S. 59: ,,Nous ne nous rattachons plus complètement à Mr. Ernest Kurth qui marqua fortement la distance de Bach au classicisme sans cacher sa prédilection pour le premier''.

70 Ebd.

71 Handschin, *Musikästhetik des 19. Jahrhunderts* (1932), S. 119.

72 Handschin, *De différentes conceptions de Bach*, S. 7.

73 Handschin, *Begriff der Form*, S. 336.

konstatierte Schwäche gerade in der Befolgung eines formalen Schemas zeigt: ,,Wie treu hat sich die Romantik an das Schema a b a gehalten, und wie lahm war dabei oft die formale Wirkung!'' Der Gegensatz von Form und ,,Tiefe'' liegt also nicht einfach parallel zu Handschins zweiter Unterscheidung, in der er Form und ,,logische Entwicklung'' voneinander trennt: ,,Mit dem Begriff der Form ist der der logischen Entwicklung nicht gleichbedeutend, obgleich beides nebeneinander hergehen kann. Insbesondere kann das Eigentümliche der Form nicht ersetzt werden durch ein System von Verknüpfungen, die den Eindruck des Gedanklichen machen''[74]. Anhand dieser beiden Anmerkungen wollen wir Handschins Bewegung hin zu einem eigenen Konzept von Musikwissenschaft weiterverfolgen.

a) Die Tiefe des Wesens bleibt dem Geschmack verborgen

Den Plan zu seiner Monographie über *Camille Saint-Saëns* führt Handschin auf eine Petersburger Aufführung der C moll-Symphonie (op. 78, 1886) unter Camille Chevillard zurück, bei der er die Orgel spielte: ,,Die folgenden Zeilen möchten nichts anderes sein als die Huldigung eines kleinen Musikers an einen großen''[75]. Nach einem biographischen Abriß und einem Überblick über Saint-Saëns' Werke versucht Handschin, eine Charakteristik des Komponisten zu geben. In welchen Kategorien soll dies geschehen? Handschin spricht von einer Schwierigkeit, deren Grund darin liegt, ,,daß das ganze System von Begriffen, mit dem wir an die Musik herantreten, von der deutschen romantischen, spätromantischen und klassizistischen Musik des 19. Jahrhunderts abstrahiert ist''[76]. Daraus ergibt sich: ,,Was nicht ,tief', ,bedeutend' und ,innerlich' ist, gilt von vornherein als gerichtet.'' Im Sinn einer solchen Auffassung und mit ihren Kategorien charakterisiert Handschin nun den Komponisten als ,,nüchtern — trocken — äußerlich — oberflächlich'', um im folgenden diese Begriffe umzuinterpretieren. Könnte ,Nüchternheit' nicht als Ökonomie der Kunstmittel, könnte ,Trockenheit' nicht als harmonische Klarheit zu denken sein? ,,Doch gehen wir weiter zum Schrecklichsten, zum ,Äußerlichen'. Dies bedeutet, positiv gewendet, nichts anderes als ,Form''' [77]. Handschin sieht in den ,,äußerlichen'', repräsentativen Zügen etwa von Saint-Saëns' Orgelsymphonie eine Abkehr des Komponisten von seinem expressiv-exzessiven Frühstil. Bei der Besprechung der für diese Phase charakteristischen ersten Cellosonate C moll, op. 32, die Handschin ,,zum Erregtesten, was wir aus der Zeit der Spätromantik besitzen'', zählt, schreibt er: ,,Man könnte fragen, wieweit eine derartig kochende Leidenschaftlichkeit nicht, um schlechthin überzeugend zu sein, jegliche Form von sich stoßen sollte; aber diese Frage hätte sich an das ganze 19. Jahrhundert zu richten, das, sofern es sein Empfinden in eine feste Form gießt, dafür doch nur die klassizistische Form zur

---

74 Ebd.
75 Handschin, *Camille Saint-Saëns*, S. 3.
76 Ebd., S. 27.
77 Ebd., S. 28.

Verfügung hat''[78]. Durch den mit einer klassizistischen Formgesinnung unvereinbaren Gedanken an die Möglichkeit, ja das Recht einer freien subjektiven Äußerung, ,,die jegliche Form von sich stößt'', bekommen die Ausführungen am Ende von Handschins Monographie über *Camille Saint-Saëns* ihre Relevanz im Zusammenhang seiner Formüberlegungen. ,Form' bedeutet im Kontext dieser Monographie die Formulierung des Problems musikalischer Objektivität. Handschin zeigt, wie sich dieses Problem aus der Sicht eines französischen Komponisten stellt. Sein Vorbehalt gegenüber dem Anspruch, das Wesen der Musik zu erkennen, führt ihn nicht nur zu dem Vergleich der Bachinterpretationen von Mattheson bis Kurth, sondern auch zu dem Versuch, zwei gleichzeitige, jedoch durch ihre Voraussetzungen verschiedene Hinblicke auf musikalische Grundfragen gegeneinanderzustellen. Es handelt sich dabei aber nicht nur um die Verfahrensweise der Komparation. Das Recht, das Handschin der französischen Sichtweise einräumt, entstammt Erfahrungen aus seiner Studienzeit bei Charles-Marie Widor in Paris. Handschin verdankt seinen differentialdiagnostischen Blick auf die musikalische Situation nicht dem Anspruch, über den Parteien zu stehen, sondern einer Art Schock. In seinem Nachruf auf *Charles-Marie Widor* berichtet er, nachdem er die gegenseitige Fremdheit von ,,deutscher und französischer Orgelkunst'' und sein eigenes Herkommen geschildert hat: ,,Man wird sich also vorstellen, für wie überflüssig es ein junger Adept der deutschen Richtung vor etwa 30 Jahren ansehen mußte, in Paris zu studieren. In eben dieser Lage befand ich mich damals. Lediglich ein äußerer Zufall veranlaßte mich, bei Widor Unterricht zu nehmen. Mit einem gewissen Hochmut beschränkte ich mich darauf, bei ihm nur seine Werke zu studieren. Als wir einmal eine Bach-Fuge vornahmen, die ich meinen Antezedentien nach als ,dramatisch, kochend' empfand, und er von ,charmants épisodes' in dieser Fuge sprach, war ich wie vor den Kopf gestoßen''[79]. Die Haltung, der Handschin aus einer solchen Erfahrung heraus entgegentritt, kann man sich auf der Seite der französischen Musiktheoretiker an Vincent d'Indy vergegenwärtigen, dem Propheten César Francks und Theoretiker der ,,forme cyclique''. Sowohl in seinem *Cours de Composition musicale* als auch in seiner Biographie des ,,père Franck'' macht d'Indy geflissentlich einen Bogen um Francks Klavierquintett (F moll, 1879). Dagegen hatte Handschin offensichtlich keine Angst vor einer Expressivität, in der d'Indy nichts als die Gefahr einer ,,désaggrégation fantaisiste'' der klassischen Architektur sah, von deren bloßer Möglichkeit er Francks Bild rein halten wollte[80].

Handschins Skepsis gegenüber der musikalischen Tiefe hat noch einen weiteren Aspekt. Sie ist inspiriert von der im 18. Jahrhundert formulierten Idee eines ,,allgemeinen guten Geschmacks'', in dem die nationalen Momente erhalten und aufgehoben sind[81]. Von diesem Gedanken ist auch sein Versuch motiviert, die übermächtige Tradition der deutschen Musik im europäischen Vergleich zu betrachten. So stellt die Monographie über *Camille Saint-Saëns* eine Art Gegenklang zu dem in der Geschichte der

---

78 Ebd., S. 23.
79 Handschin, *Charles-Marie Widor* (1937), S. 242f.
80 Vgl. Vincent d'Indy, *Cours de Composition musicale* II, 1, S. 389 und ders., *César Franck*, S. 163.
81 Vgl. Handschin, *Musikgeschichte*, S. 332.

Bach-Rezeption seit dem 19. Jahrhundert herrschenden Ton dar. Handschin sieht die Entdeckung Bachs seit Forkel von einer nationalen Unterströmung begleitet. Bach wird zum Inbegriff deutschen Wesens in der Musik erwählt. ,,Mais — pourrait-on demander —'', heißt es in dem Aufsatz über *Différentes conceptions de Bach*, ,,s'il fallait à la musique allemande un héros national, pourquoi n'aurait-on pas couronné Haydn ou Mozart?'' Handschin vermutet den Grund in Mozarts unüberhörbarer Nähe zur italienischen Musik. Aus dem Ideal der Reinheit heraus habe man sich an Bach gehalten. ,,Bach pouvait d'autant mieux devenir le héros musical des patriotes qu'il se présentait à leurs yeux comme le plus sérieux des musiciens et le plus opposé au sensualisme''[82]. Durch solche Eigenschaften habe man sich von der französischen Musik abzugrenzen gesucht. Doch auch Bach, der Bearbeiter Vivaldischer Concerti, habe sich erst in einer entsprechenden Interpretation als deutschester der deutschen Komponisten herausgestellt. Um die reine Tiefe der Musik im Gegensatz zu trüb oberflächlichem Stilgemisch und um die Ernsthaftigkeit der Tonkunst im Gegensatz zum Ohrenkitzel in dem Werk Bachs zu verankern, sei es nötig gewesen, ihn von ,,futilités welsches''[83] zu läutern. Handschin will aber nicht nur aus einem ideologischen Umkreis heraustreten. Er versucht, eine Alternative zu den Aporien zu bedenken, die sich seiner Ansicht nach zwingend aus einem zu engen Blick auf die Musikgeschichte ergeben.

b) Das Gewollte und das Geglückte

Auch die Unterscheidung von Form und ,,logischer Entwicklung'', die Handschin in seinem Aufsatz über den *Begriff der Form in der Musik* anspricht, läßt sich an Texten über die Bach-Interpretation weiter entfalten. Ausgehend von der Arbeit *Bach au tournant des époques, des styles, des formes* (1932) lassen sich diese Überlegungen als Gegenentwurf zu August Halms Konstruktion von *Zwei Kulturen der Musik* (1913)[84] interpretieren. Durch die Gegenüberstellung nationaler Schulen und durch den Vergleich aktueller mit historisch-zeitgenössischen Stellungnahmen zu Bach hatte Handschin auf die vielfältige Bedingtheit musikalischer Urteile hingewiesen. Kritisch verhält er sich auch gegenüber Halms Versuch, das ästhetische Urteil durch ,,fachlich-technische Blickrichtung'' geradezu ,,absolut verbindlich'' zu machen[85]. Handschin fragt nach dem Standpunkt, von dem aus Halm den Gedanken einer ,,Kombination von Bach und Beethoven''[86] faßt und zwei für Handschin so ,,unvereinbare, heterogene Dinge''[87] einem übergreifenden Urteilskriterium unterwirft. Er wägt die beiden von Halm aufge-

---

82 Handschin, *De différentes conceptions de Bach*, S. 10.
83 Ebd.
84 Vgl. Halm, *Von zwei Kulturen der Musik*, München 1913.
85 Vgl. Schäfke, *Musikästhetik*, S. 427f., S. 421. ,,Es ist durchaus kein Zufall, sondern hängt zutiefst mit der ganzen Artung der neuen Musikästhetik zusammen, daß sie von der musikalischen Theorie ausgeht'' (ebd., S. 419).
86 Handschin, *Musikgeschichte*, S. 373.
87 Ebd.

stellten Gegensätze Beethoven — Mozart und Beethoven — Bach gegeneinander ab. Wir wollen sehen, ob Handschin aus der Auseinandersetzung mit Halm mehr gewinnt, als nur eine erneute Bestätigung seiner Einsicht in die Relativität musikalischer Urteile.

August Halm beginnt seine Überlegungen zum „Geist der Sonatenform" mit einer Beobachtung: „Spielen oder hören wir nach einer typisch Mozartischen eine für Beethoven typische Sonate oder Symphonie, so empfinden wir die Musik als wie mit einer jähen Plötzlichkeit vom Ernst ergriffen und erobert. Sie scheint uns auf einmal ein Ziel, einen Willen erhalten zu haben; da ist das Beschauliche, Spielerische verschwunden oder zurückgedrängt; ein gerader Weg, von Anbeginn vorgesteckt, wirkt wie ein Gebot, ja wie ein starker Zwang, ihn ohne vieles Seitwärtssehen zu beschreiten und stramm zu verfolgen […] Das ist die grundsätzliche Überlegenheit Beethovens über seine Vorgänger, und zwar mehr noch über Mozart als über Haydn, deren Werke neben den seinen wohl manchmal *im Einzelnen feiner*, aber jedenfalls *im Ganzen schwächer* erscheinen […] Es ist nicht die vielgerühmte Tiefe der Gedanken, nicht das Einzelne noch auch eine Summe von Schönheit, sondern das Geordnete, Durchdachte, das Durchwollte allen Geschehens, was Beethovens Werke auszeichnet, und das so sehr, daß mit ihm verglichen die meisten Werke eines Mozart oder Haydn den kleineren Eindruck des Geglückten, des Gutgeratenen, ja fast der Wohlerzogenheit machen […] Was wir Beethoven hierin verdanken, ist die Form als geistige Tat, als Inhalt des Tuns; also der endgültige und volle Sieg über das, was nur oder zum Teil noch ein bloßes Anordnen des Stoffes genannt zu werden verdient"[88]. Halms Text zielt „ohne vieles Seitwärtssehen" auf eine grundsätzliche Unterscheidung. Handschins Blick fällt darauf, daß Halm dabei die fein erspürten und in subtile Formulierungen gefaßten Unterschiede in der Diktion der Klassiker seiner Konstruktion opfert und diese Unterschiede auf Belege für das von ihm unterlegte Schema der Steigerung reduziert. Handschin rekonstruiert das Schema der von Halm proklamierten Höherentwicklung in drei Schritten: (1) Mozarts Form, die Halm ein bloßes „wohlgeratenes" „Anordnen des Stoffes" nennt, beschreibt Handschin als eine „Einteilung, die jedem Abschnitt seine Funktion zuweist, und dabei den Eindruck eines Ganzen bewahrt"[89]. Zu diesem Ideal, wie es Mozart an der Spitze eines ganzen Gefolges italienischer Komponisten verwirklicht, tritt (2) bei Haydn eine Modifikation. Diese gehört nicht eigentlich in den Bereich der Form, sondern ist satztechnischer Art: „Die Idee der Form erfährt hier [bei Haydn] eine Veränderung. Sie wird mit dem Verfahren logischer Verknüpfung, mit dem Begriff der ‚Arbeit' verbunden"[90]. (3) Den dritten Schritt vollzieht Beethoven, indem er Haydns Erfindung in den Dienst dramatischen Ausdrucks stellt. „Hier wird die logische Verknüpfung mit dramatischer Spannung erfüllt"[91]. Handschin betont die Möglichkeiten, die Beethoven für die musikalische Sprache gewonnen hat: „Die dramatische Spannung erhöht unsere Teilnahme am

---

88 Halm, *Von zwei Kulturen der Musik*, S. 35f.

89 „Une coupe, qui assigne à chaque part sa fonction définie tout en sauvegardant l'impression d'une totalité" (Handschin, *Bach au tournant des époques*, S. 52).

90 „Ici, l'idée de forme subit une modification. Elle est liée à l'idée d'enchaînement logique, de travail" (ebd., S. 53).

91 „L'enchaînement logique ici est accouplé à la tension dramatique" (ebd.).

Werk; sie macht es uns sozusagen menschlich interessanter, und läßt uns besonders die Übergänge zwischen den Formteilen mit Ungeduld erleben"[92]. Handschin scheint Halms Beschreibung individueller Stilunterschiede zuzustimmen. Aber er fährt fort: „Hier, bei Beethoven, entstand ein neues Verfahren, das nicht nur eine Modifikation des Formbegriffs bedeutete, sondern vielmehr der Form entgegengesetzt ist"[93]. Was Handschin meint, wird deutlich, wenn wir zusehen, wie Halm einen solchen Übergang bei Beethoven analysiert.

Wie beim Vergleich zwischen Mozart und Beethoven setzt Halm bei einem ästhetischen Eindruck an: „Ich empfinde die Plötzlichkeit als unangenehm, mit der Beethoven im 12. Takt der As-dur-Sonate op. 110 die Zweiunddreißigstel erscheinen läßt"[94]. Ausgehend von seinem ersten Vergleich hatte Halm den Vorrang von Beethovens „Formgesinnung" über die Mozarts nicht an dem veränderten Ausdruck von Beethovens Musik, sondern an der „Disziplin"[95] festgemacht, mit der Beethoven seine „musikstaatlichen Gebilde" ‚straff regiere[96]; ihr gegenüber erschien ihm die Form bei Mozart „mehr abwechslungsreich als von sich befruchtenden Gegensätzen genährt"[97]. Im zweiten Teil seines Buches begnügt Halm sich nicht mehr damit, die „den Gegensätzen abgerungene Einheitlichkeit"[98] Beethovens gegen eine „im Einzelnen feiner" geratene Musik abzuwägen. Er setzt dem „Skizzenhaften der Darstellung"[99] bei Beethoven eine „Kultur der Sprache"[100] entgegen. Aber Halm versteht darunter „Disziplin" nun auch auf der Ebene des Satzes. Einzig von Bach sei sie verwirklicht worden. Daß es sich um das Ideal eines Pädagogen handelt, zeigt sich nicht nur an einer gewissen Inkonsistenz der Konstruktion[101], sondern auch daran, daß Halm sich nicht damit begnügt, dem Leser seine Einwände gegen das „Abgerissene oder Zwiespältige"[102] dieses Übergangs nur anzusinnen. Er dringt auf ein unwiderlegliches Kriterium für das musikalische Urteil. Sicher aber ist ihm der Gegensatz von „Entwicklung" (die nach seiner Ansicht das Verhältnis der ersten beiden und der beiden folgenden Takte regiert) und ‚unangenehm empfundenem' Bruch (zwischen Takt 11 und 12). An diesem Gegensatz gewinnt Halm ein Kriterium für „Kultur der Sprache" und bezeichnet die Zweiunddreißigstel-Bewe-

---

92 „Cette tension peut nous rendre l'œuvre plus intéressante — humainement plus intéressante — elle peut charger d'impatience les jointures mêmes de la forme" (ebd.).

93 „Ici un nouveau principe était né, non pas modification, mais antagoniste à la forme" (ebd., S. 53).

94 Halm, *Von zwei Kulturen der Musik*, S. 148.

95 Ebd., S. 36.

96 Vgl. ebd., S. 37.

97 Ebd., S. 127.

98 Ebd., S. 37.

99 Ebd., S. 151.

100 Ebd., S. 157.

101 Halms Text gibt keine Antwort darauf, wie Haydn und Mozart „im Einzelnen feiner" geratene Werke gelingen konnten, nachdem die bei Bach erreichte Höhe der „Kultur der Sprache" im folgenden nicht „gehalten" wurde (S. 148) und zur Zeit Beethovens bereits „halb vergessen" war (S. 157).

102 Ebd., S. 150.

gung, da sie nicht aus dem Vorhergehenden „herauswachse", „als entweder nicht gut gelungen oder nicht gut gedacht"[103]. Nicht nur Halms Art zu analysieren, sondern mehr noch das alleinige Vertrauen auf solche Sicherheit ist es, woran Handschin eine problematische Konsequenz abliest: „Es ließe sich am musikalischen Schrifttum zeigen", schreibt er an anderer Stelle, „wie man in Deutschland — und von Deutschland war man anderwärts in hohem Maße abhängig — den Begriff der musikalischen Form allmählich durch den der logisch-gedanklichen Entwicklung ersetzte, und von da war schließlich kein allzugroßer Schritt mehr zu der Auffassung, der zufolge irgendwelche logische oder technische Einteilungskategorien [...] eine musikalische Form konstituieren"[104]. Diesen Schritt sieht Handschin in zeitgenössischen Interpretationen der *Kunst der Fuge* vollzogen. Nicht nur soll Bach jene „Kultur der Sprache" kodifizieren, die Halm Beethovens bloßer „Kultur der Form" entgegengehalten hatte. Bachs Werk wird vielmehr auf eine subsumierende Weise betrachtet, in der zwischen musikalischem Satz und musikalischer Form nicht mehr unterschieden wird. Was Halm an Beethovens Art des „Disponierens"[105] entwickelte, war die Auffassung der Form als Totalität. Nicht anders als im Ganzen, und unter keinem anderen Aspekt als dem der Totalität lückenlosen Zusammenhangs scheinen Handschin auch die Interpreten der *Kunst der Fuge* ihren Gegenstand vorzunehmen. Während er sich aber 1929 dieser Betrachtungsweise anschließt und noch Philipp Spittas zustimmende Ansicht beiträgt, „daß die *Kunst der Fuge* eine Einheit bildet, deren Teile aufs Engste verbunden sind, daß es sich um ein Werk von unvergleichlicher Vollkommenheit und Tiefe handelt, und daß es nur an unserem unzureichenden Verständnis liegt, daß keine Gesamtaufführungen davon veranstaltet werden"[106], wird seine Stellungnahme zusehends kritischer. 1937 findet er die die Einheit der *Kunst der Fuge* behandelnden Interpretationen und ihre Diskussionen über verschiedene Anordnungen der Kontrapunkte, über die dem Bauplan zugrunde liegenden Symmetrien oder über die Omnipräsenz des Themas nur mehr um eine „künstliche Problematik" bemüht[107]. „Wirklich streiten könnte man eigentlich nur über eines, nämlich ob die ‚Kunst der Fuge' eine zyklische Form darstellt, wie etwa die ‚Goldberg-Variationen', d.h., ob das Werk von Bach dazu bestimmt war, als Ganzes in einer bestimmten Reihenfolge aufgeführt zu werden"[108]. Handschin dringt darauf, bei der Behandlung dieser Frage zwischen der fraglosen „Einheit des Werks als kontrapunktisches Lehrgebäude" und seiner zweifelhaften Einheit als musikalischer Zyklus zu unterscheiden. Für die Beurteilung letzterer aber sei allein die „künstlerische Anschauung"[109] das

---

103 Ebd., S. 151.

104 Handschin, *Bachs ‚Kunst der Fuge' und die Frage ihrer ‚Wiederbelebung'*, S. 208f.

105 Vgl. Halm, *Von zwei Kulturen der Musik*, S. 77.

106 „Il convient surtout de citer Ph. Spitta qui dit que dans l'Art de la Fugue Bach a parachevé ce à quoi il tendait dans le Clavecin bien tempéré, que cette œuvre forme une unité dont les parties sont étroitement liées, que c'est une œuvre incomparable de perfection et de profondeur, et qu'il ne tient qu'à notre insuffisance si nous négligeons d'en donner des exécutions intégrales" (Handschin, *De différentes conceptions de Bach*, S. 28 Fußnote).

107 Handschin, *Bachs ‚Kunst der Fuge'*, S. 208.

108 Ebd.

109 Ebd., S. 209.

Kriterium. Handschin macht deutlich, was er unter ‚künstlerischer Anschauung' verstanden wissen will, indem er Donald Francis Toveys Formulierung von der „lexikalischen Anordnungsweise" der Fugen beipflichtet und zur Bekräftigung von Toveys „Skepsis gegenüber Gesamtaufführungen des Werks" maliziös genug ein Zitat aus Mattheson heranzieht: ‚‚ ‚Fugen sind gerne zu leiden und wol zu hören; aber ein gantzes Werk von lauter Fugen hat keinen Nachdruck, sondern ist eckelhafft' ''[110].

Warum betont Handschin so nachdrücklich die Verschiedenheit von künstlerischem und analytisch-wissenschaftlichem Hinblick auf die Musik? Warum greift er in dieser Frage zu immer intransigenteren Formulierungen? Es scheint, als sehe Handschin in den Interpretationen der *Kunst der Fuge* Halms Alternative von Bach und Beethoven so realisiert, daß — mit Halms Worten — dem subjektiv „Durchwollten" nun das nicht minder subjektiv „Geordnete und Durchdachte"[111] entgegengehalten wird. Die darin vermeintlich errungene ‚Objektivität' wird an einem wissenschaftlich aufzeigbaren Konstruktionsprinzip festgemacht. Demgegenüber besteht Handschin auf der „künstlerischen Anschauung". Er klagt damit das Moment des Unableitbaren am Kunstwerk ein, das die ‚wissenschaftliche' Formbetrachtung im Namen von Objektivität exstirpieren will. Was Halm an Mozart wahrnahm, wofür er eine geniale Formulierung fand, und was er aus Konsequenz gleichwohl für so gering achtete, daß er es in eine Reihe mit dem „Gutgeratenen" und der „Wohlerzogenheit" von Mozarts Musik stellte: der „Eindruck des Geglückten", den Mozarts Musik auf Halm machte, mag als Beispiel einer künstlerischen Anschauung dienen. Der Gegenstand, woran Halm ihn gewann, war für Handschin die Alternative zu einer „durchwollten" Musik, nicht die „geordnete" und „durchdachte". Statt des ‚Geordneten' und ‚Durchdachten' ist das Geglückte für Handschin die Alternative zum ‚Durchwollten'. Mit der Betonung der künstlerischen Anschauung, die freilich dem Musiker Handschin leicht fiel, zieht er dem Gegenstandsbereich der Musikwissenschaft eine Grenze, um sie nicht zu überschreiten.

c) Verwissenschaftlichung der Form

Konsequenter noch als August Halm hat der Berliner Musikästhetiker Gustav Engel den Begriff der musikalischen Form durch den der logisch-gedanklichen Verknüpfung ersetzt. Engels Abhandlung *Über den Begriff der Form in der Kunst und in der Tonkunst insbesondere* (1886) stellt die eigentliche Gegenposition zu Handschin dar und hat vielleicht, wie die Nähe der Titel nahelegt, sogar den Anlaß zur Abfassung von Handschins Text gegeben. Handschin kommentiert Engels umfangreiche Abhandlung äußerst knapp: „Die Hegelsche Prägung der Lehre läuft darauf hinaus, daß die Form mit dem Begriff synonymisiert wird. Die reinste Form ist der reine Begriff, und daraus folgt, daß die Kunst eigentlich nicht mehr ist als eine Art Vorstadium der Philosophie. Auch der Gegenpol dieses Formbegriffs, der Begriff des formlosen Stoffes, ist für die Musikbe-

---

110 Ebd., S. 209f.
111 Zu dieser und den folgenden Anführungen aus Halm sehe man das vollständige Zitat oben
     S. 41.

trachtung unergiebig, da ihm nichts Reales entspricht. Im Sinne dieser Auffassung ist schließlich alles Form und nichts als Form"[112]. Wir wollen Engels Abhandlung ausführlicher betrachten.

Gustav Engel sieht bei seiner auf Hegel gestützten Erörterung des Begriffes „Form" auf einen Horizont hinaus, der die „fertige, abgerundete Form" als „das Ziel der Menschheit" einschließt[113]. Die Kunst und die Tonkunst insbesondere bilden Stationen. Engel definiert Form als „das Band zwischen Einheit und Vielheit"[114]. Er beschreibt ihre Genese als „Entwicklung von dem ursprünglich Einen oder Einfachen (sei dies ein absolut Einfaches, wie in der Philosophie, oder ein relativ Einfaches, wie in allen bestimmten Aufgaben, in jeder einzelnen Abhandlung, in jedem einzelnen Kunstwerk) in die ihm zukommende Mannigfaltigkeit und die Zusammenfassung dieser letzteren zur Einheit"[115]. Ausgehend von einem allgemeinsten Begriff nähert sich Engel der Frage, „in wie weit die Kunst den Begriff der Form zu verwirklichen vermag und worin der Begriff der künstlerischen Form besteht"[116]. Er stellt zunächst sein Ideal musikalischer Form vor: Der erste Satz aus Beethovens fünfter Symphonie ist ihm „eines der herrlichsten Beispiele für die Entwicklung der reinen Form zu hoch bedeutendem Inhalt"[117]. Die „reine Form" erblickt Engel in dem Intervall der großen Terz, in „einer der ursprünglichsten Formbildungen im Tonreich"[118]. Ihr Wesen, ihre Terzheit, „ist nicht bloß 4:5, sondern sie ist, indem sie sich auf Tonika und Dominante gemeinschaftlich bezieht, der Gegensatz des Gegensatzes, also der aufgehobene Gegensatz, die wiederhergestellte Identität"[119]. Nach Engels These ist in Beethovens Symphoniesatz entfaltet, was die Terz als solche ist. Durch eine „sehr einfache rhythmische Gestaltung" ergibt sich aus ihr das „Motiv", das dem Satz zugrundeliegt. Engel versucht nicht, weiter nachzuvollziehen, wie sich die Terz in diesen Symphoniesatz entfaltet, sondern kehrt zu Vorüberlegungen zurück. Die Beantwortung der Frage, „in wie weit die Kunst den Begriff der Form zu verwirklichen vermag und worin der Begriff der künstlerischen Form besteht", läßt er mit der Bestimmung zusammenfallen, „wie weit in der Kunst die Herrschaft des Nothwendigen reicht"[120]. Er begründet seine Vorgehensweise, indem er einen Maßstab setzt: „Unleugbar ist das Nothwendige das am festesten in sich Zusammenhängende, mithin, wenn Form das Band zwischen Einheit und Vielheit ist, die vollkommenste, die Absolute Form"[121]. Den mit diesem Maßstab mitgesetzten grundsätzlichen „Mangel aller künstlerischen Form"[122] erblickt Engel darin, daß in der Kunst, und in der Tonkunst insbesondere, die Form an einen Stoff, mithin an Anschauung, an

112 Handschin, *Der Begriff der Form in der Musik*, S. 333.
113 Engel, *Der Begriff der Form in der Kunst und in der Tonkunst insbesondere*, S. 193.
114 Ebd., S. 225.
115 Ebd., S. 186.
116 Ebd., S. 226.
117 Ebd., S. 198.
118 Ebd.
119 Ebd., S. 196.
120 Ebd.
121 Ebd., S. 225.
122 Ebd., S. 220.

Sinnlichkeit, mithin an Möglichkeit, an beide, und damit vollends an Zufälligkeit gebunden bleibt. Die materialbedingte Eigenschaft der Instrumente, sich zu verstimmen,
die subjektive Willkür, ,,in der subjektiven Wärme des Vortrags''[123] die reinen Intervalle zu verlassen, weisen für ihn darauf hin. Aber, fährt Engel mit einem Seitenblick
auf sein musikalisches Beispiel fort, ,,die Kategorien des Zufälligen und des Möglichen''
treten umso mehr hervor, ,,je mehr wir uns dem einzelnen wirklichen Tonstück nähern''[124]. Die mangelnde Deduzierbarkeit seiner Form bildet den eigentlichen Kontrast
zu der Idee strenger Notwendigkeit. Denn, so folgert Engel unerbittlich, ,,selbst wenn
das Hauptthema eines Instrumentalsatzes als gegebene Aufgabe vorausgesetzt wird'', so
ließe es sich auch ,,von dem vollendetsten Kunstwerk [...] nie sagen, daß es so wie es
ist [...] mit Nothwendigkeit werden mußte, höchstens — aber auch dies dürfte schwer
in allen Einzelheiten durchzuführen sein — daß es so am besten ward''[125]. Das ‚Beste'
aber gehört kategorial nicht in den Bereich der Notwendigkeit, sondern in den des Möglichen. Engel stellt strenge Notwendigkeit und bloße Kontingenz gegenüber und gibt
dem Gedanken von der in der Kunst geschehenden Vermittlung von Freiheit und Notwendigkeit keinen Raum. ,,Die Musik verwirklicht das höchste logische Grundgesetz,
so gut sie es eben vermag''[126]. Selbst das beste denkbare Kunstwerk, eines, das man zurecht als ,,geglückt'' bezeichnen dürfte, muß vor Engels Ideal versagen. Engel kommt
nicht mehr auf Beethovens Symphoniesatz zu sprechen. Im allgemeinen hat er den Maßstab für musikalische Form darein gesetzt, wie detailliert sie sich deduzieren läßt; im allgemeinen führt er nun das Motiv des unüberwindlichen Mangels durch, daß kein Kunstwerk das als notwendige Ausfaltung eines logischen Zusammenhangs gedachte Form-
ideal stringent zu verwirklichen vermag: ,,In der Melodiebildung, in der Begleitung derselben, die eine mehr oder weniger polyphone sein kann, in der Entwicklung gegebener
und gewählter Themen, in der Aufeinanderfolge und Verknüpfung verschiedener Melodien oder Themen, in der Modulation u.s.w. wird zwar das Gesetz der Nothwendigkeit
nie ganz aufgegeben, aber mit Freiheit befolgt — das heißt aber doch, nach den Kategorien des Zufälligen und Möglichen bewegt sich darin die Subjektivität''[127]. Es ist be-
zeichnend für Engels absolute Abstraktion, daß durch sie heterogene Gegenstände vergleichbar werden: ,,Eine strengere Art der Nothwendigkeit herrscht in der Geschichte
der Kunst vor. Die Melodien werden freier und kühner, die Zahl der gültigen Akkorde
und Akkordverbindungen erweitert sich, die Modulation verknüpft entlegenere Tonarten u.s.w. Dieser Gang, der in der Regel auf den Widerspruch konservativer Parteien
stößt, ist ein nothwendiger; denn der Geist will die letzten Grenzen des Möglichen erreichen''[128]. Engel sieht also in der Musikgeschichte eine Fortschreitungsregel beispielhaft
am Werk, die nicht nur den historischen Verlauf als notwendigen faßlich macht, sondern es auch erzwingt, daß sich in diesem Fortgang und nach seinem Vorbild die Kunst

123 Ebd., S. 228.
124 Ebd.
125 Ebd., S. 229.
126 Ebd., S. 227.
127 Ebd., S. 228.
128 Ebd., S. 229.

einer in immer höherem Grade als ‚Geschichte eines Themas' begreifbaren Form zuwendet. Obwohl er die Kunst gegenüber der Form strenger Notwendigkeit, wie sie die Wissenschaft erreicht, systematisch für mangelhaft erklärt, da ihr stets ein Rest von unaufgehellter Möglichkeit und unableitbarer Willkür anklebt, verklammert er Kunst und Wissenschaft zuletzt doch unter dem Aspekt der Notwendigkeit. Dazu bestimmt er „die künstlerische Form als ein Symbol der streng wissenschaftlichen"[129]. Engel weist auf die Geschlossenheit hin, die die Form der Kunstwerke vor der wissenschaftlicher Abhandlungen auszeichnet: „Selbst eine kürzere wissenschaftliche Abhandlung, die in sich fertig und abgerundet ist, kann ihnen darin nicht gleichkommen, weil in der Wissenschaft Eines mit dem Anderen und jedes Einzelne mit dem Ganzen untrennbar zusammenhängt. Die Wissenschaft, wenn sie echt ist, darf auch nicht einmal den Schein solcher Abgeschlossenheit hervorbringen, das echte Kunstwerk aber darf ihn hervorbringen und bringt ihn hervor"[130]. Künstlerische Form kann also als Paradigma für einen abgeschlossenen Zusammenhang von Sachverhalten dienen; dies aber umso mehr, je zwingender sie sich als ein „ununterbrochen zusammenhängendes Ganzes" erweisen läßt[131]. Durch einen solchen Nachweis würde zuletzt das Moment des Scheins von der Geschlossenheit des Werkzusammenhangs abfallen. Solcherart verwissenschaftlicht wird das Wesen des Kunstwerks der begrifflichen Erkenntnis zugänglich: „Von dem Begriff aber glaube ich es zeigen zu können, daß er in jedem wirklichen Kunstwerk gesetzt ist und daß sein Dasein den wesentlichen Unterschied von dem Naturschönen bildet"[132]. Engel betrachtet als seine wesentliche Leistung eine Konkretisierung der Hegelschen Ästhetik: nicht mehr als Erscheinung der Idee, sondern als Darstellung begrifflicher Inhalte sei „das Spezifische der Kunst" zu begreifen. Durch eine solche Konkretisierung glaubt er Hegel, der „in seiner aristokratischen Weise [...] immer nur das höchste Wahre, das höchste Gute, das höchste Schöne im Auge" hatte, der Denkweise seines „heutigen realistischen Zeitalters"[133] entsprechend interpretiert zu haben.

Durch Engels Logisierung des Formbegriffs zeigt sich die von August Halm aufgestellte Opposition zwischen dem „Durchwollten" und dem „Geordneten" in der Weise verschärft, daß als geordnet nur das qua „Nothwendigkeit" Geordnete gilt. In Halms Analysen wird Beethoven mit den Problemen der selbstgestellten Aufgabe konfrontiert, die Halm durch Beobachtung am Notentext rekonstruiert. Engel mißt ihn an der mitgebrachten Forderung nach Notwendigkeit und geht aus Konsequenz nicht mehr auf sein Beispiel ein. Halm wird darauf geführt, manche Stelle als weder gut gelungen noch mißglückt zu interpretieren, sondern als „in der Mitte zwischen Gut und Schlecht befindlich [...], weil sie wenigstens die Absicht des Komponisten anzeigt, dem Ungenügenden aufzuhelfen"[134]. Ihm gegenüber macht Engel den konsequenteren Versuch, für das ästhetische Urteil ‚absolut verbindliche' Kriterien aufzustellen[135]. Dazu setzt er das Vorbild

129 Ebd., S. 233.
130 Ebd., S. 213f.
131 Ebd., S. 213; vgl. S. 218.
132 Ebd., S. 205.
133 Ebd., S. 201f.
134 Halm, *Von zwei Kulturen der Musik*, S. 164.
135 Vgl. das Zitat aus Schäfkes *Musikästhetik* im Text oben S. 40.

des ,,Geordneten'' in eine Notwendigkeit, die er als Zwangsläufigkeit einer Entwicklung denkt. Dafür, daß solche Verlaufsform niemals mit gesetzmäßiger Strenge am Werk abzulesen ist, kritisiert er das Werk. Was Halms Interesse weckt, das kompositorische Problem, hat bei Engel kein Recht. Der Komponist soll logisch verfahren. Halm beginnt sein Kapitel über den ,,Geist der Sonatenform'' mit der Schilderung eines musikalischen Eindrucks. Engels Abhandlung verfährt durchweg apriorisch. Er spricht über das musikalische Kunstwerk, über die Musikgeschichte, über wissenschaftliche Gegenstände wie den Dreiklang, die Klangfarbe, die sinusförmige Einzelschwingung des Grundtons in immer derselben deduktiven Weise. Der Begriff der Form ist ihm der ,,Universalziegel'' (Robert Musil), aus dem er das Haus der Musik erbaut. War für Riemann von der wissenschaftlichen Behandlung der Akustik ausgehend das musikalische Kunstwerk nur durch einen ,,Sprung ins Ästhetische'' erreichbar, wie er ihn von den Tonpsychologen verlangte[136], so betrachtet Engel in seiner nach dem Maß strenger ,,Nothwendigkeit'' fortschreitenden Deduktion die durch die Rede vom ,,Sprung'' ausgedrückte systematische Diskontinuität gerade an der Differenz, die das konkrete einzelne Kunstwerk von dem idealen Kunstwerk trennt. Seine spezifische Differenz ist zugleich sein unheilbarer Defekt. Je mehr sich das Kunstwerk dem Ideal einer Form strenger Notwendigkeit näherte, desto mehr fielen aber künstlerische und wissenschaftliche Betrachtung zusammen. Unter der Forderung der Angemessenheit an ein Allgemeines muß die Kunstbetrachtung nach Engel zur Wissenschaft werden. So ist es nur folgerichtig, daß er am Ende seiner Abhandlung das Kunstwerk als in sich geschlossenen Zusammenhang betrachtet, dessen Text (als seine faktisch vorliegende Form) mit seiner völligen Einsehbarkeit zusammenfällt und dadurch als ideales Beispiel eines wissenschaftlichen Gegenstandes dienen kann.

,Die Musik verwirklicht das oberste logische Grundgesetz, so gut sie es eben vermag'. Die von Handschin besprochenen Formkonzepte sind um den Nachweis bemüht, wie gut die Musik in ihren Meisterwerken zu solcher Verwirklichung fähig ist. Dies geschieht etwa, indem die Differenz zwischen dem Kunstwerk und dem ,,nach mathematischen Proportionen geformten Gegenstand'' übersprungen wird[137], oder indem die Form als ,,Ableitung aus einem Keim'' gedacht wird[138]. Nicht nur Handschin, sondern auch Halm selbst hat die Suche nach dem ,Urmotiv' am Ende skeptisch betrachtet[139].

---

136 Vgl. Riemann, *Grundriß der Musikwissenschaft*, S. 50.

137 Vgl. das Zitat oben im Text S. 33 bei Anm. 46.

138 Vgl. Handschin, *Musikästhetik des 19. Jahrhunderts*, S. 116. — Auf die Problematik einer solchen Reduktion hat Handschin besonders bei Gelegenheit von Heinrich Schenkers ,,Urlinie'' hingewiesen: In Schenkers System walte ,,die Vorstellung, daß hinter jeder musikalischen Phrase oder Komposition ihre vom Schöpfer durch mannigfaltige Kunstmittel ,auskomponierte' Urlinie steht [...] Mit einer solchen Betrachtungsweise ist freilich die Gefahr gegeben, daß alles, was in dieser Weise als natürliche Projektion einer Urlinie deutbar ist, als genial bezeichnet werden muß. So wird denn der schematische Plan zu einer freien Fantasie mitsamt der Ausführung derselben in Ph. E. Bachs ,Versuch' von Schenker als geniales Meisterwerk gewertet'' (Handschin, Rez. von: H. Schenker, *Das Meisterwerk in der Musik*).

139 ,,Man kann nur Sichtbares zeigen, [...] auf das Unsichtbare aber gerade noch hinweisen, sehe nun jenes, wer Augen hat, zu sehen. Das Werden aber der großen und letzten Einheit ge-

Aber Handschins Kritik an dem Ideal einer Konvergenz von künstlerisch-interpretierendem und wissenschaftlichem Hinblick auf die Musik zielt weiter. Er richtet seine Kritik auch auf die Konsequenz, daß die künstlerische Interpretation, statt als unabgeschlossene Auslegung der Idee des Werks sich anzunähern, nunmehr versucht, als historische Aufführung ein wissenschaftsgeleitetes Ideal zu realisieren und zur Aufführungspraxis am Bande des Begriffs regrediert.

Handschin kritisiert also eine Art, das Kunstwerk anzusehen, die der Annahme entspringt, man könne den künstlerischen und den wissenschaftlichen Stamm der Musikbetrachtung auf ihre gemeinsame Wurzel reduzieren. Diese Absicht hat er an den Versuchen zur ,,Wiederbelebung'' der *Kunst der Fuge* abgelesen. So schreibt Handschin etwa in dem Aufsatz über *Bachs ,Kunst der Fuge' und die Frage ihrer ,Wiederbelebung'*: ,,Er [Wolfgang Graeser] meinte nicht weniger, als die ,Kunst der Fuge' künstlerisch entdeckt und ihr wissenschaftlich ihre wahre Gestalt zurückgegeben zu haben''. Er berichtet, daß noch Hugo Riemann die *Kunst der Fuge* ,,hauptsächlich vom kontrapunktischen Gesichtspunkt'' her aufgefaßt habe, um darauf fortzufahren: ,,Nun wurde der Akzent auf die künstlerische Seite verlegt, was freilich [...] nicht hinderte, daß noch abstraktere Gesichtspunkte als die kontrapunktischen in die Betrachtung hineingetragen wurden''[140].

3. Modelle für die wechselseitige Einschränkung der Methoden

Wie wir sahen, hat Handschin an dem Begriff musikalischer Form das Verhältnis von wissenschaftlicher und ästhetischer Betrachtung der Werke thematisiert. Sein Plädoyer für das Geschmacksurteil ist zugleich ein Plädoyer für eine scharfe Scheidung der verschiedenen, erst im konkreten Kunstwerk zusammenlaufenden Momente. Wie an einem Indiz hat Handschin an der Betrachtung des Kunstwerks unter dem Totalitätsaspekt eine fatale Konsequenz verfolgt: Die in den Theorien musikalischer Form beobachtete Vermischung von künstlerischen und wissenschaftlichen Gesichtspunkten zeigt sich nicht nur auf ästhetischem Gebiet in der Überlagerung der künstlerischen Interpretation durch die Wissenschaft der Aufführungspraxis, sondern sie setzt sich auch auf der Seite der wissenschaftlichen Musikbetrachtung fort. Ironisch hat Handschin selbst einen solchen, ,über den Parteien' stehenden Standpunkt in seinem Feuilleton *Musikalisches Gespräch* (1934) bezogen. Dieses Gespräch wird zwischen einem Anhänger Schönbergs und einem Anhänger Strawinskis geführt, die sich neben anderen ästhetischen Gegenständen auch über das Problem musikalischer Form unterhalten. Handschin fingiert, das Gespräch ,,belauscht und wiedergegeben'' zu haben. Die Unterhaltung wird ermöglicht und getragen von der Höflichkeit der Diskutanten, nicht recht behalten zu

---

hört zum Unsichtbaren'' (Halm, *Die Symphonie Anton Bruckners* [2]1923, S. 96, zitiert nach Schäfke, *Musikästhetik*, S. 444). Schäfke selbst spricht von dem ,,tragischen Unvermögen der Analyse'' und kommt zu dem Fazit: ,,Unser Verstand vermag das Vieleine nicht zusammenzudenken'' (ebd.).

140 Handschin, *Bachs ,Kunst der Fuge'*, S. 201.

wollen; so treten sie in einmütiger Zwietracht für das Ansinnen des Geschmacksurteils ein. Die Kontroverse um ,,Schönberg oder Strawinski" wird nicht entschieden. Der das Gespräch ,,belauschende" Berichterstatter Handschin überläßt das Schlußwort dem ,,Strawinskianer". Dieser beansprucht keinen erschlichenen Überblick (wie er dem angemaßten Standpunkt des ,,Lauschenden" entspricht), sondern nennt die der Ebene der Auseinandersetzung wirklich übergeordnete Instanz: ,,Wenigstens wird die Geschichte alle Erscheinungen unserer Zeit auf einen Nenner bringen; wie der übermenschliche Feldherr im Mussorgskischen Liede, behauptet sie das Feld"[141]. Obwohl vielfach von zeitbedingten, etwa pädagogischen Zielen angestoßen, beansprucht die historische Forschung eine der Geschichte enthobene Objektivität. ,,Manche glauben", schreibt Handschin 1935, ,,die Rettung der Musik" — gemeint ist ihre Rettung vor den in den Virtuosen verkörperten sogenannten Auflösungserscheinungen des 19. Jahrhunderts — ,,habe sich mit der Hinwendung zur Musik des 17. Jahrhunderts als ,Gemeinschaftskunst' vollzogen. Ich achte ihre Meinung und würde es begrüßen, wenn sie sich ebenso zu mir verhalten wollten, der ich die Geschichte unserer Zeit anders deute und die entscheidende Tat anderswo setze"[142]. Handschin hat solche Ordnungsvorstellungen zuerst in den Versuchen zur ,,Wiederbelebung" der *Kunst der Fuge* beobachtet. In seinen *Réflexions dangereuses sur le renouveau de la musique ancienne* (1938) hat er es unternommen, seine eigene Position als Historiker ausführlich darzulegen, und sich dazu mit der Gegenwart und den in ihr wie selbstverständlich geltenden Allgemeinheiten auseinandergesetzt.

Handschins Versuch, die in der historischen Erforschung der Musik insgeheim waltenden Grundüberzeugungen beim Namen zu nennen und das Verhältnis von historischer Erforschung und systematischer Bewertung der Musik aufzuhellen, bedeutet einen entscheidenden Schritt auf seinem Weg hin zur Auseinandersetzung mit dem musikalisch Allgemeinen. Um seinen eigenen Beitrag zur Erkenntnis dieses Allgemeinen zu verstehen, genügt es nicht, Handschin einfach in die Tradition der Tonpsychologie zu stellen. Warum Handschin als Historiker sich um eine systematische Frage bemühte, kann aus seinen *Réflexions dangereuses* deutlich werden, die er 1938 auf dem musikwissenschaftlichen Kongress in Florenz vorgetragen hat; aus Überlegungen, die Handschin deshalb gefährlich nennt, weil sie sich ,,recht unverhüllt über alles lustig machen, was heute als heilig gilt"[143].

a) Das ethnologisch und das historisch Fremde

Handschin beginnt mit einer Bestimmung des musikalischen Gegenstandes. Ein akustisches Ereignis (fait acoustique) erlangt musikalische Bedeutung und wird zum musikalischen Ereignis (fait musical) durch die Resonanz, die es in einem auffassenden Subjekt hervorruft. ,,Damit Beethovens Musik zu Musik im eigentlichen Sinn des Wor-

---

141 Handschin, *Musikalisches Gespräch*.
142 Handschin, *César Francks Harmonik*, S. 76.
143 Handschin, *Réflexions dangereuses*, S. 50.

tes wird, muß es Menschen geben, deren Seele auf diese Musik anspricht, Menschen, die in dieser Musik das Echo ihrer innersten Empfindungen vernehmen"[144]. Wie das Beispiel zeigt, ist diese Resonanz als kulturelle Kategorie zu denken. Anders als einer physikalisch induzierten Schwingung ist dem ‚résonnement de l'âme' eine größere Bandbreite eigen. Denn sogar exotische Musik, gegenüber welcher der Hörer dem Resonanzmodell zufolge apathisch bleiben müßte, vermag durch einen merkwürdigen Widerhall seine Aufmerksamkeit zu erregen. Ist die exotische Musik nach einer einfachen Resonanztheorie des Verstehens eigentlich das Unverständliche schlechthin, so besteht ihre dennoch vorhandene Attraktivität nicht nur in der Fremdheit des von ihr ausgehenden Reizes ungewohnter Farben und andersartiger Effekte. Angeregt durch das Fremde wird auch ein Spiel der Reflexion. Der Hörer sucht diejenige Einstellung, zu der das Fremdartige in Resonanz tritt. Er versucht, sich einzustimmen. Indem die Erfahrung unmittelbaren Angerührtseins, wie es ein europäischer Hörer etwa an einer Symphonie Beethovens verspüren mag, mit der Vorstellung eines allgemeinen ,,fond commun d'humanité" und eines ihm entsprechenden ,,élément ‚universel' de la musique"[145] zusammengehalten wird, kommt dieses Spiel der Reflexion in Gang[146]. Entspricht das Umständliche einer solchen Erklärung dem ungewöhnlichen ,,attrait spécial"[147] der exotischen Musik, so erscheint darin zugleich ihr Abstand zu der dem Hörer vertrauten Musik: ,,Stellen wir uns anstelle Beethovenscher einmal arabische oder japanische Musik vor und versuchen wir, zu ihr in Beziehung zu treten; dann wird uns schnell deutlich, wieviel von ihrer Wirklichkeit die Musik verloren hat"[148]. Besteht aber diese Wirklichkeit des fait musical in einem ‚résonnement de l'âme', so verblaßt sie in dem Maße, wie dieses ‚résonnement' in ein raisonnement über den Vorgang der musikalischen Rezeption und ihre Bedingungen hinüberspielt. Der fait musical tritt dabei in eine abstrakte Vorstellung und ihr akustisches Pendant auseinander. ,,Um dieser Musik gerecht zu werden", fährt Handschin an der zitierten Stelle fort, ,,müßte man sie über einen Umweg zu verstehen suchen; man müßte sich den Menschen vorstellen, dessen Sprache sie ist. Aber damit befindet man sich bereits im Bereich des musikalisch Irrealen"[149]. Ohne eine solche Vorstellung reduziert sich die ästhetische Wahrnehmung auf den sinnlichen Eindruck und genießt nur die (akustische) ,,délicatesse de sonorité de telle musique exotique"[150].

144 ,,Pour que la musique de Beethoven devienne un fait au sens intégral, il faut des hommes dont l'âme résonne à cette musique, des hommes qui retrouvent en elle l'écho de leurs aspirations intimes" (ebd., S. 40).
145 Ebd., S. 41.
146 Vgl. Handschin, *Eindrücke von der Pariser Kolonialausstellung*.
147 Handschin, *Réflexions dangereuses*, S. 41.
148 ,,Imaginons à la place de Beethoven de la musique arabe ou japonaise et mettons-nous en rapport avec elle; nous verrons combien le fait musical aura perdu sa réalité" (ebd.).
149 ,,Il faudra pour rendre justice à cette musique faire des détours, il faudra se représenter l'homme duquel elle est le langage. Mais avec cela on est déjà dans le domaine de l'irréel" (ebd.).
150 Handschin hat die besagte ,,délicatesse de sonorité" in seinem Bericht über Pariser Aufführungen von Musiktheater aus Laos, Annam und Kambodscha sowie Bali besonders enthusiasmiert beschrieben. ,,Man hört dieser Musik einen ganzen Abend zu, ohne zu ermüden, und

Gefährlicher als eine solche Beschränkung auf den sinnlichen Reiz und verführerischer als sein Genuß scheint Handschin aber eine intellektuelle Versuchung zu sein: „Man unterliegt der Versuchung, die Realität der Musik durch eine Vorstellung von ihr zu ersetzen und zu meinen, eine solche Vorstellung genüge, um hören zu können wie die Menschen aus einer exotischen Kultur"[151]. Handschin wendet sich gegen die Meinung, man könne die einer exotischen Musik adäquate Wahrnehmung durch ein Wissen über den ihr korrelierenden kulturellen Hintergrund beliebig herstellen.

Um die Differenz zwischen der „ästhetischen Identifikation" mit einer Musik und dem Wissen über sie, und um den Abstand zwischen einer „Theorie der ästhetischen Identifikation"[152] und der von ihr formulierten Tatsache zu demonstrieren, hat Handschin den Vergleich zwischen der zu Herzen gehenden Musik Beethovens und der unbekannten Musik Japans gewählt. Daß auf Beethovens Musik ein ‚résonnement de l'âme' antwortet, das von der Wirkung unbekannter Klänge verschieden ist (die womöglich xenophobe Reaktionen auslösen), scheint außer Zweifel. Anderseits bietet die musikalische Ethnologie durch die Verfahrensweisen, mittels derer sie sich ihres Gegenstandes versichern muß, das beste Beispiel für die Distanz zwischen dem fait acoustique und seiner Deutung und dem fait humain: ersteren registriert der Phonograph in angemessener Weise, d.h. durch physikalische Resonanz unter Ausschaltung jeder Überlagerung durch die Verstehensproblematik. Sie reproduziert sich freilich in den an die mechanische Aufzeichnung anschließenden Fragen nach Übertragung in unsere Notation, nach Harmonisierbarkeit und schließlich nach Bedeutung und Funktion einer phonographierten Melodie, in denen idiosynkratische Reaktionsweisen und wissenschaftliche Distanz wieder gegeneinanderstehen.

Aber nun wendet Handschin sein ethnologisches Beispiel auf das Verhältnis des Hörers zu alter Musik an. Damit erreicht er den „gefährlichen" Teil seiner Überlegungen. Auch bei der *Wiederbelebung der alten Musik* hält Handschin es für illusorisch zu glauben, man könne die eigene Standortgebundenheit und das daraus folgende Moment von Interpretation aus der ästhetischen Wahrnehmung elidieren und durch historisches Wissen eine gleichsam theoretisch fundierte Unmittelbarkeit zu alter Musik gewinnen. „Es ist eine große Versuchung zu glauben, man könne durch wissenschaftliche Erklärung dahin gelangen, von jeder Kunst im selben Maß angerührt zu sein; zu glauben, es genüge, sich eine menschliche Haltung, eine Geistesart nur vorzustellen, um zu den ihr ent-

---

man würde die Vorstellung am liebsten mehrmals besuchen, um über das Fremdartige hinweg zur eigentlichen Assimilierung zu gelangen", schreibt er über ein balinesisches Programm. Im Vergleich mit dieser „reichen und eigenartigen Musik" erschien ihm die auf der Pariser Kolonialausstellung ebenfalls vertretene arabische Musik „künstlerisch weniger eindrucksvoll", ja „monoton, grau in grau"; dies aber „gewiß zum Teil einfach deswegen, weil sie so gar nicht auf Klangwirkungen abstellt". Zu der Überlegung, nach welchen Kriterien solche exotische Musik jeweils zu beurteilen sei, scheint Handschin indessen freilich gerade durch ein Gespräch mit einem arabischen Musiker angeregt worden zu sein, über das er ausführlich berichtet (vgl. Handschin, *Musik und Theater an der Pariser Kolonialausstellung*).

151 „On subit la tentation de substituer l'imagination à la réalité et de s'imaginer qu'on peut sentir comme un exotique" (*Réflexions dangereuses*, S. 41).

152 Vgl. H. H. Eggebrecht, *Theorie der ästhetischen Identifikation*.

sprechenden künstlerischen Werken vorzudringen [...] Ich sehe darin sogar eine Gefahr wissenschaftlicher Bildung: man gewöhnt sich an den Gedanken, es sei kein Unterschied, eine Sache zu erklären und wissenschaftlich abzuhandeln oder sie lebendig zu erfahren"[153]. Handschin erläutert seinen Einwand anhand der historischen Aufführungspraxis. Als Gegenstand der historischen Musikwissenschaft stellt sich der fait musical als doppelte Aufgabe dar. Auf der Seite des fait acoustique steht die Rekonstruktion der Texte und der Nachbau der historischen Instrumente; dazu tritt, als Rekonstruktion der Subjektseite, der Versuch, durch das Studium der sogenannten ‚Musikanschauung' einer Zeit eine Vorstellung von dem fait humain, der Bedeutung und Funktion der Musik, zu bekommen. Aber, daran hält Handschin fest, beides bleibt ein Wissen, das weder die künstlerische Wirklichkeit erreicht, die die vergangene Musik einmal besessen hat, noch die Wirkung aufleben läßt, die sie einstmals ausübte. Handschin kritisiert die Scheinhaftigkeit des ‚‚culte de la musique ancienne"[154] und das Veranstaltete eines historistischen Zugangs zu alter Musik, ‚‚qui se tourne vers le passé sans être solidement enraciné dans le présent"[155]. Dazu unterscheidet er die alte Musik als ‚‚objet de la science" von derselben Musik als ‚‚objet de l'art"[156]: ‚‚Ne confondons pas philologie et esthétique"[157]. Handschin stellt zwei Positionen gegeneinander: Einer um den Ursinn bemühten Interpretation Beethovens stellt er die Praxis Liszts entgegen, der sich Verzierungen und Freiheiten erlaubt und die Haltung des Interpreten zum Werk geradezu mit der eines Malers gegenüber der Natur verglichen habe. An diesem extremen Wort Liszts gewinnt Handschin das Motiv der Bearbeitung, die er der Bemühung um den Urtext, den vermeintlichen Garanten des Ursinnes, entgegenstellt. ‚‚Kann man die künstlerische Aufführung ausschließlich darauf festlegen, daß sich in ihr das ‚Wesen' des Werks darstelle, oder verlangt sie nicht doch ein Moment eigener künstlerischer Gestaltung?"[158]

---

153 ‚‚La tentation est grande de penser, que, grâce à l'explication scientifique, nous pouvons vibrer devant n'importe quel art et qu'il suffit de nous représenter un état humain, psychologique, pour avoir accès aux créations esthétiques qui lui sont coordonnées [...] Voilà un danger de l'éducation scientifique: on peut s'habituer à penser qu'expliquer et raisonner d'une chose, c'est déjà presque la vivre" (Réflexions dangereuses, S. 44).

154 Ebd., S. 49.

155 Ebd., S. 43. Handschin hat dieses Veranstaltete bei Gelegenheit einer Aufführung der Kunst der Fuge erspürt: Wolfgang Graeser, so berichtet er, ließ ‚‚anläßlich des musikwissenschaftlichen Kongresses in Wien 1927 die ersten Fugen von einem Streichquartett spielen. Diese Vorführung hat mir einen eigentümlichen Eindruck hinterlassen. Sie fand nicht als reguläre Kongressveranstaltung, sondern im Hause des Gesandten des Deutschen Reiches in Wien statt, der es sich nicht nehmen ließ, seinerseits zu Graesers Vortrag eine Einführung zu geben. Offenbar hatte die deutsche Gesandtschaft noch nie so viele Gäste gesehen, denn es wurden aus allen Ecken Stühle herbeigeholt, die vielleicht noch nie zum Sitzen gedient hatten, und nun zu knacken begannen — zum geheimen Vergnügen der skeptisch eingestellten unter den Zuhörern" (Handschin, Bachs ‚Kunst der Fuge', S. 205).

156 Handschin, Réflexions dangereuses, S. 44.

157 Ebd., S. 47.

158 ‚‚La reproduction musicale aus sens esthétique, peut-on la réduire exclusivement à ce que se manifeste l',essence' d'une œuvre donnée, et ne nécessite-t-elle pas un élément de création?" (ebd., S. 48).

Freilich will Handschin nicht das An-sich des Werks in ein bloßes Für-den-Interpreten auflösen. Er zielt auf die Spannung zwischen Werk und Interpret. Wie die virtuose Interpretation und die historische Aufführungspraxis einander historisch ablösende Verfahrensweisen sind, so prägen beide gleichermaßen, wenn auch mit verschiedenem Akzent, die Spannung der Realisation zum Werk und damit der Geschichte zur Gegenwart aus. Nicht daß durch die Wissenschaft das Ungesicherte der virtuosen Interpretation abgetan und die Person des Interpreten durch den Geist des Werks ersetzt werden könnte. Die „tension entre l'œuvre et l'exécutant"[159] tritt nur anders hervor. Aufführungen mittelalterlicher Musik mißt Handschin den Wert von Experimenten zu, deren „Resultat, auf den Menschen unserer Zeit bezogen, gegebenenfalls etwas ästhetisch Absurdes sein kann"[160]. In der künstlerischen Vergegenwärtigung der Vergangenheit, in der „tension toute personnelle entre le présent et le passé établie par Strawinski"[161], sieht er dagegen nicht nur Werke mit einem Verhältnis zur Tradition entspringen, sondern die Tradition selbst am Werk. Handschin betont nicht nur, daß Strawinski historische Werke bearbeitet und mit seinen Bearbeitungen ein historisches Verfahren wieder aufgreift. Als ‚objet de l'art' zeigt sich die Tradition gerade in einem individuellen Verfahren, dessen Beurteilung sich nicht völlig objektivieren läßt. Gerade darin ist Strawinskis Prinzip der „Ironisation"[162] mit der Freiheit der Virtuosen verwandt.

Betrachten wir die Konsequenzen dieser Überlegungen für Handschins Bestimmung des fait musical. Wie die künstlerische Bearbeitung sich nicht auf wissenschaftliche Argumente stützen und dadurch ihre Setzungen absichern kann, und wie sich ebenso das ästhetische Urteil nur ansinnen, nicht aber stringent beweisen läßt, so gilt in vergleichbarer Weise für den fait musical die Nichthintergehbarkeit der ihn konstituierenden Kategorien. Will man den Ausdruck „fait musical" mit einer neueren Bestimmung als „in bestimmter Weise kategorial geformte akustische Wahrnehmung" übersetzen[163], so besteht Handschin auf dem Unterschied zwischen der wissenschaftlichen Einsehbarkeit der verschiedensten kategorialen Systeme als theoretischer Möglichkeiten und der Wirklichkeit der Musik, die die Aktualität der Kategorien bedeutet. Durch das Beispiel der künstlerischen Bearbeitung hebt Handschin am fait musical hervor, daß er als fait humain wirklich und aktuell in seiner Gegenwart — Ernest Ansermet hätte gesagt: ‚von

---

159 Ebd.

160 Handschin, *Musikgeschichte*, S. 388.

161 Handschin, *Réflexions dangereuses*, S. 48.

162 Ebd.

163 Vgl. Dahlhaus, *Systematische Musikwissenschaft*, S. 26. Dahlhaus beantwortet mit dieser Bestimmung die Frage: „Was ist eine musikalische Tatsache?" Er spricht von einem „Problem der Ästhetik: einer Theorie der Voraussetzungen, unter denen ein akustischer Eindruck ein musikalisches Phänomen darstellt", und löst es folgendermaßen auf: „Der Versuch, den Gegenstand einer Systematischen Musikwissenschaft zu bestimmen, kann — in vereinfachender und vager Manier, wie sie zunächst und in erster Instanz nicht zu vermeiden ist — davon ausgehen, daß Musik eine in bestimmter Weise kategorial geformte akustische Wahrnehmung sei", um später fortzufahren: „Die philosophische Interpretation des Begriffs ‚kategoriale Formung' — nach Aristoteles, Kant, Husserl oder Cassirer — darf einstweilen, ohne daß dadurch wissenschaftlicher Schaden entsteht, offengelassen werden" (ebd., S. 25ff.).

innen' — ergriffen werden muß und nicht nur seiner Form nach theoretisch besessen werden kann. Mit der Forderung nach aktueller Geltung verbindet Handschin aber das Moment stets nur begrenzter Gültigkeit. Dieser Begrenztheit des ästhetisch Verstehbaren durch die eingeschränkte Reichweite des jeweiligen Standpunkts steht die Allgemeinheit des theoretischen Zugangs zur Musik gegenüber. Offensichtlich hängt die Triftigkeit von Handschins Kritik an der historistischen Wiederbelebung der alten Musik an der Stichhaltigkeit des Arguments, daß die Abstraktheit der intellektuellen Betrachtung der Musik es verhindert, sie ohne Rest zur Anschauung der Musik zu vermitteln und ihre Allgemeinheit der begrenzten ästhetischen Einsicht mitzuteilen[164]. Handschin hat an diesem Argument noch in der *Musikgeschichte* festgehalten: ,,Nach einem Überblick über die Musikgeschichte wird man wohl die Frage nach unserem Verhältnis zur alten Musik stellen dürfen. Hier aber zeigt es sich, daß wir notwendigerweise zwischen einem ästhetischen und einem intellektuellen Verhältnis zum Gegenstand, zwischen dem unmittelbaren In-uns-Aufnehmen einer Musik und unserem Wissen um sie zu unterscheiden haben. Unbegrenzt sind unsere Möglichkeiten nur in letzterer Hinsicht, nicht in ersterer; denn wären wir imstande, jegliche Art von Musik — Musik aus allen Epochen und Musik von allen Völkern — künstlerisch aufzunehmen, so wären wir nicht Menschen mit einem bestimmten (zeitlichen, nationalen) Standort, sondern wir wären der ,Mensch an sich' ''[165].

In der *Musikgeschichte* beurteilt Handschin das ,,Verhältnis zur alten Musik'' als Musiker. Er sieht sich durch die Frage der Verwendung historischer Instrumente und durch Stichworte wie ,,Orgelbewegung'' zu der Maxime geführt: ,,Bei musikalischen Fragen lasse man den musikalischen Geschmack nicht beiseite! [...] Sagten nicht schon die mittelalterlichen Musiktheoretiker, es müsse die Vernunft und das Gehör zu Rate gezogen werden?''[166] In den *Réflexions dangereuses* legt er den Nachdruck auf die andere Seite, auf den fait musical als ,,objet de la science''. Daß bei der Rekonstruktion alter Musik die Problematik der Subjektseite des fait musical nicht ,,beiseite'' bleiben darf, heißt für ihre *wissenschaftliche* Berücksichtigung: ,,Ebensosehr wie um die musikalischen Denkmäler einer Zeit muß man sich darum bemühen, die Menschen dieser Zeit zu verstehen''[167].

Ein Anhang zu den *Réflexions dangereuses* enthält Materialien zur Beantwortung der Frage: Was ist aus mittelalterlichen Quellen für das Problem der kategorialen Bestimmtheit des ästhetischen Urteils zu gewinnen? Handschin hat unter dem Titel *Lobre-*

---

164 Den merkwürdigen Querstand, den die Unmittelbarkeit des ästhetischen Verstehens von Musik mit der Allgemeinheit theoretischen Wissens über Musik bildet, hat Henry S. Macran im Vorwort seiner Ausgabe der *Elementa harmonica Aristoxeni* folgendermaßen formuliert: ,,The strangeness of the foreign music of to-day, and of the dead music of the past is insuperable, for they are the expressions of emotions which their possessors could not analyze, and we can never experience'' (Henry S. Macran, *The Harmonics of Aristoxenus*, S. 1f.).

165 Handschin, *Musikgeschichte*, S. 386.

166 Ebd., S. 395.

167 ,,Il faut donc connaître l'homme de l'époque aussi bien que les monuments musicaux'' (*Réflexions dangereuses*, S. 44).

den und Verdammungen[168] Belege für die Standortgebundenheit musikalischer Urteile gesammelt. Er stellt diese *Appréciations et médisances* der geisteswissenschaftlichen Epochenkonstruktion eines Mittelalters von wohlgerundeter Einheit gegenüber. Aber sein Anhang dient nicht nur als Belegsammlung für diesen kritischen Einwand. „Connaître l'homme de l'époque" meint für Handschin nicht bloß ,Einfühlung' in die Kulturgeschichte. Wir werden sehen, daß er sich die in seinen Quellen ausgesprochene Denkfigur zu eigen gemacht hat.

Zunächst zeigt er an verschiedenen Stimmen die Ränder musikalischer Welten und die abschätzigen oder neugierigen Blicke, die über diese Ränder hinaussehen und über die jeweiligen Barbaren und ihre Musik urteilen. So berichtet Johannes Diaconus über den Gesang der Germanen und Gallier, „jene Völker hätten die Süße des von ihnen übernommenen [...] Gesanges immer wieder verfälscht, ihre ,trinkgewohnten Gurgeln' und ihre donnerähnlichen Stimmen hätten die Sanftheit jener Kantilene nicht wiedergeben können, sondern etwas dem Wagengerassel Ähnliches hervorgebracht"[169]. Während Johannes Diaconus als Biograph Gregors von einer normativen Position aus urteilt und auf ,fragwürdige Gesangsleistungen' herabsieht, erreicht den Verfasser eines Manuskripts aus Sevilla eine verwirrende Vielfalt vernehmbarer Stimmen: „Ihre verschiedenen Gesänge geraten den verschiedenen Völkern zum wechselseitigen Mißklang. So sagen die Griechen, daß die Lateiner wie Hunde heulen und die Lateiner, daß die Griechen pfeifen wie die Füchse; die Sarazenen halten den Gesang der Christen für Gestammel, und umgekehrt berichten diese, daß die Sarazenen die Töne verschlucken und ihren Kehlen ein gurgelnder Gesang entströmt. Die Gallier wissen von den cisalpinen Stämmen zu berichten, daß sie wie faselnd die Melodie brechen. Es sei eine Zumutung, ihnen zuzuhören. Jene ,Italici' wiederum... [Der Text bricht ab]"[170]. Eine dritte Stimme faßt diese Vielheit im Bewußtsein einer „différentiation en espèces traditionnelles"[171] zusammen: „Ein Schriftsteller aus dem moslemischen Spanien des 11. Jahrhunderts sagt, daß von den Völkern des Orients jedes seine eigenen Gesänge, seine eigenen Melodien und seine eigenen Tonarten hat; sie seien alle voneinander verschieden und Gott allein kenne ihre Zahl"[172].

In den von Handschin gesammelten Texten wird also von innerhalb der Geschichte

---

168 *Appréciations et médisances intérnationales dans le domaine de la musique médiévale*, (ebd., S. 50ff.).

169 Das deutsche Zitat nach: Handschin, *Musikgeschichte*, S. 126; vgl. dass. in: *Réflexions dangereuses*, S. 50.

170 „Diversae nationes [...] diversimode sibi displicent in cantando. Graeci dicunt Latinos ut canes latrare et Latini dicunt quod Graeci gemunt sicut vulpes. Saraceni dicunt Christiani non cantare sed delirare fatentur. E converso referunt Christiani quod Saraceni voces transglutiunt et cantus in faucibus gargaricant. Asserunt Gallici quod Italici semper in crebra vocum fractione delirant. Unde illos dedignantur audire. Italici e converso referunt ..." (*Réflexions dangereuses*, S. 53, Anm. 3; vgl. Handschins frz. Übersetzung im Text).

171 Handschin, *Réflexions dangereuses*, S. 50.

172 „Un écrivain de l'Espagne musulmane au XIe siècle dit que parmi les peuples de l'Orient chacun a ses chants, ses mélodies et ses modes à lui; ils sont tous différents, et Dieu seul pourrait les énumérer" (ebd., S. 52).

geurteilt, und noch der Hinweis auf einen unendlichen Verstand dient dazu, die unendliche Vielfalt von ,,chants, mélodies et modes'' zu betonen. Diese Figur legt Handschin seinen Überlegungen zugrunde: ,,Es gibt keine Musik ohne Menschen; weil sich aber alle irdischen Dinge in Arten ausfalten, wollen wir genauer sagen: jeder bestimmten Art von Musik entspricht die für sie empfängliche Gruppe von Menschen''[173]. Seine Kritik an einer vermeintlichen Erneuerung der Musik durch die wissenschaftlich gestützte ,,Wiederbelebung'' der Musik vergangener Zeiten ist damit nicht allein durch ästhetische Bedenken motiviert; ebensowenig stellt Handschin dem historistischen Ansatz, der dieser ,,Wiederbelebung'' theoretisch zugrunde liegt, nur seine Einsicht in eine alter Musik entsprechend alte Gedankenwelt entgegen. Man könnte von dem Leben eines Gedankens sprechen, der in Handschins Position seine Aktualität zeigt. Indem Handschin von einer irreduziblen Vielfalt von Arten möglicher Musik ausgeht, trennt er sich von dem Ausgangspunkt und Standort, den die historistische ,,Wiederbelebung der alten Musik'' beansprucht.

Handschin spricht von der ,,Illusion zu meinen, der ganze Bereich der Musik sei für jeden zugänglich, obwohl jeder Einzelne doch an einem ganz bestimmten Ort und in einer ganz bestimmten Zeit geboren und an sie gebunden ist''; er fährt mit Blick auf die dabei von der Wissenschaft beanspruchte ,Zentralperspektive' fort: ,,Es handelt sich um die Vorstellung einer Art Allmacht und Allgegenwart, nachgerade einer Art gottgleicher Einsicht, und diese Vorstellung kann eben aus einem Mißverständnis der Wissenschaft entstehen, dieser (wenigstens im Prinzip) jedermann zugänglichen, nicht an die eigene Person gebundenen Sache. Aber Kunst gibt es, wie das wirkliche Leben, nur unter den stets gegebenen Einschränkungen''[174]. Daß gerade die Historiker sich nicht nur über die Geschichte hinwegsetzen, sondern auch einem ,,idéal rétrospectif''[175] huldigen, begründet Handschin aus der Kränkung einer anderen Allmachtsphantasie: ,,Die Vorstellung, daß uns alle Kunst aller Zeiten zugänglich sei, scheint mit einer anderen, auf die Kunst angewandten Vorstellung fest verknüpft: der vom unausgesetzten künstlerischen Fortschritt. Wäre nämlich wirklich unsere eigene Kunst die Summe, die Zusammenfassung und Krönung aller bislang von der Menschheit gestalteten Kunst, dann fänden wir uns wohl wirklich in der Lage, alle ,Vorstufen' ästhetisch wahrnehmen zu kön-

---

173 ,,[Pour les réflexions qui vont suivre, posons un point de départ: le fait musical. Mais qu'est-ce que le fait musical? Je pense que nous pouvons dire ceci: le fait musical n'est pas seulement un fait acoustique, mais c'est un fait humain.] Pour qu'il y ait musique, il faut une humanité sensible à la musique; et puisque dans ce monde tout se diversifie par espèces, nous dirons encore: pour qu'une espèce de musique existe, il faut qu'existe une espèce humaine qui correspond à cette espèce musicale'' (ebd., S. 40).

174 ,,La science peut par son caractère impersonnel, seulement représentatif du réel, causer le mirage et le mirage c'est le vertige et le déséquilibre; dans le cas c'est l'illusion de penser que tout dans l'art est accessible à chacun, malgré qu'il soit né seulement à un seul point du monde et à une seule époque; c'est l'illusion d'une sorte d'omnipotence et d'ubiquité, voire de divinité, et cette illusion peut surgir grâce à un abus de la science, cette chose impersonnelle et accessible à tous (du moins à principe), tandis que l'art, et la vie réelle en général, implique toujours une sélection et le respect des espèces naturelles'' (ebd., S. 45).

175 Ebd., S. 49.

nen. Wir wären dann zumindest fähig, die jeweils wesentlichsten Züge zu verstehen: eben die auf unsere Kunst vorweisenden, in unserer Kunst zusammenlaufenden Züge"[176]. Ob man also die Geschichte auf ihre prospektiven Züge hin untersucht[177], oder ob man gerade eine der Gegenwart entgegengesetzte, idealisierte Vergangenheit aufsucht[178], immer beansprucht der Beobachter einen ausgezeichneten Standpunkt. Im ersten Fall wird die Gegenwart durch den Fortschrittsgedanken über einen kontingenten historischen Augenblick hinausgehoben. Aber auch die These, alle Epochen seien gleich unmittelbar zu ihrem Beobachter, bleibt mit der Gegenwart verknüpft. Die Historiker beanspruchen dabei zwar ein der Geschichte enthobenes Urteil, aber wie der Schneider im Himmel verraten sie sich, indem sie den Schemel nach der Musik ihrer Zeit schleudern.

Unter diesem Aspekt können wir Handschins Überlegungen zum *Begriff der Form in der Musik* und seine *Réflexions dangereuses* miteinander verbinden. Der Theorie der vollständigen Deduzierbarkeit des Kunstwerks, wie sie Gustav Engel formulierte, ist (schon bei Engel selbst) eine ebensolche reduktionistische Betrachtung der Musikgeschichte verwandt. Alfred Lorenz etwa enthüllte nicht nur das *Geheimnis der Form bei Richard Wagner*[179], er zeichnete auch die Sinuskurve der historischen Periodizität[180]. Lorenz hat beansprucht, durch gelungene ,,Beschwörung der geheimen Geister der Musikgeschichte'' das ,,Urgesetz'' der Musikgeschichte enthüllt zu haben[181]. In Handschins Bericht über einen Vortrag dieses Autors kündigt sich bereits 1931 die Idee seiner eigenen *Musikgeschichte* an: ,,Unter den Versuchen zur übersichtlichen Anordnung des Materials — oder zur ,Beschwörung der geheimen Geister der Musikgeschichte', wie er [,,Prof. Lorenz''] sich ausdrückte — wird sein Versuch nicht der letzte bleiben, aber wahrscheinlich einer der ansprechendsten''[182]. Der reflektierenden Betrachtung des Kunstwerks entspricht die Absicht des Historikers Handschin, auch die Geschichte von einem Standpunkt innerhalb der Geschichte zu betrachten. Handschin beteiligt sich we-

---

176 ,,L'idée que, dans le domaine de l'art, tout nous est accessible, me semble reliée à une autre idée, l'idée du progrès continu appliqué à l'art; c'est-à-dire que si vraiment notre art est la somme, et le résumé, et le couronnement de tous les arts vécus par l'humanité, alors en effet nous serons capables de comprendre réellement, esthétiquement toutes les étapes pour ainsi dire préparatoires, ou au moins serons-nous capables de les comprendre dans leur partie essentielle, celle qui consiste précisément à converger vers nous'' (ebd., S. 46).

177 Als Beispiel stand Handschin besonders I. Kryschanowskijs Buch *The Biological Basis of the Evolution of Music* vor Augen.

178 Als typisch für diese ,,Zeitströmung'' betrachtete Handschin W. Harburgers Buch über *Form und Ausdrucksmittel in der Musik* (1926), das ,,in ein hohes Lied der kontrapunktischen Polyphonie und in eine Lobpreisung dem ,mittelalterlichen Menschen' ausmündet'' (Handschin, Rez. von: W. Harburger, *Form und Ausdrucksmittel in der Musik*).

179 Vgl. A. Lorenz, *Das Geheimnis der Form bei Richard Wagner*.

180 Vgl. Lorenz, *Abendländische Musikgeschichte im Rhythmus der Generationen*; man sehe die Abbildung der Kurve nach S. 122.

181 Vgl. Lorenz, *Periodizität in der Musikgeschichte*, in: *Die Musik*, XXI/1929, S. 648.

182 Handschin, Rez. von: A. Lorenz, Vortrag: *Stilprinzipien der abendländischen Musik*; vgl. die methodischen Überlegungen Handschins am Anfang der *Musikgeschichte*, S. 15-27.

der an dem Versuch, das Kunstwerk auf einen begrifflich faßbaren Wesenskern zu reduzieren, noch will er die Unabgeschlossenheit der Geschichte durch eine systematische Konstruktion überwölben.

Handschin widerstreitet besonders der Vorstellung des Geschichtsverlaufs als einer fortlaufenden Entwicklung, deren Notwendigkeit und Richtung gebendes Moment nach Engel darin bestünde, „die letzten Grenzen des Möglichen zu erreichen". Mit dem Pathos unvermeidlichen Fortschritts wollte Engel den Gang der Geschichte über den Einspruch der „konservativen Parteien" hinwegschreiten sehen. Nun wurde ein retrospektives Ideal von Musik propagiert. Um nicht gegen die „ewigen Gesetze der Harmonie und der Schönheit"[183] zu verstoßen, sei es notwendig, sich innerhalb der Grenzen des musikalisch Möglichen zu halten. Engels Ersetzung der Idee durch den Begriff rächt sich: Die konkretistische Anwendung der Idee der Perfektibilität auf die Musikgeschichte wird nun durch die musikwissenschaftlich verordnete „Kunst des Maßhaltens und Verzichtens"[184] abgelöst. Handschin setzt sich gegen angeblich in der Geschichte herrschende Zwänge zur Wehr: Gegen Ende der *Réflexions dangereuses* diskutiert er die Frage, ob die „Werktreue" geradezu eine moralische oder staatspolitische Verpflichtung des Interpreten sei. Er zieht ein selbstbewußtes Fazit: „Aber auch hier wäre es wohl gefährlich, sich zu unverhüllt über all das lustig zu machen, was heute als sakrosankt gilt; beschränken wir uns darauf, den Virtuosen aller Zeiten still die Hand zu reichen [...]"[185].

b) Künstlerische Interpretation und wissenschaftliche Deutung

Wir haben gesehen, wie Handschin die Fragen der künstlerischen Interpretation der Verantwortung der Virtuosen anvertraut und ihren Bereich von der Aufgabe der Musikwissenschaft unterscheidet. Nun muß im Gegenzug das Problem der musikwissenschaftlichen Deutung historischer Gegenstände betrachtet werden. Dazu referieren wir über einen Gegenstand, den Handschin von 1926 bis 1942 immer wieder aufgreift und der mitten in die Fragestellung des *Toncharakter* hineinführt. Es handelt sich um jenen Gegenstand, den Handschin später mit dem polemischen Stichwort „Die nordische Krankheit" apostrophiert[186].

Auf dem musikwissenschaftlichen Kongress in Leipzig hielt Peter Wagner 1925 einen Vortrag über *Germanisches und Romanisches im frühmittelalterlichen Kirchengesang*. Er unternimmt darin die Deutung eines von ihm seit langem untersuchten historischen Befundes, nämlich der Differenz zweier „Dialekte der gregorianischen Musik"[187]. Wagner unterscheidet seine Herangehensweise an die Frage der Choralvarian-

---

183 Th. Kroyer, *Zum Geleit*, Vorwort zu K. Jeppesen, *Kontrapunkt*, Leipzig 1935, S. V.

184 Ebd.

185 „Ici encore il serait peut-être dangereux de se moquer trop ouvertement de tout ce qui est aujourd'hui sacré; bornons-nous donc à tendre silencieusement la main aux grands virtuoses de toutes les époques [...]" (*Réflexions dangereuses*, S. 50).

186 Vgl. Handschin, ,*Antiochien, jene herrliche Griechenstadt*', S. 193.

187 Wagner, *Germanisches und Romanisches*, S. 29.

ten von der „bisherigen Beschäftigung mit diesen Dingen"[188]. Anstatt sich wie die „Variantenstatistiker" mit den „Zusammenstellungen der Lesarten" zu begnügen, will er „nach den Ursachen der Varianten forschen, denn in ihnen verbergen sich nicht selten bedeutsame künstlerische Tatsachen und Entwicklungen"[189]. Wagner faßt seine Beobachtungen folgendermaßen zusammen: „Der Hauptsache nach kann man den Tatbestand so formulieren, daß von den beiden Stufen, welche das Intervall eines diatonischen Halbtons bilden, also E-F, a-b, h-c, die romanischen Sänger als Gipfelpunkt der melodischen Bewegung den unteren Ton E, a, h, die germanischen den oberen Ton F, b, c vorziehen, und zwar oft unter Überspringung der unteren Stufe, sodaß das Intervall einer Terz oder Quarte entsteht, wo die Romanen sich mit der Sekunde oder Terz begnügen. An vielen Stellen aber, wo die romanische Lesart bereits die obere Stufe des Halbtonintervalles aufweist, gehen die Germanen sogar über diese hinaus bis zu dem darüber liegenden Ton; sie singen also statt a-b oft a-c, statt e-f oft e-g usw."[190]. Nachdem er den Tatbestand an Beispielen erhärtet hat, schreitet Wagner zu seiner Deutung fort. Er setzt vier Erklärungen hintereinander:

Es handelt sich um textbedingte Akzentsetzungen.

Es handelt sich um eine Pentatonisierung der Melodie.

Es handelt sich um „Vorahnungen harmonisch-akkordischer Wirkungen"[191].

Wagner weist diese Möglichkeiten zurück und bringt seine eigene Deutung vor: „Ich erblicke in dem immer wieder zum Durchbruch kommenden Drange unserer Vorfahren, die melodische Spitze höher zu suchen als die Romanen, das Ergebnis einer intensiveren seelischen Spannung, eine der ersten geschichtlichen Äußerungen deutschen Hochstrebens, des deutschen Idealismus, und stelle die Tatsachen, die ich vor Ihnen aufrollte, in eine Parallele zur deutschen Gotik des Mittelalters"[192]. Wagner stellt dem romanischen Choraldialekt mit seiner „ruhigeren Ausdehnung in die Breite", die auf die „deutschen Sänger [...] gedrückt, mutlos" wirken mußte, den „Hochsinn der deutschen Seele und ihren Hang zum Mystischen" entgegen, der sich in den vergrößerten Intervallen äußere. In ihrer „zwingenden Helle, Frische und Sicherheit" wirken auf ihn „manche der germanischen Varianten [...] wie eine Flucht aus der melodischen Alltäglichkeit und sehnsuchtsvolle Blicke über das Irdische hinaus"[193].

Handschin hat von diesem Vortrag Peter Wagners einen starken Eindruck zurückbehalten: „Prof. P. Wagner (Freiburg, Schweiz) legte in fesselnder Rede Beobachtungen vor, die er beim Vergleichen der Überlieferung gregorianischer Melodien in Handschriften deutscher bzw. germanischer und französischer bzw. romanischer Provenienz gemacht hat; in deutschen Handschriften sehen wir die Intervalle der Melodie öfters erweitert, was zu interessanten völkerpsychologischen Fragen führt"[194]. Aber nicht Wag-

---

188 Ebd., S. 22, Fußnote 1.
189 Ebd.
190 Ebd., S. 29f.
191 Ebd., S. 31.
192 Ebd., S. 32.
193 Ebd., S. 32f.
194 Handschin, *Händelfest und musikwissenschaftlicher Kongreß in Leipzig*, S. 249.

ners faktische Beobachtungen, sondern seine mit Nachdruck erklärte „Deutungsabsicht" veranlaßt Handschin, sich „Gedanken über moderne Wissenschaft" zu machen, denn im Kontrast zu den Ausführungen des von ihm hochverehrten Peter Wagner trägt er selbst in Leipzig *Notizen über die Notre-Dame-Conductus* vor, die sich von aller Absicht auf „Sinnfindung" fernhalten[195].

1926/27 führt Handschin eine Diskussion mit Peter Wagner über den Terminus „paraphonista". In einer Replik auf Wagners Aufsatz *Über die Anfänge des mehrstimmigen Gesanges* (ZfMw IX, 1926/27), der kritische Bemerkungen zu Handschins *Zur Geschichte der Lehre vom Organum* (ZfMw VIII, 1926) enthält, geht es Handschin zunächst um die Tatsachenfrage nach Quellen und Belegen für Zeugnisse früher Mehrstimmigkeit. Aber er führt die Auseinandersetzung zu einem „quid juris" weiter: „Indem ich von frühmittelalterlichen Zeugnissen zu spätantiken die Brücke zu ertasten suchte, trat ich bewußt aus dem Rahmen der üblichen Anschauung vom ausschließlich nordischen Ursprung unserer Mehrstimmigkeit heraus"[196]. Handschin plädiert für historische Kontinuität, während die „übliche Anschauung" eine scharfe Zäsur setzt. Doch kommt eine Diskussion nicht zustande, da Wagner nur kurz abschließend antwortet.

Den nächsten Schritt bildet ein Aufsatz Handschins von 1928: In *Gedanken über moderne Wissenschaft* bietet er Überlegungen zur Aufgabe und Methode der historischen Forschung. Das Moderne der „modernen Wissenschaft" erblickt Handschin in dem Akzent auf „Deutung der Tatsachen", auf „Sinnfindung"[197], der neuerdings einer philologisch selbstgenugsamen Akribie entgegengesetzt werde. Typisch für die „alles überflutende «Deutungs»-Tendenz" sei etwa Herbert Cysarz' Programmschrift *Literaturwissenschaft als Geistesgeschichte* (1926)[198]. Freilich will Handschin nicht einer Fakten sammelnden und ordnenden Wissenschaft das Wort reden; er ist nur skeptisch gegenüber alleserklärenden Konstruktionen und wendet sich gegen eine zur Methode erklärte Intuition: „Wir können uns des Gefühls nicht erwehren, daß man zusehr darauf

---

195 Auf das Bestehen zweier „Choraldialekte" hatte Wagner 1912 im Anhang seiner *Neumenkunde* und 1924 in seinem Artikel *Der gregorianische Gesang* in Adlers *Handbuch der Musikgeschichte* hingewiesen. Nur die „Deutung" kommt 1925 als das Neue dazu.

196 Handschin, „Mitteilung" zu: Wagner, *Über die Anfänge des mehrstimmigen Gesanges*, ZfMw IX, 1926/27, S. 317.

197 Handschin, *Gedanken über moderne Wissenschaft*, S. 53.

198 Cysarz beschreibt die Situation der Literaturwissenschaft vor ihrer Emanzipation zur „Geisteswissenschaft" folgendermaßen: „Die älteren historischen und philologischen Disziplinen vermaßen sich bisweilen strammsten Wettbewerbs mit den exakten Wissenschaften, und sie mußten das vielleicht; vielleicht hätten auch wir vor fünfzig Jahren nicht anders gehandelt: Die Literaturhistorie geht hier zunächst nach bombensicheren Ergebnissen, häufig um jeden Preis. Was aber bleibt denn wirklich unerschütterlich an ihren Urteilen? Vorerst bestimmte Daten, Grammatisches, biographische Umstände und einiges Verwandte [...] überall wo historischer Stoff nach rationalistischen Regeln bearbeitet wird [...], da ist dem Lebendigen doch eine zeitlose Sphäre nicht abgerungen, sondern einfach entgegengestellt; die Vorgänge sind chiffriert und katalogisiert, nicht als solche bewältigt. Hier aber setzt die Geisteswissenschaft ein!" (H. Cysarz, *Literaturwissenschaft als Geistesgeschichte*, S. 25).

ausgeht, uns Dinge gewaltsam einzuhämmern, die eigentlich eher zum wissenschaftlichen Feingefühl gehören sollten (der Blick für das Kulturganze, für das Charakteristische und Wesentliche usw.)"[199]. Handschin spricht geradezu von „Exzessen der Deutung"[200]. Die *Gedanken über moderne Wissenschaft* verzichten auf Beispiele aus der Musikwissenschaft, doch lassen sie sich ohne Gewalt auf den Ansatz Peter Wagners beziehen.

Explizit hat Handschin erst 1931 zu Wagners Deutung Stellung bezogen. In seiner Abhandlung über *Die Rolle der Nationen in der mittelalterlichen Musikgeschichte* spricht er über „Geschmacksunterschiede", die, wie Peter Wagner gezeigt habe, „zwischen den Völkern schon bei der bloßen Weiterüberlieferung des gregorianischen Gesanges zutage treten". Er zitiert die Deutung Wagners, um sie mit den Worten zusammenzufassen: „Wagner sucht die Lösung also auf dem Gebiet des seelischen Ausdrucks"[201]. Bedeutet schon diese Formulierung eine gewisse Objektivierung gegenüber dem „vaterländischen Interesse", das Wagner seiner Deutung beimißt, so handelt es sich bei der Rede von bloßen „Geschmacksunterschieden"[202] um eine bewußte Uminterpretation gegenüber Wagners Höherwertung der „germanischen Version"[203]. Handschin hält es für nötig, Wagners „Annahmen musik-psychologisch und historisch nachzuprüfen" und geht im folgenden ausführlich auf die von Wagner verworfenen Interpretationsmöglichkeiten ein[204]. Wenn man nämlich statt von einer „Vorahnung harmonisch-akkordischer Wirkungen" vom „Prinzip der Tonverwandtschaft" sprechen wollte, und damit einen Begriff herbeizöge, „wie ihn die «vergleichende Musikwissenschaft» beim Betrachten der Musik primitiver und exotischer Völker anwendet"[205], so ließe sich das Phänomen womöglich weniger spekulativ deuten. Handschin stellt das Prinzip der Tonverwandtschaft, das „Konsonanzprinzip", dem der Tonabstände, dem

---

199 Handschin, *Gedanken über moderne Wissenschaft*, S. 57.

200 Ebd., S. 58.

201 Handschin, *Die Rolle der Nationen*, S. 5.

202 Zu Handschins Unterscheidung von „Geschmacksrichtung" und „Entwicklungsstufe" vgl. ders., *Über William Byrd und den Begriff der Fortgeschrittenheit* (1945), bes. S. 462.

203 Wagner, *Germanisches und Romanisches*, S. 34. Wagner betont, „daß, wenn man einem deutschen Publikum die alte Musik konzertmäßig behufs historischer Belehrung vorlegen will, daß man in diesem Falle die deutsche Fassung und nicht die romanische auswählen soll". Doch habe ein „laues Geschlecht" es im letzten Jahrhundert versäumt, „eine neue, eigene traditionelle Choralausgabe zu veranstalten" (ebd., S. 33).

204 Einen „musikpsychologischen" Aspekt bietet Handschin in seinem Aufsatz über *Peter Wagner und die Choralwissenschaft* (1931). Handschin referiert den von Wagner gefundenen Tatbestand und fährt, ohne dessen Deutung zu erwähnen, fort: „Es ist klar, daß sich mit dieser Feststellung interessante Probleme, auch solche psychologischer Art eröffnen; darf ich hier etwa an eine Erfahrung erinnern, die man beim Chorsingen in Irrenanstalten gemacht hat und wonach ,bei den Melancholikern die Tonabstände zusammenschrumpfen, während die erregten Gehirnkranken die Intervalle überspitzen' (R. H. Stein in ,Die Musik' XXIII, 703)?" Handschins Hinweis auf die merkwürdige Sammlung von Notizen, die Stein unter dem Titel „Pathologische Musik" veröffentlichte, bildet einen eigentümlichen Querstand zu Peter Wagners hochgemuter Rede von der „intensiveren seelischen Spannung" der Germanen.

205 Handschin, *Die Rolle der Nationen*, S. 5.

,,Distanzprinzip" gegenüber. ,,Das Konsonanzprinzip bedeutet nichts anderes, als daß im Aufbau der Melodie die einfachen Tonverhältnisse verhältnismäßig stark hervortreten; und zwar kommen hier vorwiegend die Quint und die Quart in Betracht [...] Dem nähert sich eben die ‚germanische' Version, indem sie die Sekund durch die kleine Terz und die große Terz durch die Quart ersetzt"[206].

Indem Handschin einen Begriff der Vergleichenden Musikwissenschaft heranzieht, tritt er aus dem Umkreis eines Arguments heraus, das auf etwas so Unwägbarem wie der ,,Naturanlage unseres Volkes"[207] gründet. Die Vergleichende Musikwissenschaft scheint ihm eine gelassenere Hinsicht auf das musikalisch Allgemeine zu bieten. Sie erforscht die einzelnen Kulturen weniger nach ihren ‚Wesenszügen' als differentiell. Zudem widerstreitet er einer anderen Voraussetzung, mit der Wagner die Erklärung des Phänomens durch ,,die Theorie von der Pentatonik"[208] ausschließt: Pentatonik sei, so Wagner, das Kennzeichen eines primitiven Stadiums der Musik, und also gerade entgegengesetzt dem germanisch-antizipierenden Wesen. Träfe die pentatonische Theorie zu, so würde sie ,,den sonderbaren geschichtlichen Vorgang" belegen, ,,daß die ursprüngliche romanische Fassung nicht pentatonisch ist, wohl aber die jüngere, germanische, während sonst die Pentatonik ursprünglichen, primitiven Kunstzuständen angehört"[209]. Dieser Versuch Wagners zur ,,Deutung" des historischen Verlaufs begegnet uns zuletzt in Handschins Aufsatz über *Quantität und Qualität in der Musik*, den er zu der Festschrift für Zoltán Kodály beitrug[210]. Handschin diskutiert dort die Frage nach dem Verhältnis von pentatonischer und heptatonischer Tonordnung und trennt dabei systematische und historische Betrachtung des Gegenstandes. ,,Selbstverständlich stellt sich hier auch die Frage nach dem historischen Verhältnis der Systeme. Ich möchte hier [...] unterstreichen, daß ich historisches Verhältnis und genetisches Verhältnis nicht ohne weiteres einander gleichsetzen möchte; denn für mein Gefühl ist die historische Wissenschaft lange Zeit in einer zu unenthaltsamen Weise darauf ausgegangen, das ‚Komplizierte', d.h. das Ganze mit der größeren Gliederzahl vom ‚weniger Komplizierten' abzuleiten: eine vorgefaßte Meinung in bezug auf die Chronologie, gewöhnlich sogar verbunden mit einer allzu handgreiflichen Anwendung des Kausalbegriffs. Auf unserem speziellen Gebiet scheinen verschiedene Systeme immer gleichzeitig bestanden zu haben, manchmal sogar innerhalb desselben Kulturkreises, und wo eine chronologische Folge sich wirklich feststellen läßt, entspricht sie nicht immer jenen vorgefaßten Anschauungen". Als Beispiel gibt Handschin das von Wagner beobachtete Phänomen: ,,Denken wir nur an den Prozeß der ‚Pentatonisierung' von — sei es heptatonischen oder hexatonischen — ‚gregorianischen' Melodien, wie er nördlich der Alpen stattgefunden hat: wahrscheinlich liegt der Grund der Erscheinung zu einem erheblichen Teil in den weniger geschmeidigen Stimmen der Nordländer (in den ‚grosses voix', wie schon der Abbé Lebeuf im 18. Jahrhundert bemerkte, oder den ‚durae voces', wie es Cotto um 1100 sag-

---

206 Ebd.
207 Wagner, *Germanisches und Romanisches*, S. 22.
208 Ebd., S. 31.
209 Ebd., S. 30.
210 Handschin, *Über Quantität und Qualität in der Musik* (= Fassung 7), S. 55ff.

te, M. Gerbert, Scriptores II, 258); aber auch psychologische Momente können in Frage kommen, wie die Bevorzugung von weniger ausgesprochenen Nuancen der Toncharaktere, oder die Bevorzugung der größeren Distanzen"[211]. Und hier schließt die Fassung 8 eine Bemerkung an, die die Stelle in unseren Zusammenhang einordnet: „Jedenfalls hat der ‚deutsche Idealismus' nichts damit zu tun, da die Erscheinung sich auch in Frankreich bemerkbar machte"[212].

Wir haben rekonstruiert, wie Handschin gerade durch Peter Wagners eigenwillige Deutung eines historischen Tatbestandes auf die Notwendigkeit einer systematischen Orientierung gestoßen wurde. Denn an dieser Deutung wird das zutiefst subjektive Moment sichtbar, das die Absicht der „Sinnfindung" begleitet. Ihrem wissenschaftlichen Anspruch hat Handschin in den *Réflexions dangereuses* die von ihm gesammelten *Appréciations et médisances internationales* entgegengehalten.

c) Der Eine und der andere Geschichtsverlauf

Die historische Situation, in der Handschin seine Überlegungen zum *Begriff der Form in der Musik* und seine *Réflexions dangereuses* anstellte und sich *Gedanken über moderne Wissenschaft* machte, ist gekennzeichnet durch die verschiedensten Versuche, die Musik unter ein ‚oberstes logisches Grundgesetz' zu stellen. Handschin hat ihnen gegenüber eine kritische Position bezogen. Wir haben gesehen, wie er die These von der vollständigen Einsehbarkeit des musikalischen Kunstwerks als Verendlichung und die vermeinte Unmittelbarkeit zu den historischen Werken als gleichsam durchgestrichene Interpretation begriffen hat. Dem uneingestandenen Subjektivismus von Wagners wissenschaftlicher Sinnstiftung gegenüber hat er die konstitutive Kraft virtuos-künstlerischer Subjektivität ausdrücklich gemacht. Aber noch an einem weiteren Gegenstand hat Handschin eine unbefragt geltende Ansicht als bloße Konstruktion verstanden: In seinem Artikel *Abendland* in MGG problematisiert er das „humanistische" Bild des Abendlandes und versucht, einen „historischen" Begriff dieses Gegenstandes zu entwerfen. Die Betrachtung dieser Differenz wird den Blick auf Handschins „Vorstellungswelt" vervollständigen.

Handschin stellt „zwei Auffassungen" des Begriffs Abendland gegenüber, „die teilweise durcheinander laufen mögen, aber in ihren Konsequenzen sehr verschieden sind": „Zwar ist ihnen beiden gemeinsam, daß unter Abendland Westeuropa verstanden wird; verschieden ist aber die Ergänzung, die man neben diesen Begriff stellt, und von diesem Gegenstück hängt die Färbung des Begriffs selbst ab". So habe der „humanistische" Begriff Abendland als Gegenstück „nicht nur Osteuropa, sondern Asien und Afrika, schließlich jede Kultur, die nicht westeuropäisch ist"[213]. Nach dieser Auffassung geht das Abendland aus der (geographisch exterritorialen) griechischen Antike her-

---

211 Ebd., S. 14f.
212 Handschin, *Über „Qualität" und „Konsonanz". Eine tonpsychologische Studie* (= Fassung 8), S. 19.
213 Handschin, *Abendland*, Sp. 25.

vor und setzt ihre Tradition über die mittelalterliche ‚lacuna' hinweg fort. Als einheitlich gedachter Entwicklungszug stellt es sich den exotischen Kulturen entgegen. Aber dieser Begriff von Abendland scheint Handschin weniger historisch fundiert zu sein, als daß er eine Bildungsidee verkörpert. „Die andere Auffassung setzt als Ergänzung zu ‚Abendland' zunächst einmal das östliche Europa, und dann wieder ganz Europa als relatives ‚Abendland' im Verhältnis zu Asien"[214]. Gegenüber einem „‚humanistischen' Standpunkt, der auf Grund intuitiver Eingebung das Griechentum der Perikles-Zeit als Norm der Kultur und gleichzeitig als dem Westeuropäertum wesensverwandt setzte"[215], macht Handschin auf den historischen Verlauf aufmerksam. Dabei klagt er die Zweiheit ein, in die sich die griechische Tradition in der Spätantike auslegte und in die sich das Christentum auseinanderlegte. Gegenüber der besagten Bildungsidee ist es besonders die historische Trennung der orthodoxen und der katholischen Kirche, auf die Handschin hinweist.

Was bedeutet Handschins Hinweis auf Osteuropa in musikalischer Hinsicht? Handschin gibt den Grund für das Vergessensein Osteuropas im allgemeinen an, um dann zur Musik weiterzugehen: „Man weiß, daß es von nun an [von der Renaissance an] der europäische Westen war, der in glänzender Kraftentfaltung erstaunliche Leistungen auf allen Gebieten der materiellen und intellektuellen Kultur hervorbrachte, während der Osten mehr und mehr zu einem ‚armen Bruder' des Westens wurde: er verharrte in einem seltsam inaktiven Zustand, der im Westen (und teilweise auch im Osten) als Minderwertigkeitszustand angesehen wurde"[216]. Musikalisch betrachtet: Die abendländische Tradition wird „essentiell mehrstimmig", d.h. in ihrem Bereich gilt als Kunstmusik nur mehr die Mehrstimmigkeit, „innerhalb deren jetzt in eindrucksvollem Wechsel eine Stilperiode die andere ablöste und überbot"[217]. Daß die osteuropäische Musik diese Entwicklung nicht mitvollzogen hat, wird von Handschin positiv formuliert: „Im Orient dagegen blieb die Einstimmigkeit noch im 17. Jahrhundert, ja noch später eine ästhetische Kategorie"[218]. Er interpretiert den Vorwurf der Zurückgebliebenheit, der von der mehrstimmigen Musik des Abendlandes her auf den einstimmigen Kirchengesang fällt, als Vorurteil und Anwendung ungeeigneter Kategorien. Seine Argumentation, die die Musik Osteuropas als gleichberechtigt neben die des Abendlandes stellt, ist ebenso unangreifbar wie befremdlich und steht jedenfalls quer zu den gewohnten Vorstellungen, ja den Selbstverständlichkeiten der Musikgeschichtsschreibung. Er bezieht damit noch einmal Gegenposition zu Peter Wagner, der die Musik des Ostens und des Westens nur gegeneinanderstellt, um letzterer „eine der größten Errungenschaften der ganzen musikalischen Geschichte" zuzuerkennen, „die Erfindung der Mehrstimmigkeit, welche den Vorrang der europäischen Kunst vor derjenigen des Ostens für alle Zeit außer Zweifel stellt"[219]. Bei anderer Gelegenheit hat Handschin die Höherwertung der

214 Ebd., Sp. 26.
215 Ebd., Sp. 25.
216 Ebd., Sp. 26.
217 Ebd., Sp. 30.
218 Ebd.
219 Wagner, *Der gregorianische Gesang*, S. 75.

mehrstimmigen Musik auf einen „Standpunkt des reinen Humanismus im Sinne des Bildungsstolzes" zurückgeführt[220].

Neben der These von der Superiorität der mehrstimmigen Musik widerspricht Handschin durch die Gleichbetrachtung der osteuropäischen Musik auch der Ansicht von der unbeschränkten Geltung der sogenannten „Entwicklungstendenz der okzidentalen Musik"[221]. Zumindest will er sie nicht als allgültigen Wertmaßstab akzeptieren. Damit befreit er sich aus Zwängen, die sich aus einem verengten historischen Blickwinkel ergeben. Die Situation, in der die bisher besprochenen Texte entstanden, ist ja dadurch gekennzeichnet, daß die besagte „Entwicklungstendenz der okzidentalen Musik" zu Konsequenzen trieb, die die stolze Rede von einem der abendländischen Musik vorbehaltenen „ungeahnten Aufschwung in neue, bis dahin unbekannte künstlerische Gebiete"[222] in Prophetien vom bevorstehenden Untergang des Abendlandes und vom Ende der Kunst verwandelten. Durch seine historische Betrachtungsweise vermeidet Handschin, innerhalb einer Entwicklungslogik argumentieren zu müssen, die nun die Einsträhnigkeit des Entwicklungsgedankens als Ausweglosigkeit interpretiert und die in der historischen Entwicklung waltende Logik in eine schicksalhafte Dialektik umfärbt. Das ‚historisch Unausweichliche' spielt in Handschins Denken keine Rolle. Sein Hinweis auf die osteuropäische Tradition muß aber andererseits auch unterschieden werden von einer bloß exotischen Alternative, die für die abendländische Musik gleichgültig bleibt. Handschin war an exotischer Musik interessiert — „Die Welt ist musikalisch viel weiter, als wir sie uns gewöhnlich vorstellen"[223] —, doch geht es ihm in seinem Artikel *Abendland* nicht um einen abstrakten Gegensatz. Er will den Gegenstandsbereich der Musikwissenschaft ausweiten, ohne ihn in eine Weltmusik zu entgrenzen. So zielt sein Begriff

220 Vgl. Handschin, *Die Kirchenmusik und die Frage der Wiedervereinigung der Kirchen*, S. 17.
     Handschin zeigt diesen „humanistischen Bildungsstolz" an einer Stelle aus Luthers Vorrede
     zu den „Symphoniae iucundae [. . .]" von Georg Rhau (1583), an der Luther die Ansicht vertritt, daß nur ein „amusus" den Vorsprung der mehrstimmigen Sätze über das „wüste, wilde
     Eselsgeschrei des Chorals" verkennen dürfte. Mehrstimmige und einstimmige Musik werden
     dabei wie Musik und Unmusik gegenübergestellt: „Qui vero non afficiuntur [von Rhaus
     „Symphoniae iucundae"] nae illi vere amusi et digni sunt, qui aliquem Merdipoetam interim
     audiant vel porcorum musicam". Die Stelle und die Übersetzung Johannes Walters sind angegeben bei: W. Gurlitt, *Johannes Walter und die Musik der Reformationszeit*, S. 82.
221 Vgl. Th. W. Adorno, *Philosophie der Neuen Musik*, S. 41, Fußnote 3: „Wo die Entwicklungstendenz der okzidentalen Musik nicht rein sich durchgesetzt hat, wie in manchen agrarischen Gebieten Südosteuropas, ließ sich bis in die jüngste Vergangenheit tonales Material ohne Schande verwenden. Es ist an die exterritoriale, aber in ihrer Konsequenz großartige Kunst
     Janáčeks zu denken [. . .]" Adornos Versuch, der Musik Janáčeks gerecht zu werden, obwohl
     sie seiner Konstruktion eines im „Stand des Materials" begründeten Zwangs widerspricht, ist
     ein Beispiel für die Prägung eines Gegenstandes durch eine unbemerkt sich durchsetzende gedankliche Form. Denn einerseits entläßt Adorno den mährischen Komponisten in ein märchenhaftes „südosteuropäisches" Reich der Freiheit, andererseits beurteilt er ihn nach dem
     ‚einheimischen' Kriterium der Konsequenz.
222 Wagner, *Der gregorianische Gesang*, S. 75.
223 Handschin, *Musik und Theater an der Pariser Kolonialausstellung*.

von ,,Abendland" auf eine Mitte zwischen einem einsträhnigen Modell des Geschichtsverlaufs und der entgegengesetzten Tendenz der Vergleichenden Musikwissenschaft, aus
der europäischen Tradition in exotische Kulturen zu entfliehen. Nicht nur wegen der gemeinsamen Abstammung von der griechischen Musiké faßt Handschin die Musik Ost-
und Westeuropas zu der Musik ,,unseres Kulturganzen"[224] zusammen, sondern auch
wegen der im Rußland des 19. Jahrhunderts beginnenden ,,Auseinandersetzung mit der
neuzeitlichen westlichen Mehrstimmigkeit"[225]. ,,Was das 19. Jahrhundert betrifft [...],
so kann Rußland bereits einigermaßen in eine ,normal gehende' Musikgeschichte einbe-
zogen werden", schreibt er in seiner *Geschichte der Musik*[226]. Handschin sieht im
19. Jahrhundert zwei historische Linien zusammenlaufen, die lange Zeit in solchem Un-
verhältnis mehr jede für sich als auch nur nebeneinander bestanden, daß für die ,abend-
ländische Musikgeschichte' wie selbstverständlich überhaupt nur sie selbst existiert. ,,Da
die griechische liturgische Musik als byzantinische Kirchenmusik ihre eigene Geschichte
aufweist und nicht unmittelbar auf das Werden der abendländischen Musik gewirkt
hat, wollen wir sie hier außer acht lassen", schränkt in diesem Sinn etwa Thrasybulos
Georgiades seinen Blick auf die ,,europäische Musik als Ganzes" ein[227]. Und für Peter
Wagner, der von dem besagten ,Werden' her urteilt, scheint die Tradition des osteuropäischen Kirchengesangs ,,auf dem von alters her eingeschlagenen Geleise fast bis zur
Unbeweglichkeit erstarrt"[228].

Wie ändert sich die ,,Färbung" des Begriffs ,Abendland', wenn man dem historischen Raum Abendland nicht die übrige Welt ungeschieden als sein Anderes entgegenstellt, sondern zunächst Westeuropa durch sein östliches ,,Gegenstück" ,ergänzt'? Bevor wir die beiden von Handschin nebeneinandergestellten Entwicklungslinien und Ver-
laufsformen und ihr Verhältnis zueinander weiter betrachten, gilt es einen Einwand zu
prüfen: Handelt es sich vielleicht nur um ein ad-hoc-Argument Handschins zur Unterstützung seines parti pris für die ,,russische Schule"? Immerhin hat Handschin die ,,rus-
sische Schule" insgesamt als den ,,neuen Anwärter auf die musikalische Weltgeltung"
bezeichnet[229], und im besonderen in Strawinski *den* zeitgenössischen Komponisten erblickt. Aber er hat diese Parteinahme als ein Dafürhalten, als einen ,,Glauben" bezeichnet und nicht autoritativ vorgetragen oder zu beweisen gesucht[230]. Dadurch unterscheidet sich seine Überzeugung von den Argumenten in dem Prioritätenstreit, der die Musikwissenschaft zu Anfang des Jahrhunderts wesentlich motivierte, und den man an den

---

224 Handschin, *Abendland*, Sp. 27.
225 Ebd., Sp. 31.
226 Handschin, *Geschichte der Musik*, S. 51.
227 Thr. Georgiades, *Musik und Sprache. Das Werden der abendländischen Musik, dargestellt an
    der Vertonung der Messe*, S. 9 und Vorwort.
228 Wagner, *Der gregorianische Gesang*, S. 75.
229 Handschin, *Musikgeschichte*, S. 376.
230 Vgl. Handschin, *Strawinski*, S. 4: ,,Es ist also durchaus Sache des Glaubens, wenn wir Stra-
    winski als Verkörperung unserer Zeit in der Musik bezeichnen. Es läßt sich nicht beweisen,
    daß dieser Titel Strawinski eher zukommt als einem anderen Musiker, [...] da wir uns auf
    einem Boden befinden, dessen Delimitierung einzig und allein der Geschichte vorbehalten
    ist".

Diskussionen zwischen Hugo Riemann, Guido Adler und Fausto Torrefranca studieren kann.

Handschin nennt die osteuropäische Musik das „Gegenstück" zur abendländischen Musik, das zugleich deren „Ergänzung" darstellt. Er formuliert damit ein besonderes Verhältnis der beiden Teile Europas, das er aber eher problematisiert, als nun seinerseits zu den geisteswissenschaftlich ‚deutenden' Konstruktionen beizutragen. „Immerhin wollen wir mit dieser Konstatierung [der Verschiedenheit der beiden Teile Europas] nicht in das Gebiet jener so beliebten ‚Wesensschau' übergegangen sein, wollen wir nicht die Formel ‚östliches Beharrungsvermögen und abendländische Sucht nach fortwährender Änderung' aufgestellt haben; denn innerhalb der Einstimmigkeit liegt im Osten eine unendlich reichere Schichtung vor als im Westen, hier sind neue Schulen, neue Repertoires kirchlicher Melodik noch im 17. und 18. Jahrhundert aufgekommen [...]"[231]. Statt also in der Beibehaltung der Einstimmigkeit wie Peter Wagner ein Symptom der ‚Erstarrung' zu sehen, setzt Handschin die Tradition des russischen Kirchengesangs in die Mitte zwischen dem „aus kirchlichen Rücksichten konservierten ‚Choral'"[232], der nicht nur durch Einstimmigkeit, sondern auch durch das Dekret des „ne varietur" gekennzeichnet ist[233], und der einzigartigen Entwicklungsdynamik der abendländischen Mehrstimmigkeit. Handschin charakterisiert letztere gegenüber der vielschichtigen einstimmigen Tradition im Osten fast als ebenso einsträhnig (im Verlauf) wie mehrstimmig.

In seinen Artikeln *Dur-Moll* und *Dreiklang* hat Handschin die in seinem Begriff von Abendland zusammengefaßten Motive konkretisiert. Im ersteren wendet er sich gegen den Fortschrittsgedanken: „Die Meinung, daß das erstere [das „Dur-Moll-System"] dem letzteren [dem „modalen Zustand"] gegenüber einen Fortschritt bedeute, kann einer objektiven Prüfung nicht standhalten. A. Schönberg in seiner Harmonielehre (^{3}1922, 22) sieht es sogar so an, wie wenn die Kirchentöne ein Stadium des Herumsuchens und das Dur das Gefundenhaben darstellten, also wie wenn es sich um eine Erfindung der Technik handelte. Sachlicherweise können wir nur sagen, daß es sich um eine verengernde Auslese handelt, und dies umso mehr, als innerhalb des Dur-Moll-Systems das Dur unbestreitbar die Führung hat; daß der hiermit zusammenfallende Übergang zur Vorherrschaft der Mehrstimmigkeit historisch weder ein Plus noch ein Minus darstellt (oder aber ein Plus *und* ein Minus)"[234]. Das „Minus", an das Handschin denkt, liegt in der von ihm konstatierten „verengernden Auslese". Sie bildet Handschins eigentlichen Angriffspunkt; sie ist der Aspekt, durch den sich die abendländische Musikgeschichte und ihr „Gegenstück" am schärfsten unterscheiden: „Jenes System der funktionalen, der Dur-Moll- und der Dreiklangsharmonik können wir objektiverweise nur als ein besonders zugespitztes Gebilde ansehen, das sich über einer allgemeineren,

231 Handschin, *Abendland*, Sp. 30f.; Handschins Gegenüberstellung gilt es zu unterscheiden von der fast programmatisch dichotomisierenden Darstellung des Verhältnisses von ost- und westeuropäischer Musik bei: E. Arro, *Das Ost-West-Schisma in der Kirchenmusik. Über die Wesensverschiedenheit der Grundlagen kultischer Musik in Ost und West.*
232 Handschin, *Abendland*, Sp. 30.
233 Vgl. Handschin, *Musikgeschichte*, S. 147.
234 Handschin, *Dur-Moll*, in: MGG, Sp. 976.

auch andere Entwicklungen zulassenden Grundlage erhob. Gewiß liegt in jener Zuspitzung eine gewisse ‚Logik'; aber an Logik in diesem Sinn darf es in der Kunst legitimerweise sowohl mehr als auch weniger geben". Und noch einmal auf die Reichweite dieses Entwicklungsgedankens hinweisend, setzt Handschin nach: „Auch die gedanklich-thematische Arbeit, wie sie in der Musik der zweiten Hälfte des 19. Jahrhunderts so im Schwange war, ist nicht die ästhetische Logik schlechthin"[235]. Sind also „verengernde Auslese" und „Zuspitzung" für Handschin die Charakteristika der abendländischen Musikentwicklung, so eröffnet er mit dem Hinweis auf die „gemeinsame Grundlage" der beiden so sehr verschiedenen historischen Verläufe einen Raum von Möglichkeiten, sozusagen einen ästhetischen Spielraum. Handschin hat nicht nur darauf verzichtet, der Musikgeschichte ein Schema aufzuerlegen oder zu sagen, wie Musik zu sein habe, er hat gerade umgekehrt die normative Kraft der aktuellen musikhistorischen Situation durch die Idee der Möglichkeit zu suspendieren gesucht. Die entfatalisierende Wirkung seines Gedankens einer „allgemeinen, auch andere Entwicklungen zulassenden Grundlage", seine ‚aufhellende' Wirkung auf die „Färbung" des Begriffs Abendland wird besonders deutlich, wenn man ihn auf die Umgebung bezieht, aus der er hervorgegangen ist. Wir stellen Handschins Gedanken dazu ein Motiv des erfolgreichsten Musiktheoretikers jener Zeit gegenüber.

Nichts beleuchtet die in Rede stehende musikalische Situation so deutlich wie das Schicksal des Terminus „Linearer Kontrapunkt", den Ernst Kurth 1917 speziell für „Bachs melodische Polyphonie" geprägt hat. Der Begriff wurde Kurth förmlich aus der Hand gerissen und brach dabei in zwei verschiedene Bedeutungen auseinander. Zum einen fungierte die „Linearität" als Legitimationskategorie für die über die harmonische Tonalität hinausgehende neue Musik. Gegen diese Verwendung seines Terminus kämpfte Kurth erbittert an. Zum anderen wurde dieselbe „Linearität" in restaurativer Absicht verordnet, um „den neueren Tendenzen energisch entgegenzutreten, Mängel der Kompositionstechnik bloßzulegen und ihr die Wege zur Abhilfe, der Erneuerung zu weisen"[236]. Wie steht Kurth zu dieser Interpretation seines Terminus? Man hat Kurth neuerdings als Chronisten malgré lui-même der „Geschichte der tonalen Harmonik" interpretiert[237]. „Dem Buch" — gemeint ist Kurths *Romantische Harmonik* — „liegt der einfache Gedanke zugrunde, daß dieselben Energien, die zu Beginn der Entwicklung die tonale Kadenz, das Grundmodell der Harmonik konstituierten [...], am Ende der Auflösung des Systems entgegentrieben [...] Mit anderen Worten: Derselbe Impetus, der den Anfang der tonalen Harmonik begründete, verursachte schließlich deren Destruktion von innen heraus: gewissermaßen aus einer selbstzerstörerischen Logik des Systems". Dahlhaus macht deutlich, daß seine Kurth-Interpretation der „Rezeption durch

---

235 Ebd., Sp. 980f.

236 K. Jeppesen, zitiert von Th. Kroyer, a.a.O. (wie Anm. 183); Kroyer fährt fort: „Hugo Riemanns Harmonielehre hat uns einst zu Bach zurückgerufen. Jeppesens Kontrapunkt greift über Bach zurück auf Palestrina, in dem sich die klassische Vokalpolyphonie und auch Bach noch irgendwie sublimieren". Kroyer findet bei Palestrina nicht nur „mensurale Linearität", sondern vor allem „Haltung".

237 Dahlhaus, *Musiktheorie im 18. und 19. Jahrhundert*, S. 159. Dort auch alle folgenden Zitate.

Andere" ein großes Recht gegenüber der strikten Beschränkung auf „die Intention des Autors" einräumt. Er folgt der erstgenannten Interpretationslinie. Handschin hat Kurth anders interpretiert. Als Stichwort diente ihm Kurths Begriff der „Regenerationskraft".

In seiner *Romantischen Harmonik* beschreibt Kurth im „III. Abschnitt" den Zusammenhang „Von der Kadenz bis zum Alterationsstil des ,Tristan' "[238]. Es ist dabei seine ausdrückliche Absicht, jeden Gedanken an einen durchlaufenen Weg, an ein Schema historischer Entwicklung von diesem Zusammenhang fernzuhalten. Kurth präzisiert auf den ersten drei Seiten des Kapitels „Die erste Kadenz" seine Auffassung von „Wesen und Begriff der Entwicklung"[239], indem er zugleich dagegen polemisiert, „rein äußerliche Nachahmung und Steigerung" schon als Weiterentwicklung zu verstehen. Kurth sieht darin nichts als „Dekadenz und Snobismus"[240]. Für seinen eigenen Entwicklungsbegriff gilt, daß „die einfachen Vorgänge stets neben und unter den komplizierteren Weiterbildungen, von diesen weder verdrängt noch in ihrer lebensvollen inneren Kraft geschwächt", weiterbestehen. „Die Harmonik weist durchgängig mit den fortgeschritteneren Stadien auch alle durchschrittenen vorherigen, die ihre Träger und Vorbedingung sind, von den primitivsten an, gleichzeitig auf, so daß man immer sowohl von einem Ineinander als von einem Nacheinander der Entwicklungsstufen sprechen kann"[241]. So trifft es nach Kurth keineswegs zu, „daß z.B. in einem Harmoniestil wie dem des ,Tristan' neben seinen eigentümlich hervorstechenden und neuartigen Klangwirkungen die einfacheren verblassen". Für Kurth unterscheidet sich Wagners „individueller Musikstil" von seiner „epigonenhaften Nachahmung" dadurch am meisten, daß letztere in „bis zur Ausschließlichkeit getriebener Anklammerung an seinen [Wagners] intensiven Alterationsstil [...] in krankhafter Ängstlichkeit den einfachen Formen aus dem Weg geht"[242]. Dagegen sei es für Wagner selbst typisch, „daß gerade die produktive Kraft sich durchaus nicht allein innerhalb der Weiterbildung zu komplizierterer Arbeitsweise offenbart". Vielmehr erkennt Kurth „Wagners bedeutungsvollste Stärke" in der „Kraft und Ursprünglichkeit, in der hier selbst die allereinfachsten harmonischen Erscheinungen zu ihrer Wirkung kommen"[243]. Und an dieser Stelle prägt Kurth das Wort von der „Regenerationskraft, die alle primitivsten Akkordfortschreitungen und Klänge wieder in ganz elementarer Wirkung wie in ihrer ersten Frische erstehen läßt"[244]. Als Beispiele nennt Kurth etwa den „verminderten Septakkord" oder „schlichte Kadenzen". Er überschreibt nicht nur den Abschnitt mit der Kopfzeile „Die Regeneration in den Grunderscheinungen", sondern führt ihn im Inhaltsverzeichnis gar unter dem Lemma „Die Erneuerung der Harmonik aus den Grunderscheinungen"[245]. Nimmt man dieses ,Regenerationstheorem' mit Kurths erbitterter Reaktion auf die ent-

238 Kurth, *Romantische Harmonik*, S. 97.
239 Ebd.
240 Ebd., S. 99.
241 Ebd., S. 97f.
242 Ebd., S. 99.
243 Ebd., S. 98.
244 Ebd.
245 Ebd., S. VI.

grenzenden Interpretationen seines Terminus „linearer Kontrapunkt" zusammen[246], so rückt seine Position doch in die Nähe des kulturkonservativen ‚Zurück zu...'

Handschin jedenfalls hat Kurths Rede von ‚Regeneration' in diesem Sinn verstanden. In seinem Text über *Die europäische Rolle der russischen Musik* (1930) spricht er von Kurths „bedeutsamem Begriff der ‚Regeneration', eines Schöpfungsvorganges, vermöge dessen auch das Einfache, Undifferenzierte wieder eindrucksvoll zu werden vermag", um fortzufahren: „Aber — dies müssen wir von unserem Standpunkt aus beifügen — die Regeneration kann nur von einer grundsätzlich neuen Basis aus erfolgen"[247]. Was Handschin hier als „grundsätzlich neue Basis" anspricht: die „allgemeinere, auch andere Entwicklungen zulassende Grundlage", sind offensichtlich nicht jene „Grunderscheinungen", von denen nach Kurth die Regeneration ausgehen, bzw. auf welche die regenerierende Kraft sich richten sollte. Kurth denkt bei dem Ausdruck „Grunderscheinung" besonders an die Kadenz und führt damit das wesentliche Kennzeichen der Dur-Moll-Tonalität als allgemein-musikalische „Grunderscheinung" vor. Deutlich hat Handschin diese Gleichsetzung und ihre Konsequenz im *Toncharakter* formuliert: „Die Gleichsetzung zwischen Tonsystem und Dur greift sogar in ästhetische Diskussionen unserer Zeit ein, ich meine die Diskussion um die Zukunft unserer Musik. Es gibt Leute, die, besorgt um die offenkundige Zersetzung des Tonmaterials in unserer Zeit, die Rettung in der Rückkehr zur neuzeitlichen Tonalität sehen: wie wenn es nur diese gäbe, oder das Chaos"[248]. Man sieht an Handschins Interpretation des Kurthschen Ausdrucks „Regeneration" noch einmal, wie Handschin die Frage nach dem musikalisch Allgemeinen nicht mit einem ‚Zurück-zu' (einem Epochenstil) und auch nicht mit einem dieses Allgemeine vollständig oder vollends ausprägenden Besonderen (etwa der Kunst Wagners, die für Kurth den Inbegriff der Harmonik darstellte) assoziiert, sondern mit dem Gedanken an „Etwas Anderes", den wir oben als Eröffnung eines Möglichkeitsraumes bezeichneten[249]. Unter diesem Aspekt gilt es nun, Handschins Frage nach Beschaffenheit und Eigenart des ‚fait musical', die wir bisher auf dem Feld der Musikästhetik entwickelten, im Gebiet der Musiktheorie weiterzuverfolgen, denn in Handschins Rede von der „allgemeineren, auch andere Entwicklungen zulassenden Grundlage" der Musik ist der Gegenstand benannt, nach dem Handschin als Musiktheoretiker fragte.

---

246 Vgl. dazu Kurth, *Musikpsychologie*, S. 77, Fußnote 2.
247 Handschin, *Die europäische Rolle der russischen Musik*, S. 286.
248 Handschin, *Toncharakter*, S. 267.
249 Vgl. Handschin, *Musikgeschichte*, S. 15f.

II. HANDSCHINS SYSTEMATISCHES ANLIEGEN

A) TONBESTIMMUNGEN DER PRAKTISCHEN MUSIKTHEORIE

1. REFORMPROJEKTE UND QUANTITATIVE TONBESTIMMUNG

Handschins frühe Aufsätze zur Musiktheorie behandeln die mehr als zwölfstufigen Temperaturen[1]. Daß Handschin sich dieser Frage widmete, lag zum einen an praktischen Versuchen wie dem Vierteltonsystem Alois Hábas, das Handschin nebst dem zugehörigen Demonstrationsinstrument 1925 auf dem musikwissenschaftlichen Kongreß in Leipzig kennenlernte[2]. Zum anderen knüpft er an Petersburger Arbeiten an. Handschins Interesse an dem musiktheoretischen Entwurf, den Wilhelm Werker ebenfalls 1925 unter dem Pseudonym „Ariel" und unter dem Titel *Das Relativitätsprinzip der musikalischen Harmonie* veröffentlichte, rührte wohl besonders daher, daß Werker im Untertitel seines Buches neben den „Gesetzen der inneren Tonbewegungen" auch die Behandlung des „19-stufigen Tonsystems" versprach[3] und damit Handschin an jene „19-stufige Temperatur" erinnerte, die Kowalenkow 1919 „entwickelt und im Sinne der Konstruktion eines entsprechenden Tasten-Versuchsinstruments empfohlen" hatte[4].

Die Situation, auf die Hába wie Werker reagieren, erklärt Handschin anhand des

1 Vgl. den Aufsatz *Musikalisches aus Rußland* (1925), die Besprechung von: Ariel, *Das Relativitätsprinzip der musikalischen Harmonie* (1926), den Aufsatz *Über reine Harmonie und temperierte Tonleitern* (1927), sowie die Artikel *Tonbestimmung* und *Temperatur* in: *Riemann Musik-Lexikon*, [11]1929.

2 Handschin berichtet: „Sehr aktuell war ein Vortrag von Alois Hába über das Viertelton-System, für welches Hába ja auch als Komponist eintritt. Hába macht den Eindruck eines klaren und konsequenten Denkers, er besitzt auch ein wunderbares Gehör, da er es ohne weiteres unternahm, eine Tonleiter in Sechstel- und Achteltönen zu singen [...] Das Referat wurde durch Vorträge auf einem Viertelton-Flügel illustriert, welcher mit seinen drei Tastenreihen (davon die unterste unseren temperierten Halbtönen entsprechend, die mittlere um einen Viertelton verschoben und die obere wieder der unteren entsprechend) immerhin recht schwierig zu spielen ist" (Handschin, *Händel-Fest und musikwissenschaftlicher Kongreß in Leipzig*, S. 249).

3 Vgl. Ariel, *Das Relativitätsprinzip der musikalischen Harmonie* (1925).

4 Handschin, Rez. von: Ariel, *Relativitätsprinzip*, S. 579. Handschin hat diese Klaviatur beschrieben: „Kompliziert wäre ein derartiges Instrument nicht. Man kann sich eine Tastatur denken, die im allgemeinen der jetzigen analog wäre, insofern als die 7 Grundtöne als Unter- und die 12 alterierten Töne als Obertasten eingerichtet wären. In der Mehrzahl der Fälle kämen zwischen zwei Untertasten zwei Obertasten zu liegen. Die 2 unmittelbar nebeneinander liegenden Obertasten könnten in der Weise unterschieden werden, daß die B-Taste kürzer wäre als die Kreuztaste (nach Kowalenkow 85 bzw. 115 mm bei 162 mm Untertasten-Länge), daß sie höher läge und daß sie zum Unterschied von der schwarzen Kreuztaste rot gefärbt wäre. Als Untertasten-Breite nimmt Kowalenkow 27 mm (statt der jetzigen 23) an" (Handschin, *Akustisches aus Rußland*, S. 145, Fußnote 3).

Artikels „Tonbestimmung" in Riemanns *Musik-Lexikon* ([10]1922): „Es sollte scheinen", schreibt er, „daß es eine der ersten Aufgaben der Harmonik wäre, festzustellen, welchen Bestand an Intervallen wir innerhalb der Oktave (oder welchen Bestand an Brüchen wir zwischen 1:1 = Einklang und 1:2 = Oktave) anzunehmen haben. Mathematisch-physikalisch ist dieser Bestand selbstverständlich endlos; aber welche der Verhältnisse kommen wirklich innerhalb unserer Musik und der Musik verschiedener Zeiten und Völker in Betracht? Dazu zwei Vorfragen: Kann der Bestand an musikalischen Intervallen überhaupt abgegrenzt, und wie kann er abgegrenzt werden? Mit Erstaunen sehen wir, daß die theoretische Wissenschaft kaum begonnen hat, sich mit diesen Fragen zu beschäftigen. Betrachten wir die in Riemanns Lexikon sub verbo ,Tonbestimmung' angeführte Tabelle. Hier sind mehr als hundert Töne innerhalb der Oktave verzeichnet, die sämtlich in abstracto denkbar sind; dabei ist aber kein Versuch gemacht, diese Masse als Tonsystem zu gliedern und abzugrenzen"[5]. Handschin hat diese Tabelle für die elfte Auflage des *Riemann Musik-Lexikon* bearbeitet[6]. Zunächst jedoch diente ihm die in dem Artikel *Tonbestimmung* sichtbare Abgrenzungsproblematik nur als Folie für seine Rezension von Werkers „entschiedenem Versuch zu einem Tonsystem"[7].

Das Ordnungsprinzip, das Riemanns Tabelle zugrunde liegt, besteht in der Abfolge der Töne nach ihrer Höhe. Man kann nachsehen, welcher von zwei Tönen der höhere ist. Aber wehe dem Leser, der von seinem *Musik-Lexikon* wissen will, ob nun Gis oder ob As der höhere Ton sei[8]. Er wird von dem Lexikon zurückgefragt, welches Gis und welches As er denn meine. Daß die drei verzeichneten Arten von ,Gis' und die vier verzeichneten Arten von ,As' höhenmäßig ineinander verschränkt sind (und die der Folge

---

5 Handschin, *Über reine Harmonie und temperierte Tonleitern*, S. 147.

6 Handschins Autorschaft geht aus seinem Briefwechsel mit Alfred Einstein hervor. Am 19.7.1928 schreibt Einstein an Handschin: „Ein Herr Heinz Quint in Wien hat sich seit langen Jahren erboten, den Artikel Tonbestimmung umzuarbeiten, und ich habe mich nicht abgeneigt verhalten. Er schickt mir nun den beiliegenden Brief mit einer Probe. Bitte sagen Sie mir, was Sie davon halten, ob die Sache Hand und Fuss hat, und ob sie vor allem nicht gegen den guten Riemann allzu radikal vorgeht". Handschin wendet in seinem Antwortbrief vom 3.10.1928 vor allem ein: „Die Prophezeiung bezüglich des 53-Systems, dessen Vorzüge allerdings theoretisch unbestreitbar sind, scheint mir zu enthusiastisch. Beim 19-System sind entschieden (in unausgesprochener Polemik gegen ,Ariel') die Mängel über- und die Vorzüge unterbetont [...]" Wie aus dem weiteren Briefwechsel hervorgeht, hat Handschin mit dem Einverständnis Quints die Redaktion des Artikels übernommen.

7 Handschin, Rez. von: Ariel, *Relativitätsprinzip*, S. 580.

8 Daß „man sich von jedem beliebigen Geiger versichern lassen kann, daß er Cis für höher hält als Des, Gis für höher als As", ist für Riemann einer der Anlässe, die Berechtigung des „chromatischen Tonsystems" zu diskutieren (vgl. Riemann, *Das chromatische Tonsystem*, S. 189). Stumpf dagegen kreidet es dem englischen Musikpsychologen Edmund Gurney als Unkenntnis der „Akustik und Harmonielehre" an, „einen von C-dur nach A-moll führenden Septimenaccord mit as statt mit gis zu schreiben" (Stumpf, *Musikpsychologie in England*, S. 346, Fußnote). Arthur von Oettingen hat je vier Formen von Dis und Es unterschieden und die sieben zwischen ihnen möglichen Unterschiede in einer symmetrisch sich zu sechzehn ergänzenden Tafel geordnet (v. Oettingen, *Grundlage der Musikwissenschaft*, S. 172).

der Schwingungszahlen nach höheren Töne in der Zeilenfolge der Tabelle tiefer stehen), weist auf die Verschiedenheit der hier in eine Dimension zusammengelegten Ordnungen. Sie bleiben für den Leser undurchsichtig[9]. Nun ist freilich eine Tabelle in gewissem Sinn geradezu der Verzicht auf ein System. Aber Riemann gibt auch keinen Hinweis auf ein Auswahlkriterium, das den Umfang von mehr als ,,133 Werten'' motivierte: ,,Vielleicht sind einige der daselbst aufgeführten Werte entbehrlich''[10]. Handschin spricht von einer ,,Vielfältigkeit ohne Grenze'': ,,Wenn beim Aufbau der Intervalle die Terz 4:5 bis zur 3. Potenz und die Quint bis zur 13. verwendet ist (beide selbstverständlich wie im aufsteigenden so im absteigenden Sinne), wenn entferntere Obertöne bis zum 17. verzeichnet werden, so müssen wir fragen, warum nicht noch weiter gegangen wird, warum Terz und Quint nicht in noch höheren Potenzen vorkommen und warum der 7., 11., 13., 17. Oberton nur einfach, nicht potenziert oder mit den elementareren Intervallen verknüpft werden''[11]. Mit dem Ausdruck, den Riemann für Stumpfs Tabelle der dem untersten Verschmelzungsgrad angehörigen Intervalle fand, kann man auch hier zurecht von einem ,,Sammelkasten'' sprechen[12]. Der verwirrende Eindruck der Spalte ,,Ton'' wird durch die Angabe der Tonwerte in einem 53-, 41-, und 12-stufigen ,,System'' noch verstärkt. Dieses Nebeneinander macht Handschin sich für seine Rezension zunutze: Um die 19-stufige Temperatur, wie Werker sie vorschlägt, zu prüfen, will er zunächst die absoluten Forderungen herausstellen, an denen man sie mißt.

Handschin setzt das Kriterium für den Wert einer Temperatur in ihre Fähigkeit, sich an die beiden Welten anzumessen, deren Gegensatz sie mäßigen soll, also darein, wie treu sie zwischen der ,,Welt der ‚reinen Harmonie' ''[13] und der Kompositions- und Musizierpraxis vermittelt. Er weist zunächst darauf hin, wie Werker die erstere dieser Welten zu begrenzen sucht. Werker benutzt zur Konstruktion seines aus 59 Tonstufen bestehenden ,,Flächenbildes der reinen Harmonie''[14] nur Quint- und Terzschritte. Die Sieben wird ausgeschlossen. Weiterhin begrenzt Werker die zur Bestimmung der indirekt verwandten Töne dienende Anzahl der Groß- und Kleinterzschritte. Bedenkenswert daran ist für Handschin vor allem ein Dilemma: Der ,,Vielfältigkeit ohne Grenze'' bei Riemann steht bei Werker gewissermaßen eine doppelte Einfältigkeit der Grenzziehung gegenüber. Sie betrifft zum einen die ,,Begründung der Abgrenzung'' hinsichtlich der Aufbauelemente und der Zahl ihrer Potenzen. Daß mit Quint, großer und kleiner Terz die ,,drei Urintervalle'' und mit ihnen die ,,axiomatische Grundlage der Harmonie'' gegeben sei, läßt Werker darin begründet sein, daß er die Quint als das ,,negative, männliche Begrenzungsprinzip'', die große Terz als das ,,positive, weibliche Entfaltungsprinzip'', die kleine Terz als beider ,,Kind'', als ,,Aufbauprinzip höherer Ordnung'' deutet. Handschin findet nicht zwingend gezeigt, daß mit dieser Familie der Kreis möglicher Aufbauelemente umschlossen und deren ,,Dynamik'' auf die von Werker festgesetzte

---

9 Abbildung 1 auf Seite 78 zeigt den betreffenden Ausschnitt aus Riemanns Tabelle.
10 Riemann, *Das chromatische Tonsystem*, S. 185.
11 Handschin, Rez. von: Ariel, *Relativitätsprinzip*, S. 579.
12 Vgl. Stumpf, *Konsonanz und Konkordanz*, S. 130.
13 Handschin, Rez. von: Ariel, *Relativitätsprinzip*, S. 579.
14 Ebd., S. 580.

Zahl von Schritten beschränkt sei. Zum anderen verwirft er den „Anspruch auf Absolutheit", mit dem Werker behauptet, zugleich mit der „axiomatischen Grundlage der Harmonie: den drei Urintervallen und ihrer Dynamik" auch deren „erschöpfende Ausdeutung" geleistet zu haben. Handschin will Werkers Versuch auf ein „konkretes Entwicklungsstadium der Musik" beziehen: „An diesem gemessen ist jedenfalls die Zurückdrängung des pythagoreischen Quintenprinzips durch Ariel berechtigt"[15].

Es ist also die Beziehung auf komponierte Musik, die einleuchtender als die beanspruchte Wesenserkenntnis Werkers „Flächenbild der reinen Harmonie" legitimiert, die Septime 4:7 als Aufbauelement auszuschließen. Denn gerade im Anschluß an Werkers besondere Würdigung der (doch auch aus Quint und großer Terz ableitbaren) kleinen Terz 5:6 scheint ein anders begründeter Schnitt nicht möglich. Es ist als Argument für die Unendlichkeit der „Welt der ‚reinen Harmonie‘ " zu verstehen, wenn Handschin über die Auffassung des Dominantseptakkords als 4:5:6:7 schreibt: „Allerdings wird das Verhältnis 6:7, wenn wir es auf dem Monochord anstimmen, als fremd und ‚unmusikalisch‘ empfunden, aber andererseits wirkt die Septime 4:7, wenn wir sie z. B. auf einer Drehscheibensirene im Sinne der Gleichzeitigkeit erklingen lassen, weich und überzeugend"[16]. Den Versuch dagegen, in komponierter Musik durch Analyse nachzuweisen, es habe der Komponist an dieser und jener Stelle die Natursept vorgestellt, hat Handschin skeptisch betrachtet[17]. In derselben Weise verwendet Handschin die Beziehung auf komponierte Musik zur Beurteilung der 19-stufigen Temperatur, die Werker als „Inkarnation dieser reinen 59-stufigen Welt"[18] berechnet. Diese Beziehung zur musikalischen Praxis zeichnet Werkers Berechnungen, in denen die Terzen auf Kosten der Quintenreinheit begünstigt werden, vor denen Paul von Jankós aus, der in seinem Aufsatz *Über mehr als zwölfstufige gleichschwebende Temperaturen* die 19-stufige Temperatur prinzipiell aus der Diskussion der Möglichkeiten ausschließt, weil sie die Quinten verschlechtert[19]. Die Art, wie v. Jankó die Reinheit der Quinten als absolutes Kriterium ansieht, dem erst eine praxisferne 41-stufige Temperatur Genüge tut, stellt aber die handwerkliche Verwendung des Begriffs „Temperatur" im Sinn absichtlichen Verstimmens in einen weiteren begrifflichen Horizont.

Faßt man den Begriff Temperatur im Sinn des Abwägens zwischen absoluten Forderungen, so benennt er präzise das Motiv, mit dem Handschin den musiktheoretischen Versuchen seiner Zeit gegenübertritt. Man kann sie insgesamt als ‚Reformprojekte‘ charakterisieren. Ein ‚Reformprojekt‘ ist die fraglose Durchführung *eines*, d.h. jeweils *des* ordnungstiftenden Motivs. Man kann sich diese Bestimmung an einem Inbegriff von

---

15 Ebd.

16 Handschin, *Über reine Harmonie und temperierte Tonleitern*, S. 149.

17 Vgl. Handschin, Rez. von: W. Hänzer, *Die Naturseptime im Kunstwerk*, S. 501ff.

18 Handschin, Rez. von: Ariel, *Relativitätsprinzip*, S. 581.

19 „Die Unreinheit der Terzen hat zu verschiedenen Vorschlägen geführt, die Oktave in eine andere Anzahl als 12 gleiche Intervalle zu theilen. In der Praxis haben sich diese nicht einbürgern können; auch theoretisch scheinen mir diejenigen nur ein untergeordnetes Interesse zu bieten, welche zwar bessere Terzen, dagegen aber schlechtere Quinten geben, so die in H. RIEMANN's Musiklexicon³ S. 985 aufgezählten 19-, 22-, 28- und 31-stufigen" (v. Jankó, *Über mehr als zwölfstufige gleichschwebende Temperaturen*, S. 7).

Reform, an dem von Arthur von Oettingen entwickelten Instrument und System „Orthotonophonium" und an seiner Leitidee, an v. Oettingens „Leitsatz 4" vergegenwärtigen: „In allen Tonbeziehungen ist strengste Symmetrie durchzuführen"[20]. Nicht anders als hier bei v. Oettingen und nicht anders als bei v. Jankós und Hábas Systemen und Klaviaturen handelt es sich auch bei Werkers 19-stufiger Temperatur um ein solches Reformprojekt. Alle mit der Praxis der Musik verbundenen Gegenstände sollen ins reine gebracht werden um den Preis einer geringen Verschlechterung der Quintenreinheit. Nicht umsonst ist das Werk im „Neunzehn-Stufen-Verlag" erschienen. Handschin berichtet: „Im übrigen soll die Harmonik den Gegenstand des 3. Bandes von Ariels Werk bilden, während im 2. eine auf die reinen Tonbeziehungen gegründete Notenschrift und der Gebrauch einer 19-stufigen temperierten Klaviatur erklärt werden soll"[21]. Handschin indessen zweifelt daran, daß „das 19-System [...] sich die Praxis erobern oder sogar eine neue schöpferische Aera in der Musik inaugurieren wird"[22]. Er gewinnt an der 19-stufigen Temperatur die Frage, was eine Temperatur überhaupt ist. Handschin betont das Motiv des Abwägens zwischen konkurrierenden Momenten. Deutlich kommt dies an der für den Reformer anstößigen Einschränkung in seinem Fazit zum Ausdruck: „Wie man sieht, kommt das 19-System dem Bedürfnis nach weitergehender Differenzierung der Intervalle — sofern ein solches vorhanden sein sollte — entgegen"[23].

Riemanns Tabelle der Tonbestimmungen scheint also auf einem weisen Verzicht zu beruhen. Und auch Handschins Redaktion will sie lieber dem „Vorwurf der Zerfahrenheit" ausgesetzt sehen, als über die Schwierigkeit der Abgrenzung der musikalisch verwendeten von den mathematisch bestimmbaren Intervallen hinwegzutäuschen: „Die Frage nach der Abgrenzung unseres Tonsystems schwebt vorläufig in der Luft", heißt es in dem die Tabelle kommentierenden Artikel *Tonbestimmung*. „Wir wissen, daß in der Tonwelt die Quint in erster Linie und die Terz in zweiter Linie Aufbauelemente sind, aber bis zu welcher Potenz wir bei jedem dieser Intervalle gehen können, ohne die Grenzen unserer Tonvorstellungen zu überschreiten, ist nicht sicher und wird wohl kaum in allgemeiner Form zu beantworten sein, wie auch die Rolle eines möglichen dritten Aufbauelements, der Naturseptime vorläufig ungeklärt ist"[24]. In dieser Hinsicht urteilt Handschin 1929 nicht anders als 1925. So sehr er hier alles offen läßt, so wenig zögerlich zeigt er sich bei seiner Redaktion indessen in einer anderen Richtung.

Wir bezeichneten v. Oettingens System als den Inbegriff eines Reformprojektes.

20 v. Oettingen, *Grundlage der Musikwissenschaft*, S. 161.

21 Handschin, Rez. von: Ariel, *Relativitätsprinzip*, S. 581. Auf Seite Vier des Werkes findet sich eine Ankündigung des „Neunzehn-Stufen-Verlags":
DAS 19-STUFIGE TONSYSTEM
Mitteilungen des Neunzehn-Stufen-Verlages, Leipzig.
Unter diesem Titel beabsichtigen wir ein Organ herauszugeben, welches über alle bemerkenswerten Unternehmungen und Ereignisse auf dem Gebiete der hier angestrebten Musikreform berichten soll [...]

22 Ebd., S. 582. Werkers Schlagworte sind „neuschöpferisch", „umwälzend" (S. 8), „erlösend", „gesunden" (S. 16) und „Die Zeit ist reif für das 19-System" (Seite 19).

23 Handschin, *Über reine Harmonie und temperierte Tonleitern*, S. 160.

24 *Riemann Musik-Lexikon*, [11]1929, Art. *Tonbestimmung*, S. 1865.

Wir zielten dabei vor allem auf den Gestus, mit dem er etwa die Sekunde in den „Skund" (masc.) umtauft[25] und begründet, „warum die umfangreiche, von C. Eitz vorgeschlagene Benennung von Zwei- und Mehrklängen zu verwerfen ist"[26]. Denn ebenso dekretorisch konnte auch die zu v. Oettingens Reinstimmungsreform präzise entgegengesetzte Absicht durchgeführt werden. In der originalen Tabelle von Riemanns Artikel *Tonbestimmung* steht die Oettingen-Helmholtzsche Buchstabentonschrift, die die Töne nach ihrer Lage im „Quint-Terzen-Tongewebe" bestimmt, friedlich neben einer Bezeichnung der zwölf gleichmäßig temperierten Töne, die Riemann in einer eigenen Kolumne „für die Freunde des chromatischen Tonsystems" angefügt hat. In ihr finden sich „sämtliche Bestimmungen auch in Logarithmen auf Basis $\sqrt[12]{2}$, welche für die 12 Halbtonstufen ganze Zahlen ergeben"[27].

Abbildung 1[28]

Tonbestimmung.   1309

Ton	Verwandt-schaftsgrad	Saiten-länge	in Dezi-malen	in Logarith-men auf Basis 10	in Logarith-men auf Basis 2	53stufiges System	41stufige gleichschweb. Temperatur	12stufige gleichschweb. Temperatur	in Logarithmen auf 12 Basis √2
						in Logarithmen auf Basis 2			
					relative Schwingungszahl				
asas	$\frac{Q\ 0}{3\ T}$	$\frac{125}{192}$	1,536	0,18639	0,61917				7,43004
						..0,66264 ..0,64152	0,63414		
gis	2 T	$\frac{16}{25}$	1,5625	0,19382	0,64385	überm. Quinte			7,72627
							0,65853		
as	$\frac{3\ 0}{4\ Q}$	$\frac{81}{128}$	1,58024	0,19872	0,60015				7,92179
						..0,66638			
gis	$\frac{T+Q}{2\ 0}$	$\frac{256}{405}$	1,58203	0,19920	0,66177			..0,66666	7,94133 / 8,00000
as	$\frac{0}{T}$	$\frac{5}{8}$	1,6	0,20412	0,67807				8,13686
						..0,67924			
gis	$\frac{8\ Q}{3\ 0}$	$\frac{4096}{6561}$	1,60182	0,20461	0,67969				8,15628
							0,68292		
as	$\frac{4\ Q}{0\ 2\ T}$	$\frac{50}{81}$	1,62	0,20951	0,68599				8,23188
						..0,69811			
*as (a)	13.Oberton	$\frac{8}{18}$	1,625	0,70043	0,70043		0,70731		8,40516

25 v. Oettingen, *Grundlage der Musikwissenschaft*, S. 190f. und S. 191, Fußnote.

26 Ebd., S. 197, Fußnote. v. Oettingen macht überzeugend deutlich, warum das von Eitz als „Große Diprimine" benannte Intervall trefflicher als „Bi-Primon" anzusprechen und Eitz' „Verminderte Diseptale" einfacher aufzufassen ist, wenn man sie schlicht als „Boseptil" bezeichnet.

27 *Riemann Musik-Lexikon*, [8]1916, Art. *Tonbestimmung*, S. 1133, Sp. b sub 8; dass. unverändert in: *Riemann Musik-Lexikon*, [10]1922, bearb. von A. Einstein, S. 1306, Sp. b.

28 *Riemann Musik-Lexikon* [10]1922, Art. *Tonbestimmung*, S. 1309.

Handschin hat in seiner Redaktion diese Kolumne kommentarlos gestrichen. Genauer: er hat die von Riemann in Kolumnen angefügten Werte der 12-stufigen, 41-stufigen und 53-stufigen Temperatur in den Artikel „Temperatur" ausgelagert und ein eigenes Modell erdacht, das die reinen und die temperierten Werte nicht nebeneinanderstellt, sondern in ein Verhältnis setzt. Um dieses Modell zu verstehen, fragen wir zunächst nach dem Sinn von Riemanns letzter Kolumne. Die angegebenen Werte sind, als Logarithmen auf anderer Basis, bereits in den mittleren Kolumnen aufgeführt. Stumpf, dem die logarithmische Ausdrucksweise in Riemanns Tabelle unpraktisch erschien und der deshalb in Gestalt seiner *Tontabellen* gleichsam eine Kolumne mit Schwingungszahlen herausgab, fand bei Riemann „viel mehr Verhältnisse, als hier aufgenommen sind"[29]. Die Vielfalt der im „Quint-Terzen-Tongewebe" denkbaren Tonbeziehungen übersetzt sich in der letzten Kolumne in eine nach Stumpfs Ansicht überflüssig kleinschrittige Folge zunehmender Tonhöhen. Indem ganz verschieden hergeleitete Töne in eine Abfolge von Tonhöhen übersetzt werden, fungieren sie nur als Hintergrund, dem, durch Fettdruck hervorgehoben, die zwölf durch ganze Zahlen ausgedrückten Punkte als Orte der Klarheit entragen. Die dadurch geschehende Kontamination wird in Handschins Tabelle aufgelöst. Der Zusammenhang von Tonverwandtschaft und Tonhöhenfolge tritt deutlich hervor: Die erste Figur, die das Feld der „ ‚reinen' Töne" als leere Stellen zeigt, entspricht Riemanns „bekannter Verwandtschaftstabelle".

Abbildung 2[30]

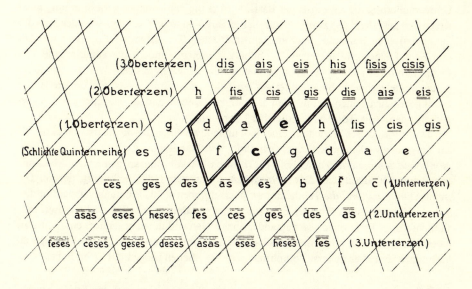

---

29 Stumpf, *Tontabellen*, S. 139: „Die folgenden Tabellen von Schwingungszahlen sind aus den praktischen Bedürfnissen bei akustischen Studien hervorgegangen".

30 Riemann, *Tonvorstellungen*, S. 20.

Durch die Rautenform dieser Verwandtschaftstabelle hat Riemann die „Tonlinie" ausgeblendet und den Blick auf die Dreiklangsformen gelenkt. In seiner Kolumne dagegen kommt die Tonhöhendimension (gerade im Gegenzug zu der unklaren Verschränktheit der Verwandten) zu ausschließlicher Geltung. Auch in der „Tafel VI", die in Handschins Redaktion nach der 53-, 41-, 31- und 19-stufigen die „12er Temperatur" darstellt, werden die temperierten Stufen durchnumeriert. Aber die Funktion der ganzen Zahlen ändert sich. Die Numerierung indiziert nur die Anzahl der in der jeweiligen Temperatur verfügbaren Tonhöhenwerte. Die Figuren zeigen, wie die durch die Temperatur nach Zahl und Position fixierten Punkte in die Anordnung der durch Quint- und Terz-Beziehungen zusammenhängenden Tonorte eingelegt sind. Die Darstellung wird am auffälligsten dadurch strukturiert, daß die jeweils enharmonisch gleichgesetzten Töne die Eckpunkte von Parallelogrammen bilden, die sich verengende Ausschnitte aus dem ursprünglich unbegrenzten Feld umschließen. Die Tonhöhe zeigt sich in der Vertikalen (Abb. 3). Wir finden bei Riemann zweierlei „Tonbestimmung": Er schließt die Tonhöhendimension aus der „Verwandtschaftstabelle" aus und fügt sie, organisiert als Zwölfzahl ausgezeichneter Punkte, seiner Tabelle „Tonbestimmung" an. Handschin entfernt diese Kolumne und nimmt die Tonhöhe als weitere (vertikale) Dimension zu den Tonbeziehungen hinzu. Daß Handschin nicht einfach das „chromatische Tonsystem" aus der Höhentabelle ausschließt, sondern Riemanns Tabelle auseinanderlegt, führt uns auf die Fährte zu Handschins eigenen Vorstellungen von „Tonbestimmung"[32]. Indem er Riemanns letzte Kolumne in eine ganze Reihe möglicher Temperaturen einordnet, korrigiert er eine bestimmte Anschauung des Tongebietes: Durch die Umformulierung, den Wechsel der Basis, wird ja die mathematische Bestimmung nicht wesentlich geändert; alle zwölf Töne behalten ihre Tonhöhe. Geändert wird der Sinn der mathematischen Formulierung. Im „chromatischen Tonsystem" fallen nicht nur Dis und Es auf einer und derselben Tonhöhe zusammen, sondern der resultierende Ton — der nun nicht mehr einen unruhig-mehrstelligen logarithmischen Wert hat, sondern an der ausgezeichneten Stellung der ganzen Zahlen partizipiert — ist nun der vierte von zwölf gegebenen Tönen, der auf den dritten, das D, ebenso folgt, wie jeder auf den vorhergehenden. Alle Töne haben dieselbe Umgebung.

Daß wir in dieser Streichung einer Kolumne nicht einen unscheinbaren redaktionellen Vorgang zu sehen haben, zeigt sich darin, daß Handschins Aufsatz *Über reine Harmonie und temperierte Tonleitern* (1927) durch Titelallusion an den ersten Abschnitt von Riemanns Arbeit über *Das chromatische Tonsystem* (1895) anknüpft, der mit *Die ‚reine Stimmung' und die Temperaturen* überschrieben steht. Riemann versucht in diesem Aufsatz (der auch über die Entstehung der erwähnten Tabelle berichtet) zwei musiktheoretische Positionen gegeneinander abzuwägen und ihnen gegenüber eine Mitte zu halten, deren er sich aus seiner musikalischen Erfahrung gewiß ist, die theoretisch zu bestimmen ihm aber äußerst kompliziert scheint: „Selten mögen auf ästhetischem und

---

32 Daß es sich tatsächlich um eine „Zerlegung" von Riemanns ursprünglicher Tabelle handelt, kann man daraus ersehen, daß die in Handschins Redaktion dem Artikel *Temperatur* beigefügten ‚Tongewebe' einen Verweis auf die „Tabelle unter Tonbestimmung" in den früheren Auflagen ersetzen (vgl. *Riemann Musik-Lexikon*, ⁸1916, S. 1113, Sp. b; dass. unverändert in: *Riemann Musik-Lexikon*, ¹⁰1922, S. 1283, Sp. a).

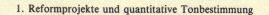

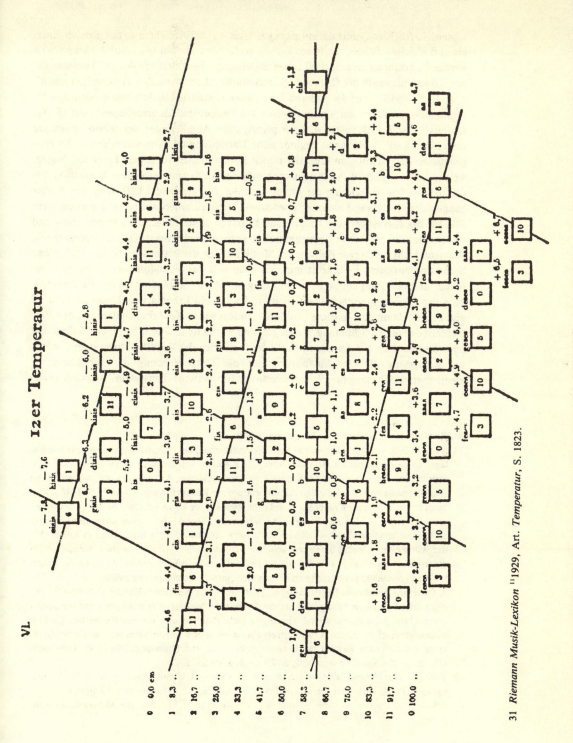

31 *Riemann Musik-Lexikon* [11]1929, Art. *Temperatur*, S. 1823.

wissenschaftlichem Gebiet die entgegengesetztesten [sic] Ansichten so mit gleicher Energie und gleichem Schein der Berechtigung verfochten worden sein. Auf der einen Seite werden Instrumente in akustisch reiner Stimmung konstruiert mit 40, ja 53 verschiedenen Tönen innerhalb der Oktave (vgl. Helmholtz, ‚Lehre von den Tonempfindungen', 4. Aufl., S. 664ff.), auf der anderen Seite stellen namhafte Gelehrte von großem Musikverständnis die Werte der gleichschwebenden Temperatur als grundlegende auf (F. W. Drobisch, der jedoch später sich zur prinzipiellen Anerkennung der reinen Stimmung verstanden hat)"[33]. Riemann beginnt seine Darstellung mit dem Grundgesetz der erstgenannten Partei: mit dem Ideal der reinen Intonation. Er führt dem Leser vor Augen, welche Schwierigkeiten der Auffassung und der auffassungsgeleiteten Intonation aus der strikten Unterscheidung der Quint- und der Terzverwandtschaft unter den Bedingungen der Dreiklangsharmonik erwachsen. Diese Schwierigkeiten sind geradezu ein Bild für das Ineinander von Theorie und Praxis in dieser Frage, die „ästhetischem und wissenschaftlichem Gebiet" gleichermaßen anzugehören scheint. Deren Gegensatz will Riemann nicht durch eine Reform der Musik im Sinn der wissenschaftlichen weil reinen Stimmung auflösen. Es scheint ihm, als ließe sich das Verhältnis der „ ‚reinen Stimmung' und der Temperaturen" nicht völlig aufhellen. So plädiert er für die Beibehaltung der „enharmonischen Identifikation der um ein Komma verschiedenen Töne"[34] und bezieht damit eine mittlere Position: „Indem wir so Kontakt behalten mit den Verfechtern der reinen Stimmung, deren gesamte Resultate zu Recht bestehen bleiben, nähern wir uns doch auf der andern Seite den Freunden des Zwölfhalbtonsystems, sofern wir wenigstens für die Ausführung auf die Unterscheidung der enharmonisch-identischen Töne verzichten"[35]. Auch das „chromatische Tonsystem" nämlich bean-

---

33 Riemann, *Das chromatische Tonsystem*, S. 186.

34 Ebd., S. 196. — Es sind Schwierigkeiten der Auffassung, des „musikalischen Denkens" in Kategorien der funktionalen Harmonielehre, die Riemann von der Reinstimmung Abstand nehmen lassen, und erst zuletzt Schwierigkeiten handwerklicher Art. (Zu den Konsequenzen der Reinstimmung bereits für die Betrachtung einfachster Kadenzformeln vgl. ebd., S. 194f.). Vollends auf dem Feld der Komposition steht für Riemann die Unverzichtbarkeit der „enharmonischen Identifikation" außer Frage: „Die Werke eines Mozart, Beethoven wären ohne Vertauschung der annähernd gleichen Tonwerte in reiner Stimmung nicht ausführbar; es würde aber der Willkür ein zu weiter Spielraum geöffnet werden, wollten wir die von jenen Meistern nicht unterschiedenen Töne jetzt in ihren Werken zu unterscheiden versuchen, da selten die Frage, wo die Vertauschung vorzunehmen ist, nur eine einfache Beantwortung zuläßt" (ebd., S. 192). v. Oettingen bezieht die Gegenposition: „Mit Recht sagt Riemann, (Handbuch Seite 223) ‚die eigentliche Schule der Modulation sei die Analyse der Meister'. Ob wohl jener nur temperiert unterrichtete Schüler eine streng wissenschaftliche Analyse auch nur der BACHschen Choräle zustandebringt? Beziffern, ja das kann er; aber wenn er den Terzton nicht von der vierten Quinte zu unterscheiden versteht, so kann er nicht sicher und fehlerlos urteilen" (v. Oettingen, *Grundlage der Musikwissenschaft*, S. 250; vgl. auch S. 257).

35 Riemann, *Das chromatische Tonsystem*, ebd.; v. Oettingen kommentiert mit deutlicher Mißbilligung: „Der Unterschied von Gis und As wird demnach beibehalten, verschwiegen wird dem Schüler der Unterschied von A und A̅" (v. Oettingen, *Grundlage der Musikwissenschaft*, S. 247).

sprucht den Rang einer Theorie und damit das Recht zur Reform. Die „Freunde des
Zwölfhalbtonsystems" weisen auf ihrer Ansicht nach schwerwiegende Mängel der Notenschrift hin. In ihrer bisherigen Gestalt werde eine Veränderung der Tonhöhe im einen
Fall ebensowenig sinnfällig (wenn nämlich die Stufe gleichbleibt: F und Fis sitzen im selben Zwischenraum) wie ein in der Temperatur faktisches Gleichbleiben der Tonhöhe im
anderen Fall (wenn nämlich verschiedene Stufen auf der temperiert gleichen Tonhöhe
realisiert werden: Die Note His liegt tiefer als die Note C). Es gelte also, die Notenschrift
derart zu reformieren, daß sie die Gleichheit und Verschiedenheit der Tonhöhen getreu
abbilde. Riemann sieht sich („Prophete links, Prophete rechts") als „Weltkind in der
Mitten": ‚Wenn du die um ein syntonisches Komma auseinanderliegenden Töne gleichsetzt, so sei konsequent und setze auch die um ein pythagoreisches Komma auseinanderliegenden Töne gleich', wird er von den „Freunden des Zwölfhalbtonsystems" beraten.
‚Bedenke den geringen Unterschied der beiden Kommata'. ‚Wenn du das pythagoreische Komma als Unterschied zwischen zwei Tönen erkennst, so sei konsequent und betrachte das syntonische Komma nicht anders', halten die „Verfechter der reinen Stimmung" dagegen. ‚Man muß die Notation ändern, um die Kommaunterschiede deutlich
machen zu können', sagen die einen. ‚Man muß die Notation ändern, um sie mit der
Temperatur in Einklang zu bringen', sagen die anderen. Riemann ist wirklich hin- und
hergerissen. Er verwirft das Zwölfhalbtonsystem und versucht sich an einer eigenen, der
„zwölftönigen Universalskala"[36] entsprechenden Notation. Das beleuchtet sein
Schwanken umso mehr, als es eben die traditionelle Notation ist, die Riemann zu einer
Entscheidung hilft. Denn quantitativ, nach den sich ergebenden Tonhöhendifferenzen,
unterscheiden sich die hier in Rede stehenden Bestimmungen der Töne nur so geringfü-
gig, daß das Zwölfhalbtonsystem gerechtfertigt und Einwände als altväterische Bedenken erscheinen können. „Der Unterschied des pythagoreischen und syntonischen Kommas ist aber ein so unbedeutender", schreibt Riemann selbst bei der Betrachtung der
berechneten Werte, „daß es in der That fraglich erscheinen kann, ob dieses verschiedene
Verhalten gegenüber den ähnlichen Verhältnissen [die Identifikation der um ein syntonisches Komma verschiedenen Töne einerseits und die Unterscheidung der um ein pythagoreisches Komma verschiedenen Töne andererseits] als gerechtfertigt angesehen werden darf"[37]. Durchaus verschieden verhält sich aber die Notenschrift gegenüber dem
pythagoreischen und dem syntonischen Komma und unterstreicht damit deren ‚Schis-
ma': „Die Differenz bleibt vorläufig nur auf dem Gebiete der Notenschrift bestehen,
für welche wir bisher die Unterscheidung der um das pythagoreische Komma verschiedenen Töne (C ≈ His, Cis ≈ Des, Cisis ≈ Eses etc.) festhalten, während wir die um das
syntonische Komma verschiedenen Töne confundieren ($\overline{E}$ ≈ E, $\overline{As}$ ≈ As etc.)"[38].
   Versuchen wir auseinanderzulegen, was v. Oettingens Buchstabentonschrift mit ihren „Hebe- und Senkekommas" und seine Notenreinschrift mit ihren im Anschluß an
die gebräuchliche Notenschrift ‚weiterentwickelten' Vorzeichen[39] auf der einen Seite,

---

36 Riemann, *Das chromatische Tonsystem*, S. 186.
37 Ebd., S. 196.
38 Ebd.
39 Vgl. v. Oettingen, *Grundlage der Musikwissenschaft*, S. 203. v. Oettingens Bezeichnungsweise
   ist der Helmholtzschen entgegengesetzt: „Ein Strich über dem Buchstaben drückt die Stim-

und was die „zwölfstufige Notenschrift"[40] auf der anderen Seite bezeichnen. Dabei stoßen wir zunächst auf eine Gemeinsamkeit: die feste Verbindung der „Töne" mit den „Tonhöhen". Die „Freunde des Zwölfhalbtonsystems" gehen von den Tonhöhen aus: Wenn sich die Tonhöhe nicht ändert, wie es etwa zwischen Fis und Ges auf dem Klavier der Fall ist, so ändert sich gar nichts. Fis und Ges sind synonym, bezeichnen dieselbe Tonhöhe und also den selben Ton. Folglich ist eine der Bezeichnungen überflüssig. Aber auch für v. Oettingen, der den Ton durch das System der Proportionen bestimmt, haftet der Ton fest an der Tonhöhe. Was am Ton zu verändern ist, das ist eben seine Höhe. Das Maß dieser Veränderung anzugeben ist die Aufgabe der mathematischen „Tonbestimmung". Es ist allein die Veränderung der Tonhöhe, die die Änderung des Tons anzeigt. Dadurch führt die Maxime der reinen Intonation zur Erhöhung der Zahl der Töne.

Wir haben den letzten Satz absichtlich zweideutig formuliert. Riemann selbst hüllt das Moment am Ton, das beiden Standpunkten entflieht, da es sich zu verändern vermag, während die Tonhöhe gleichbleibt, zunächst in ein gewisses Dunkel. Er kann dadurch seinen Begriff der funktionalen Bedeutung umso strahlender aufleuchten lassen: „Bei Musikern, die von Akustik nichts verstehen, aber von der Verschiedenheit der Tonhöhe der Quinttöne und Terztöne etc. etwas gehört haben, trifft man auf eigentümlich verworrene Ansichten, z. B. daß E im C-Dur-Accord ganz anders klinge, als im E-Dur-Accord, und daß man, wenn der eine dieser Klänge dem anderen folge, das E nicht unverändert festhalten könne — dasselbe verändere seine Tonhöhe [...] Daß beim Übergange vom C-Dur-Accord zum E-Dur-Accord nach der akustischen Theorie das E seine Tonhöhe nicht verändert, sondern daß gerade dieses bleibende E das Bindeglied beider Accorde ist, weiß jeder, der nur einigermaßen von dem eine Idee hat, um was es sich hier handelt. Es wechselt aber die Bedeutung dieses E: im C-Dur-Accord war es Terz, also bezogener Ton, im E-Dur-Accord ist es Hauptton — das fühlt der Musiker, ohne sich Rechenschaft darüber geben zu können, was er fühlt"[41]. Aber gerade seinen Begriff der „Bedeutung des Tons" setzt Riemann im weiteren Argumentationsgang der Abhandlung über *Das chromatische Tonsystem* nicht zentral ein. Es ist nicht die als tonale Funktion verstandene Bedeutung des Tons, die die Notation signifiziert. Während sich Riemann durch den Hinweis auf die bei gleichbleibender Tonhöhe mögliche Mehrzahl von Bedeutungen oder tonalen Funktionen des Tons von v. Oettingen abgrenzt, bietet er gegen das „Zwölfhalbtonsystem" noch ein anderes Argument auf: die Unterscheidung von „Tönen" und „Stufen". Wie Riemann das Verhältnis dieser beiden Argumente denkt, ist in interessanter Weise unklar. Daß es an der siebenstufigen „Grundskala"[42] festzuhalten gelte, weil die um ein oder mehrere syntonische Kommata verschiedenen Töne nur von ein- und derselben Stufe abgeleitet würden, erscheint zunächst als stichhaltiger Einwand gegen die „Universalskala". Desweiteren lassen sich dadurch

mung herab und vermindert die Schwingungszahl um 80/81; diese Kommas über den Tonnamen heißen „Senkekommas" (ebd., S. 169).
40 Riemann, *Das chromatische Tonsystem*, S. 213.
41 Ebd., S. 189f.
42 Ebd., S. 186.

die beiden Richtungen unterscheiden. Die „Freunde des Zwölfhalbtonsystems" treten für die Vermehrung der Anzahl der Stufen und deren Gleichsetzung mit den Tönen der „Universalskala" ein (in der dann auch die Nuancen der Intonation untergehen), während die „Verfechter der reinen Stimmung" sich für die Vermehrung der Anzahl der Töne bei gleichbleibender Stufenzahl aussprechen. Aber obzwar v. Oettingen die bestehende Notation nur durch weitere Vorzeichen differenziert, hängen die abgeleiteten Töne nicht in dem Sinne von den Stufen ab, daß man sie nur als deren Alterationen aufzufassen hätte. v. Oettingen nennt A und $\overline{A}$ „zwei ganz verschiedene Töne"[43]. Die Stufen als die „Sippe" der sieben symmetrisch um den Zentralton D geordneten quintverwandten „Stammtöne"[44] unterscheidet v. Oettingen nicht qualitativ von den anderen Tönen; streng unterscheidet er die symmetrische Auffassung der Stufen von ihrer Auffassung als weiße Tasten. Allzuleicht könnten dabei die Stufen als Stufen von C dur, d.h. als Stufen einer Tonleiter angesehen werden. Gerade gegen dieses übliche Ausgehen von C dur, von der „tonischen Leiter", das er bei Ellis ebenso wie in Stumpfs *Tontabellen* antrifft, ist sein symmetrischer Aufbau gerichtet[45]. Riemann dagegen weist den Stufen oder Grundtönen eine „Tonbreite" zu. Er bietet drei verschiedene Aspekte der ‚Tonbreite'[46]. Aber er verbindet diese nicht mit der Idee einer allgemeineren Geltung der „Grundskala" und ihrer Töne. Vielmehr ganz im Sinn des von v. Oettingen kritisierten Verfahrens deutet auch er diese im folgenden als „C-dur"[47]. Er diskutiert die Berechtigung des Zwölfhalbtonsystems ja deshalb, weil damit nicht irgendeine „formelle Fassung unseres Musiksystems im Sinne einer siebentönigen Grundskala"[48] durch eine andere abgelöst würde, sondern mit der „Teilung der Oktave in zwölf Halbtöne" die „letzte Vervollkommnung der wechselnd nach zwei und drei Ganztönen einen Halbton einschiebenden siebenstufigen Skala"[49] zum Ausgangspunkt einer Tonordnung gemacht würde. Wir ziehen die Formulierung aus der bekannten Polemik gegen die „musikalische Ethnographie" und die relativistischen Konsequenzen ihrer Forschungen deshalb heran, weil es Riemann keineswegs entgeht, daß der dem „chromatischen Tonsystem" zugrundeliegende Gedanke an dem ethnologisch belegten Gebrauch von Abstandstonleitern in anderen Kulturen ein weiteres Argument findet. Und mit dieser Gefahr vor Augen gibt Riemann seine abwägende Haltung auf und schließt die Ebenen seines Argumentationsgangs kurz. Der „formellen Fassung unseres Musiksystems" stellt er als einzig Festes eine physikalische Gegebenheit entgegen: Anstelle der „Bedeutung des Tons" tritt die „von Natur gebotene, nicht konventionelle Auffassung der verwandtschaftlichen Beziehungen der Töne und Tonarten" in die Argumentation ein. „Daß G Oberton von C, daß daher der Übergang von der C-Dur-Tonart zur G-Dur-Tonart als eine Steigerung erscheint, ist eine positive Thatsache unseres Empfindens, an

---

43 v. Oettingen, *Grundlage der Musikwissenschaft*, S. 248.
44 Ebd., S. 194.
45 Ebd., S. 189, 189 Fußnote, 206f.
46 Vgl. Riemann, *Das chromatische Tonsystem*, S. 191, 195, 199.
47 Ebd., S. 213.
48 Ebd., S. 212.
49 Riemann, *Handbuch der Musikgeschichte*, Vorwort, S. VII.

welcher nicht zu mäkeln ist"[50]. Riemann benutzt seine Kritik der auf dem Distanzprinzip beruhenden Tonordnung nicht dazu, die Reihe der von ihm selbst genannten Bau- und Ordnungsprinzipien ihrerseits zu ordnen und seine Einwände durch ihren Vergleich zu erhärten, sondern greift zu einer ultima ratio. Wir erfahren nicht, wie sich die siebenstufige Grundskala und ihre auf zwölf Stufen erweiterte Form zu dem physikalisch der Quint zugrundeliegenden Phänomen einerseits und der Quint als Verhältnis von C- und G dur andererseits verhalten. Ist es der Dreiklang, der unmittelbar und konstitutiv aus dem physikalischen Phänomen resultiert? Oder bietet das physikalische Phänomen verschiedene ausgezeichnete Schwingungsverhältnisse, die allesamt zunächst zu ausgezeichneten Tonschritten und über diese zu einem Tonnetz führen? Trifft ersteres zu, so ist die zwölfstufige Skala eine „Vervollkommnung" der siebenstufigen, weil dem Bauprinzip, dem Dreiklang und seinen Beziehungen, alle Wege gebahnt sind: Auch die vormals unselbständigen alterierten Töne können als Tonika fungieren. Trifft die zweite Annahme zu, so ist wiederum die zwölfstufige eine „Vervollkommnung" der siebenstufigen Tonleiter, weil durch sie die Intonationen der durch die reinen Intervalle erreichten Töne des unbegrenzten Tonnetzes mit den Bindegliedern der Kadenzen, den gemeinsamen Tönen, versöhnt (temperiert) werden[51]. Die Insistenz auf einem Festen nicht nur gegenüber dem „chromatischen Tonsystem", sondern gegenüber diesem Dilemma war Riemanns Anteil daran, daß seine Diskussion mit der Tonpsychologie das Erkenntnisziel verfehlte, die Aufstellung einer Reihe von Bauprinzipien wenigstens zu versuchen, in der auch das Distanzprinzip seinen Platz fände. Statt dessen entwickelte sich der Streit darüber, was in der Musik als invariant und was als historischer Veränderung unterliegend betrachtet werden müsse. Nichts kennzeichnet Riemanns Unentschlossenheit in dieser Frage besser als die Formulierung, die er in seinem Artikel „Tonhöhe" für den „Aufbau unseres Tonsystems" fand: Riemann spricht von „unendlich vielgestaltigen Verschlingungen und Differenzierungen", die jenem bloßen „Auf und Nieder im Raume" gegenüberstehen, als das sich die „Veränderungen" der „absoluten Tonhöhe" darstellen[52]. An den „Verschlingungen" als Charakteristikum für den Aufbau des Tonsystems, an dessen konstitutiver Undurchsichtigkeit hält Riemann fest. Damit stellt er sich gegen die beiden entgegengesetzten Positionen, die die Absicht eint, diese „Verschlingungen" aufzulösen: v. Oettingen durch eindeutige Zuordnung jedes denkbaren Tons zu einer präzise einzuhaltenden Höhe, die „Freunde des Zwölfhalbtonsystems" durch Auswahl einer Anzahl fester Höhen mit gleichen Abständen und ihre Ernennung zur ‚alle Töne' umfassenden „Universalskala".

Vor diesem Hintergrund wird Handschins Interesse an dem zentralen Motiv von Wilhelm Werkers Buch über *Das Relativitätsprinzip der musikalischen Harmonie* deut-

---

50 Riemann, *Das chromatische Tonsystem*, S. 212.

51 Vgl. zu dieser Alternative Dahlhaus, *Musiktheorie im 18. und 19. Jahrhundert*, S. 26: „Hugo Riemann konnte sich, und zwar nicht ohne Grund, niemals entscheiden, was das Harmoniesystem, dessen immer genauere Explikation sein Lebenswerk bildete, überhaupt sei: eine Differenzierung und Erweiterung des Kadenzmodells, das die Substanz tonaler Harmonik darstellt, oder ein Netz von Tonbeziehungen".

52 *Riemann Musik-Lexikon*, [8]1916, S. 1138, Sp. b.

lich: Gegenüber der festen Verbindung der „Töne" mit den „Tonhöhen", in der sich die „Freunde des Zwölfhalbtonsystems" mit dem Erfinder des „Orthotonophoniums" einmütig treffen, wird bei Werker das Verhältnis der inneren, auf den Tonbeziehungen beruhenden und der äußeren, höhenmäßigen Tonbewegung anders gefaßt. Weder laufen beide Bewegungen stets parallel, noch erscheint die äußere nur als Funktion der inneren. Vielmehr vermögen sich beide durchaus zu durchkreuzen und durchkreuzen sich in der 19-stufigen Temperatur in signifikanter Weise[53].

Dieses Wechselspiel der beiden Momente fesselte Handschin umso mehr, als es sich den Versuchen zu seiner Bestimmung und Fixierung immer wieder zu entziehen schien. Der Musiktheoretiker Werker begründete seine „Gesetze der inneren Tonbewegung" in einer „axiomatischen Grundlage der Harmonie", deren Herleitung Handschin nur den Rang eines „hübschen Vergleichs" zubilligte. Die tonpsychologische Untersuchung der Grundlagen der Musik andererseits, die sich durch ihr methodenkritisches Bewußtsein vor den musiktheoretischen Ansätzen auszeichnete, schien ihm zugleich ihren Gegenstand zu reduzieren. Sie setzte nicht (wie Werker) bei beiden Momenten zugleich, sondern allein bei der „äußeren Tonbewegung" an. Die erste Aufgabe, die der Psychologe Carl Stumpf sich stellte, war die Abgrenzung der psychologischen Betrachtung des Tons von der physikalischen. Aber während Stumpf noch bei der Frage verweilte, welche psychischen Funktionen der Erscheinung „Tonhöhe" zugrunde lägen, tat sich in der tonpsychologischen Diskussion ein Gegensatz auf, der der musiktheoretischen Frage nach dem Verhältnis von höhenmäßiger und ‚innerer' Tonbestimmung entsprach. Sichtbar wurde er zunächst in der Gegenüberstellung von „Urqualität" und „historischer Qualität" des Tons, die Stumpf benutzte, um sich gegen Kritik an seiner Bestimmung der Tonhöhe als „Tonqualität" zu verteidigen. Stumpf warf seinen Kritikern eine Vermischung von tonpsychologischem und musiktheoretischem Gegenstandsbereich vor. Die Aufgabe der Musiktheorie sei es, praktische Handhaben für das jeweils aktuelle System

---

53 Werker verdeutlicht diese Durchkreuzung an der Frage nach dem Höhenverhältnis von Gis und As: Dächte man Gis und As als ausschließlich der Höhe nach veränderte G und A, so bestünde kein Grund, über ihre Abfolge im Zweifel zu sein, wie immer man sie auch festsetze. Daß man nun Gis für höher hält als As, sei ein Beweis für das Zusammenwirken der inneren, das heißt hier: funktionsharmonischen Verwandtschaft von Gis und As als Leitton und Zielton mit ihrer äußerlichen Nachbarschaft. Die zwölfstufige Temperatur befördere durch ihre Verkleinerung des Leittonschritts diese Kontamination, während die neunzehnstufige sich antinaturalistisch auswirke: „Die Temperierung wirkt als wohltätiger Regulator gegen die instinktiven Vergrößerungen und Verkleinerungen der äußeren Tonbewegungen und zwar als Hemmung dort, wo die Neigung zur Übertreibung, als Antrieb dort, wo die Neigung zu einem Nachlassen besteht: alle Intervalle, in denen innere und äußere Tonbewegungen zusammenfallen, sind verkleinert; alle Intervalle, in denen beide Bewegungsarten gegeneinander verlaufen, sind vergrößert; diejenigen Intervalle aber, in denen die Tonbewegung in der inneren Gleichgewichtslage verläuft, bleiben unverändert" (Werker, *Das Relativitätsprinzip der msikalischen Harmonie*, S. 139f.); vgl. Werkers Bestimmung des „Leittons" als 15:16 (ebd., S. 26) und seine Bemerkungen zum Mißverhältnis von Innen- und Außenaspekt der Notation in der Musiktheorie: „[...] der Gebrauch der alten Schlüssel und die Notierungsweise der Blasinstrumente gelten dem Theoretiker als hochwichtige Dinge" (ebd., S. 111ff. und 138 Fußnoten).

der Musik bereitzustellen. Solche Spezialisierung auf die Gegebenheiten der eigenen historischen Situation bedeute aber zugleich eine Befangenheit, die den Blick der Musiktheoretiker auf das musikalisch Allgemeine verstelle. Abstand von solchen besonderen Bedingungen zu gewinnen sei für die tonpsychologische Betrachtung ebenso wichtig wie die Abgrenzung von der Physik und Psychophysik. Daß das ,,System unserer Musik''[54] sich dennoch wie selbstverständlich in den Vordergrund dränge, zeige sich eben in der Verwechslung von ,,historischen-'' mit ,,Urqualitäten''.

Handschin hat den beschriebenen Gegensatz in seine historische Perspektive gestellt. Er knüpfte damit an diejenigen Teile von Stumpfs Werk an, aus denen deutlich wird, daß sich Stumpf durch seine methodische Trennung zweier Betrachtungsweisen kein anderes Ergebnis erhoffte, als die Erkenntnis eines innigen Zusammenhangs. Ist es möglich, so fragte sich Handschin, Stumpfs Einwand Rechnung zu tragen und durch den historischen Vergleich von den ,,historischen Qualitäten'' zu abstrahieren, mit denen Riemann alles musikalische Denken auf die Kategorien seiner Musiktheorie verpflichten wollte? Ist diese Abstraktion möglich, so fragte er weiter, ohne dabei die Fähigkeit zur Beurteilung der ,,unendlich vielgestaltigen Verschlingungen und Differenzierungen'' in den musikalischen Erscheinungen zu verlieren?

Handschin hat für diese Fragen auf eine prinzipielle Bestimmung des Aristoxenos hingewiesen, mit der schon der antike Autor einem Reformprojekt (mit der Absicht, μέγα τι κινεῖν) entgegentritt[55]. Nachdem er den Unterschied des diatonischen, enharmonischen und chromatischen genos an der jeweiligen Lage der beweglichen Töne im Tetrachord, Lichanos und Parhypate, festgemacht und bestimmt hat, innerhalb welcher Grenzen sie sich bewegen dürfen, geht er auf einen Einwand ein. Daß man einen Ton, der sich je nach dem genos und je nach dessen Ausführung auf verschiedenen Tonhöhen niederlasse, gleichbleibend als Lichanos benenne, habe, so berichtet Aristoxenos, manchen erstaunt und zum Widerspruch geführt. Wäre es nicht besser, so werde gesagt, die verschiedenen Töne, die sich je nach der Teilung des Tetrachords ergeben, auch mit verschiedenen Namen zu bezeichnen? Ein und dasselbe Intervall bestehe zwischen Mese und Hypate — sei es da nicht inkonsequent, zwischen Mese und Lichanos ganz verschiedene Abstände zuzulassen? Zwischen zwei bestimmten Tönen müsse immer dasselbe Intervall bestehen; umgekehrt müsse ein und dasselbe Intervall stets von denselben Tönen begrenzt werden. Statt also zu ganz verschiedenen Tönen ohne Unterschied ,Lichanos' zu sagen, sei es wohl richtiger, einen davon als Lichanos auszuwählen und für die anderen andere Namen zu finden.

In seiner Erwiderung löst Aristoxenos die festen Zuordnungen auf, die dieser Ansicht scheinbare Kohärenz verleihen. Zunächst einmal folge die Unveränderlichkeit von Mese und Hypate nicht daraus, daß sie ein bestimmtes Intervall begrenzten. Die zwischen ihnen liegenden Intervalle reichten allein zur Unterscheidung der Töne (τῶν φθόγγων διάγνωσις) nicht aus[56]. Ein und dasselbe Intervall fände sich zwischen Nete

---

54 Stumpf, *Konsonanz und Konkordanz*, S. 117, Fußnote 2.

55 Aristoxeni *Elementa harmonica* II, 47 (ed. da Rios 59, 8). Vgl. zu dem Abschnitt *El. harm.* II, 46-50, (ed. da Rios 57, 13-62, 13) Handschin, *Toncharakter*, S. 66f.; 346; 351f.

56 *El. harm.* II, 36 (ed. da Rios 45, 11).

und Mese und zwischen Paranete und Lichanos und zwischen Trite und Parhypate und zwischen Paramese und Hypate. Zu Paaren zusammengefügt würden dabei aber nicht bestimmte Tonhöhen. Darin nämlich liege der grundsätzliche Fehler der vorgetragenen Meinung. Von Tönen (φθόγγοι) sprechend, dächten ihre Vertreter doch an nichts anderes als an bestimmte Tonhöhen (τάσεις τινές)[57]. Aristoxenos deutet auf die stetige Teilbarkeit des Ortes zwischen Mese und Parhypate, welcher der Lichanos zubestimmt ist (ὁ τῆς λιχανοῦ τόπος)[58], und findet für das Verfahren, jeden aus einer unendlichen Zahl möglicher Töne Lichanos zu nennen, ein wahrnehmungspsychologisches und ein logisches Argument. Einerseits würde der Hörer eine Melodie nicht Intervall für Intervall zusammensetzen, sondern sie trotz aller Nuancierungen (χρόαι) als diatonische, enharmonische oder chromatische auffassen. Nicht anders würde der Melodieton zwischen Mese und Parhypate auf eine gemeinsame Gattung bezogen und in diesem Sinn als Lichanos bezeichnet. Wohl mögen andererseits dem Theoretiker die vielfältigsten Teilungen des Tetrachords bekannt sein; ebenso deutlich aber sollte ihm die Gefahr einer uferlosen Terminologie vor Augen stehen. Aristoxenos sagt es im folgenden ausdrücklich, daß hinsichtlich der Größe der Intervalle (τὰ μεγέθη τῶν διαστημάτων) und der Höhe, auf der man die Töne ansetzt (αἱ τῶν φθόγγων τάσεις), sich eine Unendlichkeit melodischer Erscheinungen darbietet[59]. Nicht eine solche Unendlichkeit aber wäre der geeignete Gegenstand der wissenschaftlichen Betrachtung der Musik, sondern die genau begrenzbare Seite der Melodie. Mit Blick auf die Töne ist es deren „melodische Funktion" (δύναμις)[60], die deshalb im Vordergrund stehen muß. Durch diese melodische Funktion macht ihre Bewegung die beweglichen Töne nicht zu ganz verschiedenen, sondern zu ähnlichen Tönen. Aristoxenos bringt nur seine allgemeine Regel in Erinnerung, daß die Erkenntnis aller Bereiche der Musik auf der gleichzeitigen Betrachtung eines Bleibenden und eines Veränderlichen bestehe[61], und daß sie Hören und Denken (διάνοια) zugleich erfordere[62], wenn er hier mahnt, nicht über der Anstrengung, allergenauestens auf Gleiches und Ungleiches zu achten, die Unterscheidung des Ähnlichen vom Unähnlichen zu verlieren[63].

57 El. harm. II, 36 (ed. da Rios 45, 15).
58 El. harm. II, 48 (ed. da Rios 60, 2).
59 El. harm. III, 69 (ed. da Rios 86, 9f.).
60 El. harm. III, 69 (ed. da Rios 86, 11) et passim. Zur Übersetzung von dynamis als „melodische Funktion" vgl. Handschin, Toncharakter, S. 346.
61 ἡ τῆς μουσικῆς ξύνεσις ἅμα μένοντός τινος καὶ κινουμένου ἐστί (El. harm. II, 33; ed. da Rios 43, 3f.).
62 El. harm. II, 33 (ed. da Rios 42, 10ff.). Rosetta da Rios verzichtet für diese Stelle auf die von H. Macran vorgenommene Konjektur des Textes und sieht, anders als dieser, den Gegenstand der dianoia sowohl in den Tönen als auch in den Intervallen. Beiden käme eine dynamis zu (Da Rios, El. harm., Übers. und Kommentar, S. 47, Fußnote 2). Sie tadelt aber im folgenden Aristoxenos dafür, daß er die Intervalle stets nur nach ihren Abständen betrachte (ebd., S. 69, Fußnote) — was der Grund für Macrans Konjektur war (Macran, The Harmonics of Aristoxenus, Kommentar, S. 158 [ad Zeile 18 von Seite 124 (= da Rios 42, 12)]: „The diastemata Aristoxenos always regards as mere distances; functions he attributes only to the notes").
63 πειρώμενοι παρατηρεῖν τὸ τ᾽ἴσον καὶ τὸ ἄνισον ἀποβαλοῦμεν τὴν τοῦ ὁμοίου τε καὶ ἀνομοίου διάγνωσιν (El. harm. II, 48; ed. da Rios 60, 3ff.).

Die Bestimmungen des Aristoxenos zeigen eine überraschende Aktualität für die von uns diskutierten Reformversuche. Fassen wir noch einmal zusammen:

(1) Aristoxenos verwirft die Absicht, den musikalischen Ton fest mit der Tonhöhe zu identifizieren. Die Gründe für diese Ablehnung erscheinen umso gewichtiger, als er ja gerade die Beweglichkeit der realisierten Töne, ihre Variabilität als erklingende Tonhöhen betont. Zwar begründet Aristoxenos durch sein Argument die „historischen Qualitäten" seiner Zeit; die Form des Arguments aber, auf dem die Begründung ruht, ist nicht auf deren Geltungsbereich eingeschränkt.

(2) Die Unterscheidung von Tonhöhe (τάσις) und Bedeutung des Tons (δύναμις) führt auf die Frage nach den Ordnungsprinzipien, die sowohl der Zahl als auch den Beziehungen der musikalischen Töne zugrundeliegen.

(3) Diese Bestimmung des Tons durch eine Tonordnung tritt als selbständiger Gesichtspunkt nicht nur der Tonhöhe, sondern auch den Intervallen gegenüber.

(4) Gegenüber der Unterscheidung des Gleichen und Ungleichen betrachtet Aristoxenos das Verhältnis der Ähnlichkeit als synthetisches Prinzip, durch das die Tonordnung die Tonhöhen regiert. Er betrachtet die in den musikalischen Phänomenen bestehenden Ähnlichkeiten als das Fundament der Möglichkeit, die unendliche Vielgestaltigkeit dieser Phänomene überhaupt überschauen zu können. Andererseits wird gegenüber einer Klassifikation in Gleiches und Ungleiches, die sich entweder selbst in eine Unendlichkeit verlieren oder diese auf eine feste Zahl von Gliedern (etwa fest fixierte Tonhöhen) reduzieren muß, durch die Ähnlichkeit die Möglichkeit erst geschaffen, diese Vielgestaltigkeit als solche bestehen zu lassen.

Wenden wir diese vier Gesichtspunkte auf unsere Diskussion an: Wir hatten gesehen, daß sowohl v. Oettingen als auch die von Riemann so genannten „Freunde des Zwölfhalbtonsystems" die Töne fest mit der Tonhöhe verbinden. Auch die verwendeten Ordnungsprinzipien sind sich ähnlich: v. Oettingen stellt die direkten Tonbeziehungen in den Vordergrund. Im Idealfall sollen nur reine Intervalle von Ton zu Ton führen. An den Namen der Töne sollen vor allem die zu ihnen führenden Intervallschritte ablesbar sein. In diesem Sinn bezeichnet v. Oettingen A und $\overline{A}$ als „zwei ganz verschiedene Töne"[64]. Ausgezeichnete Stellung hat darüberhinaus nur der Zentralton „D"[65]. Im „Zwölfhalbtonsystem" andererseits besteht Verwandtschaft zwar nur gegen das Gesetz des Systems (nach Riemann aufgrund physikalischer Gegebenheiten), der Vorrang der Intervalle (Abstände) gegenüber der Ordnung der Töne wird aber auch hier deutlich sichtbar. Er zeigt sich in der Form gleichartiger Nachbarschaft zwischen den zwölf verschiedenen Tönen. Durch die jeweils gleiche Umgebung herrscht zwischen allen dasselbe Verhältnis der Ungleichheit. Dem setzen nur die Oktavtöne durch ihre Identität ein völlig verschiedenes Verhältnis gegenüber. Während v. Oettingen die Töne durch Präzisierung ihrer Namen erst um ihre spezifische Differenz bereichern und dadurch individualisieren will, ist im anderen Fall die Numerierung Ziel der Reform. Wie sehr eine quantita-

---

64 v. Oettingen, *Grundlage der Musikwissenschaft*, S. 248.

65 Auch der Zentralton D soll nach v. Oettingen auf eine feste Tonhöhe eingestimmt werden. Als Kriterium für seine Frequenz dient v. Oettingen die Unterscheidung von „guten" (in Primfaktoren zerlegbaren) und „schlimmen" Zahlen.

tive Betrachtung der Töne in der behandelten Diskussion im Vordergrund steht, geht
aber auch aus den Schwierigkeiten hervor, die sich Riemann bei der Bestimmung seines
eigenen Standpunkts macht. Wir erinnern uns an seine Mühe, die Ursache für die verschiedene Stellung des syntonischen und des pythagoreischen Kommas anzugeben, und
können nun ihren Grund darin erkennen, daß er beide als Tonhöhendifferenzen vergleicht. Die „Bedeutung des Tons" im Sinn seiner Harmonielehre kann die „nur auf
dem Gebiete der Notenschrift bestehen bleibende [...] Differenz" nicht erklären und
steht der Geringfügigkeit des abstandsmäßigen „Unterschieds"[66] ratlos gegenüber.

Die Bestimmungen des Aristoxenos reichen aber über die Kritik an den genannten
Reformprojekten hinaus und führen auf das Feld der qualitativen Tonbestimmung. Sie
weisen auf Stumpfs Versuch zur Bestimmung des Tons voraus. Wir werden sehen, wie
Stumpf der Annahme eines unableitbaren und unauflösbaren „Musikvermögens" (mu-
sical faculty) entgegentritt und seine Untersuchung stattdessen auf die grundsätzliche
Zweigleisigkeit der von Aristoxenos genannten Funktionen des „Empfindens und Er-
kennens"[67] stützen will. Wir werden weiter sehen, wie Stumpf diese Untersuchung ins
Gebiet der Musiktheorie hinüberreichen läßt, indem auch er darauf hinweist, daß die
Intervalle ohne die Erkenntnis der Töne nicht vollständig beschrieben werden können.
Auch der Begriff der Ähnlichkeit wird von Stumpf herangezogen und dient, nicht an-
ders als bei Aristoxenos, als Vermittlungsbegriff zwischen Empfinden und Erkennen.
Als erstes aber gilt es, jene qualitative Besonderheit der Musik genauer zu fassen, die
nach Aristoxenos darin besteht, daß in ihr stets ein Moment gleichbleibt, während sich
ein anderes ändert.

2. QUALITATIVE TONBESTIMMUNG

„Quantitative Tonbestimmung" bedeutete für die betrachteten Reformprojekte,
daß die Frage der (Neu-)Ordnung der Töne auf die Bestimmung der Anzahl der Stellen
in einer Reihenfolge von Elementen eingeschränkt wurde. Das Tonsystem wurde mit einer Tonleiter, die musikalischen Töne mit fest eingestimmten Tonhöhen gleichgesetzt.
Andere Toneigenschaften waren uns in dieser Diskussion nicht begegnet; nur ein Rest
von Unbestimmtheit war sichtbar geworden in der Frage nach der Auswahl der Aufbau-
prinzipien, in der Unsicherheit der Musiker gegenüber der „Bedeutung des Tons".
Durch seine Tafeln zur Tonbestimmung hatte Handschin den Zusammenhang der Ordnungsprinzipien „Tonverwandtschaft" und „Tonhöhe" hervorzuheben versucht, der in
den fixierten Stufen der temperierten Tonleitern verschwindet. Die Unabgeschlossenheit
der Reformprojekte begründete Handschins Interesse an Stumpfs Unterscheidung von
„historischen-" und „Urqualitäten". Angesichts dieses Gegensatzes schien es ihm vor-
dringlich, die verschiedenen Bedeutungen auseinanderzulegen, die Stumpf als „Qualität" der Töne zusammenfaßte. Einmal meinte Stumpf die verschiedenen Eigenschaften
der Töne, einmal die musikalisch wesentliche.

66 Riemann, *Das chromatische Tonsystem*, S. 196.
67 Stumpf, *Musikpsychologie in England*, S. 334.

Die Frage nach der qualitativen Bestimmung der Töne scheint für die Musiktheorie entschieden zu sein. Ihre Möglichkeit hängt von einer Eigenschaft der Töne ab, wodurch sie sich zu einem Tonsystem organisieren lassen. Diese Bedingung ist in der besonderen Weise erfüllt, daß „die musikalisch besonders wesentlichen Eigenschaften gehörten Schalles eine auffällig strenge Systematik zeigen, welche in so leichtfaßlichem Zusammenhang mit den Eigenschaften der Schallreize steht, daß bekanntlich die Feststellung derartiger Gesetzmäßigkeiten eine der frühesten wissenschaftlichen Entdeckungen des europäischen Menschen wurde (Pythagoras)"[68]. Der Tonpsychologe Wolfgang Köhler weist auf die Reichweite einer quantitativen Betrachtung des Hörbaren hin. Indem er aber von „gehörtem Schall", nicht von musikalischen Tönen spricht, spannt er die beiden Pole, deren Verhältnis die Tonpsychologie untersucht, noch weiter auseinander und gibt Raum für weitere qualitative Bestimmungen. Die „Kulturerscheinung" Musik[69] ist nicht durch Riemanns einfache Gleichsetzung von Empfindungen und ästhetischen Empfindungen erreichbar. Stumpf hat sie als „Gefühlsempfindungen" und „Gemütsbewegungen" voneinander gesondert. Bei seiner Aufzählung der in der tonpsychologischen Untersuchung zu durchlaufenden Schritte nimmt er mit dem Moment von Erkenntnis, das Köhler in dem gesetzmäßigen Zusammenhang von Innen und Außen erblickt hatte, auch die Instanz für das ästhetische Plus hinweg, das die qualitative Tonbestimmung vervollständigen sollte: „Zwischen den Luftschwingungen und der Sinnesempfindung liegt das ganze Gebiet der Vorgänge vom Ohr bis zur Gehirnrinde. Und sehr wohl möglich ist es, daß auf diesem Wege, beim Übergang in neue Gebilde und neue Prozesse, neue Variable hinzukommen [...] Wieweit dies der Fall ist, darüber kann uns nicht die Physik der Luftschwingungen, sondern nur die Beobachtung der Sinneserscheinungen selbst belehren"[70]. Stumpf grenzt die psychologische von der physikalischen Betrachtung der Töne ab: „Wir Psychologen sind wohl darüber einig, daß die Eigenschaften der Empfindungen ihrer Zahl nach keineswegs denen der äußeren Reize zu korrespondieren brauchen"[71]. Er nennt seine Verfahrensweise zur Unterscheidung der Variablen: „Eine weitere Vorfrage ist allgemein begrifflicher Art und betrifft die Kriterien für die immanenten Eigenschaften unserer Empfindungen. Wir müssen jedenfalls so viele Eigenschaften an einer Empfindung unterscheiden, als es unabhängige Verände-

---

68 Köhler, *Tonpsychologie*, S. 420.
69 Ebd., S. 419.
70 Stumpf, *Untersuchungen zur Tonlehre*, S. 20f.
71 Konsequent versteht der Physiker und Verwalter des Helmholtzschen Werkes Robert Wachsmuth die von Stumpf gefundene Eigenschaft „Tonfarbe" als Verzerrung. Der unter diesem Begriff gefaßte Gegenstand gehöre deshalb der Disziplin Tonpsychologie an, weil ihm kein Korrelat auf der Seite des ‚Reizes' zugeordnet werden könne: „Zu den beiden physikalischen Eigenschaften eines einfachen Tones, seiner Stärke und seiner Tonhöhe, wurde von C. Stumpf (Tonpsychologie Bd. I) noch eine psychologische, die ‚Tonfarbe' hinzugefügt. Es ist dies eine Eigenschaft, die nicht dem aussendenden Körper zukommt, sondern in dem empfangenden Resonatorensystem des Ohres, vielleicht in der für verschiedene Höhen sich ändernden Dämpfungsgröße seine Ursache hat" (R. Wachsmuth, *Vorwort zur sechsten Ausgabe*, in: Helmholtz, *Lehre von den Tonempfindungen* ([6]1913), [7]1968, S. X).

rungsweisen gibt''[72]. Stumpf sucht nach Eigenschaften, die durch verschiedene Veränderungsweisen nur ,,der Zahl nach'' voneinander unterschieden, nicht durch die Art der Veränderung untereinander qualifiziert werden. Was diese Verfahrensweise für die Unterscheidung der Eigenschaften des Tons bedeutet, wollen wir an einem Beispiel betrachten.

Gaudentios, so berichtet Karl von Jan in seinen *Musici Scriptores Graeci* (1899), schreibe den Tönen drei Eigenschaften (qualitates) zu: συμβέβηκε δὲ τῷ φθόγγῳ χροιὰ τόπος χρόνος. ,,Dem Ton kommen Farbe, Ort und Zeitdauer zu''[73]. Jan hebt hervor, daß das erstgenannte Moment ebenso wie seine eigentümliche Bezeichnung nur in der Tonanalyse des Gaudentios anzutreffen sind. Er versucht, sich diesem Begriff umsichtig zu nähern. Zunächst umschreibt er chroia als ,,quasi color quidam'', um den Terminus dann durch Hinweis auf inhaltliche Parallelstellen, durch Paraphrase und durch Übersetzung ins Deutsche seiner sicheren Bestimmung als ,,Klangfarbe'' zuzuführen. Bevor wir diesen Schritten nachgehen, geben wir den Kontext bei Gaudentios. In der siebenstufigen Einteilung der musikalischen Gegenstände nach ,Tönen', Intervallen, Systemen, Tonarten, ,Modulationen' und Komposition, mit der Gaudentios der Tradition folgt, steht die außergewöhnliche chroia am Ende der Bestimmungen des Tons. Die zu ihm führende Bestimmungsreihe beginnt mit der Stimme. Ihre musikalische Gattung ist die Gesangsstimme, die sich von der Sprechstimme durch die spezifische Differenz der Bewegung nach Intervallen unterscheidet. Eine solche Bewegung ist dann der Fall, wenn die Stimme auf einer feststehenden Tonhöhe einsetzt und durch diese Wahl eines Tons in die Melodie eintritt. Schon der erste Ton einer Melodie ist musikalisch durch eine bestimmte Färbung, einen bestimmten Ort und eine bestimmte Dauer ausgezeichnet. Jeder Melodieton kann auf derselben oder auf einer verschiedenen Stufe erklingen. Und erklingt er nun auf derselben Stufe, so ist es neben seiner rhythmischen Stellung seine Färbung, durch die er sich von seinem gleichklingenden und gleichlangen Vorgänger unterscheiden kann. Töne, die sich durch chroia unterscheiden, nennt Gaudentios ὁμόφωνοι φθόγγοι[74].

Um seine Interpretation der chroia als ,,Klangfarbe'' abzustützen, verweist Jan auf die Beschreibungen des Stimmklangs, die Aristoteles im fünfzehnten Kapitel des ersten Buches seiner *Topik* gibt. Dieses Kapitel ist uns aber über diese Beispiele hinaus hilfreich, denn Aristoteles lehrt dort, wie mit Homonymen umzugehen sei. Ein Homonym ist ein Wort, das bei gleichem Wortlaut mehrere Bedeutungen hat und verschiedene Dinge meint. Während die meisten Worte sich ebenso durch ihren Wortlaut wie durch ihre Bedeutung unterscheiden, unterscheiden sich die Homonyme nur durch ihre Bedeutung. Unterschiede dem Wortlaut nach bezeichnet Aristoteles als διαφωνία; ist der Unterschied auf die Bedeutung beschränkt, spricht er von διαφορά[75]. Als ein Homonym nun wird sich die chroia des Gaudentios erweisen. Um zu verstehen, müssen wir wissen, in welchem Sinn von ,,Färbung des Tons'' gesprochen werden kann.

---

72 Ebd., S. 19f.
73 Jan, *Scriptores*, S. 329, 11.
74 Gaudentios, *Isagoge*, Jan 329, 18.
75 Aristoteles, *Topica* 106 a 23, 24.

Jan weist darauf hin, daß Aristoteles nicht nur von hoher und tiefer Stimme, sondern auch von weißer und schwarzer Stimme spricht. Aristoteles zeigt als einfachen Fall von Homonymie, daß ,,spitz'' in Bezug auf die Stimme in anderem Sinn gebraucht wird als in Bezug auf die Geometrie. Denn in letzterer ist ,,stumpf'' der Gegensatz von ,,spitz'': man spricht von spitzen und stumpfen Winkeln. Bei der Stimme aber ist ,,dumpf'' der Gegensatz zu ,,spitz'' (und beide sind die aus der Haptik genommenen Metaphern für unser ,,hoch'' und ,,tief''[76]). Die Diaphonie der Gegenbegriffe beweist also die Homonymie. Auch ,,weiß'' wird von der Stimme in anderem Sinn gesagt als von einem Körper. Zwar ist in beiden Fällen ,,schwarz'' der Gegenbegriff, verschieden aber ist das Kriterium. Das Weiß des Körpers wird vom Gesicht, die weiße Stimme vom Gehör beurteilt. Aristoteles vervollständigt die der Untersuchung logisch zugrundeliegende Form: Sind die Gegenbegriffe gleich, muß bei Gefahr von Homonymie der Mittelbegriff eines Gegensatzpaares untersucht werden. Das Gesicht kennt eine Vielzahl von Grautönen zwischen Weiß und Schwarz, während bei der Stimme allenfalls ein einziger Mittelbegriff gegeben werden könne. Einige nämlich sagten, die heisere und belegte Stimme sei zwischen der weißen und schwarzen das Mittlere. Die Mittelbegriffe unterscheiden sich also nicht nur durch Diaphonie, sondern auch der Zahl nach. Aristoteles zeigt, wie die von den Homonymen ausgehenden Unklarheiten ausgeräumt werden können: Er unterwirft die inhaltliche Verschiedenheit der untersuchten Sachverhalte einer logischen Form. Die Leichtigkeit, mit der die Homonyme aufzuklären sind, zeigt, wie viel an der logischen Form, wie wenig an dem isolierten Wortlaut gelegen ist[77].

Stumpf hat Jans Beispiele als Belege für die ,,Klangfarbenlehre bei den Alten''[78] gelesen. Er geht damit nicht nur über die Argumentation im ganzen, sondern selbst über die Form des Gegensatzes hinweg, die Aristoteles den Beispielen unterlegt und der doch die ,,bunte Menge'' der Klangfarben (Stumpf) nicht entspricht. Wie steht es mit dem Einwand, daß jene Gegenüberstellung von klanglicher Außenseite und logischer Form für die Musik nicht zutrifft, an die man denkt, wenn man Demosthenes einen großen Redner nennt? Auch Stumpfs Paraphrase des Aristotelischen Mittelbegriffs, die der ,,sogenannten verschleierten Klangfarbe'' einen ,,besonderen Reiz'' bei der Tongebung zuschreibt[79], sieht von der Aristotelischen Argumentation ab, deren Gültigkeit selbst auf der lautlichen Ebene der Sänger und Musiktheoretiker Engel belegte. Engel weist auf die äußerliche Ununterscheidbarkeit von Klangfarbe als unveränderlicher Gegebenheit der Stimme und von Tongebung als eines in den einzelnen Ton Hineingelegten hin, durch das die Melodie auf ihn zurückwirkt: ,,Jenny Lind, die Königin des Gesanges

---

76 Durch die Bezeichnung ,,hoch'' statt ,,spitz'' ist im Deutschen die Homonymie durch Diaphonie der Wortlaute ausgelöscht.

77 Johannes Lohmann hat dieses Argument weitergeführt: ,,Diese beiden Adjektiva [ὀξύς und βαρύς], die, ins Lateinische übersetzt, dann zu acutus und gravis werden, sind an sich nicht präzis aufeinander bezogen (,,scharf'' und ,,schwer'' ist kein Gegensatz-Paar) — sie werden dies aber durch die Einbeziehung in eine systematische Betrachtungsweise. Eben dieses ist das Kennzeichen einer jeden wissenschaftlichen Terminologie'' (Lohmann, *Musiké und Logos*, S. 21).

78 Stumpf, *Problemata*, S. 18, Fußnote 1.

79 Stumpf, *Tonpsychologie* II, S. 539, Fußnote 1.

während des letzten halben Jahrhunderts, hatte einzelne Töne der höheren Mittellage mit einem recht starken Hauch versetzt, der die Stimme wie in einen dichten Schleier hüllte"[80]. Es sei unmöglich gewesen, in ihrem Gesang den Fehler des verhauchten Singens von einem „leisen Luftgeräusch" zu unterscheiden, „das sich den Tönen beigesellt" und wodurch eine Stimme uns „erst menschlich sympathisch berührt". Was den Hörern Raffinement, war den Gesangslehrern Pathologie (Stimmknötchen). Ist in der Einteilung des Gaudentios an ein solches Moment gedacht, das dem Ton erst bei seiner Verwirklichung zuwächst oder an einen Teil der musikalischen Systematik? Es ist aus seinen Hinweisen auf Parallelstellen noch nicht deutlich, in welchem Sinn von Färbung Jan chroia bei Gaudentios verstanden wissen will.

Jan greift zu einem Beispiel, um die etwas schillernde ‚Tonfarbe', diesen „quasi color quidam", dem Leser näherzubringen. Er schreibt: „Außer dem Rhythmus und der Tonhöhe unterscheidet er also die chroia; der Grund dafür ist, daß die Sänger sowohl aus hochgemuter Seele und mit offenem Mund helle und gleichsam strahlende Stimmen erschallen lassen können, wie ihnen andererseits auch dunkle und klagende Töne zu Gebote stehen; und dies gilt ja wohl auch uns Heutigen als die *Klangfarbe*"[81]. Jan überspringt die Frage nach der Geschichte dieses Begriffs[82]. Daß die „Klangfarbe" im Kanon der Musiktheorie nicht tradiert wird, findet geradezu eine Erklärung in Jans Versuch, die Färbung des Tons gleichzeitig durch die Bemerkung „laeto animo" in die „subjektive Wärme des Vortrags"[83] aufzulösen und gleichzeitig in einen aus der Akustik stammenden Terminus zu fassen. Die Unwägbarkeit dieses Zusammenhanges ist der entscheidende Einwand gegen die Vermutung, daß Gaudentios sich um die terminologische Fixierung dieses Moments am musikalischen Ton bemüht. Was in der Stimme hörbar wird, ist — ob als „Klangfarbe" oder als „Tongebung" — stets nur „quasi color quidam" und mithin kein Gegenstand der Musiktheorie. Denn nach Aristoxenos hat die Musiktheorie die begrenzbare Seite der musikalischen Phänomene zu betrachten und die Teile der Musik so anzugeben, wie die Topik die Teile der Rede.

Anders interpretiert François Gevaert deshalb die Stelle. Nach seiner Ansicht ist chroia nur Gaudentios' besonderer Terminus für die allgemein den musikalischen Tönen zugeschriebene ‚dynamis', die Gevaert als „Funktion" versteht: „Ce que Gaudence appelle la couleur du son (χροιά) semble être identique avec la dynamis, ou en d'autres termes avec la fonction harmonique"[84]. Auch Gevaert ist offensichtlich durch den Wortsinn irritiert. Sicherheit für seine Interpretation gewinnt er aus dem Argument, daß Aristides Quintilianus die logische Analyse des Tons noch eigenständiger vorgenommen

---

80 Engel, *Begriff der Klangfarbe*, S. 351. Dort auch die folgenden Zitate.

81 „Praeter rhythmum igitur et acuminis gradum distinguit χροιά, quasi colorem quendam; quia qui cantant possunt laeto animo oreque late aperto voces emittere acres et quasi lucidas, possunt fuscas iidem et querulas; hoc enim nobis quoque est *die Klangfarbe* (Jan, *Scriptores*, S. 325).

82 Stumpf weist im zweiten Band seiner *Tonpsychologie* (S. 514, Fußnote) darauf hin, daß noch Chladni in seiner *Akustik* (1802, § 44 Anm.) für Klangfarbe allgemein das Wort ‚Timbre' gebrauche und sich rechtfertige: „Im Deutschen hat man kein eigenes Wort für diese Modification des Klanges".

83 Engel, *Begriff der Form*, S. 228.

84 Gevaert, *Histoire et théorie de la musique de l'antiquité* I, S. 85f. und Fußnote.

habe, die zentrale Bestimmung aber nicht an dem individuellen Wortlaut hänge. Durch die den Autoren gemeinsame Bestimmung, daß sie die homophonoi phthongoi differenzieren, werden chroia und dynamis zu Synonymen[85].

Handschin hat sich im *Toncharakter* Gevaerts Ansicht angeschlossen[86]. Anders als Jan und Gevaert zieht er den Zusatz heran, der bei Gaudentios die Färbung des Tons durch einen Hinweis auf den melodischen Kontext erläutert: „Die ‚Färbung' des Tons ist es, wodurch sich der Höhe und Dauer nach gleichgestellte Töne voneinander unterscheiden können... wie die Natur des sogenannten Melos im Ton, und ähnliches"[87]. Handschin findet sich in seinem Verständnis des Wortes dadurch bestärkt, daß er die terminologische lacuna auffüllen kann. Auch Guido von Arezzo nämlich spricht von einer „facies coloris quaedam". Er versteht darunter die Unterschiede der Töne der Melodie, soweit sie hörbar werden: „Wenn auch jede Melodie nur aus der Gesamtheit ihrer Töne und Tonverhältnisse hervorgeht, so kommt doch dem letzten Ton, der den Gesang beendet, bestimmender Vorrang zu. Er nämlich wird sowohl länger ausgehalten als auch nachdrücklicher vorgetragen. Nur den musikalisch Wohlerfahrenen freilich kommt es zu Bewußtsein, daß schon die vorhergegangenen Töne dergestalt auf ihn hingeordnet werden, daß er ihnen auf wundersame Weise eine Färbung zu verleihen scheint, in der ihre je eigene Beschaffenheit sichtbar wird"[88]. Daß der Schlußton lang und feierlich klingt, scheint Guido nicht etwas Äußerliches. Man kann den Ton dadurch nicht nur hören, sondern ihn in seiner Bedeutung gleichsam vor sich sehen. „Finalis vox est, quam melius intuemur"[89]. Handschin geht dem Verhältnis von Außen und Innen noch weiter nach: Er verweist auf den mittelalterlichen Theoretiker Elias Salomonis, der gerade für den melodisch noch unbestimmten Anfangston „eine seinem Charakter entsprechende

---

85 Aristides Quintilianus unterscheidet an der angegebenen Stelle die musikalischen Töne zuerst nach ihrer Stellung im Tetrachord und dann in ihrem Verhältnis zueinander. Für die Ὁμόφωνοι φθόγγοι, die sich nach Gaudentios durch ihre chroia unterscheiden können, gibt er folgende Definition: ὁμόφωνοι δὲ οἵτινες δύναμιν μὲν ἀλλοίαν φωνῆς, τάσιν δὲ ἴσην ἐπέχουσιν: „Gleichklingende Töne heißen diejenigen Töne, die mit sich ändernder Bedeutung ertönen während die Stimme auf derselben Tonhöhe verweilt" (*De mus.* I, 6; Winnington-Ingram 10, 5).

86 Handschin, *Toncharakter*, S. 359f.

87 Handschin, *Toncharakter*, S. 360. Handschin weist darauf hin, daß melos auch in einem „der Tonqualität nahekommenden Sinn" gebraucht werde. Geht man den Stellen nach, die Handschin angibt, so findet man in den diskutierten Bedeutungsmöglichkeiten von melos die Grundpositionen der Autoren hinsichtlich der „Tonqualität" wieder. Für Stumpf bedeutet melos in erster Linie die Tonhöhe und sekundär die Klangfarbe. Sie spielt in eine „tonale Seite der Musik" (Stumpf, *Tonpsychologie* II, S. 391, Fußnote) bzw. ein „melodisches (rein tonales) Element in der Melodie" (Stumpf, *Problemata*, S. 22, Fußnote 1) hinüber, das nicht näher bestimmt wird.

88 „Cum autem quilibet cantus omnibus vocibus et modis fiat, vox tamen quae cantum terminat, obtinet principatum; ea enim et diutius et morosius sonat. Et praemissae voces, quod tantum exercitatis patet, ita ad eam aptantur, ut mirum in modum quandam ab eam coloris faciem ducere videantur" (Guido, *Micrologus*, cap. XI, ed. Smits van Waesberghe, S. 140). Zu dieser „Färbung" des Tons vgl. Handschin, *Toncharakter*, S. 255; zur Übersetzung von „modus" vgl. ebd., S. 323f.

89 Guido, *Micrologus*, S. 144.

Vortragsweise fordert''[90]. Dieser Autor argumentiert mit zeichentheoretischem Scharfsinn. Er unterscheidet nicht nur Zeichen (litterae) und Bezeichnetes (puncti), sondern auch zweierlei Möglichkeiten, sie in Beziehung zu setzen. An dem einfacheren Fall erläutert Elias Salomonis die Funktion von Zeichen überhaupt: ,,Im Kalender ist die Zahl nicht der Tag, sondern ein Zeichen für den Tag, den wir mit seiner Hilfe berechnen sollen''[91]. Der Fall der Tonzeichen liegt komplizierter: Sie müssen interpretiert werden, um die von ihnen gemeinten Töne richtig hervorzubringen. Die Darstellung dieses Zusammenhangs bei Elias steht im Horizont der beiden Aspekte der Aristoxenischen Unterscheidung von Begrenztem und Unbegrenztem. Unmöglich und unnötig sei eine Erhöhung der Anzahl der Zeichen über die ,,septem litterae'' (A-G) hinaus — ,,es sei denn, ein Träumer wollte soviele Zeichen erdenken, wie er Töne hervorzubringen vermag, was eine ganz absurde Vorstellung ist''[92]. Elias nimmt aber ein Moment des Unbegrenzten in die Musiklehre hinein: ,,Ein Ton ist der kleinste Teil der Stimme, der nur als Ganzes aufgeschrieben oder auch gesungen werden kann. Dennoch sind dem Ton je nach seiner Bestimmtheit verschiedene Wirkungen eigen; ihnen entsprechend muß man auch schon den ersten Ton hervorbringen''[93]. Ist der Ton — der Tradition zufolge der kleinste Teil der Melodie[94] — seiner natura nach unteilbar, die *ein* Zeichen angibt, so faßt er doch in sich verschiedene effectus, die der Vortrag darzustellen hat. Elias läßt die nähere Bestimmung dieser effectus offen; sichtbar ist jedenfalls, daß die Notation nicht einen abstrakt zu berechnenden Sachverhalt wiedergibt[95].

Die eingangs herangezogene Stelle bei Riemann fügt sich nun in unseren Zusammenhang ein. Auch er berichtet ja über die Ansicht der Musiker, daß ein und dasselbe ,,E im C-dur-Accord ganz anders klinge als im E-dur-Accord'' und wundert sich über ihre Ratlosigkeit gegenüber dieser Färbung des Tons, in der Tonhöhe, Klangfarbe, Funktion und Tongebung ungetrennt zusammenklingen[96]. Riemann erklärt das Umstimmen des Tons E als mediantische Veränderung. Der Ton klinge keinesfalls anders und seine Tonhöhe bleibe akkurat gleich. Was sich ändere, sei lediglich ,,die Bedeutung

---

90 Handschin, *Toncharakter*, S. 21; vgl. S. 14.

91 ,,[Smiliter] in Kalendario littera non est dies, sed signum, quam diem per eam computare debeamus'' (Elias Salomonis, *Scientia artis musicae*, S. 18).

92 ,,Quaeritur, utrum debeant esse plures litterae quam septem vel sub pauciori numero comprehendi possint, quoad scientiam istam? Respondeo: plures non possunt nec debent esse, nisi alias somniator vellet fingere tot litteras, quot punctos proferre posset, quod absurdum est cogitare'' (ebd., S. 18 a,b).

93 ,,Punctus est minima pars vocis simplicis, quae scribi seu pronuntiari non potest, nisi integre. Tamen punctus, quantum est de natura sui, diversos effectus habet, et secundum illos incipi debet et pronuntiari'' (ebd., S. 20 b).

94 Vgl. etwa Aristides Quintilianus, *de mus.* I, 6; Winnington-Ingram 7, 15: φθόγγος μὲν οὖν ἐστι φωνῆς ἐμμελοῦς μέρος ἐλάχιστον.

95 Für die von Elias genannten Arten des Vortrags vgl. Handschin, *Toncharakter*, S. 14.

96 Der Physiker Ernst Mach verwendet in seiner *Analyse der Empfindungen* den Begriff ,,Klangfarbe'' signifikant anders als in den Klanganalysen seiner *Einführung in die Helmholtzsche Musiktheorie*. Als Beispiel für die Rolle der Aufmerksamkeit bei der ,Analyse von Klangempfindungen' beschreibt er die Wirkung des Akkordschritts E dur — A dur mit den Tönen e' gis' h' e'' und a a' cis'' e'' auf das liegenbleibende e'': ,,Fixiere ich [...] die Oberstimme, so scheint sich nur die Klangfarbe zu ändern'' (Mach, *Analyse der Empfindungen*, S. 231).

dieses E: im C-Dur-Accord war es Terz, also bezogener Ton, im E-Dur-Accord ist es Hauptton — das fühlt der Musiker, ohne sich Rechenschaft darüber geben zu können, was er fühlt"[97]. Der Gedanke der Musiker, es handle sich um eine Veränderung der Tonhöhe, weist noch einmal auf das Ineinander der Momente des musikalischen Tons hin. Denn die Streicher, die weder Zeit haben, die Umstimmung des Tons zu „fühlen", noch sie in Ruhe und theoretisch zu betrachten, fürchten, sie könnten womöglich („laeto animo", wie Jan sagte) irgendetwas zum Ausdruck bringen und dabei falsch intonieren.

Charakterisierung des Tons durch die Harmonik. Auch für Handschin war es ein melodischer Aspekt des Tons, der — darin Gegenpart zu der sicheren Berechenbarkeit der Höhe temperierter Leittöne — als nur der Schätzung zugänglicher Gegenstand seine Aufmerksamkeit zuerst auf sich zog. „Das besondere Wesen von Francks Harmonik hat mich mehrfach zum Nachdenken veranlaßt, ohne daß ich mir bisher darüber klar geworden wäre", schreibt Handschin 1935 über *César Francks Harmonik*[98]. Bestimmte harmonische Wendungen in Francks *Trois Chorals* (1890) erwecken sein Erstaunen. Handschins Aufsatz ist geprägt von dem fragenden Gestus, mit dem man sich eine Stelle noch einmal vorspielt, nachdem man vom Klavier schon aufgestanden war. Zu der Wendung

Abbildung 4[99]

97 Riemann, *Das chromatische Tonsystem*, S. 189f. Das vollständige Zitat oben, S. 84.
98 Handschin, *César Francks Harmonik*, S. 76.
99 C. Franck, *Choral I en mi-majeur*, Takte 1-8.

schreibt er: „Der h-moll-Akkord erscheint beim Spielen so selbstverständlich und ist doch so merkwürdig! Es ist alles Mögliche darin: die ‚paradoxe Analogie' zum cis-moll-Akkord — die beabsichtigte Enge des Schrittes in der Altstimme — und zugleich ein Anklang an Kirchentonartliches [...]"[100]. Handschin ist nicht sicher, durch welches Moment des Tonsatzes er sich von der eigentümlichen Wirkung Rechenschaft geben soll, die die Stelle auf ihn macht. Schließlich greift er zu Kategorien der Harmonielehre. So schreibt er zu folgender Stelle:

Abbildung 5[101]

---

100 Handschin, *César Francks Harmonik*, S. 77.
101 C. Franck, *Choral I en mi-majeur*, Takte 46-55.

„Die Melodie, die zwischen E-Dur und gis-Moll vermittelt, ist (besonders in ihrem zweiten und dritten Ton) mit Klangformen begleitet, die der Funktion des Tones innerhalb der Tonart sehr fremd sind"[102]. Handschin beschreibt Francks harmonisches Verfahren als „mystische Permutation" — welche ästhetische Bewertung er durch einen recht harten Kontrast verdeutlicht: „Man könnte hier an Regersche Choralharmonisierungen denken; doch ist der Unterschied, daß es sich bei Reger um historisch fernliegende Melodien handelt, wodurch das Verfahren für mein Gefühl etwas ‚Sportmäßiges' erhält"[103]. Handschins Rede von einer „mystischen Permutation" führt auf drei Fragen: auf die nach der unveränderten oder Ausgangsgestalt, die der „Permutation" unterliegt, auf die nach dem Moment, an dem die „Permutation" ansetzt, und zuletzt auf die Frage nach ihrer Bewertung. Doch läßt Handschin 1935 seine Beobachtung in aller Vorläufigkeit stehen.

Im *Toncharakter* hat Handschin auf seine Überlegungen zu *César Francks Harmonik* zurückgegriffen. Er tut dies auf einer Ebene der Argumentation, die den Kontakt mit der Erfahrung der Musiker hält[104]: „Ein Musiker, dem ich den Toncharakter erklären wollte, meinte sofort: ‚Aber dies sind ja die Funktionen unserer Harmonielehre!' "[105] Handschin hat in dieser Äußerung ein signifikantes Mißverständnis gesehen. Denn die Einschränkung der musikalischen Bestimmtheit des Tons, seiner Qualität, auf seine tonale Funktion wird, wie Handschin beobachtet, allenthalben fraglos vollzogen. Sein Versuch, den musikalischen Ton allgemeiner zu bestimmen, wird deshalb an der Frage nach der ‚Harmonisierbarkeit europäischer Melodien' deutlich sichtbar. Wir formulieren mit einer Allusion an den Titel von Abrahams und Hornbostels Aufsatz *Über die Harmonisierbarkeit exotischer Melodien*[106], um zwei verschiedene Arten der Opposition gegen Riemann nebeneinanderzustellen. Den ethnologischen Befunden, die Abraham und Hornbostel der Riemannschen Dogmatik ebenso plakativ wie unvermittelt gegenüberstellen, entspricht bei Handschin die praktische Frage der Orgelbegleitung: „Le plain-chant ne doit pas être accompagné"[107]. In Fassung 8 des *Toncharakter* beschreibt Handschin den „bemühenden Eindruck, den wir bei der Begleitung einer auf freierer Grundlage konzipierten Melodie haben" und fährt fort: „Bei einigen neuzeitlichen Komponisten beobachten wir ein noch weiter gehendes, in den Bereich der Paradoxie führendes Streben: man sucht jedem Ton einer gegebenen diatonischen Melodie durch die Begleitung einen anderen ‚Charakter' zu verleihen als der, der sich normalerweise aus der melodischen Folge ergibt (so verhält sich z.B. Max Reger dem protestantischen Choral gegenüber). Ist es das Heimweh nach der alten ‚Freiheit', das sich in dieser ‚Gewalttätigkeit' äußert? Auch der sanfte César Franck wendet das Verfahren in seinen ‚Chorals pour orgue' an (deren Themen indessen durch ihn selbst erfunden und nicht

---

102 Handschin, *César Francks Harmonik*, S. 77.
103 Ebd.
104 Es handelt sich dabei um den § 7 des ersten, systematischen und um die §§ 26 und 27 des dritten, historischen Teils des *Toncharakter*.
105 Handschin, *Toncharakter*, S. 251.
106 Abraham, O. und Hornbostel, E. M. v., *Über die Harmonisierbarkeit exotischer Melodien*.
107 Handschin, *Toncharakter*, S. 22f.

ganz diatonisch sind); hier würde ich aber eher von ‚mystischer Permutation' als von paradoxer Umstellung der Charaktere sprechen''[108].

1948 erläutert Handschin die beobachtete Verfahrensweise an der ,,Trugkadenz''. Die erwartete Tonika tritt ein, denn der abschließende Melodieton stellt den Grund- oder Terzton des Tonikadreiklangs dar. Sie bleibt aus, denn der geänderte Baßschritt stellt diesen Grund- oder Terzton als Terz- oder Quintton des Akkords heraus[109]. Während aber die Riemannsche Funktionsbezeichnung ,,Tonikaparallele'' den Harmonie-wechsel zu einem akzidentiellen Vorgang macht und mit dem Ausdruck ,,Trugschluß'' darauf hinweist, daß der Melodieton ohne Beunruhigung im Sinn der Kadenz als Tonika gehört werden kann, interessiert Handschin der Trugschluß wegen seiner Uneindeutig-keit und Ambiguität. Sie scheint ihm für eine Kritik an Riemanns ,,Logik des Tonsat-zes''[110] ,richtungsweisend': ,,So wird die akkordische Begleitung aus einem «tautologi-schen Pedanten» zu einem «paradoxen Kommentator»'', beschreibt er den Vorgang im Toncharakter[111].

Handschin apostrophiert Riemanns Lehre von der ,,Klangvertretung'', der zufolge jedwede — auch die ,,absolut einstimmige'' — Melodie ,,im Sinne von Harmonien (Tonkomplexen)'' gehört wird, nicht nur deshalb als ,,tautologisch'', weil dabei Melo-die und Begleitung ,dasselbe sagen', sondern weil überhaupt nur eine dazugedachte Be-gleitung gleichsam definitorisch festlegt, was die Melodie sagt, was ihre Töne bedeuten. Was dieser von Handschin als tautologisch und pedantisch bezeichnete Kommentar in-dessen nach Riemanns Ansicht zu der Melodie beiträgt, ist nicht weniger als der ,,Aus-druckswert, Charakter, Inhalt'' ihrer Töne[112]. Er allein enthält nach Riemann die Er-

---

108 Handschin, *Über ,,Qualität'' und ,,Konsonanz''. Eine tonpsychologische Studie* (= Fas-sung 8), S. 14.

109 Vgl. Handschin, *Toncharakter*, S. 285. Man sehe auch das Beispiel aus Rimskij-Korsakow, ebd., S. 286.

110 *Riemann Musik-Lexikon*, ⁸1916, Art. *Klangvertretung*, S. 553.

111 Handschin, *Toncharakter*, S. 286f.

112 Riemann, *Tonvorstellungen*, S. 5: ,,Jenachdem ein Ton als 1, 3, oder 5 eines Durakkordes oder aber als I, III oder V eines Mollakkordes vorgestellt wird, ist er etwas wesentlich Ver-schiedenes, hat er einen ganz anderen Ausdruckswert, Charakter, Inhalt. Denn der Aus-druckswert, Charakter, Inhalt der Harmonie, die er vertritt, haftet ihm selbst als etwas ganz bestimmt ästhetisch zu Wertendes an''. Bei dem ,,Anhaften'', das Riemann hier be-schreibt, handelt es sich für Stumpf um nicht mehr als eine ,,festgewordene Assoziation''. Vgl. Stumpf, *Ursprung der Raumvorstellungen*, S. 110f.: ,,Es gibt in der That eine Menge von Fällen, wo es uns trotz der größten Anstrengung augenblicklich nicht gelingen will, zwei Vorstellungen zu sondern, und wo sie dennoch ganz gewiss ihrer Natur nach verschiedene selbständige Inhalte sind. Dies zeigen namentlich die festgewordenen Associationen [...] Wenn Einer behauptet: ich kann mir nicht denken, daß die Materie [in unserem Fall: die Drei-klangsharmonik] verschwindet, ein Anderer aber: ich kann mir's denken, so können wir si-cher sein, daß bei Einem oder bei Beiden eine festgewordene Association im Wege steht [...] Das Nämliche zeigt der Streit über Kunstwerke; die ästhetische Wirkung beruht gerade vor-zugsweise auf Associationen, die sich im gewöhnlichen Leben zu bilden und fest zu werden pflegen, auf deren Erregung darum im Allgemeinen gerechnet werden kann''. Freilich will Stumpf nicht alle Vorstellungen ihres ,,fundamentum in re'' berauben. So hält er es nicht für

klärung dessen, was selbst der Musiker an den Tönen nur „fühlt, ohne sich Rechenschaft darüber geben zu können, was er fühlt": die Erklärung ihres Ethos. Doch tritt dieser „Charakter" des Tons bei Riemann in zwei Spielarten auf: (1) Durch die Kombination von drei Positionen (Prim, Terz oder Quint des Durakkords) mit den drei tonalen Funktionen (Tonika, Subdominante, Dominante) ergeben sich neun „Charaktere", von denen fünf im Sinn dieser Funktionen eindeutig sind (d, e, f, a, h) und vier (c, g) sich überschneiden. Sie entsprechen den Stufen der aus Tonika, Subdominante und Dominante hergeleiteten diatonischen Tonleiter. (2) Das zweite Modell ist weniger vom Bau der „Grundskala" als von den Möglichkeiten des Harmoniewechsels inspiriert. Durch Kombination der drei Positionen mit den zwei Formen des Akkords (Dur, Moll) entstehen sechs „Charaktere". Ihre Eigentümlichkeit wird nicht mehr durch den Notennamen spezifiziert, sondern tritt zu dem Ton durch die Zusatzvorstellung der jeweiligen Harmonisierung hinzu.

Riemann exemplifiziert seine „Klangvertretungslehre" an den möglichen Bedeutungen des c in den Akkorden C dur, F dur, As dur, F moll, C moll, A moll. Durch die Wahl des Beispieltones sind nicht nur die beiden Modelle bereits übereinandergelegt, sondern es zeigt sich auch die Schichtung der Bedeutungen: (1) Zunächst ist das c die Tonika schlechthin[113]. (2) In zwei Fällen ist die Akkordstellung des Tons mit seiner Funktion nach Modell 1 gleichbedeutend (T = C dur, S = F dur). (3) Die anderen Fälle sind zweifelhaft: denn während etwa F moll und C moll unter dem Funktionsaspekt nur die Varianten von Subdominante und Tonika und damit als „Klangvertreter" nach dem ersten Modell unselbständig wären (‚s' und ‚t'), entbietet Riemann zugunsten der Vorstellung des Tons eine Remineszenz an den harmonischen Dualismus und läßt das c im ersteren Fall „Mollprim des C-Unterklanges" und im zweiten Fall „Mollquint des G-Unterklanges" sein[114]. Besonders zweifelhaft scheint die Selbständigkeit des „Ausdruckswerts, Charakters, Inhalts" im Fall des c als „Mollterz des E-Unterklanges". Denn der „A-moll-Akkord", um den es sich beim E-Unterklang handelt, ist ja als Tonikaparallele (Tp) so eng mit C dur verbunden, daß Riemann, sobald die Tonvorstellungen bei der „Domizilierung der Tonikaprimen" wirklich komplizierter werden, beide zusammenfaßt. Doch ist diese Frage ebensowenig durchgeklärt[115] wie die weitere, die

eine „festgewordene Association" seinerseits, wenn er folgenden Gedanken nicht nachvollziehen kann: „Behauptet doch z.B. Ward noch neuerdings geradezu, dass er auf den dunklen Sternenhimmel sehend sich Sonnenschein dazu vorstellen könne, daß man überhaupt zu beliebigen Empfindungen Beliebiges imaginieren könne!" (Stumpf, *Tonpsychologie* II, S. 47).

113 Vgl. dazu Riemann, *Das chromatische Tonsystem*, S. 213. Riemann nennt hier die „Grundskala C-dur" das „Gebiet einfachster Vorstellungsthätigkeit": „Das heißt also, im Sinne der siebentönigen Grundskala ist C-dur resp. das reine A-moll immer Ausgangstonart, und schon der Beginn des Stückes in einer anderen Tonart hat sozusagen die Bedeutung einer Modulation, versetzt uns vom Niveau der Grundskala weg nach der Höhe oder Tiefe".

114 *Riemann Musik-Lexikon*, ⁸1916, Art. *Klangvertretung*, S. 553f.; vgl. auch Riemann, *Tonvorstellungen*, S. 6.

115 Zur Frage einer „Funktionsschrift auf dualer Grundlage" vgl. v. Oettingen, *Das duale Harmoniesystem*, ²1913, S. 122, Leitsätze 29-32. Aus dieser engen Zusammengehörigkeit der Tonika C dur und ihrer Parallel A moll ist das einzige in der heutigen Harmonielehre erhalte-

sich aus anderen Möglichkeiten der ,,Klangvertretung" ergibt: ,,Erscheint der Ton C irgendeinem anderen Klange [außer den sechs genannten] als dissonanter Ton beigegeben
oder an Stelle eines von dessen Akkordtönen als Vorhalt oder alterierter Ton eingestellt
(s. Dissonanz), so ist doch seine Bedeutung (sein akustischer Wert, seine Stimmung) immer im Sinn eines dieser sechs Klänge und zwar des nächst verwandten zu bestimmen"[116]. Auch hier zeigt sich die Divergenz der Betrachtung nach ,,Dreiklangs-
Funktion" und ,,Dreiklangs-Form"[117], denn Riemann hält daran fest, daß der ,,Aus-
druckswert, Charakter, Inhalt" des Tons nur in sechsfältiger Weise variieren kann. Er
trennt den einzigen in seiner Harmonielehre vorgesehenen Fall einer bestimmenden
Macht des einzelnen Tons über die ansonsten die musikalische Vorstellung beherrschenden ,,Tonkomplexe": nämlich als sixte ajoutée oder Dominantsept ,,die Dominanten
[...] nach ihrer Stellung in der Tonart bestimmter [zu] charakterisieren" und dazu als
,,charakteristische Dissonanz" aufzutreten, davon ab[118].

Handschin stellt in seinem Aufsatz über *César Francks Harmonik* beide Modelle nebeneinander: ,,Die Melodie [...] ist [...] mit Klangformen [= Modell 2] begleitet, die
der Funktion des Tones innerhalb der Tonart [= Modell 1] sehr fremd sind"[119]. Das
auf die Funktion bezügliche Modell 1 reguliert nach Riemann die Intonation selbst der
unbegleiteten Melodie. So ist der Schritt a-d in C dur vorzustellen als a (-f-g)-d,
d. h. durch Vermittlung der Grundtöne von Subdominante und Dominante[120]. Eine
Begleitung nach Art von Handschins ,,Permutation" durchbricht dagegen Riemanns
Grundgesetz der ,,Ökonomie des Vorstellens"[121], indem sie nicht nur lizentiösen Gebrauch der ,,enharmonischen Identifikation" erforderlich macht, sondern den Hörer
ständig mit der ,,mehrfachen Beziehbarkeit"[122] der Melodietöne konfrontiert. Modell 2 ist die spätere und weiter gefaßte Version von Riemanns Klangvertretungslehre.
Hier stehen die Parallelen und Varianten relativ selbständig neben den beiden Dominanten und der Tonika. Der ,,paradoxe Kommentar", in den sich die akkordische Begleitung bei Reger nach Handschins Ansicht verwandelt, besteht eben in der Steigerung dieser Selbständigkeit. Handschin interpretiert Regers ,,funktionsharmonischen ,Manieris-
mus' "[123] als eine Art Pseudomorphose an die vergangene ,,stark schwankende Tonalität"[124].

ne Relikt des Dualismus zu erklären, nämlich die Regel, daß die Parallelen reziprok sind (vgl.
   etwa W. Maler, *Harmonielehre* I, S. 41).
116 *Riemann Musik-Lexikon*, [8]1916, Artikel *Klangvertretung*, S. 554.
117 Handschin, *Toncharakter*, S. 285.
118 Vgl. *Riemann Musik-Lexikon*, [8]1916, Art. *Dissonanz*, S. 250: ,,Die Klangvertretung der
   zum Akkord dissonierenden Töne wird aber nicht koordiniert, sondern subordiniert verstanden; es gibt daher nicht wirkliche Doppelklänge".
119 Handschin, *César Francks Harmonik*, S. 77.
120 Vgl. Riemann, *Tonvorstellungen*, S. 25.
121 Vgl. ebd., S. 7. — Ebd., S. 9 macht Riemann deutlich, daß diese Ökonomie hauptsächlich
   durch ,,Zentralisation" erreicht wird. Vgl. auch Riemann, *Das chromatische Tonsystem*,
   S. 192.
122 Riemann, *Tonvorstellungen*, S. 6.
123 H. H. Eggebrecht, *Musik als Tonsprache*, S. 53; vgl. auch S. 28.
124 Vgl. *Riemann Musik-Lexikon*, [8]1916, Art. *Kadenz*, S. 521: ,,In der älteren Musiktheorie

Seine kritische Äußerung über Reger läßt keinen Zweifel daran, daß er dessen Virtuosität im Harmonisieren und Modulieren weniger einen ästhetischen als einen diagnostischen Wert zuschreibt. Reger versucht, den Choralmelodien eine neue qualitative Seite abzugewinnen, indem er ihre harmonisch-eindeutige Festlegung durch Einbettung in eine andere Umgebung durchkreuzt. In der „Gewalttätigkeit", die Handschin dieser Vorgehensweise zuschreibt, erblickt er geradezu ein kompositorisches Gegenstück zu den betrachteten Reformprojekten.

Indessen handelt es sich hier, nach der Systematik des *Toncharakter*, nur um einen „Beicharakter", der dem Ton „im Zusammenhang der Dreiklangsharmonik" zuwächst. Was wir uns erarbeitet haben, sind die beiden diagnostischen Befunde, die Handschin zur Ausarbeitung des *Toncharakter* motivierten: die Fixierung der musiktheoretischen Reformprojekte auf die Ordnung der Tonhöhen und die „gewalttätige" Auseinandersetzung mit der harmonischen Tonalität. Der Gegenstand für den sich Handschin interessierte, war die durch beide Verfahrensweisen ebenso eingeschränkte wie angestrebte „alte ‚Freiheit' " der Musik.

3. Der „erste und einfachste musikalische Begriff"

Wir haben gesehen, wie in der Riemannschen Bedeutungsschrift jeder Ton einen sechsfältigen Sinn annehmen kann. Das Interesse der Dreiklangsharmonik gilt aber weniger dieser Veränderung des Tons als der Verbindung der Akkorde. Dadurch tritt beim Blick auf den einzelnen Ton entweder seine „Klangbedeutung" oder seine Höhe in den Vordergrund. Denn die Harmonielehre weiß von dem sich (seiner Bedeutung nach) verändernden Ton hauptsächlich zu sagen, daß er (seiner Höhe nach) gleichbleibt und als „gemeinsamer" oder „liegenbleibender" Ton das Band der Akkorde bildet. Wir müssen genauer zusehen, wie Riemann das Verhältnis von Ton und Akkord faßt.

a) Riemanns Tonbegriff

Zu Anfang seiner *Musikalischen Syntaxis* (1877) diskutiert Riemann die Frage nach dem „ersten und einfachsten musikalischen Begriff"[125]. Er definiert: „Die einfachste Gehörsvorstellung ist die des Tones ohne Rücksicht auf seine Klangbedeutung oder richtiger die Vorstellung des Klanges ohne Rücksicht auf seine Stellung zu anderen Klängen"[126]. Schon der Ton ist Klang, denn für die physikalische Betrachtung des Klingenden gibt es keine „eigentlich einfachen Töne". „Klang ist, was der Laie Ton nennt". Aber Ton ist auch, was der Physiker Klang nennt. Denn für den Musiktheoretiker ist

---

spielt die Lehre von den Klauseln oder Kadenzen eine wichtige Rolle, da in ihnen die übrigens nach heutigen Begriffen stark schwankende Tonalität zuerst festere Gestalt annimmt".
125 Riemann, *Musikalische Syntaxis*, S. 11, Fußnote.
126 Ebd., S. 2f.

der Begriff des Tons nicht nur eine uneigentliche Ausdrucksweise. Ein anderer als der physikalische Sachverhalt, der den Klangbegriff motiviert, liegt ihm zugrunde: das Phänomen der Oktave. „Töne, welche im Verhältnis der Oktave zueinander stehen, sind nicht als verschiedene Töne, sondern als verschiedene Erscheinung desselben Tones anzusehen"[127]. Riemann sieht bei dem Versuch, diese Besonderheit zu erklären, „die geistreichsten Gelehrten im finstern tappen"[128]. Für ihn bedeutet dies die Gewißheit, daß das besondere Verhältnis der Oktavtöne nicht durch ihre physikalische Bestimmung als Klänge erklärbar ist. Durch seine Absicht, diesem einzigartigen Sachverhalt seine Stelle in der „musikalischen Syntax" anzuweisen und das Oktavphänomen nicht als Unikum zu behandeln, gewinnt Riemann vier Motive: (1) Er gewinnt die Unterscheidung von synthetischem und syntaktischem Klangbegriff, von Klangfarben und musikalischen Klängen: „Wie wir bei der Auffassung des Klanges von den sekundären Obertönen völlig absehen, indem wir nur die primären zur Klangeinheit zusammenfassen [die wir nicht als Klangfarbe, sondern als musikalischen Ton mit Dreiklangsbedeutung bezeichnen], so, meine ich, sehen wir hier von den ferner stehenden primären Verhältnissen (1:3; 1:5) völlig ab und fassen nur das allernächste (1:2) als Wesenheit des Tones auf"[129]. (2) Riemann gewinnt Abstand von dem Glauben an eine unmittelbare Begründungsleistung der Physik für die musikalische Syntax. Bei seinem Versuch, von der physikalischen Darstellung des Klanges aus die Oktave zu ergreifen, bezieht er sich nicht auf eine naturhaft-unmittelbar wirkende Gegebenheit, sondern auf ein Modell. Obwohl in unserem Zitat die umgekehrte Abhängigkeit festgestellt wird, können wir geradezu das Vorbild für die musikalische Betrachtung der physikalischen Gegebenheiten in die Oktave setzen, denn Riemann beantwortet die Frage nach dem ersten und einfachsten musikalischen Begriff eindeutig zugunsten des Tons: „Der erste und einfachste musikalische Begriff ist nicht der des Klanges, sondern der des Tones"[130]. (3) Obwohl er fortfährt: „Merkmale dieses Begriffes sind nur die Oktaven", tritt für einen Moment der Gedanke einer Emanzipation der Tonlehre von der Physik in den Blick. Riemann sieht sich durch das Vorbild der Oktave angeregt, es „für eine offene Frage zu erklären, ob nicht auch das Intervall als solches als Begriff sichtbar ist". Gemeint ist, ob die „principiell von der Aehnlichkeit der Töne anderer Intervalle zu unterscheidende und unterschiedene Aehnlichkeit von Oktavtönen"[131] in der Ähnlichkeit von Tönen in Quintabstand widerscheint, oder ob letztere nach dem Vorgang Helmholtz' unter den Klangbegriff zu subsumieren ist[132]. Vom Ton zum Intervall fortzugehen würde bedeuten, die mathematische Formulierung der „primären Verhältnisse" von dem physikalischen Sachverhalt abzulösen. (4) Durch seine Konkurrenzfähigkeit gegenüber dem physikalischen Klang verdeutlicht das Oktavphänomen das Motiv, das überhaupt auf das Klangmodell führt: Beide zeigen, daß es musikalische Töne nicht als Singularitäten gibt, son-

127 Ebd., S. 10f.
128 Ebd., S. 10, Fußnote.
129 Ebd., S. 11, Fußnote.
130 Ebd.
131 Ebd., S. 11.
132 Vgl. ebd., S. 9.

dern daß die „Wesenheit des Tons" in einem „Verhältnis" besteht. Daß die „Folge von Tönen, die im Oktavverhältnis sind, nicht den Klangbegriff involviert, sondern den Tonbegriff in seiner Einfachheit bestehen läßt"[133], bedeutet also nicht, daß der Ton als anschlußloser Punkt zu denken wäre, der dem synthetischen und damit syntaktisch wirkenden Durdreiklang ohnmächtig gegenübersteht.

Aber Riemann verzichtet darauf, den hier ,sichtbar gewordenen' Begriff des Intervalls weiter zu entfalten. Sein Terminus „Tonvertretung" bleibt tautologisch: Er stellt der Indifferenz der einfachen und oktaverweiterten „Intervalle" (zwischen „Klängen") nur den zunehmenden höhenmäßigen Abstand gegenüber. Dennoch: Riemann hat die Möglichkeit gesehen, den Tönen nicht entweder den Sinn von Dreiklängen zu unterlegen oder sie auf ihre Höhe zu reduzieren. Seinen Gedanken an diese Möglichkeit gilt es festzuhalten, wenn wir nun die tonpsychologische Kritik an seinem Versuch zur Bestimmung des „ersten und einfachsten musikalischen Begriffs" betrachten.

b) Der tonpsychologische Einwand

Der Abstand der „theoretischen Musikwissenschaft (wenn man will, der Tonpsychologie)", die nach den Begründungen fragt, von der „landläufigen ,Musiktheorie' ", die nur die „handwerklichen Selbstverständlichkeiten" kodifiziert[134], zeigte sich in der von Handschin betrachteten historischen Situation als Abstehen von der syntaktischen Absicht, die Riemanns Haltung sowohl gegenüber den beiden entgegengesetzten Reformprojekten, als auch gegenüber den alternativen Grundlegungen des Tonbegriffs bestimmte.

Die Differenz entspringt der Kritik der Tonpsychologen an der Fundierungsleistung der Akustik für die Harmonielehre. Weder ihrer Möglichkeit noch ihrem Vorkommen nach sei die Musik durch den Klangbegriff vollständig bestimmt. Ersteres folge aus der Unvollständigkeit der Helmholtzschen Konsonanztheorie, letzteres aus der begrenzten Geltung des Klangbegriffs in der musikalischen Praxis. Riemann hatte die „offene Frage" nach dem Begriff des Intervalls beiseite gesetzt und den Anspruch auf Allgeltung der Kategorien seiner Harmonielehre apodiktisch aufgestellt: „Ich will [...] kurz und gut sagen, daß es ein Hören von Tönen im Sinne von Intervallen (Zweiklängen) überhaupt gar nicht gibt, daß dagegen ein Hören im Sinne von Dreiklängen das A und Ω aller Musik ist. Auch die absolut einstimmige Melodie hört zweifellos der Hörer von heute, wahrscheinlich aber der Hörer aller Zeiten im Sinne von Harmonien (Tonkomplexen)"[135]. Wir zitieren nach einer Stelle bei dem Tonpsychologen Stumpf, die an Handschins Rede von der „alten ,Freiheit' " erinnert: „Die tiefste Wurzel jener Meinungsverschiedenheiten, die eine Verständigung zwischen den Tonpsychologen und den musikalischen Ästhetikern erschweren, liegt darin, daß die letzteren sich immer noch nicht ent-

---

133 Ebd., S. 11.
134 Handschin, *Dreiklang*, Sp. 748.
135 Riemann, *Das Problem des harmonischen Dualismus* (1905), zitiert nach: Stumpf, *Konsonanz und Konkordanz*, S. 144, Fußnote 1.

schließen können, die Möglichkeit und das Vorkommen einer nichtharmonischen, nicht auf Dreiklänge gegründeten, Musik anzuerkennen"[136]. Es ist eigentümlich, daß Stumpf die Unterscheidung von Möglichkeit und Wirklichkeit nicht zur Geltung bringt, die er doch selbst trifft. In seinem Einwand liegt nämlich zweierlei. Stumpf sagt zwar: Es gibt Musik, für die der Dreiklang nicht das konstitutive Phänomen darstellt. Er sagt aber nicht, wodurch sonst ihren Tönen Sinn beizulegen ist. Riemanns Formulierung ist maliziös. Tönen den „Sinn von Intervallen" beizulegen, wäre ihm — ausgehend von seinen Überlegungen zur Oktave — durchaus möglich gewesen, Stumpf dagegen nicht. Stumpf geht in seiner Argumentation nicht auf diesen Doppelaspekt ein. Er konfrontiert Riemann nicht mit dessen eigener Verwunderung über die griechische Chromatik und Enharmonik[137], sondern weist auf die Ergebnisse der ‚Vergleichenden Musikwissenschaft'. Stumpf konfrontiert Riemann damit nicht mit „gänzlich Fremdem"[138], das es zugleich ermöglicht, den Vergleich auf das Verhältnis der zugrundeliegenden Theorien zu richten. Er fragt nicht, wie Riemann etwa die Verwandlungen der Tonhöhe, die (nach dem Ausdruck von Gustav Jacobsthal) dem Melos zuliebe geschehen, funktionsharmonisch erklären wolle. Damit hätte er Riemann an seiner schwächsten Stelle angegriffen, denn in solchen Veränderungen funktionieren ja gerade die „fremden Töne", die als Verwandte der Mollterz Riemanns schwierigstes Problem darstellten. Schienen ihm doch die durch die reinen Intervalle geforderten Veränderungen der Tonhöhe [Standardbeispiel ist die Verschiebung des a beim Übergang von der Subdominante (a als Quart plus Terz über c) zur Subdominantparallele (a als dritte Quinte über c)] bereits die Einheit der Tonbedeutung zu bedrohen. Zudem hätte Stumpf durch dieses Argument die Bedeutung der wirklich gehörten Tonhöhenveränderung gegenüber der bloß gedachten „enharmonischen Identifikation" hervorheben können. Stumpf stellt vielmehr der Faktizität, die Riemanns Theorie als normativ betrachtet: dem Vorhandensein des Durdreiklangs in der Obertonreihe, nur eine andere Faktizität entgegen. Er verweist auf die von ihm untersuchte „Musik der Siamesen"[139]. Daß diese nicht auf der Dreiklangsharmonik beruhe, ist das Argument; daß die Töne sich hier dem Forscher nur in Form von Tonhöhen auf einer Tonleiter darstellen, ist das Problem. Denn Riemann sagt ja vor allem, daß man die Töne einer Melodie nicht bloß akustisch, sondern „im Sinne von ..." hört. Stumpf spielt über die Verlegenheit hinweg, in die Riemann ihn mit der Alternative bringt, daß bei Verzicht auf die Funktionen der harmonischen Tonalität die Töne „im Sinn von Intervallen" aufzufassen seien. Denn da er nicht über einen Begriff des musikalischen Tons verfügt, ist es Stumpf schlechterdings unmöglich, den Begriff der Funktion allgemeiner zu fassen. Zwar spottet Stumpf in seiner *Erkenntnislehre* (1939/40) gegen die Gestaltpsychologie: „Die Töne werden von einem Huhn vielleicht ebenso gehört wie von einem Beethoven, eine Melodie als solche sicher nicht"[140]; daß er aber innerhalb der gestaltpsychologischen Entgegensetzung von Teilen und Ganzem

---

136 Stumpf, *Konsonanz und Konkordanz*, S. 143f.
137 Vgl. Riemann, *Handbuch der Musikgeschichte* I, S. 223.
138 Ebd., S. 224.
139 Vgl. Stumpf, *Tonsystem und Musik der Siamesen*.
140 Stumpf, *Erkenntnislehre*, S. 272.

argumentiert, dokumentiert das Scheitern seines Projekts Tonpsychologie. Stumpf akzeptiert eine Alternative, über die er in seiner frühen und programmatischen Auseinandersetzung mit Edmund Gurney hinauszukommen versucht hatte. Man hat Riemanns Beharren auf dem Dreiklang und seine Angriffe gegen die „musikalische Ethnographie" vor allem als Zeichen eurozentristischer Beschränktheit gelesen. Deshalb wollen wir erstens zeigen, daß schon der immerhin einen Ausschnitt aus der musikalischen Wirklichkeit zutreffend beschreibende Ausdruck: „Hören im Sinne von Dreiklängen" tonpsychologisch nicht rekonstruiert werden konnte und wollen wir zweitens sehen, wie Stumpf selbst die „Lieder der Bellakula-Indianer" ‚hörte'.

Reproduktive Vorstellung und Einstellung. In seinem Aufsatz über *Singen und Sprechen* macht Stumpf darauf aufmerksam, daß Sprechen und Singen noch nicht zureichend unterschieden sind, wenn die verschiedenen Laute nur in sich (nach Anfang, Mitte und Ende) isoton bleiben: „Wer unter Vermeidung stetiger Tonschwankungen jede Silbe auf einem bestimmten Tone spräche, die kurzen, ‚unbetonten', tief abgestimmten Silben nur etwas undeutlich in ihrer Intonation, dabei die Intervalle unserer Tonleitern geflissentlich umginge und sich ganz willkürlich bald da bald dort im Tongebiet bei den akzentuierten Silben niederließe, der würde uns immer noch im wesentlichen zu sprechen scheinen"[141]. Eine bestimmte „Einstellung" müsse bei diesem Niederlassen der Stimme der Fall sein, in der, wie der erste Band von Stumpfs Werk *Tonpsychologie* (1883) das Verhältnis von Ganzem und Teil formuliert, „eine bestimmte Vorstellung des Gebietes willkürlich als fester Punkt mitbenützt"[142] wird. Alles aber, was wir von Stumpf nach dreißigjähriger tonpsychologischer Forschung in *Konsonanz und Konkordanz* (1911) über diese „Einstellung" erfahren, erfahren wir aus seiner Auseinandersetzung mit Riemann[143]. Und wir erfahren es dank der Termini der Riemannschen Musiktheorie, in denen auch Stumpf sein Beispiel für eine solche Vorstellung formuliert: „Das Hinzudenken der Tonika z.B. geschieht nicht notwendig so, daß sie uns immer konkret gegenwärtig wäre. Denn sonst würden auch wirkliche Nebendreiklänge, ja selbst der Dominantdreiklang, Diskorde sein. Es handelt sich hier nicht um ein konkretsinnliches Hinzuvorstellen der Tonika, sondern um eine bloße ‚Einstellung', wie sie auch sonst im psychischen Leben vorkommt, freilich noch nicht genug untersucht ist. Wir können hier von solchen Untersuchungen absehen, denn zweifellos findet die Beziehung auf Dreiklänge und auf Grundtöne in irgendeiner Form statt, und dies kann uns vorerst genügen"[144].

Tonleitern und Musikgefühl. In seinem Bericht über *Lieder der Bellakula-Indianer* (1886) löst Stumpf die „Schwierigkeit des Niederschreibens" durch ein Verfahren, in

---

141 Stumpf, *Singen und Sprechen*, S. 5.

142 Stumpf, *Tonpsychologie* I, S. 159.

143 Daß nur durch diese Auseinandersetzung musikalisches Terrain erreicht wurde, zeigt sich etwa an der Bestimmung des Verhältnisses von Singen und Sprechen bei Hornbostel: „Man kann einen Vokal nicht längere Zeit aushalten, ohne daß das Sprechen in Singen übergeht" (Hornbostel, *Gehörserscheinungen*, S. 704).

144 Stumpf, *Konsonanz und Konkordanz*, S. 136.

dem die Gegenüberstellung des „sinnlich-akustischen" und des Moments von „Einstellung" deutlich wird. Er orientiert sich an den gehörten Tonhöhen und notiert die Töne, die sich diesen am meisten annähern. Daß er aber einem Lied, in dem er kein einziges Mal diejenige Tonhöhe registrierte, auf der unser kleines Es liegt, zwei B vorzeichnet, begründet er aus einem anderen Prinzip: „Die Vorzeichnung ist insofern willkürlich, als im ganzen Lied kein *Es* vorkommt; ich wählte sie nur, weil die Melodie nach unserem Tongefühl in *G moll* steht"[145]. Stumpf konnte den Sänger, den Indianer „Nuskilusta", nicht fragen, ob auch seinem „Tongefühl" diese Melodie ‚im Sinne von' G moll erscheine.

Die Gegenüberstellung von konkret-sinnlicher Reproduktion, die die Notation als Skalierung eines Frequenzbereichs auffaßt, und „bloßer Einstellung", die sich durch ein Zeichen (das Es) ausdrückt, das auf nichts „Wirkliches" weist, kann man mit Hornbostel als Disjunktion von „Laut und Sinn" bezeichnen. Stumpf fällt durch sie in einen Gegensatz zurück, den er am Forschungsweg Alexander J. Ellis' kritisch beobachtet hatte. Ellis hatte die Helmholtzsche Musiktheorie ins Englische übersetzt und wollte nun erproben, wie treu sie sich in die musikalische Praxis übersetzen ließe. Seine Abhandlung *Über die Tonleitern verschiedener Völker* (1885) nahm den Vorwurf ernst, den Stumpf an die „Musikpsychologie in England" gerichtet hatte: „Die englischen Aesthetiker haben sich eben wie die meisten mit den Problemen der Akustik und Harmonielehre nicht selbständig und consequent genug beschäftigt und so ihre Speculation auf einen Grund gebaut, der längst nicht mehr sicher ist"[146]. Als „Speculation" bezeichnet Stumpf die in Helmholtz' Musiktheorie behauptete Fundierungsleistung der Akustik für die Harmonielehre, wie sie Riemanns Begründung der musikalisch konstitutiven Bedeutung der Quint durch ihr Vorkommen in der Obertonreihe zugrundeliegt. Ellis geht strikt empirisch vor. Er berichtet in der Einleitung, es habe seine Abhandlung ursprünglich heißen sollen „Über die Tonleitern aller Völker", aber: „Alle ist ein großes Wort; ich mußte es zurückziehen und mich mit dem unverbindlichen Ausdruck ‚verschiedene' begnügen"[147]. Das Arbeitsergebnis, mit dem Ellis sich begnügte, ist der Aufweis einer reinen Verschiedenheit: „Das Endergebnis ist: es gibt nicht nur eine, nicht nur eine »natürliche«, ja nicht einmal bloß eine Leiter, die notwendig auf den Gesetzen des Klangbaues beruht, die Helmholtz so schön ausgearbeitet hat — sondern sehr verschiedene, sehr künstliche, sehr eigenwillige"[148]. Stumpf, von dem der Angriff auf Helmholtz' Konsonanztheorie ausging, hat Ellis' Abhandlung kritisch rezensiert. Er weigerte sich, Helmholtz' Zusammenschau von „unveränderlichen Naturgesetzen" und „ästhetischen Prinzipien" als Dichotomie zu interpretieren. Die Spannung zwischen ‚Tonleitern und Musikgefühl' wird in Stumpfs Rezension deutlich sichtbar. Ellis macht die Tonhöhe, „pitch", zum ausschließlichen Gegenstand der Notation. Damit trägt er dem Sachverhalt Rechnung, daß ihm von nicht notierter Musik nur der Tonvorrat, die Materialleiter, faßbar wurde. Ellis paßt die Notation ihrem Gegenstand an. Seine Cent-

---

145 Stumpf, *Lieder der Bellakula-Indianer*, S. 415.
146 Stumpf, *Musikpsychologie in England*, S. 346.
147 Ellis, *Über die Tonleitern verschiedener Völker*, S. 5.
148 Ebd., S. 75.

Skala teilt die Oktave in 1200 gleiche Schritte und zielt auf Annäherung an die akustische Unterschiedsschwelle[149]. Ellis untersucht den an der Stimmung von Instrumenten ablesbaren Tonvorrat. In seiner Rezension benutzt Stumpf zur Abkürzung dennoch unsere Tonbuchstaben. Er betont, daß dabei nicht an absolute Höhen, sondern an ein Bedeutungsmoment gedacht sei: an die zwischen den Tönen bestehenden Intervalle[150]. Indem Stumpf hier die Töne im Sinn von Intervallen betrachtet (es ist die einzige uns geläufige Stelle; überall sonst werden Tonika und Dominante substituiert), schafft er sich das Kriterium, mit dem er Ellis gegenübertritt.

Durch die vorfindliche Vielheit von Tonleitern überwältigt, verwirft Ellis mit der Musiktheorie Helmholtz' die Möglichkeit jeglicher Musiktheorie. Ellis verzichtet auf die Angabe von gemeinsamen Bauprinzipien für die Leitern, die schon die ehernen ,,Gesetze des Klangbaues'' nur im Ausnahmefall widerspiegeln. Stumpf urteilt hart. Er befindet, daß ,,die meisten der hier besprochenen Leitern in den meisten ihrer Bestandtheile nicht auf das Gehör, sondern auf eine mathematisch-mechanische Saitentheilung gegründet sind''. Dabei kann weder die überwältigend belegte Faktizität des Verfahrens der ,,äußerlichen Saitentheilung'' noch das quantitative Argument seiner Häufigkeit und weiten Verbreitung, vor dem Ellis bereits bei seiner Sammeltätigkeit resignierte, Stumpf an seinem Standpunkt irre machen. Er spricht von einer ,,einfach gesagt, unmusikalischen Methode der Leiterbildung, welche dem Ohr künstlich gefundene statt der natürlich verwandten, d. h. fürs Gehör selbst sich markirenden Töne aufdrängt''[151]. Ironisch weist er am Ende seiner Rezension darauf hin, wie Ellis den von ihm forcierten ,,ausschließenden Kontrast'' (Dahlhaus) durch eine wahrhaft kontrastierende Ergänzung überkommt: Aus Methode scheu, ,,die Grenzen exakter Physik zu überschreiten'', zieht Ellis in einem Anhang ein Hörensagen als höhere Quelle heran, das eine natürliche Tonleiter aus dem Munde einer pentatonisch veranlagten Persianerkatze verspricht. Er verwirft mit auf präziseste akustische Messungen gestützter Skepsis das musikalisch Allgemeine, um dem Glauben an die Tiermusik Raum zu geben und dem ,,Kukuksruf'' zu folgen[152].

Handschin hat den Vorwurf Stumpfs weitergereicht. Er hat zu den ,,Problemen der Akustik und Harmonielehre'', von denen Stumpf sprach, das ,Problem der Tonpsychologie' hinzugenommen, das ihm an folgendem Dreischritt sichtbar wurde: Zunächst diente die von Ellis empirisch aufgewiesene Vielheit zur Kritik an Helmholtz' und Riemanns Physikalismus. Ellis verzichtet auf die Angabe von gemeinsamen Bauprinzipien für die von ihm zusammengestellten Leitern. Bei dem tonpsychologischen Versuch, die in der bloßen Verschiedenheit der Tonreihen verlorene Einheit der Musik wiederherzustellen und den Blick auf ein allgemein gültiges Paradigma zurückzulenken, wurde er-

---

149 ,,Nicht für alle Zwecke der Theorie wäre sie [die Cent-Skala] empfehlenswerth, da ja für die reinen natürlichen Intervalle weniger einfache, weniger leicht zu behaltende und zu behandelnde Zahlen resultieren'' (Stumpf, Rez. von: Ellis, *On the musical scales of various nations*, S. 513).

150 Ebd., S. 520.

151 Ebd., S. 523.

152 Vgl. Stumpf, Rez. von: Ellis, *On the musical scales of various nations*, S. 523. Zum ,,Kukuksruf'' vgl. Stumpf, *Musikpsychologie in England*, S. 347.

neut auf ein akustisches Moment zurückgegriffen. Das wurde Handschin besonders an Hornbostels „Blasquintentheorie" deutlich, die dieser 1913 als *Ein akustisches Kriterium für Kulturzusammenhänge* vorstellte. Der Gedanke an eine interkulturelle Faszinationskraft einer Serie von um 24 Cent zu kleinen Quinten schien Handschin nur auf das Unzureichende des tonpsychologischen Grundbegriffs hinzuweisen, der die Alternative zum Klangbegriff bieten sollte. Die Richtung der Tonpsychologie, die daran festhält, daß der „erste und einfachste musikalische Begriff [...] nicht der des Klanges, sondern der des Tones" sei und nicht auf die Melodie als Erstes ausweicht, besitzt nicht *einen* Begriff des musikalischen Tons, sondern (mit Ellis zu sprechen) „sehr verschiedene, sehr künstliche, sehr eigenwillige". Gemeinsam ist ihnen nur die Absicht, über die bei Stumpf geschehene Reduktion des musikalischen Tons auf die Tonhöhe hinauszukommen. Die Ohnmacht dieser Begriffe wurde Handschin erneut an der Vorgehensweise Hornbostels am deutlichsten. Ellis' Satz von der unfaßbaren Verschiedenheit der Leitern leitet wie ein Motto die von Stumpf und Hornbostel herausgegebenen *Sammelbände für vergleichende Musikwissenschaft* (1922-23) ein und wurde von Hornbostel 1927 als „vollgültig" bekräftigt[153]. Wie aber wird ein „Vergleich" durchgeführt, der die musikalischen Tonsysteme nicht ausschließlich als akustische Gegebenheiten, als Serien von Tonhöhen auffaßt? Hier rächt es sich, daß Stumpf die Form der musikalischen Vorstellung als „Beziehung auf Dreiklänge und auf Grundtöne in irgendeiner Form" hinreichend bestimmt glaubte. Bei seinem Versuch, sich dem Ganzen der Musik zu nähern und das „große Wort ‚Alle'" der bloßen Verschiedenheit von Ellis' „various scales" entgegenzusetzen, legt Hornbostel eine in sich undifferenzierte Urform zugrunde: „Alle erleben gemeinsam dasselbe"[154]. Diese Wiedererinnerung geschieht als „ein musikalisches Denken, das nicht zum Begriffe [...] kommt"[155]. Das Resultat nämlich, das sogenannte „Melodiemodell", würde seine Einheit verlieren, wollte man es in Teile gliedern, während aus den von Hornbostel mit dem Terminus „Tonigkeit" begrifflich gefaßten Teilen ein Ganzes nicht hervorzugehen vermag.

c) Handschin und Ansermet

„Das Problem, der Oktave einen Sinn zu geben, entgeht den meisten Musikwissenschaftlern, z.B. auch Jacques Handschin in seinem musikpsychologischen Werk *Der Toncharakter* (Zürich 1948). Solange man die Tonstrukturen nur auf Quinte und Quarte aufbaut, bleibt die Oktave unberücksichtigt; man weiß nicht, woher sie kommt, warum sie den Bereich der Tonbeziehungen begrenzt und welche Rolle sie überhaupt in der Musik spielt". Ernest Ansermets Bemerkung, in der Handschin als Zeuge für ein theoretisches Versäumnis der Musikwissenschaft aufgerufen wird, scheint beiläufig: als gelegentliche Anmerkung ist sie dem Abschnitt „Die psychische Bedeutung der Grundlage der Positionsbeziehungen" in seinem Buch über *Die Grundlagen der Musik im mensch-*

153 Hornbostel, *Tonsystem*, S. 426.
154 Hornbostel, *Laut und Sinn*, S. 332.
155 Hegel, *Phänomenologie des Geistes*, S. 168.

lichen Bewußtsein (1965) angefügt[156]. Aber Ansermets Notiz ist mehr als eine Marginalie. Daß er Handschins *Toncharakter* an einer zentralen Stelle seines Buches wie selbstverständlich heranzieht, deutet auf die Nähe und innere Verwandtschaft von Handschins *Toncharakter* und Ansermets *Grundlagen der Musik*. Nach Ansermet trennen sich in den beiden musiktheoretischen Entwürfen zwei grundsätzliche Haltungen gegenüber der Musik: Ihre Betrachtung „von innen" und ihre Betrachtung „von außen". Ihr Vergleich erlaubt es, Handschins Stellung gegenüber dem ersten und einfachsten musikalischen Begriff weiter einzukreisen.

Gegenposition zu zwei Helmholtzschen Definitionen. Ansermet wirft Strawinsky und Schönberg vor, aus der Musik herauszutreten. Nicht anders als Schönberg, der nur die „in der Welt vorfindlichen Töne" organisiere[157], trifft Strawinsky der Vorwurf der Betrachtung der Musik „von außen"[158]. Ansermet kritisiert Schönbergs Musik: „[...] mit Schönberg hat die abendländische Musik [...] einen Weg beschritten, auf dem sie aufhört, unmittelbarer Ausdruck des Menschen zu sein, um ein Zeichen zu werden, das Zeichen seiner Suche nach einem Stil oder seiner ethischen oder sprachlichen Verwirrung"[159]. Deutlicher noch spricht er im Fall Strawinskys: „Strawinsky reduziert das Musikbewußtsein darauf, das Bild, das es malt, zu betrachten, und drängt es dadurch in die Rolle eines Betrachters vor einem Bild, in dem Sinn, daß seine einzige Bedingung die ist, in die Zeit der Musik einzutreten und der Entfaltung des Bildes von dem Standpunkt aus zuzuschauen, der der seine [Strawinskys] war — wie es auch die Bedingtheit des Bildbetrachters ist, im selben Raum wie das Bild zu stehen und es vom selben Standpunkt aus zu betrachten wie der Maler; wenn es aber dem Tempo der Musik und ihrem Rhythmus sich anschließt, so kennt das Bewußtsein eine Teilhaftigkeit am musikalischen Bild, die ein Gemälde nie bewirken kann; dadurch bleibt Strawinsky »Musiker«, obwohl sein musikalischer »Vorsatz« nicht von der Art des bisherigen Grundvorsatzes des abendländischen Musikbewußtseins ist"[160]. Beiden Stellungnahmen liegt derselbe Grundgedanke zugrunde. Wie wir aus der Gegenüberstellung von „unmittelbarem Ausdruck" und „Zeichen", von Sichtbarem und Hörbarem, und wie wir aus der Zusammenschau von Melos und Rhythmus entnehmen, beruhen Ansermets Einwände theoretisch auf der Lehre von der Ähnlichkeit der musikalischen und der Gemütsbewegungen, mit der das Siebenundzwanzigste und Neunundzwanzigste der pseudo-aristotelischen „Musikprobleme" (Stumpf) die Frage beantwortet: „Warum hat das Hörbare allein unter den Sinnesgegenständen Ethos?"[161]. Was Ansermet den „Grundvorsatz" der Musik nennt, ist nichts anderes als die Auseinandersetzung mit dieser Besonderheit des Hörbaren gegenüber dem Sichtbaren (und den anderen Sinneswahrnehmungen). Anser-

---

156 Ansermet, *Grundlagen der Musik*, S. 231.
157 Ebd., S. 205.
158 Ebd., S. 505f.
159 Ebd., S. 557.
160 Ebd., S. 724.
161 Ps.-Aristoteles, *Problemata physica* XIX („Über die Harmonie"), 27, zitiert nach: Aristoteles, *Werke in deutscher Übersetzung*, S. 162.

met verdeutlicht sie durch eine Gegenüberstellung: „Zum Unterschied ist das Musikbewußtsein sowohl der Blick des Malers als auch die Linie oder Farbe, die seine Hand auf die Leinwand bringt, so daß es seinen Standpunkt im Bild zur gleichen Zeit signifiziert, als es das von diesem Standpunkt aus gesehene Bild abbildet. So ist das »Selbst« stets in der Musik enthalten, wogegen es in der Malerei nicht oder doch nur mittelbar enthalten ist (»distanziert« und von außen gesehen im Falle eines Selbstportraits)"[162]. Theoretisch faßbar wird dieser Unterschied als Unterschied von Tonhöhen und Tonpositionen, von akustischen und musikalischen Tönen. Ansermet beschreibt die „Bewußtseinstätigkeit, durch die die Musik in den Tönen erscheint"[163]: „Der einzige Sinn, den das musikalische Bewußtsein dem Verlauf der Töne im Raum [im „Tonraum"] und in der Zeit geben kann, wenn es in die Hörgegebenheiten keine fremden Elemente einführen will, ist der, daß es den Weg der Töne als seinen eigenen Existenzweg perzipiert, dem es den Lauf in Raum und Zeit anpaßt, und zwar als Selbstbewußtsein, was also bedeutet: Es verinnerlicht das Phänomen. In diesem Augenblick taucht ein neuer Begriff auf: der der Positionalität im Verlauf des Weges. Denn wie auch immer der Weg sein mag, den wir durchlaufen sollten, unsere Positionalität definiert sich in diesem Verlauf durch das Verhältnis zwischen unserem Bezug zum Ausgangspunkt und unserem Bezug zum Zielpunkt". Man hat Ansermets Buch als eine „Polemik gegen Schönberg" gelesen[164]. Was wir zu betrachten haben, ist die Interpretation, die die zitierten Probleme bei Helmholtz erfahren haben. Denn diese Interpretation bildet in gewissem Sinn die theoretische Grundlage für die von Ansermet kritisierten Verfahrensweisen.

Was Helmholtz im ersten Teil seines Werkes als „mechanische Notwendigkeit"[165] der physikalischen und physiologischen Gegebenheiten untersucht, stellt sich ihm vom zweiten Teile her als „unendlich reiches, ganz ungeformtes und ganz freies Material" dar. Dieses A und dieses B zu verbinden bedeutet für Helmholtz, „von der absoluten Freiheit [...] einen richtigen Gebrauch zu machen"[166]. Daß er seiner Untersuchung der historischen Weisen, diese Aufgabe ins Werk zu setzen, denselben ästhetischen „Grundvorsatz" wie Ansermet voranstellt, zeigt, daß er den Wechsel der ästhetischen Prinzipien bei suspendierter naturgesetzlicher Kausalität dennoch nicht als die bloß beliebige Folge gegeneinander gleichgültiger „Setzungen" (Dahlhaus) verstanden hat. Die Art aber, wie er die Besonderheit der Musik faßt, hat nicht nur Riemanns Protest hervorgerufen. Auch Hermann Lotze erhob Einspruch dagegen, daß Helmholtz die „Aussicht auf einen ferneren Wechsel" der ästhetischen Prinzipien fast als „schrankenlos" vorgestellt habe. Zugrunde liegt aber ein anderes Motiv als bei Riemann. Lotze will das Verhältnis von Freiheit (im Wechsel der ästhetischen Prinzipien) und Unveränderlichkeit (der „Naturgesetze") nicht als Gegensatz von „inhaltloser Unruhe" und sinnlosem Mechanismus denken[167].

---

162 Ansermet, *Grundlagen der Musik*, S. 724.
163 Ebd., S. 74.
164 Vgl. Dahlhaus, *Ansermets Polemik gegen Schönberg*, in: NZfM CXXVII, 1966, S. 179ff.
165 Helmholtz, *Lehre von den Tonempfindungen*, S. 386.
166 Ebd., S. 412.
167 Lotze, *Geschichte der Ästhetik*, S. 119. — „An keinem freien Spiel, nicht einmal an dem Werfen von Bällen, wäre ein Interesse denkbar, wenn nicht die ganz willkürlichen Bewegungen,

Betrachten wir, wie Helmholtz den Gedanken einer Verbindung durchführt, die nicht auf Abhängigkeit von irgendwelchen Gegebenheiten, sondern auf dem Hinblick auf eine vorgegebene Struktur gründet. Ansermet betont, daß es sich bei den musikalischen Tönen um „Tonpositionen" handelt und daß das musikalische Subjekt sie und nicht die Tonhöhe durchschreitet. Die bezüglichen Bestimmungen bei Helmholtz lauten: (1) Die Wirkung der Musik beruht auf der „unmittelbaren Naturgewalt der sinnlichen Empfindung"[168] und (2) „Die melodische Bewegung ist Veränderung der Tonhöhe in der Zeit"[169].

Helmholtz setzt den Gegenstand der Musik in die „Gemütsbewegungen". Bei der Musik selbst, bei der „melodiösen Bewegung der Töne", handle es sich aber nicht bloß um deren hörbare Zeichen (wie das Erblassen sichtbares Zeichen ist für den Schrecken). Beide verbinde ein innigeres Verhältnis, das etwa in der Rede von „Gemütsstimmung" sichtbar werde, in einem Ausdruck, „offenbar von der Musik entnommen und auf Zustände unserer Seele übertragen". Die Art dieser „Übertragung" ist nicht die einer metaphorischen Bezeichnung: „Es sollen dadurch eben diejenigen Eigentümlichkeiten der Seelenzustände bezeichnet werden, welche durch Musik darstellbar sind"[170]. Dargestellt aber werden sie als Musik, denn Helmholtz sagt von diesen Eigentümlichkeiten: „In der Tat besitzen wir kein anderes Mittel, sie so genau und fein auszudrücken, wie das ihrer musikalischen Darstellung"[171]. Doch nun löst Helmholtz diese enge Verbindung wieder auf. Er läßt die Rhythmen und Melodien sich den Gemütsstimmungen nur „anpassen". Er greift, um die „Bewegung innerhalb der wechselnden Tonhöhe" zu beschreiben, zu dem Bild des „bewegten Wassers". Da aber „die Tonbewegung [...] allen Bewegungen körperlicher Massen überlegen ist in der Freiheit und Leichtigkeit" — weshalb muß sie, anders als die Sprache, in „regelmäßige und fest bestimmte Stufen" gezwungen werden? Warum werden dem „Windspiel Stiefel angezogen"[172]? Helmholtz stellt es so dar, als ob dies um der Schwäche des Gehörsinnes willen geschähe. Daß „der Charakter dieser Bewegung sich der *unmittelbaren Wahrnehmung* des Hörers leicht, deutlich und sicher zu erkennen gibt [...] kann nur geschehen, wenn die Schritte dieser Bewegung, ihre Schnelligkeit, ihre Größe auch für die unmittelbar sinnliche Wahrnehmung genau *abmeßbar* sind"[173]. Muß sich hier aber die Modulation der Gemütsstimmungen einschränken, damit sie *auch* durch sinnliche Wahrnehmung erfaßbar bleibe, kehrt sich das Verhältnis im folgenden um. Was bei der Konstruktion der Leitern (denn mit festen Stufen meint Helmholtz akustisch feste Stufen) wirkt, wirkt physisch. Die

die wir hervorbringen, nur die Einleitung dazu bildeten, einen gesetzlichen Zusammenhang der Naturwirkungen zur Erscheinung zu veranlassen. Nicht die principlose Freiheit allein erfreut uns, sondern die gleichzeitige Wahrnehmung einer Nothwendigkeit, die überall bereit ist, die Willkür nicht nur einzuschränken, sondern ihr auch stützend, fördernd und sichernd entgegenzukommen" (ebd., S. 469; vgl. auch S. 387).

168 Helmholtz, *Lehre von den Tonempfindungen*, S. 3.
169 Ebd., S. 416.
170 Ebd., S. 413.
171 Ebd., S. 416.
172 Stumpf, *Musikpsychologie in England*, S. 287.
173 Helmholtz, *Lehre von den Tonempfindungen*, S. 416.

Obertöne fallen in den Sinn. Damit ist, wodurch sich den *pseudo-aristotelischen Proble-mata physica* zufolge das Hörbare gerade nicht von den anderen Sinnesempfindungen unterscheidet, zum Konstituens geworden, auf dem die Leitern beruhen. Daß Helmholtz seine Begründung der „Abgemessenheit" der Schritte mit Zwängen der Darstellung in „wissenschaftlichen Untersuchungen" vergleicht, setzt sie den Gemütsstimmungen der-art entgegen, daß deren ideale Modulation als Undulation nach Art des raschen Wassers erscheint. (Es ist nur konsequent, wenn ein Helmholtz anhängender Ästhetiker wie Gur-ney die Melodie für unanalysierbar erklärt. Er könnte sie nur in Tonempfindungen zer-legen und muß dabei befürchten, das für deren Mechanismus gefundene Erklärungsmo-dell könnte sich auf die Melodie übertragen: „Die Musik wirkt wie eine Brandwunde", stellte der Psychologe Ribot fest.)

Erscheint also bei Helmholtz die kontinuierliche Tonhöhe nur sekundär abgemes-sen, so bietet Ansermet zu solchen Anschauungen den vollkommenen Gegensatz. Ihm ist die Tonhöhe nur das Empirische einer Anschauung, deren Form er folgendermaßen bestimmt: „Man muß sich darüber klar werden, daß die Tonpositionen und überhaupt alle Gegebenheiten des Musikbewußtseins im musikalischen Akt die *Sauberkeit einer klaren Idee* haben müssen, und eine klare Idee erlaubt keinen Spielraum. Der musikali-sche Wahrnehmungsakt ist das Werk eines Bewußtseins, das dem klanglichen Phäno-men eine präzise *Bedeutung* verleiht; alles, was diese Bedeutung verunklaren könnte, wird beiseite gelassen"[174].

Es ist dieses Präzisionsideal, das Ansermets und Handschins Bestimmungen der musikalischen Elemente voneinander unterscheidet. Erscheinen bei Ansermet die Ton-höhen nur als die „konkreten Werte", die die Tonpositionen annehmen müssen[175], so wehrt sich Handschin dagegen, unter Höhe des Tons nur die Lokalisierung (Position) eines Punktes in einem Darstellungsraum (Tonraum) zu verstehen. Ansermet, der eine Betrachtung der Musik „von außen" als bloß akustische Betrachtung verwirft, bean-sprucht, den Innenraum der Musik (der Seele) vollständig vermessen zu haben. „Bei un-serer Untersuchung des Tonphänomens betrachten wir den Tonraum von außen her, als Zuschauer, und die unterschiedlichen Zeitstrukturen der verschiedenen Töne sind für uns Bezugsgleichungen mit einer Unbekannten, nämlich der Periode des Bezugstons log ε"[176]. Handschin hat daran festgehalten, daß, was man derart betrachtet, nicht die ganze Musik ist. Dafür trifft ihn Ansermet Vorwurf, er sei ein bloßer Historiker: „Kurz gesagt, man glaubt heute nicht, daß es in der Musik etwas anderes geben könnte als Mei-nungen und Geschmacksfragen, und selbst die Werke der Musikwissenschaftler lassen durchblicken, daß sich der Sinn der Musik erst am Ende der Zeiten zeigt, als eine Art Integral alles dessen, was unter dem Gesichtspunkt der Tonkunst geschrieben worden ist"[177]. Die Bemerkung geht gegen Handschins Frage, ob der Verzicht auf harmonische Stützpunkte in atonaler Komposition auch den Verzicht auf Musik bedeute, oder ob nicht, „da die Musik nun einmal noch aus andern Dingen als Harmonik besteht, in ei-

---

174 Ansermet, *Grundlagen der Musik*, S. 55.
175 Vgl. ebd., S. 49.
176 Ebd.
177 Ebd., S. 21.

nem gewissen Maße ,Ersatzstützpunkte' aus dem Gebiet der Rhythmik, Melodik und Instrumentation wirksam werden"[178]. Im selben Sinn hat Handschin im *Toncharakter* die Beurteilung solcher komponierter Musik dem ,,ästhetischen Geschmack" überlassen, die Ansermet kategorisch als ,,verfehlt" verurteilt: ,,Allerdings können die Verhältnisse von einem anderen Standpunkt aus geordnet erscheinen: der Rhythmus, die Melodik im Sinn der bloßen Abstände, das Spiel der Klangfarben usw. [...] Wieweit man dies für genügend erachtet, möge man mit seinem ästhetischen Geschmack abmachen"[179]. Weiter zielt Ansermet gegen Handschins Grundposition in der *Musikgeschichte*: ,,Was der eigentliche und endgültige Beitrag einer Epoche zur Gesamtgeschichte ist, wird man erst am Ende der Zeiten wissen"[180]. Ansermet beschreibt mit seinem Buch den Umkreis der für ihn denkbaren Musik[181], während Handschins ,,Einführung in die Tonpsychologie" den Blick freiläßt.

Zwei Blicke auf die Psychologie Franz Brentanos. Ein unterschiedliches Bild zeichnen Ansermet und Handschin von Brentano. Handschin bezieht sich auf die ,,psychologische Analyse der Tonqualitäten in ihre eigentlich ersten Elemente", wie sie Brentano als Sinnespsychologe unternommen hat; Ansermet sieht hiervon ab und beschränkt sich auf Brentanos Arbeiten zur ,,Gegenstandstheorie". Ansermet verdankt Brentano die Einsicht, daß die sogenannten Sinnesempfindungen im Bewußtsein nicht wie in dem trojanischen Pferd herumliegen. Er betont den von Brentano hervorgehobenen Aspekt der Aktivität in der Sinneswahrnehmung; Handschin dagegen blickt auf den zu entrichtenden Preis: auf die Unterordnung von Auge und Ohr unter ein gemeinsames Schema. Denn gerade die musikalischen Töne hat Brentano nicht als ,,intentionale Gegenstände", sondern als Sinnesinhalte aufgefaßt. Brentano besteht auf der physiologisch unableitbaren Einheit des Bewußtseins, auf dem ,,qualitativen Unterschied"[182] zwischen Menschen und Tieren und setzt sich dadurch in schärfsten Gegensatz zu Machs Phänomenalismus. Andererseits betrachtet er nicht anders als Mach die für die Musik relevanten Eigenschaften der Töne als dem ,,Vermögen eines körperlichen Organs"[183] entspringende Sinnesqualitäten.

Zwischen Helmholtz' *Lehre von den Tonempfindungen* und Brentanos Lehre von den ,,einfachen Tonelementen" liegt der Bereich der Tonpsychologie ausgespannt. Aber sogar dieser denkbar größte Gegensatz läßt sich an unserer Frage nach dem ersten und einfachsten Begriff festmachen: bei Helmholtz bildet der Dreiklang, bei Brentano der ,,Gleichton der Oktaven" das musikalische Grundphänomen.

---

178 Handschin, *Über reine Harmonie und temperierte Tonleitern*, S. 163.
179 Handschin, *Toncharakter*, S. 293.
180 Handschin, *Musikgeschichte*, S. 25.
181 Vgl. Ansermet, *Grundlagen der Musik*, S. 627: ,,Andere Möglichkeiten gibt es nicht".
182 Brentano, *Psychologie vom empirischen Standpunkt*, Bd. II: *Von der Klassifikation der psychischen Phänomene*, S. 31.
183 Ebd., S. 30.

B) EMPIRISTISCHE ZERLEGUNG DES TONS

> *„... mille petits bruits qu'ils écoutèrent avec soin..."*
>
> Debussy

1. HELMHOLTZ: DER TON
ALS FORM EINER MEHRHEIT VON EMPFINDUNGEN

„Noch in allerneuester Zeit gibt es theoretisierende Musikfreunde genug, die sich lieber an Zahlenmystik ergötzen, als daß sie die Obertöne zu hören versuchten"[1]. Hermann von Helmholtz bestimmt die Absicht seiner *Lehre von den Tonempfindungen* durch eine klare Alternative. An die Stelle einer behaupteten metaphysischen Wirkkraft der Zahlen, die sich in den musikalischen Tonverhältnissen zeige, setzt er eine physikalisch aufweisbare Gesetzmäßigkeit; anstatt eine Erkenntniskraft der Seele zu postulieren, wodurch sie die mathematische Form dieser Verhältnisse am tönenden Material zu erkennen fähig ist, läßt er die Seele „eine physikalische Wirkung jener Verhältnisse"[2] erleiden. Helmholtz' *Lehre von den Tonempfindungen* versteht sich als die aufgeklärte Beantwortung der Frage, „wie es die Seele denn mache, daß sie die Zahlenverhältnisse je zwei zusammenklingender Töne wahrnehme"[3]. Deutlich gliedert Helmholtz die Stationen, die der Schall zu durchlaufen hat, bis er den Namen eines musikalischen Tons tragen darf. Helmholtz zeigt den physikalischen Ton als eine Vielheit von Sinusschwingungen, welcher physiologisch eine ebensolche Vielheit diskreter Empfindungen entspricht. Daß es diese Vielheit als solche wahrnehmen und nach entsprechender Übung einen gehörten Klang in seine Einzeltöne zerlegen kann, unterscheidet nach Helmholtz das Ohr vom Auge. Während die Empfindungen des Auges sich unauflösbar mischen, so daß man etwa den Eindruck ‚Weiß' aus verschiedenen Mischungen von Spektralfarben herstellen kann, ohne daß es möglich wäre anzugeben, aus welchen dieses Weiß komponiert ist, mischen sich die einem Gehörseindruck zugrundeliegenden Empfindungen nicht. So fallen etwa nicht alle Quarten in eine und dieselbe Intervallfarbe zusammen. Das der Mischung im Optischen scheinbar verwandte Phänomen, daß eine Vielheit von akustischen Empfindungen sich als ein Ton darstellt, ist für Helmholtz kein physiologisches, sondern ein psychologisches Problem. Der sogenannten „Verschmelzung", wie Helmholtz dieses Phänomen nennt, legt er ein pragmatisches Prinzip zugrunde. „Dergleichen Verschmelzungen mehrerer Empfindungen zu einem einfachen Ganzen bewußter Wahrnehmung kommen im Gebiete aller unserer Sinnesorgane vor"[4]. Die Frage nach der Ursache der Verschmelzung beantwortet Helmholtz im Sinn eines Empirismus, dessen Prinzip er in den Satz zusammenfaßt: „Wir sind in der Beobachtung unserer Sinnesempfindungen nur soweit geübt, als sie uns zur Erkenntnis der Außenwelt dienen"[5]. Die Aufmerksamkeit richte sich nicht auf die Empfindungen, sondern auf

---

1 Helmholtz, *Lehre von den Tonempfindungen*, S. 375.
2 Ebd., S. 379.
3 Ebd., S. 378.
4 Helmholtz, *Lehre von den Tonempfindungen*, ³1870, S. 105; vgl. auch S. 106 und 110.
5 Helmholtz, *Lehre von den Tonempfindungen*, ⁶1913, S. XIV.

die Gegenstände. Nur als Zeichen von deren Beschaffenheit würden die Empfindungen von uns gelesen. Die Tonempfindungen verschmölzen, weil man sie stets zu der „Vorstellung der Violine oder Klarinette" zusammenfasse und zusammengefaßt habe[6]. Mit einem allgemeinen Begriff, der von der Bestimmung der „Außendinge" absieht, wird der einheitliche Eindruck als Klang oder Ton bezeichnet. Die Attribute des Klangs oder Tons sind Höhe, Intensität, Klangfarbe. Helmholtz' Entdeckung ist die Abhängigkeit dieser Farbe von der Zusammensetzung des Klangs. Sein Ziel aber ist die Bestimmung der „Grundlage für die Theorie der Musik".

a) Farbe und Bedeutung des Klanges als Analogon zum Ineinander von Höhe und Bedeutung des Tons

Richtet sich die Aufmerksamkeit nicht auf ein äußeres Objekt, in dessen Vorstellung sich Sinnesempfindungen zusammenfassen, so richtet sie sich nach Helmholtz' Ansicht auf die Empfindungen selbst. Obwohl Helmholtz unter Empfindungen die Korrelate des Reizes versteht, die er von den begleitenden Gefühlsempfindungen unterscheidet, bleibt diese Bestimmung im Fall der Tonempfindungen zweideutig. Helmholtz betont, daß in der Musik, „ohne daß sich Akte des Verständnisses einzuschieben brauchen", „es wirklich geradezu die Tonempfindungen [sind], welche das Material der Kunst bilden; wir bilden aus diesen Empfindungen [...] nicht die Vorstellung äußerlicher Gegenstände und Vorgänge". Was aber ist gemeint, wenn er fortfährt: „Oder, wenn uns auch bei den Tönen eines Konzerts einfällt, daß dieser von einer Violine, jener von einer Klarinette gebildet sei, so beruht doch das künstlerische Wohlgefallen nicht auf der Vorstellung der Violine und Klarinette, sondern nur auf der Empfindung ihrer Töne". Helmholtz hat die Unterscheidung weder weiter ausgeführt noch konsequent durchgehalten, die er im folgenden noch einmal trifft: „Die Töne und Tonempfindungen sind ganz allein ihrer selbst wegen da und wirken ganz unabhängig von ihrer Beziehung zu irgendeinem äußeren Gegenstande"[7]. Obwohl Helmholtz schreibt: „Die letzten einfachen Elemente der Tonempfindung, die einfachen Töne, werden selten gehört"[8], wollen wir unter Tönen dasjenige verstehen, was auch bei Helmholtz nicht durchweg Klang heißt. Für Helmholtz ist nur durch eine *Lehre von den Tonempfindungen* (im Plural) die Frage beantwortbar, „welcher Grund da sein kann, wenn wir von einem gewissen Anfangston ausgehen, den Schritt nach irgendeinem bestimmten anderen Ton zu bevorzugen vor seinen Nachbartönen"[9]. Denn obwohl Helmholtz schreibt: „Der Musiker muß sich alle Klänge aller musikalischen Instrumente ähnlich wie die eines Mixturregisters zusammengesetzt denken"[10], obwohl er auch von einem „Aggregat von Empfindungen" spricht und Beispiele aus dem Bereich der Kochkunst gibt[11], ist der Ton als

---

6 Ebd., S. 4.
7 Ebd.
8 Ebd., S. 111.
9 Ebd., S. 418.
10 Ebd., S. 99.
11 Ebd., S. 106ff.

,,Mixtur'', durch den sich jene Frage beantwortet, nicht eine zu subjektiven Zwecken gebündelte Vielheit von Empfindungen, sondern deren Form. Es ist Helmholtz' Grundgedanke, daß die auf die Tonempfindungen gerichtete Aufmerksamkeit zu der musikalischen Auffassung des Tons überleitet. Genauer: Die äußerliche Erscheinung dieser Form, die als Klangfarbe des Tons nach ihrer Annehmlichkeit für die Empfindung beurteilt wird, fällt in einem idealen Klang mit dem Gegenstand der musikalischen Vorstellung, mit dem musikalisch bestimmten Ton zusammen. Wenn Helmholtz im letzten, neunzehnten Abschnitt der *Lehre von den Tonempfindungen* schreibt: ,,Für eine gute musikalische Wirkung verlangen wir eine gewisse mäßige Stärke der fünf bis sechs untersten Partialtöne, geringere Stärke der höheren Partialtöne''[12], so denkt er nicht nur an den sinnlichen Eindruck, den der Klang als Ganzes macht, und an den sich Assoziationen anknüpfen mögen, wie es etwa der Fall ist, wenn Gustav Engel den Flötenton ,,angenehm'', den Hornton ,,schön'' und den Posaunenton ,,gewaltig'' nennt[13]. Bei Helmholtz ist schon ein einzelner Ton gleichzeitig angenehm und schön, sofern in seinen Partialtönen die musikalische Vorstellung ,,sinnlich fühlbar'' vorgeformt ist[14].

Für Helmholtz trägt der Ton in demselben, wodurch er für sich, seiner Klangfarbe nach, bestimmt ist, auch die Möglichkeit seiner Verwandtschaft mit anderen Tönen. Aber durch die Art wie Helmholtz diesen Gedanken durchführt, erreicht er nur ein labiles Gleichgewicht zwischen Erscheinung und Wesen des Tons. So ist sein Werk, ausgehend von diesem Berührungspunkt und jeweils auf weitere Stellen bei Helmholtz gestützt, einer doppelten Interpretation fähig. (1) Wir können bei Helmholtz lesen, wie er der Musik zuliebe über sein Prinzip hinausgeht, daß die mathematischen Tonverhältnisse nur vermittels des Sinnes beurteilt werden können. Eine auf diese Stelle sich stützende Interpretation müßte freilich Helmholtz' Theorie entscheidend kritisieren. Sie würde aber das Motiv zur Geltung bringen, wodurch Helmholtz sich vor denen auszeichnet, die ihn in anderer Weise lesen. Sie würde betonen, daß in Helmholtz' Versuch einer Vermittlung von Denken und Physiologie letzterer deutlich nur der Rang einer vermittelnden, nicht der Rang der bestimmenden Instanz zukommt. Eine solche Interpretation würde Helmholtz an der von ihm selbst aufgestellten Alternative messen und auf diesem Weg direkt zu Handschin finden. (2) Helmholtz' Zeitgenossen interpretierten sein Werk von anderen Stellen her. Friedrich von Hausegger etwa knüpft daran an, daß Helmholtz die Quarte als das kleinste durch seine Theorie sicher befestigte Intervall betrachtet und darunter den Bereich des ,,Sprechgesangs'' beginnen läßt. Interessant aber wird die Entscheidung für eine der beiden Richtungen dadurch, daß sie sich bei der Interpretation eines Begriffs stellt, in dem die beiden von Helmholtz ins Verhältnis gesetzten Seiten vereinigt sind, dem Begriff der Tonfarbe.

Zunächst gilt es zu betrachten, wie Töne als Teile eines Klanges und Töne als Elemente einer Melodie bei Helmholtz zueinander stehen. Zum Beleg seiner Lehre hat Helmholtz Übungen erdacht, durch die es den Lesern der *Lehre von den Tonempfindungen* gelingen soll, die Klanganalyse bewußt zu vollziehen und die Partialtöne aus einem Klang herauszuhören. Diese Fertigkeit dient dazu, sich von der Anwesenheit der

12 Ebd., S. 581.
13 Engel, *Begriff der Form*, S. 204.
14 Helmholtz, *Lehre von den Tonempfindungen*, S. 464, 585, 592.

Partialtöne und damit von der Grundvoraussetzung seiner Theorie zu überzeugen, daß
der musikalische Ton aus einer Mehrheit diskret perzipierbarer Empfindungen besteht.
Um die Aufmerksamkeit auf einen Partialton mit bestimmter Höhe zu richten, empfiehlt Helmholtz, sich den herauszuhörenden Partialton einzeln (als Grundton eines
Klavier-,,Klanges") vorzuspielen. Das erste Problem bei der Analyse besteht nach
Helmholtz in der Schwierigkeit, den gesuchten Gegenstand überhaupt zu benennen und
den Versuchsteilnehmern anzugeben, worauf sie ihre Aufmerksamkeit richten sollen.
,,Die Analyse unserer Sinnesempfindungen, wenn sie sich nicht entsprechenden Unterschieden der äußeren Objekte anschließen kann, stößt auf eigentümliche Hindernisse"[15]. Helmholtz selbst hat unter experimentellen Bedingungen geübt. Er hat ,,einfa-
che" (obertonarme) Töne hergestellt und versucht, sie in den Klängen wiederzuerken-
nen. Die dabei empfangenen Eindrücke beschreibt er als die ,,Klangfarben" der einfachen Töne. So notiert er etwa über Stimmgabeltöne: ,,Die Klangfarbe solcher tiefen einfachen Töne ist auch ziemlich dumpf. Die einfachen Töne der Sopranlage klingen hell,
aber auch die den höchsten Soprantönen entsprechenden sind sehr weich [...]"[16]. Wie
ist die offensichtliche Inkonsistenz zu verstehen, mit der Helmholtz auf der folgenden
Seite fortfährt: ,,Da die Form einfacher Wellen vollständig gegeben ist, wenn ihre
Schwingungsweite gegeben ist, so können einfache Töne nur Unterschiede der Stärke,
aber nicht der musikalischen Klangfarbe darbieten"? Wir setzen drei Interpretationen
gegeneinander und beginnen mit der systematisch mittleren.

   (1) Gustav Engel ist als erster auf diesen Widerspruch aufmerksam geworden. Für
die Bewertung der Töne durch das ,,Sinnesurteil" scheint ihm die Beziehung der Empfindung zu den ,,entsprechenden Unterschieden der äußeren Objekte" entscheidend:
,,Daß das eigentliche Wesen des Tones in Schwingungen besteht, und daß die Tonhöhen
vom Geschwindigkeitsgrade der Schwingungen abhängen, das bleibt der Sinnesempfindung vollständig verborgen. Dagegen ist die Empfindung sehr wohl im Stande, etwas
anderes zu bemerken, was mit den Schwingungen und der Geschwindigkeit derselben
zusammenhängt, ja sogar ihre bewirkende Ursache ist, nämlich die Größe der tönenden
Körper, oder, um sofort den entscheidenden Punkt hervorzuheben, die Größe der tönenden Luftwelle, welche ganz dasselbe Verhältnis einhält, wie die Schwingungszahlen.
Wenn die griechische Sprache den Gegensatz von tief und hoch durch die Worte des
Schweren und Spitzen oder Scharfen bezeichnet, so hat sie dasjenige, was die Tonempfindung leicht beobachten und sich zum Bewußtsein bringen kann, noch anschaulicher
in Worte verwandelt, als die deutsche mit den Worten des Tiefen und Hohen. Wie eine
schwere Last wirken die tiefen Töne der Posaune oder Tuba auf uns ein, während die
schrillen Töne der Piccoloflöte das Ohr zu zerschneiden drohen. Auf einen großen tönenden Körper und auf große tönende Luftwellen deutet die Tiefe, auf einen kleinen
und kleine Wellen die Höhe. Für die räumliche Beschaffenheit der erzeugenden Ton-
quelle ist also unser Ohr nicht unempfänglich, und hieran gewinnt es wieder einen Halt
für eine nicht ganz im Dunkeln tappende Beurteilung von Tondistanzen, wenn es Ton-
intervalle nur ungenügend kennt oder von seiner [sic!] erreichten Kenntnis zum Zweck

---

15 Ebd., S. 84.
16 Ebd., S. 119.

vorurteilsloser wissenschaftlicher Untersuchungen zu abstrahieren genötigt ist"[17]. Diese an die Außendinge geknüpften Unterschiede nennt Engel Unterschiede der „Tonfarbe"[18]. Helmholtz hatte solche Unterschiede an den Grenzen des Hörbereichs beobachtet, und Engel benutzt sie dazu, positiv (als Anhalt für das Sinnesurteil) zu qualifizieren, was er im nächsten Moment negativ qualifiziert, wenn er hinzusetzt: „Die tiefsten und die höchsten dem Einzelnen noch erkennbaren Töne sind ferner undeutlich in der Tonhöhe [...]"[19]. Engel unterscheidet also im Anschluß an Helmholtz' Beobachtungen eine phänomenale und eine musikalische Tonhöhe. Das Kriterium für „Tonhöhe" im musikalischen Sinn ist nach Engel, daß man den Ton (transponierend) nachsingen kann. Extrem hohe oder tiefe Töne können zwar noch der Richtung nach bestimmt werden, in der sie über den Bereich der musikalischen Tonhöhen hinausreichen. Qualitativ aber sind sie auf „Tonfarbe", auf Brummen und Geklingel reduziert.

Engels Unterscheidung von Klang- und Tonfarbe macht deutlich, daß es sich bei Helmholtz' Theorie der Klangfarbe nicht nur um eine physikalische, sondern zugleich um eine musikalische Theorie handelt. Obwohl Helmholtz den Eindruck einfacher Töne auf den Sinn als durchaus verschieden beschreibt, sieht er die „eigentlich musikalische Klangfarbe dieser Töne" als gleich an. Er spricht hier von „musikalischen Klangfarben" im selben Sinn, wie er „Klänge mit unharmonischen Obertönen [...] nicht zu den musikalischen Klängen" rechnet[20]. Daß Helmholtz den besagten Beobachtungen keine weitere Aufmerksamkeit schenkte, weist deutlich auf den von uns betonten Doppelaspekt der Klangfarbe hin. Ohne Beziehung auf die Vorstellung des musikalischen Tons sind die einfachen Töne für Helmholtz einfach uninteressant. Sie klingen nicht gut. Helmholtz definiert den musikalischen Ton als Inbegriff einer bestimmten Zahl und Stärkeverteilung von Tonempfindungen. Dieser Vorstellung, die er in den allgemeinen Begriff eines Leitertons (zumal in den der Tonika) faßt, entspricht als komplexe Empfindung ein Ton von idealer, „musikalischer" Klangfarbe. Engel hat den von Helmholtz gering geachteten Tonfarben große Aufmerksamkeit geschenkt. Neben den Extremlagen hat Engel als Gesangslehrer noch weitere herausragende Punkte in dem der Stimme zu Gebote stehenden Umfang aufgefunden, durch welche Untersuchung der „Eigentöne der Vokale" er einer „objektiven Norm für die Klangfarben der menschlichen Stimme" nachspürte[21]. Diese Untersuchungen, die auf die Theorie der Formanten vorausweisen, stehen für Engel im Kontext der Gesangstechnik. Musiktheoretische Bedeutung dagegen mißt Engel seiner Unterscheidung von musikalischer und phänomenaler Tonhöhe zu.

(2) Auch bei Helmholtz gibt es eine Tonfarbe. Ihre Bestimmung läßt die innerste Absicht von Helmholtz' *Lehre von den Tonempfindungen* erkennen. Helmholtz' Theorie zufolge verliert der Ton mit seiner Klangfarbe auch seine harmonische Kraft. Die einfachen Töne sind in diesem Sinn formlos. Bei Helmholtz soll der Versuch, die Obertöne zu hören, nicht unternommen werden, weil etwa diese „einfachen Töne" als schrille

---

17 Engel, *Über Vergleichungen von Tondistanzen*, S. 370.
18 Engel, *Begriff der Klangfarbe*, S. 325f.
19 Ebd., S. 327.
20 Helmholtz, *Lehre von den Tonempfindungen*, S. 120.
21 Engel, *Begriff der Klangfarbe*, S. 327f.

oder dumpfe für sich etwas Verlockendes hätten. Vielleicht hat Helmholtz in seinen Aperçus über die Klangfarbe einfacher Töne deshalb auf terminologische Strenge verzichtet, weil er an ihnen ein musikalisches Worumwillen vermißte. Daß er ihnen nicht den Rang entscheidender Beobachtungen einräumte, erlaubt es, ihn mit Handschin zu vergleichen, der, ein Vertreter jener ,,theoretisierenden Musikfreunde'', gegen die Helmholtz seine *Lehre von den Tonempfindungen* vorbringt, von Obertönen ebensowenig hat hören wollen wie von Untertönen.

Dem Ineinander von sinnlicher Empfindung und musikalischer Auffassung als Klangfarbe und tonale Funktion bei Helmholtz entspricht bei Handschin das Verhältnis von Tonhöhe und musikalischem Ton, ,,Toncharakter''. Unser Vergleich ist insofern möglich, als auch Helmholtz den Klang nicht allein dadurch zum Gegenstand der musikalischen Vorstellung erhebt, daß er als Ton seine Auffassung als Durakkord, ja als Tonika ,,fühlbar'' nahelegt, wenn er gut klingt. Helmholtz selbst hat seine Lehre durch das immanente Problem (des harmonischen Dualismus), daß er den Mollakkord als einen durch einen ,,fremden Ton'' getrübten Durakkord interpretieren muß, nicht im Kern bedroht gefühlt. ,,Ich halte es für einen Fehler, wenn man die Theorie der Konsonanz zur wesentlichen Grundlage der Theorie der Musik macht [...] Die wesentliche Basis der Musik ist die Melodie''[22]. Helmholtz' Rede von der eingeschränkten Rolle der ,,Konsonanz'' ist als dieselbe Einrede gegen den Anspruch der Dreiklangskonsonanz auf universale Geltung gemeint, die uns bereits als ,,Der tonpsychologische Einwand'' begegnete. Helmholtz und Handschin ist es gemeinsam, daß ihr Einspruch sich nicht auf die bloße Verschiedenheit der various scales Ellis' stützt, sondern auf die gegenüber jenen Extremen sozusagen mittlere Art von Musik, die Riemann als die ,Musik der ,,stark schwankenden Tonalität'' ' bezeichnete[23]. Wir finden sogar die ,,kettenweise Verwandtschaft aller Töne untereinander'', auf der Handschins Toncharakter beruht, bei Helmholtz als melodisches Prinzip dem tonalen entgegengestellt, ,,alle Töne mit einem einzigen Zentrum zu verknüpfen''. Die Tonfarbe nun, die Helmholtz kennt, ist nicht ein Residuum der Klangfarbe, sondern entsteht dem Ton aus der Melodie. Sie charakterisiert Töne, die, wiewohl physikalisch Klänge, musikalisch nur Töne mit bestimmter Klangfarbe sind, weil ihre Obertöne keine ,,fühlbaren'' Verwandtschaftsverhältnisse herstellen. Sehen wir zu, wie Helmholtz Töne als Elemente einer Melodie bestimmt.

Eine Melodie, vorgetragen mit ,,einfachen Tönen'', ist für Helmholtz nur das ,,Schema einer Melodie'', bloße ,,Veränderung der Tonhöhe in der Zeit'', da sich ohne Obertöne die harmonische Wirkkraft nicht sinnlich ,,fühlbar'' macht. Macht sich ein ,,geübter Musiker'', ,,indem er die Noten liest, eine Vorstellung von einer Melodie'', so entbehrt diese Vorstellung gleichsam der Musik. Handschin hat darauf hingewiesen, welch konstitutive Bedeutung die akustische Realität des Erklingenden bei Helmholtz selbst für die musikalische Vorstellung erhält und dessen Ausdruck ,,Schema einer Melodie'' als ,,Skelett einer Melodie'' paraphrasiert[24]. Nicht anders als physikalisch-konkret betrachtet Helmholtz die Genese der musikalischen Töne. Die Quintenreihe wird zum Stimmen der Instrumente benutzt. Sie muß dazu benutzt werden, weil in der

22 Helmholtz, *Lehre von den Tonempfindungen*, S. VII.
23 *Riemann Musik-Lexikon*, [8]1916, Art. *Kadenz*, S. 521.
24 Handschin, *Toncharakter*, S. 130; vgl. Helmholtz, *Lehre von den Tonempfindungen*, S. 469.

Quinte die Gemeinsamkeit von Obertönen immer noch deutlich fühlbar ist. Die Terz dagegen ist ,,kein sehr sicher charakterisiertes Intervall''[25]. Bei der Terz lassen uns nach Helmholtz beide im Stich: der starke zweite und dritte Partialton wegen der Entlegenheit einer Verwandtschaft vierten Grades[26], der vierte und fünfte wegen ursprünglicher Schwäche. Helmholtz erklärt aus diesem Umstand das ,,lange Schwanken in Bezug auf die Stimmung der Terzen'', das sich nicht nur ,,in der Geschichte der musikalischen Systeme'' zeige, sondern ,,welches man noch jetzt fühlt''[27]. Die sinnliche Wahrnehmung läßt uns hier im Stich, das steht für Helmholtz fest. Daß wir damit aber ihrer uneingeschränkten Herrschaft entkommen sind, erhellt aus einer angelegentlichen Bemerkung. Wir wollen ihr dieselbe Aufmerksamkeit schenken, die Engel (und Stumpf) Helmholtz' Bemerkungen über die ,,Klangfarben der einfachen Töne'' geschenkt haben. Bei der Betrachtung von Tetrachordteilungen, in denen sich keine ,,Rücksicht auf irgend eine fühlbare Verwandtschaft des so entstehenden Zwischentons'' zeigt[28], behandelt Helmholtz diese Zwischentöne nicht als bloße Tonhöhen. Nicht nur benutzt er die mathematische Form der Darstellung weiter und führt sie dadurch über den Bereich hinaus, innerhalb dessen sie kraft des akustischen Trägers physikalisch legitim zu fungieren vermag; er wendet sich auch gegen die Ansicht, derlei ,,Tonfarben'' hätten keine Realität. ,,Es ist gar nicht schwer'', schreibt Helmholtz, ,,den Unterschied eines Komma 81/80 in der Stimmung der verschiedenen Tonstufen zu erkennen, wenn man bekannte Melodien in verschiedenen Tonfarben ausführt, und jeder Musiker, dem ich den Versuch vorgemacht habe, hat sogleich den Unterschied gehört''[29]. Hier erhält das ,,Skelett der Melodie'' seine (mit Guido zu sprechen) facies coloris gerade durch eine Abweichung, die Helmholtz mit Blick auf die Obertonreihe nur als einen ,,fremden Ton'' ansehen kann, der den reinen Durdreiklang trübt.

Helmholtz sagt nicht, daß die Struktur, von der aus er hier urteilt, nicht mehr die starre Norm physikalischer Gegebenheiten ist. Daß er sie dennoch heranzieht, um ,,von der absoluten Freiheit [...] einen richtigen Gebrauch zu machen''[30], unterscheidet seinen Ansatz von der ausschließlichen Tonhöhenbestimmung durch das Sinnesurteil. Ihr können jene Abweichungen nur als unruhiges Schwanken erscheinen, wie Erich Moritz von Hornbostel klagt: ,,Wenn [...] auch Tonverwandtschaft [im Helmholtzschen Sinn] sich geltend macht, so schreibt sie doch nur für die Strukturintervalle ein Format von bestimmter Größenordnung — Quarten, Quinten, usw. — vor, vermag aber nicht, die Intonation des Sängers auf bestimmte Frequenzverhältnisse — 3:4, 2:3, usw. — festzulegen''[31]. ,,Festlegen'' ist hier im Sinn einer physiologischen Determiniertheit gemeint. Die inhaltlose Unruhe, die für Hornbostel daraus entsteht, daß nicht nur die Angehörigen primitiver Stämme aus Australien, sondern auch der Europäer fähig ist, ,,entsetzlich unrein'' zu singen, muß sich selbst eine Form geben: ,,Erst auf den Instrumenten

25 Helmholtz, *Lehre von den Tonempfindungen*, S. 525, Fußnote 2.
26 Ebd., S. 456.
27 Ebd., S. 422.
28 Ebd., S. 435.
29 Ebd., S. 436.
30 Ebd., S. 412.
31 Hornbostel, *Tonsysteme*, S. 430.

kommen feste Töne, bestimmte Intervalle und damit Tonsysteme zustande; aber sie sind, wie sich zeigen wird, nicht von der menschlichen Natur gefordert, sondern in erster Linie durch außermusikalische Faktoren bestimmt"[32]. Wir werden sehen, wie sich Hornbostels Position als Konsequenz aus Stumpfs Tonpsychologie ergibt. Es handelt sich aber nicht um einen originären Ansatz, sondern um die Reproduktion der Lehre von der Sprachmusik, gegen die Stumpf anging. Friedrich von Hausegger hat sich in seinem Aufsatz *Die Anfänge der Harmonie. Ein Beitrag zur Geschichte der Entwicklung des musikalischen Ohres* (1895) bemüht, den Kontakt seines Ausdrucksprinzips zur Musiktheorie herzustellen, und dazu die Stellen herausgesucht, an denen Helmholtz die „homophone Musik" als Sprechgesang interpretiert. Die beweglichen Töne versteht Hausegger, weil nicht fixiert, als unbestimmte Töne. „Nicht innerlicher Bestimmung folgend, sondern äußerlich in zufällige Nachbarschaft gebracht, reihen sich die Töne innerhalb der das Tetrachord umspannenden Quarte voneinander"[33]. Ist für Hausegger innerhalb des Quartrahmens „alles flüssig", so betrachtet er den Rahmen selbst als einen starren „Panzer". Die in ihm eingefangene „Seele der Musik" ist der „Sprachausdruck"[34]. Stumpf hat die Vertreter der Sprachmusik gefragt, warum überhaupt die Musik auf die Biegsamkeit der Stimme verzichte, warum dem „Windspiel Stiefel angezogen" würden. Die Frage bleibt bei Hausegger, der sich über Beobachtungen der „Ausdrucksbewegungen ungebildeter Personen und unkultivirter Völker", über den „Ausdruck von Thieren"[35] der Musik zu nähern sucht, offen; deutlich wird gesagt, daß es sich um spanische Stiefel handelt. Die Alternative wird vorgeführt: „Was ist nun aber die Grundlage des melodischen Stylprinzips, wenn nicht der Ton mit seinen physiologischen Eigenschaften? Nichts anderes als der Sprachausdruck, welcher auch heute noch, unter dem feiner gegliederten und elastischeren Panzer des jetzigen Systems, die Seele der Musik ist"[36]. Daß eine solche Position in Stumpfs eigener Schule in allen Konsequenzen wieder aufgenommen werden konnte, deutet auf das Unzureichende der in der Tonpsychologie geleisteten Bestimmung des Tons.

(3) Ist Tonfarbe bei Helmholtz ein musiktheoretischer Terminus (der von der „physiologischen Grundlage für die Theorie der Musik" nicht gedeckt wird) und ist Tonfarbe bei Engel eine beschreibende Kategorie (für Phänomene an den Extremen des Hörbereichs), so hat Stumpf versucht, die „Tonfarbe" zum psychologischen Terminus zu erheben. Er hat sich akribisch mit der Tonfarbe als mit einem Moment am Ton auseinandergesetzt, das Helmholtz aufgrund seiner physikalischen Denkweise (keine Eigenschaft in der Empfindung ohne Korrelat im Reiz) entgangen sei. Stumpf hat Helmholtz so gelesen, als ob das Verhältnis von Teil und Ganzem in einem Klang als Beispiel für das nämliche Verhältnis in einer Melodie dienen könnte, ja er hat (ohne Bezug auf Helmholtz' Tonfarbe und früher als Engel) das Wort gerade im Zusammenhang der Frage, wie man sich Melodien vorstelle, für sich gefunden. Wir werden Stumpfs Interpretation der

---

32 Ebd.
33 Hausegger, *Die Anfänge der Harmonie. Ein Beitrag zur Geschichte der Entwicklung des musikalischen Ohres*, S. 370.
34 Ebd.
35 Ebd., S. 313.
36 Ebd., S. 370, Sp. 2, Fußnote*.

Helmholtzschen Beobachtungen über die Klangfarbe einfacher Töne noch zu betrachten haben.

b) Konsequenzen aus Helmholtz' Empirismus

Nicht das traditionelle Moment in der Helmholtzschen Musiktheorie hat die Auseinandersetzung mit ihr weiter bestimmt, sondern das Neue: nicht die mathematische Form, die auch sie den musikalischen Tönen als ihr Prinzip unterlegt, zog die Aufmerksamkeit auf sich, sondern die Erklärung ihrer Wirksamkeit kraft Vermittlung durch die Sinnesempfindung. Zum einen hat die Blickrichtung sich auf die Erscheinung dieser Form für den sinnlichen Eindruck, auf die Klangfarbe konzentriert. Zum anderen aber war es die für den Empirismus charakteristische Auffassung der Begriffe als bloßer Abstraktionen (gegenüber den impressions), die die Auseinandersetzung nicht nur nicht auf jene Form, sondern auf das „eigentlich Wirkliche": die Tonempfindung in ihrer Einzelheit richtete. Wir sahen, wie die Findung des Prinzips durch das Hören der Obertöne geschehen soll, bei dem wir die Aufmerksamkeit von den Gegenständen der Außenwelt abwenden, um unsere Empfindungen zu beobachten. Helmholtz wollte nur zeigen, daß der Sinn die Form vermöge der Unvermischtheit der Empfindungen vermitteln kann. Die Schwierigkeiten seines Versuchs, ihre Synthesis auf ein pragmatisches Prinzip zurückzuführen und die Unselbständigkeit, in der sich die musikalischen Töne bei ihm durch ihre Vergegenständlichung zu Leiterstufen zeigen, führte darauf, das zu den „Außendingen" Andere in den Empfindungen selbst zu suchen. So kann man in einem dreifachen Sinn davon sprechen, daß Helmholtz mit seiner *Lehre von den Tonempfindungen* eine ‚Lehre von der Tonempfindung' hervorgerufen hat: (1) Im Sinn des Angenehmen, insofern die „Naturgewalt der Empfindung", die Klangfarbe, als Wesen des Tons vorgestellt wird; (2) Im Sinn der Empfindung der einfachen Töne und ihrer Klangfarbe; (3) Im Sinn der völligen Trennung von Empfindung und Vorstellung, wonach auch ein sogenanntes Urteil zweiter Ordnung, also etwa das Wiedererkennen aller Terzen als Terzen auf einem Empfindungsinhalt beruhen muß. Wir wollen hier nur die erste Konsequenz (und Helmholtz' Reaktion darauf), die anderen im Kontext von Stumpfs Konzept betrachten.

Klangfarbe als Wesen des Tons. Eine für die äußerliche Rezeption der Helmholtzschen Musiktheorie charakteristische Bestimmung gibt der Ästhetiker Arthur Seidl in seinem Nachruf auf Johannes Brahms: „Das eigentlichste Wesen der Musik, ihre tiefste Kraft ist der leuchtende saftige Ton mit spezifischer Klangfarbe"[37]. Seidl gibt eine ‚ästhetisch-musikalische' Definition des Tons: Plakativ benennt er diejenige Seite des Tons, die ihm am meisten für die Musik zu bedeuten scheint. Seine Bestimmung ist abhängig von der musikgeschichtlichen Situation, deren Auseinandersetzungen sie widerspiegelt. Wie Riemann in *seinem* Nachruf auf Brahms feststellt, ist sie „bestimmt, bei Brahms fehlenden Vollglanz der Orchesterwirkung zu bemängeln und damit Bruckners

---

37 Seidl, *Nachruf auf Johannes Brahms*, zitiert nach: Riemann, *Johannes Brahms*, S. 220.

musikalische Qualitäten als vollwichtigere hervortreten zu lassen"[38]. Seidl fügt zu diesem Zweck noch eine weitere Qualitätsdimension zum Ton hinzu, indem er eine „Farbenblindheit der Brahmsschen Orchesterpalette" behauptet, aus der „nur allzu oft [...] völlige Geschlechtslosigkeit des Tons" resultiere[39]. Riemann wendet sich gegen das Ideal reiner Klangfarben. Die „Indifferenzierung der Klangfarbe" sei Zeichen, ja „leitendes Prinzip" des „rein symphonischen Stils", nicht das ‚charakteristische' Hervortreten der Einzelfarben mit ihrem „Associationen erweckenden Beiklang". Daß Seidl Brahms' Beschränkung auf die „kunstmäßigen Mittel der Melodik, Harmonik und Rhythmik" als „reflektierte, bereits vermittelte Poesie" darstellt, „wo des Gedankens Blässe die musikalische Empfindung bereits stark angekränkelt hat", und als „Geschlechtslosigkeit des Tons" zusammenfaßt, gilt Riemann als Indiz für die anbrechende „schrankenlose Herrschaft des Sinnlichen": „Es ist im Grunde nichts anderes als jene auf darwinistischen Ideen fußende Auffassung des Wesens und Ursprungs der Musik, welche Dr. Friedrich von Hausegger in seiner ‚Musik als Ausdruck' S. 5-12 ziemlich unverhüllt darlegt (wenn man nur ein wenig zwischen den Zeilen lesen will), daß schließlich die erste Entstehung des Gesanges und damit aller Musik auf den Wonneschrei zweier Liebenden im Moment ihrer leiblichen Vereinigung zurückzuführen sei"[40]. Wir werden uns bei unserer Darstellung von Stumpfs Tonpsychologie nicht mit v. Hausegger, sondern mit dem gründlicheren Physiologen Salomon Stricker beschäftigen. Wir werden dabei sehen, wie sich Stumpf bei dem Versuch, den Vorrang der Klangfarbe zu bestreiten, aufgefordert sieht, den Begriff des musikalischen Tons inhaltlich zu bestimmen, und gegenüber dem Vorwurf, er treibe eine Psychologie der „abstrakten Töne", vor der Bestimmung des musikalisch Allgemeinen zurückweicht.

Wie hat Helmholtz selbst solche Konsequenzen aus seiner Lehre betrachtet? Für Helmholtz verliert das „System der musikalischen Töne und der Harmonie" durch seine empiristische Erklärung zugleich sein ästhetisches Interesse. „Indem wir überall die Spuren von Gesetzmäßigkeit, Zusammenhang und Ordnung wahrnehmen, ohne doch das Gesetz und den Plan des Ganzen vollkommen übersehen zu können, entsteht in uns das Gefühl einer Vernunftmäßigkeit [...], die weit über das hinausreicht, was wir für den Augenblick begreifen" — dies wird nunmehr ausschließlich vom Kunstwerk gesagt. Wir lernen „in dem Kunstwerk das Bild einer solchen Ordnung der Welt, welche durch Gesetz und Vernunft in allen ihren Teilen beherrscht wird, kennen und bewundern" — aber das Bild ist „an gleichgültigem Stoff ausgeführt"[41].

2. STUMPF: DEPOTENZIERUNG DES TONS ZUM EMPFINDUNGSATOM

Während Helmholtz den Pythagoreern nur vorwarf, daß sie die Obertöne nicht hören wollten, erhebt Carl Stumpf in seiner *Tonpsychologie* eine weitergehende Klage. Sie würden überhaupt „in der Welt alle qualitativen Unterschiede übersehen", wie es sich

---

38 Riemann, *Johannes Brahms*, S. 220.
39 Ebd., S. 220f.
40 Ebd., S. 217f.
41 Helmholtz, *Lehre von den Tonempfindungen*, S. 591.

besonders an ihrer Tonlehre zeige. Stumpf hat es im Gegenzug unternommen, eine qualitative Tonbetrachtung zu geben. Diese ,,moderne Diskussion um die Tonqualität'', wie er Stumpfs unvollendetes und die auf ihn folgenden Unternehmen zusammenfassend bezeichnete, hat Handschin sehr skeptisch beurteilt. Um den Abstand zwischen seiner und der tonpsychologischen Betrachtung der musikalischen Elemente nicht als eine bloße Verschiedenheit von Standpunkten hinzustellen, sondern den qualitativen Unterschied herauszuarbeiten, müssen wir nicht alle Unterscheidungen berücksichtigen, durch die die Tonpsychologen ihre Unternehmungen zu qualifizieren versuchten. Wir haben nur auf die Behandlung dreier Unterschiede zu achten, die uns stets wieder begegnen werden und die wir als qualitative ansehen: auf den Unterschied von Mensch und Tier hinsichtlich der mit Sinnesempfindung begabten Lebewesen, auf den Unterschied von Ohr und Auge hinsichtlich der menschlichen Sinnesempfindungen, auf den Unterschied von Musik und Sprache hinsichtlich des Hörbaren.

a) Die ,,Tonsubstanz'' als Ziel der Tonpsychologie

,,Solange wir die Melodie hören, ist sie nicht vollständig, und wenn sie vollständig ist, hören wir sie nicht mehr [...] Man kann sich nicht etwa vorstellen, daß eine Melodie, namentlich eine längere, nach dem letzten Ton als Ganzes vor uns stände [sic] und daß erst dann ihr kunstvoller Aufbau auch zur Wirkung auf das Gefühlsleben käme, sondern wir verfolgen sie von Anfang an in ihrer Entwicklung, begleiten diese in Erwartungen, Überraschungen, Lösungen, zu denen die sukzessiv wahrgenommenen Verhältnisse der Ähnlichkeit, des Gegensatzes, der Wiederkehr des Gleichen, der Steigerung usw. die Grundlage bilden; und diese intellektuellen Erlebnisse [...] bilden wieder die Grundlage von Gemütsbewegungen, deren Färbung noch durch die rein sinnlichen Gefühlsempfindungen mitbestimmt wird. Wie das Vergangene hierbei mit dem Gegenwärtigen zusammenwirkt, wie jeder neue Ton durch alle vorausgegangenen in seinem Charakter mitbestimmt wird, das auseinanderzusetzen müssen wir nun in der Tat der Psychologie überlassen, soweit sie überhaupt dazu fähig ist''. Mit der Frage nach dem Verhältnis von Ganzem und Teil, von Melodie und Ton, faßt Stumpf die Aufgabe zusammen, um deren Lösung er sich bemühte. Das Zitat gibt die Begriffe, um deren Bestimmung Stumpfs Lebenswerk kreist: Ähnlichkeit, Steigerung, Gemütsbewegung, Gefühlsempfindung. Es fehlt darin der Begriff, auf dessen Neubestimmung Stumpf die Hoffnung gesetzt hatte, dem Empirismus der Helmholtzschen Musiktheorie erfolgreich entgegenzutreten, und auf den er die größte Mühe verwandte: der Begriff der ,,Verschmelzung''. Es findet sich darin ein Ausdruck, den Stumpf zum Begriff nicht zu erheben, ja mit dem er nichts anzufangen wußte, als er ihm bei Lotze, später bei Lipps und zuletzt bei Hornbostel begegnete: der Begriff ,Toncharakter'. Das Zitat ist nicht der Einleitung in die *Tonpsychologie* entnommen, in der es stehen könnte, um eine Aufgabe zu formulieren, die, unlösbar auf der von Helmholtz gegebenen ,,physiologischen Grundlage für die Theorie der Musik'', ,,der Psychologie zu überlassen'' sei. Es findet sich erst in Stumpfs posthumer *Erkenntnislehre* (1939/40)[1].

---

1 Stumpf, *Erkenntnislehre*, S. 273.

Meint Stumpf die „Tonpsychologie" oder meint er die „Musikpsychologie", wenn er die Beantwortung der Frage nach den Vorgängen beim Hören einer Melodie an die „Psychologie" überweist? Es handelt sich um eine Unterscheidung, die dem Gegensatz von Kunstwerk und „gleichgültigem Stoff" bei Helmholtz entspringt oder ihm zumindest parallel liegt. Es handelt sich um eine wichtige Frage, denn die Disziplin, die psychologisch mit den Fragen der Musiktheorie umgeht, versuchte, durch diese Unterscheidung die Probleme der Tonpsychologie zu verdrängen, auf die Handschin nachdrücklich hinwies, als er sein Buch „Eine Einführung in die Tonpsychologie" nannte. Man hat davon gesprochen, daß Handschin mit diesem Titel die Geschichte der Disziplin außer acht gelassen hätte. Als Stumpf sein Werk „Tonpsychologie" überschrieb, bezog er Gegenposition zu der „Musikpsychologie in England", mit der er sich programmatisch auseinandersetzte. Stumpfs Forschungsunternehmen beginnt mit der Weigerung, den Gegensatz, mit dem Helmholtz seine *Lehre von den Tonempfindungen* beendete, auf die Melodie anzuwenden, als sei sie das autonome Kunstwerk und ihre Töne der „gleichgültige Stoff". Aber aus Stumpfs späten Texten erfahren wir am deutlichsten, ‚was Tonpsychologie ist und was sie nicht ist'[2].

Nehmen wir die beabsichtigte Einheit der *Tonpsychologie* in den Blick. Das Werk war als eine vollständige Theorie der Musik geplant. Seine ersten beiden Bände betrachten die „Töne als solche" unter zwei Aspekten: Der erste Band (1883) fragt nach der Ordnung aufeinanderfolgender Töne; der zweite Band (1890) untersucht ihren Zusammenklang. Auf diese Feststellung der unmittelbar gegebenen Ordnung der Töne hinsichtlich ihrer Sukzession und Simultaneität sollten im dritten Band die „Intervallurteile oder das eigentlich musikalische Denken" folgen. Von „musikalischem Denken" spricht Stumpf in dem Sinn, den Hermann Lotze diesem Ausdruck gegeben hat. Gedacht ist nicht an Komposition — auf sie bezogen stimmt Lotze der Ansicht bei, „daß das Poetische in jeder Kunst sich dem logischen Gedanken entzieht"[3] —, sondern an die Bildung der „bloßen Reihe von Tönen" zur „Tonleiter, auf welcher der Gang der Melodie auf und ab steigt"[4]. Anders als Helmholtz war Lotze der Ansicht, daß „der Reiz einer Melodie niemals in der bloßen Bewegung durch verschiedene Tonhöhen"[5] bestehe. Mit der Bestimmung der „Ton- und Musikgefühle", wie Stumpf mit einer

---

2 Vgl. Stumpf, *Tonpsychologie* II, S. 127: „Was Tonverschmelzung ist und was sie nicht ist".

3 Lotze, *Geschichte der Ästhetik*, S. 495; Lotze fährt, die „Unmöglichkeit, den Gehalt der Musik durch Gedanken zu fixieren", verallgemeinernd, fort: „Andere Künste täuschen nur hierüber mehr als die Musik, weil die Mittel, deren sie sich bedienen, einen ungleich größeren Kreis bestimmter Vorstellungen und Gedanken anzuregen pflegen; aber dieser logische Gehalt stellt doch nur das Material dar, aus welchem die Schönheit durch eine völlig unberechenbare Verbindung seiner Elemente entsteht".

4 Ebd., S. 467: „In dem leeren Raum zwischen Grundton und Oktave legte das musikalische Denken zuerst die Töne fest, welche mit dem einen oder der andern [sic!] harmonisch consonieren, und gewöhnte sich, die Bewegung, welche auf- oder absteigend diese bevorzugten Töne der Reihe nach berührt, als die Tonleiter zu fühlen, welche von dem einen Endpunkt des Octavenraums zum andern führt".

5 Ebd., S. 468.

wahrhaft zusammenfassenden Wendung sagt, sollte der vierte Band das Werk abschließen[6].

Auch deshalb empfehlen sich Stumpfs späte Texte als Ausgangspunkt, weil — anders als Helmholtz' Werk, dessen Konzeption in vier Auflagen nur *eine* bedeutsame Korrektur erlitten hat (sie betrifft die pragmatische Begründung des Verschmelzungsphänomens) — sich die von Stumpf begründete Forschungsrichtung in einer fast unübersehbaren Literatur darbietet. Die Geschichte der Disziplin „Tonpsychologie" ist durch eine zunehmende Dissoziierung gekennzeichnet. Will man diesen Verlauf umreißen, so stehen sich zunächst die beiden Bände von Stumpfs *Tonpsychologie* (1883 und 1890) gegenüber, deren Zusammenhang auch durch die acht im folgenden von Stumpf herausgegebenen Hefte der *Beiträge zur Akustik und Musikwissenschaft* (1898-1915) nicht hergestellt wird. Zuletzt, nach komplizierten Einteilungs- und Gliederungsversuchen etwa in Ernst Kurths *Musikpsychologie* (1931), erfolgt die Trennung in „Gehörpsychologie" und „Musikpsychologie", die Albert Wellek 1934 vornimmt und durchsetzt[7]. Der Begriff „Tonqualität", den Carl Stumpf zu Anfang seiner *Tonpsychologie* als Synonym für „Tonhöhe" einsetzte, erwies seine scheidende, kritische Kraft. Weder erreichte die *Tonpsychologie* Stumpfs ihre einheitliche Gestalt in dem auf vier Bände geplanten Umfang, noch vermochte das den *Beiträgen* zugrunde liegende Programm einer unbestimmteren „Verbindung der Begriffe ‚Akustik und Musikwissenschaft'" zu bestehen. Von der vollzogenen Scheidung in Gehör- und Musikpsychologie her betrachtet scheint es fast, als seien die „Thatsachen des Hörens" keine der Musik. Im vorletzten Heft der *Beiträge* berichtet Stumpf 1915 noch einmal über *Neuere Untersuchungen zur Tonlehre*. Die Anzahl und Verschiedenheit der Antworten auf die Frage nach der „Tonqualität" charakterisiert nun die Positionen ebensovieler in den Disziplinen Akustik, Tonpsychologie, Musikpsychologie, Musikwissenschaft tätiger Forscher. Quot capita, tot qualitates.

Um die Entstehung dieser Vielzahl von „Qualitäten" und insbesondere die sogenannte „musikalische Qualität" der Töne beurteilen zu können, wenden wir den Blick auf einen Ausdruck, mit dem Stumpf der Inflation des Qualitätsbegriffs zu entrinnen suchte. In Stumpfs Rede von der „Tonsubstanz"[8] wird sichtbar, worauf Stumpf eigentlich zielte, als er von „Tonqualität" sprach. „Wesenseinheit oder bloße Juxtaposition — das ist die Frage"[9]. Mehr als fünfzig Jahre zurückblickend faßt Stumpf seine wissenschaftlichen Bemühungen in der *Erkenntnislehre* unter diesem Motto zusammen. Er berichtet, er habe ursprünglich seine wissenschaftliche Laufbahn mit einer „kritischen Geschichte des Substanzbegriffs" beginnen wollen, „die mir fürchterliches Kopfzerbrechen verursachte, bis ich sie liegen ließ"[10]. In der Arbeit *Über den psychologischen Ursprung der Raumvorstellungen*, die an deren Stelle trat, habe er versucht, sich

---

6 Stumpf, *Tonpsychologie* II, S. VII.

7 Vgl. A. Welleks Artikel *Hörpsychologie oder Gehörpsychologie* und *Musikpsychologie* in: *Riemann Musik-Lexikon*, Sachteil, Mainz [12]1967, S. 374 und S. 609f.

8 Stumpf, *Erkenntnislehre*, S. 37.

9 Ebd., S. 173.

10 Stumpf, *Selbstdarstellung*, S. 8; statt „kritische Geschichte des Substanzbegriffs" heißt es in der *Erkenntnislehre* (S. 24, Fußnote): „kritische Geschichte der Substanzprobleme".

dem Problem anhand einer einfacheren Frage zu nähern. Die Abhandlung sei gegen die „empiristische Assoziationspsychologie"[11] gerichtet; ihr liege die These zugrunde, es biete „schon die Sinneswahrnehmung fortwährend Beispiele, aus denen man den Begriff eines Ganzen, zum Unterschied vom Begriff einer bloßen Summe, eines Bündels nach Humes Ausdruck, gewinnen und an denen man ihn leicht jedem verdeutlichen kann"[12]. In der Auseinandersetzung mit Helmholtz sollte die *Tonpsychologie* diesen Gedanken weiter entwickeln. Wie dies hätte geschehen sollen, ist in der *Erkenntnislehre* angedeutet. Stumpf diskutiert dort „Ursprung und Sinn der Grundbegriffe (Kategorien)". Er folgt seinem alten Vorsatz und stellt den Begriff der Kausalität und den Begriff der Substanz so gegeneinander, daß hinsichtlich des ersteren „die Sinneswahrnehmung [...] als Quelle preisgegeben werden" müsse, während letzterer nicht allein in der „Einheit des Bewußtseins [...] anschaulich gegeben"[13] sei. „Wir sehen also: der Sensualismus, der alle Begriffe aus der Sinneswahrnehmung herleitete, hat diese seine einzige Quelle nicht einmal hinreichend ausgeschöpft"[14]. In Stumpfs Rede von einer doppelten „Grundlage für die Bildung des Substanzbegriffes"[15] liegt aber eine Zweideutigkeit.

Anders fundiert nämlich erscheint der Grundbegriff der Substanz, wenn man ihn zu dem Vermögen der Begriffe in Beziehung setzt, das sich bis in die Sinnesempfindung des Hörens hinein als wirksam erweist, als wenn man ihn aus der Sinneswahrnehmung abstrahiert. Stumpf bestimmt die Frage nach der „Tonsubstanz" als Frage nach der Gegebenheit, wodurch „ein Sinn sich von anderen Sinnen unterscheidet und die wir auch als seine spezifische Qualität bezeichnen, also das, was den Ton zum Ton, die Farbe zur Farbe, den Geruch zum Geruch macht". Er unterscheidet diese zentrale Eigenschaft von den mit den anderen Sinnen gemeinsamen. „Diese Haupteigenschaften, nach denen wir die Empfindungen klassifizieren und benennen, könnte man recht wohl als die anschauliche Grundlage des Substanzbegriffs betrachten, wenn man darunter das Wesen eines Dinges verstehen will. Man könnte geradezu die Tonqualität selbst als Tonsubstanz, die Farbenqualität als Farbsubstanz bezeichnen. Damit würde aber nicht etwas hinter den übrigen Eigenschaften Verborgenes, sondern die sinnenfälligste von allen bezeichnet sein"[16]. Stumpf sagt nicht, wie er sich den Zusammenhang eines solchen, an der Vorstellung eines Dings orientierten Substanzbegriffs mit dem aus der „Einheit des Bewußtseins" entspringenden vorstellt. (Er sagt auch nicht, in welcher Eigenschaft er die Tonsubstanz erblicken, oder wie anders er sie bestimmen will, sondern findet nur eine neue Formulierung für eine lang gestellte Aufgabe.)

Wir finden bei Stumpf drei Modelle für den Zusammenhang von Sinnesempfindung und Denken. Zuerst betrachtet er Denken als die Funktion eines Organs. Ebenso fremd wie dem ursprünglichen Objekt dieses Modells, dem „absoluten Sinnesinhalt", steht

11 Stumpf, *Erkenntnislehre*, S. 183.
12 Ebd., S. 23.
13 Ebd., S. 27.
14 Ebd., S. 23.
15 Ebd., S. 25.
16 Ebd., S. 37.

das Denken hier sich selbst gegenüber. Seine eigene Gesetzmäßigkeit erscheint ihm nur als Resultante, als Form dieses Inhalts[17]. Die Musik führt ihn auf Phänomene, „für welche sich eine genügende physiologische Unterlage nicht will ausdenken lassen"[18], in denen also schon die „Empfindungen" nicht mehr als bloße Rezeptivität erscheinen und als Fortsetzung des Reizes in anderem Material vorgestellt werden können. Gegenüber der Alternative, eines auf das andere zu reduzieren, entscheidet sich Stumpf dafür, Denken und Sinnesempfindung als völlig verschiedene Erfahrungsweisen anzusehen. Nur mehr für die Sinnesinhalte geht er von unveränderlichen Ordnungen aus, in deren Formen die Funktion des Sinnesorgans erscheint. Dadurch geschieht eine scharfe Trennung zwischen „Struktureigentümlichkeiten des psychischen Lebens" und „Strukturverhältnissen der Phänomene"[19], mögen immer die zur Beschreibung letzterer erforderlichen Verhältnisbegriffe aus der „innersten Wahrnehmung", dem Denken, entspringen. Die Auswirkung dieser Trennung für Stumpfs Versuch einer Theorie der Musik wird an drei Stationen sichtbar: (1) Von dem Physiologen Stricker nach dem Status „abstrakter Töne" gefragt, behandelt Stumpf die Reproduktion von Empfindungen. (2) Obwohl Stumpf gegen den Versuch des Sinnespsychologen Wundt, die Tonhöhe als reine Distanzstrecke zu messen, die Priorität der Intervalle eingewandt hatte, spricht er auf Wundts Gegenfrage nach der Gesetzmäßigkeit solcher Einwirkung nur von „musikalischen Gewohnheiten". (3) Um den (sich auf ihn berufenden) Versuch des Physiologen Ribot abzuwehren, die „Naturgewalt der Empfindung" Musik nach Art der Wirkung einer „Brandwunde" zu erklären, reißt Stumpf die Musik in die physiologische Gegebenheit der „Verschmelzung" und die auf Verstandestätigkeit beruhende „Gemütsbewegung" auseinander.

Stumpf selbst hat den Gegenstand, auf den seine *Tonpsychologie* zielte, nicht als etwas von einer „Musikpsychologie" Abtrennbares bestimmt: „Was ich ‚Tonpsychologie' nannte, sollte keineswegs eine Phänomenologie der Töne sein, sondern eine ‚Beschreibung der psychischen Funktionen, welche durch Töne angeregt werden'"[20]. Angeregt werden sollte zuletzt die Bildung des Substanzbegriffs. Es entspricht der erwähn-

---

17 In der *Tonpsychologie* setzt Stumpf bei dieser Vorstellung einer „reinen Empfindung" an: „Denken wir uns einen absolut Tauben, der plötzlich das Gehör erlangte: sollte die erste Empfindung kein Ton sein?" (Stumpf, *Tonpsychologie* I, S. 137). Die Begriffe treten sekundär, als „abstrakte Vorstellung" herzu: „Wenn man dann viele Töne gehört hat und nun von einem Ton überhaupt spricht, so ist, was dabei gedacht wird (wie es nun auch näher definirt werden mag), eine abstrakte Vorstellung oder ein Begriff" (Stumpf, *Ursprung der Raumvorstellungen*, S. 3). In der *Erkenntnislehre* (S. 168) steigert er diesen Ansatz ins Absurde: „Nehmen wir zunächst an, daß ein stocktaub Geborener durch eine Operation plötzlich für einen einzelnen Ton hörend würde, dann aber für immer in die Taubheit zurückfiele [...]: Würde er wohl dieser seltsamen Empfindung anmerken, daß sie einer Reihe angehört, in welcher die Gesetze über primäre Kontinua und die noch spezielleren des Tongebietes gelten?" Die Begriffe haben aber nun eine andere Dignität: Stumpf hebt hervor, daß die besagte Tonlinie nicht aus der Hörerfahrung „vieler Töne" induktiv erschlossen, sondern als eine „gegenständlich-axiomatische Erkenntnis" anzusehen sei.

18 Stumpf, *Tonpsychologie* I, S. 101.

19 Stumpf, *Erkenntnislehre*, S. 223.

20 Stumpf, *Zur Einteilung der Wissenschaften*, S. 30, Fußnote.

ten Zweideutigkeit, daß Stumpf nicht sagt: ‚sollte über eine bloße Phänomenologie hinausgehen‘, denn mindestens die psychischen Funktionen des „Vergleichens" und des „Zusammenfassens" scheinen auch zur Erstellung einer Phänomenologie erforderlich. Durch den scharfen Schnitt versucht Stumpf, sich von dem Ansatz zu trennen, der der (nun als Vorstudie zur Substanzproblematik neu interpretierten) Arbeit *Über den psychologischen Ursprung der Raumvorstellungen* zugrundeliegt, und den er dort in dem Satz zusammenfasst: „Wir thun so, als gäbe es nur Phänomene"[21]. Aber sein Neuansatz wird durch den Begriff der „Funktion" nicht unterstützt. Stumpf will nun psychische Funktion im Sinn der Tätigkeit verstanden wissen, so wie Aristoteles sagt, der Verstand sei im Gegensatz zur Rezeptivität der Sinnesorgane immer tätig, er denke und habe gedacht. Seine Formulierung impliziert aber, dieses Tätigsein analog der unveränderlichen Funktionsweise eines Organs vorzustellen und zu sagen: die Phänomene sind in der Art, wie sie uns erscheinen, Funktionen der „besonderen Natur des vorstellenden Subjekts"[22]. Der frühe Stumpf spricht eindeutig: „Unsere Seele besitzt die Fähigkeit, nicht bloß mehrere Inhalte zu unterschieden, sondern auch die, gewisse Veränderungen unter den Begriff einer Veränderungsreihe zusammenzufassen, womit dann auch die Unterscheidung der Veränderungsreihen unter sich gegeben ist. Und dem entsprechend gibt die Sprache ihre Namen. Aus diesen Umständen zusammen folgt nothwendig, daß diese Veränderungsweisen der einzige Sinn der Unterscheidung sind, die wir mit Quantität, Qualität u.s.w. bezeichnen"[23]. Stumpf beginnt in Anlehnung an Herbart mit einer Deduktion von Kategorien durch psychischen Mechanismus, aus welchen Erkenntnis in keiner Weise entspringt; „eine anders beschaffene Seele [würde] bei denselben äußeren Reizen andere Inhalte empfinden"[24]. Später hat er dem Ausdruck „psychische Funktion" einen anderen Sinn beigelegt: „Als psychische Funktionen (Akte, Zustände, Erlebnisse) bezeichnen wir das Bemerken von Erscheinungen und ihren Verhältnissen, das Zusammenfassen von Erscheinungen zu Komplexen, die Begriffsbildung, das Auffassen und Urteilen, die Gemütsbewegungen [...]"[25]. Welche der genannten psychischen Funktionen werden „durch Töne angeregt"? Zunächst ganz sicher jene, die Stumpf als bloß phänomenologischer Beschreibung zugehörig abgetrennt hatte, woraus ersichtlich wird, daß es sich um einen methodischen, nicht einen inhaltlichen Wechsel handelt. Was

---

21 Stumpf, *Ursprung der Raumvorstellungen*, S. 302.

22 Ebd., S. 27.

23 Ebd., S. 138.

24 Ebd., S. 27. Wie aus dem Begriff der Veränderungsreihe hervorgeht, ist die Stelle von der Psychologie Herbarts inspiriert, in der die Kategorien Namen sind für „empirische Produkte der an ihrer Stabilisierung interessierten Seele" (*Hist. Wörterbuch der Philosophie*, hg. von J. Ritter und K. Gründer, Bd. IV, Darmstadt 1976, Art. *Kategorie*, S. 737). Das Reale sind für Herbart die subjektiven Qualitäten; die Neigung, die aus ihnen abstrahierten Veränderungsreihen in einem Schnittpunkt zusammengefaßt zu denken, führt auf den in sich widersprüchlichen Begriff der Substanz. Widersprüchlich ist er insbesondere, weil er dem Grundvorgang der Herbartschen Psychologie widerspricht, der darin besteht, daß die in die unzusammengesetzte Seele hineindrängenden Eindrücke sich gegenseitig hemmen — wodurch immer nur einer zum Bewußtsein kommen kann —, sich verdrängen — woraus die Veränderungsreihen entstehen — oder verschmelzen — wonach sie ununterscheidbar sind.

25 Stumpf, *Erscheinungen und psychische Funktionen*, S. 4f.

heißt überhaupt „angeregt werden"? Stumpf läßt die Begriffe aus Wahrnehmungen entspringen. Aber seiner Konzeption liegt nicht mehr nur der Gegensatz von sensation und reflection, äußerer und innerer Wahrnehmung zugrunde. Die allerallgemeinsten Begriffe sind nicht mehr „Namen" für Funktionsweisen unseres Denkens, springen nicht mehr aus der psychischen Funktion heraus. Stumpf unternimmt den Versuch, „von den Erscheinungen noch ein anderes zu scheiden, das gleichwohl Bewußtseinsinhalt ist"[26]. Er spricht von „Sachverhalten". Gegenüber der „inneren Wahrnehmung", dem Bewußtsein der Funktion, der Lockeschen reflection, entspringen sie, wie Stumpf sagt, aus der „innersten Wahrnehmung". Während die sinnliche Wahrnehmung auf einfache Namen führe wie „Ton" oder „Farbe", handle es sich bei diesen „Grundbegriffen" um „Verhältnisbegriffe". Diese „sehr allgemeinen Begriffe" würden „in allen Wissenschaften, ja auch im gemeinen Denken fortwährend benutzt, einerlei, um welches Material es sich handelt"[27]. Als Beispiele für solches „Material" nennt Stumpf einerseits die Inhalte der Sinnesempfindungen, die durch Begriffe erst zu „Gegenständen" würden, andererseits logische „Sachverhalte". Wir betrachten den kompliziertesten und den einfachsten Sachverhalt.

Der komplexeste Sachverhalt. Stumpf setzt die Wahrnehmung absoluter Inhalte und die „Verhältniswahrnehmung" insofern gleich, als sich in beiden die Aufmerksamkeit stets auf Teile eines Ganzen richtet. Im einen Fall spricht er von der „Außenwelt", im anderen von dem „Sachverhalt". Er unterscheidet absolute und intellektuelle Inhalte dadurch, daß der absolute Inhalt sein Empfundenwerden nicht impliziere, so wie es für den Begriff der Obertöne gleichgültig ist, ob jemand sie hört. Zu einem Sachverhalt jedoch gehöre ein denkendes Subjekt notwendig hinzu. Stumpf betont die Objektivität der Sachverhalte gegenüber dem „individuellen Akt" eines empirischen Subjekts. „Sind die Gebilde auch Inhalte psychischer Funktionen, so tragen sie doch alle einen objektiven Charakter, enthalten in ihrem Begriff nichts von dem augenblicklichen individuellen Akt"[28]. Denken in seiner Allgemeinheit gehöre zur Vorstellung von Sachverhalten dazu. Es geht Stumpf aber nur um die überindividuelle Geltung begrifflicher Sachverhalte; die Zugehörigkeit von Denken in seiner Allgemeinheit zum Sachverhalt versteht Stumpf nicht als Bedingung, die in dem subjektiven Denken selbst wirkt. „Zur platonischen Ideenlehre brauchen wir darum noch nicht zurückzukehren, da Gegenständlichkeit nicht soviel ist wie Realität"[29]. Gegenständlichkeit, Objektivität gegenüber dem subjektiven Denken kommt auch dem Begriff des Denkens in seiner Allgemeinheit zu, aber Stumpf ist nicht der Ansicht, dieser Begriff erweise im subjektiven Denken seine Wirklichkeit (Realität). Zwar definiert Stumpf selbst den Begriff der Realität nicht allein als Härte des Steins und Undurchdringlichkeit der Wand, sondern unterscheidet das Wirkliche vom bloß Vorgestellten durch die Formel: „Wirklich ist, was wirkt"[30]. Als Beispiele für Sachverhalte aber stellt er die „Einwirkung [der Außenwelt] auf unsere Sin-

26 Ebd., S. 33.
27 Stumpf, *Erkenntnislehre*, S. 10.
28 Stumpf, *Erscheinungen und psychische Funktionen*, S. 30, Fußnote.
29 Stumpf, *Zur Einteilung der Wissenschaften*, S. 10.
30 Stumpf, *Erkenntnislehre*, S. 75.

ne'', ,,das eigene psychische Leben des denkenden Individuums'', das ,,Universum als Ganzes'' nur nebeneinander. Letzteres nennt er real, ,,weil und insofern alle seine Teile real sind, und diese sind real, weil sie aufeinander wirken'', und fährt fort: ,,Überdies wirkt es auch als Ganzes im ungeheuersten Maße, indem es sich unaufhörlich umwandelt. Seine Gesamtstruktur im nächsten Zeitteilchen ist das Produkt seiner Gesamtstruktur im gegenwärtigen''[31].

Dieser intellektuellen Vorstellung gegenüber erscheinen die aus der Sinneswahrnehmung abstrahierbaren Sachverhalte bedeutend einfacher. Als Beispiel für deren (phänomenologische) Beschreibung nennt Stumpf ,,eigentümliche qualitative Reihenbildungen, wie die natürliche Ordnung der Töne in einer Geraden, die der Farben in einer in sich zurücklaufenden Kurve''[32]. Wir wollen den Gegensatz einer aus den Sinneseinwirkungen abstrahierten und einer intellektuellen Vorstellung durch einen Vergleich beleuchten und stellen dazu Stumpfs Ausführungen einen Satz Hermann Lotzes gegenüber, in dem ebenfalls das subjektive Denken des Sachverhalts beschrieben wird: ,,Wir freuen uns nicht bloss der bestimmten Mannigfaltigkeit von Gegenständen, die uns in diesem Augenblicke, zusammengefaßt in unserem Bewusstsein, Unterhaltung gewährt, wir freuen uns vielmehr auch des allgemeinen Gedankens einer Mannigfaltigkeit überhaupt, die doch zur Einheit sich verbinden lässt. In unserer Erinnerung verschwindet allmählich der bestimmte Gehalt der einzelnen, uns vom Glücke geschenkten Eindrücke, die im Augenblicke, als wir sie empfingen, einzelnen Bedürfnissen und Wünschen entsprachen; aber es bleibt uns die allgemeine, nicht minder von tiefem Gefühl durchdrungene Anschauung, dass es überhaupt in der Welt diese gegenseitige freundliche Beziehung ihrer Elemente aufeinander gibt [...] Überblicken wir endlich die Welt im ganzen und finden wir, dass sie nicht in principlose Mannigfaltigkeiten zerfällt, sondern dass fest bestimmte Gattungen der Geschöpfe, in verschiedenen Graden der Verwandtschaft aufeinander bezogen, jede sich in ihrer Weise stetig entwickelt, und jede zu ihrer Entwickelung in der umgebenden äusseren Welt die günstigen und hinlänglichen Bedingungen antrifft, so bleibt aus dieser Anschauung, wenn wir längst die einzelnen Punkte vergessen haben, dies Bild einer harmonisch geordneten Fülle zurück, in der jeder einzelne lebendige Trieb nicht allein und verlassen sich ins Leere ausbreitet, sondern darauf hoffen kann, begleitende Bewegungen zu finden, die ihn heben, verstärken und zum Ziele führen. Und dieses grosse Bild können wir kaum aussprechen, ohne dass es von selbst sich für uns in Musik verwandelte; ohne dass wir sogleich inne würden, wie gerade dies die Aufgabe der Tonkunst ist, das tiefe Glück auszudrücken, das in diesem Baue der Welt liegt, und von welchem die Lust jedes einzelnen empirischen Gefühls nur ein besonderer Widerschein ist''[33].

In seiner Darstellung erscheint der von Lotze ergriffene Gedanke nicht als bloß intellektueller Sachverhalt, sondern führt, wie wir mit Stumpfs Worten sagen können, zu einer wirklichen Vorstellung. Zugleich ergibt sich ein inhaltlicher Unterschied der Position Lotzes sowohl gegenüber Helmholtz als auch gegenüber Stumpf. Ersterer beschrieb

---

31 Ebd., S. 77.
32 Stumpf, *Zur Einteilung der Wissenschaften*, S. 27.
33 H. Lotze, *Kleine Schriften* III, 1 (Rez. von E. Hanslick, *Vom Musikalisch-Schönen*), S. 210ff.

mit ähnlichen Worten das durch ein musikalisches Kunstwerk angestoßene ästhetische Erlebnis, letzterer setzt die psychischen Funktionen voraus und betrachtet die Töne nur als Auslöser besonderer, sinnlicher Art. Lotze verbindet diese beiden Positionen, indem er die „Beschreibung der psychischen Funktion" schlechthin, des Denkens, zu Tönen angeregt sein läßt (im Aussprechen), während er durchaus nicht einen bloßen Eindruck in klingenden Worten wiedergibt. Sein Gedanke ist einer weiteren Zergliederung fähig, denn die Werke der Tonkunst ruhen bei Lotze weder auf akustischem noch auf physiologischem Boden. Die Töne sind für Lotze nicht die bewußtlos-physiologischen Wirkungen eines gleichgültigen Materials, sondern die letzten Elemente, zu denen die Analyse fortgehen kann. Das Fundament der abbildlichen Fähigkeit aller Tonkunst nämlich erblickt Lotze in der Harmonik, die als Bedingung von deren Möglichkeit allen empirischen Kunstwerken in ihrer Besonderheit vorausliegt: „Die Musik wird hierin auf das günstigste durch die Natur ihres Materials, der Töne, unterstützt. Ortlos und gestaltlos, aber nicht vorstellbar ohne eine gewisse Zeitdauer, ist der Ton von Anfang an zum Ausdruck eines innerlichen, geistigen Daseins bestimmt, und zwar eines Daseins, welches nur als beständige Thätigkeit, nicht als unlebendiges, ruhendes Bestehen erscheint. Einer unendlichen Abstufung der Stärke und Dauer und beider zugleich fähig, geben die Töne uns ferner in ihren Unterschieden nach Höhe und Tiefe die lebhafteste Anschauung einer eigenthümlichen qualitativen Energie, deren Analogien im geistigen Leben uns wohl fühlbar sind, während keine andere Sinnesempfindung sie gleich mannigfaltig und gleich streng in einer vollkommen deutlich geordneten Scala darbietet. Wir finden endlich, daß der gradlinige Fortschritt der Höhe doch jene eigenthümlichen Wahlverwandtschaften der Harmonie einschliesst, vermöge deren entlegenere Punkte der Scala einander näher stehen, als zunächst sich folgende. So wird in diese Reihe von Elementen unmittelbar ergreifend dieser Eindruck einer qualitativen Mannigfaltigkeit eingeführt, deren Glieder dennoch gerade durch das, was sie zu verschiedenen macht, innerlich aufeinander bezogen sind"[34]. Lotze versucht, die „strenge Ordnung" der Töne als „Sinnesempfindungen" möglichst eng mit deren ‚psychischer Funktion' zu verbinden. Für ihn ist die „Beschreibung der psychischen Funktionen, welche durch Töne angeregt werden", die beste Beschreibung der psychischen Funktion selbst. Stumpf dagegen hat diese Stelle doppelt gelesen, als unterscheide er in sich selbst zwei Hinsichten. Einmal versteht er sie als „Phänomenologie derTöne". Bei der Diskussion der Darstellungsmöglichkeiten von Sachverhalten schreibt er: „Bereits Lotze benutzte mit Vorliebe, um die bloß symbolische Beschaffenheit der räumlichen Darstellungsweise zu verdeutlichen, die Ersetzung des räumlichen Bildes durch das einer unräumlichen und doch aufs feinste abgestuften Tonwelt"[35]. Stumpf versteht unter „Tonwelt" den Bereich der Gehörswahrnehmungen und geht unterschiedslos zu einem anderen Sinnesbereich über: „Neuerdings hat man sogar die qualitativen Verhältnisse der Gerüche zu gleichem Zwecke herangezogen". An einer weiteren Stelle wird die Trennung zwischen „Struktureigentümlichkeiten des psychischen Lebens" und „Strukturverhältnissen der Phänomene"[36]

---

34 Ebd.
35 Stumpf, *Zur Einteilung der Wissenschaften*, S. 29, Fußnote.
36 Stumpf, *Erkenntnislehre*, S. 223.

noch deutlicher. Hinsichtlich der „räumlichen Eigenschaften der Töne" vertrete Lotze einen überholten Standpunkt. „Noch Lotze benutzte das Tongebiet mit Vorliebe zur Erläuterung einer unräumlichen Welt, in welcher nur ‚intelligible Beziehungen' zwischen allen Monaden stattfänden"[37]. Stumpf ist Lotze ein Stück weit gefolgt, wenn er über „apriorische Merkmale" berichtet, die „nicht isolierten Empfindungen zukommen, sondern ein Verhältnis mehrerer Empfindungen oder Vorstellungen zueinander betreffen"[38]; wenn er davon spricht, es sei „mehr als ein bloßes Gleichnis oder eine pythagoreische Phantasie, wenn wir einen Wesenszusammenhang von Teildingen innerhalb eines größeren Ganzen auch als Harmonie bezeichnen"[39]; wenn er dem Platonischen Bild zustimmt, daß erst „wenn die drei Seelenteile [...] gleich den Saiten einer Leier einheitlich zusammenwirken", dann „‚der Mensch aus vielen einer'" geworden sei[40]. Aber in jedem der genannten Fälle hält er daran fest, daß es sich um aus der Wahrnehmung der Sinneserscheinungen abstrahierte Begriffe handle. Stumpf sagt von Lotzes Satz, er sei ihm stets „als eine der tiefsinnigsten Deutungen musikalischer Wirkungen erschienen", aber er rubriziert ihn unter dem Lemma „Außenwelt aus Tonqualitäten"[41]. Tonqualitäten aber sind Sinnesqualitäten. Stumpf setzt den Akzent nicht auf die Modellhaftigkeit, sondern auf die phänomenale Mannigfaltigkeit der „Tonwelt". „Aber", grenzt er sich gegen Lotze ab, „so ganz unräumlich erscheinen uns die Töne doch nicht. Außer einer Art Volumen, das mit der Höhe abnimmt, kommt ihnen eine Art von Ortsbestimmtheiten zu. Das Volumen läßt freilich keine Maßbestimmung zu, und die Ortsverschiedenheiten dürfen wir auch nicht ohne weiteres mit denen des Gesichtssinnes identifizieren. Immerhin ist soviel sicher, daß ein sonst ganz gleichbleibender Ton irgendwie anders im linken als im rechten Ohr gehört wird [...] Man ist imstande, mit Sicherheit zu sagen, ob der Ton, z.B. der einer Stimmgabel, rechts oder links erklingt, auch wenn alle Hilfsmittel des Gesichts ausgeschlossen werden. Es muß also irgendeine Verschiedenheit p und q den Tönen anhaften, die uns veranlaßt und es uns ermöglicht, sie auf die uns durch den Gesichts- und Tastsinn bekannten beiden Ohren [...] zu beziehen [...] So kommen wir auf ein neues Attribut der Töne, welches sich auch im Leben beim Zusammenwirken beider Ohren zur Richtungsbestimmung eines Schalles als wirksam erweist, wobei eigentümliche Gesetzlichkeiten maßgebend werden"[42]. Der Ton ist für Stumpf nicht eine Art des Schalls, sondern nichts als Schall.

Der einfachste Sachverhalt. Das einfachste Beispiel für einen Sachverhalt ist ein Verhältnis zwischen Erscheinungen, die „Verhältniswahrnehmung". Auch Lotze stimmt dem Satz zu, daß schon die Sinne nicht „immer nur ‚zerstreute Glieder', bloße Haufen von Eindrücken ohne Ordnung und Zusammenhang"[43] liefern. Sie erkennen aber nicht das Verhältnis, sondern liefern „Resultanten": „Lotze setzt das beziehende

37 Ebd., S. 171.
38 Ebd., S. 156.
39 Ebd., S. 27.
40 Ebd., S. 261.
41 Ebd., S. 585f. und Fußnote; S. 866 (Namensverz. unter Lotze).
42 Ebd., S. 171.
43 Ebd., S. 23.

Denken in ähnlicher Weise wie Platon der Sinneswahrnehmung gegenüber und findet darin gleichfalls einen zwingenden Grund für die Annahme einer unkörperlichen Seele. Denn wenn wir die Verschiedenheit zweier Eindrücke erkennen, müßten sie im Bewußtsein zugleich gegenwärtig sein, ohne sich aber zu vermischen, während im physischen Gebiete überall Resultantenbildung stattfinde"[44]. Eine solche Resultante haben wir eben kennengelernt; die Zeitdifferenz, mit der Schallreize das linke und das rechte Ohr erreichen, erscheint uns unmittelbar als Lokalisation der Schallquelle. Die eindrücklichste Verhältniswahrnehmung ist die Konsonanz.

Wo Lotze die Wahrnehmung des einfachsten Sachverhalts, die Verhältniswahrnehmung durch den Sinn, anhand der „Harmonie der Töne" diskutiert, beginnt auch er mit dem, was „unmittelbar durch unser Empfinden und ohne Philosophie bemerkt wird"[45]. Er nimmt den Fall der Dissonanz, unterscheidet das faktische Bestehen des Verhältnisses von dem bewirkten Gefühl und erwägt für letzteres eine doppelte Erklärungsmöglichkeit. Handelt es sich, wie in Helmholtz' Theorie der Schwebungen, um das Bemerken eines Störungszustands der Nerven oder um einen Störungszustand der Seele? Lotze prüft die erste Annahme und vermißt in ihr eine positive Qualifikation der Konsonanz. Wichtiger aber ist ihm sein zweiter Einwand. Bei Konsonanz und Dissonanz handle es sich nicht um ein Mehr oder Weniger von Störung oder Nicht-Störung oder überhaupt „einer und derselben Eigenschaft", welches Quantum als eine graduell abgestufte „Resultante", als „Ein fertig gemachter neuer Reiz auf die Seele wirke"[46], sondern um ihrer „qualitativen Färbung nach [...] eigentümliche Eindrücke"[47]. So geht Lotze zu der zweiten Annahme weiter. Ihr Vertreter Herbart habe darüber gespottet, die Musik als einen „Nervenkitzel" aufzufassen; es handle sich vielmehr um „Genuß für ein musikalisches Denken", dessen Gesetze diejenigen seien, „welche die geistige Thätigkeit des Vorstellens beherrschen"[48]. Das Gefallen bestehe in der Zweckmäßigkeit des Empfindungsverhältnisses für diesen Mechanismus. Lotze referiert nun über die musikalische Anwendung jener „Organisationseigentümlichkeit des Subjekts", die darin bestehen soll, daß es seine Empfindungen unvermeidlich in Reihenformen abgestufter Ähnlichkeit auseinanderlege und diese opposita contraria dann unter den Namen einer Qualität zusammenfasse. Er findet es bedenklich, daß dieses Schema aus den Intervallen Abstände macht und die kritisierte Resultantenbildung nur auf eine andere Ebene verlegt: „Seelenkitzel" statt „Nervenkitzel". In der selben Weise wie im Fall des resultierenden Reizes bilde hier ein Mehr oder Weniger von Einklang oder Streit zwischen Reiz und psychischem Mechanismus die „fertig gemachte Thatsache"[49]. Vor diesem Hintergrund hebt Lotze die Eigenart von Verhältnissen hervor. Er fragt nach dem Interesse, das Herbart daran gezeigt hatte, die Intervalle als einfache Zahlenverhältnisse auszudrücken, deren Zusammenhang mit den Abständen auf der Tonlinie aufzuhellen Lotze

---

44 Ebd., S. 226.
45 Lotze, *Geschichte der Ästhetik*, S. 269.
46 Ebd., S. 281.
47 Ebd., S. 280.
48 Ebd., S. 282.
49 Ebd., S. 285f.

,,dem Quellenstudium des Lesers'' überläßt[50]. ,,Als bloßes Größenverhältnis ist eins nicht böser als das andere''. Lotze findet Herbarts Absicht nur verständlich, wenn man den Zahlen einen anderen Sinn gebe. ,,Als bloße Zahlenverhältnisse sind alle Verhältnisse der Töne gleich ehrlich; als Verhältnisse auf uns einwirkender Reize wirken sie schädlich oder nützlich, erklären aber dadurch nur unser subjectives Wohlbefinden; einen objectiven eigenen Werth, den ein ästhetisches Urteil anzuerkennen hätte, können sie nur haben, sofern sie Beispiele allgemeiner Verhältnisformen sind, die als nothwendige Momente einer Alles beherrschenden Idee, oder als Gegensätze zu solchen unbedingt anzuerkennen oder zu verwerfen sind''. Herbart habe die einfachen Zahlenverhältnisse gesucht, weil seine Ethik ,,das gegenseitige Wohlwollen verschieden bleibender Wesen als unbedingt wohlgefällig betrachtete''[51]. ,,Von den Sinnesempfindungen [...] erregen [...] nur die Töne unmittelbar durch die Art ihres Empfundenwerdens Vorstellungen von Verhältnissen, die sich als Gegenstand unseres Wohlgefallens von diesem selbst als Affection unseres Gefühls unterscheiden lassen''[52]. Eines sind für Lotze die Grade der Empfindung, ein anderes aber sind die Konsonanzen. Er zeigt, wie Herbart seinem eigenen einsinnigen Schema der Tonlinie (das er als psychologisches Grundschema an die Töne heranzutragen versucht) bei der Ableitung der Konsonanzen zu entkommen sucht. Denn dieses Schema legt ein bloßes Mehr oder Weniger einer Abstandsgröße, eines Auseinanderseins, zugrunde. Durch ihre Konsonanzen erweisen sich die Töne weder als bloße Grade des Höher und Tiefer, noch auch als bloße Abstände voneinander Verschiedener. Franz Brentano hat die Tonlinie in der ,,Einheitlichkeit ihrer Richtung'' als zusammenfassende, synthetische Leistung des Gehörsinns gefeiert[53]; Lotze verzichtet sogar auf die Rede vom ,,Konsonanzgrad'': das ,,beziehende Denken'' ist für ihn ein Trennen, das nicht auf die Form eines bloßen ,,Zwischen''[54] führt. Es gehört für Lotze zu der Konsonanz hinzu, daß sie auch Sinnlichkeit und Verstand in ein Verhältnis setzt, wodurch erstere nicht die zufällige Eigentümlichkeit des Subjekts, letzterer nicht ein bloßes Schema bleibt, und sich dieses Verhältnis nicht in eine Resultante nach Art eines der beiden auflösen läßt. Lotze ist daran gelegen, die Konsonanzen nicht als bloßes Beispiel allgemeiner Verhältnisbegriffe aufzufassen; die Art, wie sie auch sinnlich erscheinen, findet er ,,in ihrer Art ganz einzig''[55].

Auch Stumpf wollte die psychischen Funktionen untersuchen, ,,welche von Tönen angeregt werden''. Die Verhältnisbegriffe, die er seiner ,,innersten Wahrnehmung'' vorliegen läßt, stehen aber verhältnislos nebeneinander, werden nur aufgezählt. Dem entspricht es, daß Stumpf die von Tönen erregten psychischen Funktionen ,,beschreiben'' wollte, während Lotze bei Gelegenheit der Konsonanzen von ,,beziehendem Denken'' spricht. Stumpf hat in der *Erkenntnislehre* dieselben Einwände gegen diesen Begriff wie in der *Tonpsychologie*. Er versteht darunter nur die subjektive Herstellung der Bezie-

---

50 Ebd., S. 284.
51 Ebd., S. 287.
52 Ebd., S. 293.
53 Brentano, *Sinnespsychologie*, S. 93.
54 Vgl. ebd., S. 230.
55 Lotze, *Geschichte der Ästhetik*, S. 288.

hung, so wie bei Helmholtz die „Verschmelzung" eine subjektive Vereinheitlichung einer Vielheit von Empfindungen meint. Wahrgenommene Verhältnisse seien jedoch objektive Sachverhalte. Daß Lotze von „beziehendem Denken" spricht, soll aber die Wahrnehmung mit einer Art des Bezogenseins verbinden (nicht nur darauf wie auf ein Anderes richten), die sich nicht in das Empfinden positiver Sinnesinhalte und das Vorstellen starrer „Sachverhalte" auseinanderlegen läßt. Zwar spricht auch Stumpf davon, daß durch die Auffassung, wodurch die „Empfindungen" zu Gegenständen werden, etwas anderes zu ihnen hinzutrete. „Das Hinzutretende ist nicht selbst eine Erscheinung, es ist nicht ein Inhalt im ursprünglichen Sinne, sondern in einem durchaus anderen Sinne des Worts"[56]. Auch Stumpf kann die Intervalle nicht anders als durch die Zahlenverhältnisse bestimmen[57]. Aber selbst wenn Stumpf diskutiert, ob diese Form der Empfindung nicht nur — wie bei Helmholtz — durch die Sinne erfahrbar, ob sie also nicht allein als positive Gegebenheit (als „Reiz"), sondern auch als „Sachverhalt" wirksam werden könnte, bleibt dieser Sachverhalt ein Äußeres, das als Inhalt in die Seele hineinfinden und dabei eine Wahrnehmungsschwelle überwinden muß[58].

Stumpf versteht Lotzes „beziehendes Denken" als bloß subjektiv „vergleichendes Denken"[59] und setzt es als kontingente „Auffassung" der Töne deren phänomenologi-

---

56 Stumpf, *Erscheinungen und psychische Funktionen*, S. 31.

57 Vgl. Stumpf, *Erkenntnislehre*, S. 269.

58 Vgl. Stumpf, *Konsonanz und Konkordanz*, S. 121f.: Die Verschiedenheit der Fragerichtung wird sichtbar, wenn Stumpf sich an dieser Stelle wundert, „warum wir gleichwohl die ganzen einfachen Zahlen als physikalisch exaktesten Ausdruck der empfundenen Konsonanzen ansehen", obwohl wir auch minimal verstimmte Intervalle als die gemeinten akzeptieren. Er fragt nicht, wodurch wir überhaupt die Unendlichkeit möglicher Abstände zu gliedern vermögen, wie wir überhaupt Intervalle zusamt selbst beträchtlicher Abweichungen erkennen. Stumpf spricht von einer „erkenntnistheoretischen Frage [...] Die Tatsache der Schwelle besteht nun einmal für alle unsere Sinneswahrnehmungen. Selbst wenn man eine unbewußte Wahrnehmung der Schwingungsverhältnisse annehmen wollte : — wer sagt uns denn, daß diese unbewußte Wahrnehmung nicht auch ihre Schwelle hat?" In der *Erkenntnislehre* läßt Stumpf die Zahlen als die „psychologische" Bestimmung der „musikalischen Intervalle" gelten (S. 269), aber er formuliert dort so gewunden, als bereite ihm das durch den „göttlichen Funken" (worin er in *Anfänge der Musik* die Bedingung des „Erkennens gleicher Verhältnisse an ungleichem Material" erblickt) angezündete Licht Schmerzen. Andererseits findet der Phänomenalismus, den Mach in seiner *Analyse der Empfindungen* vertritt, Stumpfs dezidierte Ablehnung. In seinem Vortrag über *Leib und Seele* wirft Stumpf dem Physiker Mach Unkenntnis des Gegenstandes seiner Disziplin vor, durch die er „die wahre Tendenz physikalischer Untersuchungen" verkenne: „Das, woran sich die gesetzlichen Beziehungen finden, die den Gegenstand und das Ziel der Naturforschung bilden, sind nie und nimmer die sinnlichen Erscheinungen. Zwischen diesen, wie sie jedem das eigene Bewußtsein darbietet, besteht nicht die regelmäßige Folge und Koexistenz, die der Naturforscher in seinen Gesetzen behauptet. Sie besteht lediglich innerhalb der Vorgänge, die wir als jenseits der sinnlichen Erscheinungen, als unabhängig vom Bewußtsein sich vollziehende statuieren, und die wir statuieren müssen, wenn von Gesetzlichkeit überhaupt die Rede sein soll" (S. 84f.). Die Kritik bleibt konsequenzlos. Mach geht von Tonempfindungen zu Intervallempfindungen, Stumpf aber nicht von musikalischen Intervallen zu musikalischen Tönen fort.

59 Stumpf, *Musikpsychologie in England*, S. 291.

scher Beschreibung unvermittelt gegenüber, ohne daß deutlich würde, wie die verschiedenen möglichen Auffassungen der Töne durch diese „angeregt" werden. Franz Brentano hat den Unterschied zwischen „Hörvermögen" und „musikalischem Gehör" prägnant bezeichnet, als er auf das „hohe Wohlgefallen" hinwies, „welches unter Umständen an ein pianissimo sich knüpft"[60]. Das Beispiel zielt auf die Intensität (Lautstärke). Auch im Fall der Tonhöhe wollte Brentano zu dem „Grau in Grau" der Grade des Hoch und Tief Farbe erst beim musikalischen Hören hinzutreten lassen. Aber hier liegt der Sachverhalt anders, so daß die strikte Trennung der Hinsichten nie zur Ruhe kam. Bereits wenn man einen einzigen Ton als diesen festhält, ist es schon nicht nur nicht allein so, wie Helmholtz dachte: daß man gewohnheitsmäßig eine Vielheit von Empfindungen in eine Vorstellung zusammenfasse. Und es ist ebensowenig nur so, wie Stumpf, Helmholtz korrigierend, hinzusetzte: daß man den Ton unmittelbar als Einheit (mit spezifischer Klangfarbe) wahrnehme. Vielmehr erscheinen in ihm Hörvermögen und musikalisches Gehör derart zusammengefaßt, daß eine Theorie, die diese harmonische Wirkung nicht ins Zentrum stellt, sozusagen unentschieden zu oszillieren und in ihrer Terminologie zu schillern beginnt. (Schon Brentanos Rede von „musikalischem Gehör" statt musikalischem Hören zeugt davon.) So führte die Frage nach dem, „was den Ton erst zum Ton macht", bei der „möglichst theoriefreien" Beschreibung (Hornbostel) zu einer Erhöhung der Attributenzahl. Immer neue „voneinander unabhängige" Inhalte wurden postuliert, darunter eine sogenannte „musikalische" gegenüber der bloßen Sinnesqualität des Tons. Auf der begrifflichen Seite ereignete sich dagegen keine Juxtaposition von Hinsichten, sondern das Zerrbild einer „Wesenseinheit": „Konfusion der Terminologie"[61].

Stumpf stand aber Lotze deshalb so kritisch gegenüber, weil dieser in zweifacher Hinsicht mit Helmholtz einig ging; musiktheoretisch folgt er ihm zwar nicht hinsichtlich der Schwebungen, wohl aber in Bezug auf die Form der Empfindung. Auch bei Lotze ist die Tonika der musikalische Ton schlechthin. Zum anderen vertritt Lotze wie Helmholtz ein empiristisches Konzept der Sinneswahrnehmungen. Die Opposition dagegen war Stumpfs Ausgangspunkt.

Stumpfs Ausgangspunkt. Helmholtz' Selbstkritik. 1886, drei Jahre nach dem ersten Band seiner *Tonpsychologie*, erscheint Stumpfs Schrift über *Musikpsychologie in England*. Sie bietet *Betrachtungen über Herleitung der Musik aus der Sprache und aus dem thierischen Entwickelungsproceß, über Empirismus und Nativismus in der Musiktheorie.* Stumpf selbst hat erinnernd von einer „Vorstudie zu den späteren Bänden der Tonpsychologie" gesprochen[62]. Wir wollen diese große Abhandlung als programmatische Schrift lesen[63]. Die Frage, die das Referat über die englischen Musikpsychologen leitet

---

60 Brentano, *Sinnespsychologie*, S. 236.
61 Stumpf, *Erkenntnislehre*, S. 651, Fußnote.
62 Stumpf, *Selbstdarstellung*, S. 54.
63 Neben dem programmatischen Aspekt tritt der einer ersten Reaktion auf einsetzende Kritik an der *Tonpsychologie* zurück. Vgl. die Kritik von Sully (*Musikpsychologie in England*, S 273, Fußnote 1); zu anderen Rezensionen der *Tonpsychologie* vgl. Stumpfs Aufstellung in: *Neuere Untersuchungen zur Tonlehre*, S. 21 (ff.), Fußnote 2.

und dabei auf die Formulierung der eigenen Absicht hinführt, lautet: Wo beginnt die Musiktheorie? Die Frage richtet sich auf drei Dinge. Zunächst bietet Stumpf eine Orientierung über aktuelle musiktheoretische Konzepte. Er stellt mit der „Sprache" bzw. dem „thierischen Entwickelungsproceß" zwei „Anfänge der Musik" vor. Weiterhin fragt er nach den theoretischen Modellen, die bei dieser Herleitung angewandt werden, und schließlich nach den aus ihnen erhaltenen Definitionen der Musik. Wie in seiner Schrift *Über den psychologischen Ursprung der Raumvorstellungen* (1873) will Stumpf in einer Literaturdiskussion die eigene Position entwickeln.

Stumpf behandelt vier Entwürfe, die er zu Paaren zusammenfaßt: Zunächst bespricht er die Theorien von Herbert Spencer und James Sully über die Entstehung der Musik aus der Sprache, dann folgt das konkurrierende Konzept von Charles Darwin und Edmund Gurney, das die Musik aus den naturhaften Zwecken der Naturlaute ableitet. Er führt die Kritik vor, die Gurney an Sully übt, um endlich Gurney selbst zu kritisieren.

Als erste Position bespricht Stumpf Herbert Spencers „speech theory", die die Musik aus der Sprache ableitet und dabei die ausdrucksvolle Deklamation als Mittelglied benutzt. Stumpf referiert die derart hervorgehobenen „Daten für eine Theorie der Musik": „*Den Gesang charakterisiert gegenüber dem Sprechen eine stärkere und resonantere Stimmgebung, Benutzung höherer und tieferer Töne und weiterer Intervalle, sowie größere Veränderlichkeit der Tonhöhe*"[64]. Er gibt einen historischen Abriß der in Deutschland und Frankreich vertretenen Formen der „speech theory" und trägt Gurneys Kritik an dieser Theorie vor. Zuletzt folgen seine eigenen Einwände gegen Herbert Spencer: „Das Wesentlichste in der ganzen Musik, ihr Fundament und Lebensprinzip hat seine Musiktheorie einfach übersehen. Man vergleiche den in unserem Referat gesperrt gedruckten Satz [die oben angegebene ‚Definition'], in welchem der Kern der Theorie sich zusammenfaßt: unwesentliche und veränderliche Züge sind als charakteristisch angegeben, der einzig wesentliche fehlt"[65]. Stumpf bestimmt (ohne Aristoxenos zu nennen) als Diskriminans von Sprache und Musik das kontinuierliche Auf und Ab entlang der Tonlinie einerseits und die Bewegung durch regulierte Intervalle andererseits. Gemeinsam ist beiden die „continuierliche Tonlinie", das proprium der Musik sind die darauf „ausgezeichneten Punkte"[66]. Stumpf findet es verständlich, daß im Gefolge des Assoziationsbegriffs, der Grundfigur der Psychologie seit Locke, die Nähe der Musik zur Sprache gesucht wird: Indem man beide aneinanderrückt, sollen die Wirkungen der Musik durch die mit dem Tonfall der Sprache verbundenen Gefühle oder ihn bewirkenden Impulse erklärt werden, die den sprachakzent-ähnlichen Intervallen einmoduliert werden; diese Erklärung weist Stumpf durch den Hinweis auf das fehlende Mittelglied — die fehlerhafte Gleichsetzung von sprachlichen und musikalischen Intervallen — zurück[67]. Die Herleitung der Musik aus der Sprache und ihre Auffassung als künstlich stilisierte Sprache gelangen nicht zu einer adäquaten Definition.

---

64 Stumpf, *Musikpsychologie in England*, S. 265.
65 Ebd., S. 278.
66 Ebd., S. 277f.
67 Ebd., S. 296. Gleichsetzen will Stumpf allenfalls die Wirkung des „singenden Sprechens" und die des Singens mit falscher Intonation (vgl. ebd., S. 274 und S. 278).

Nun wendet sich Stumpf dem konkurrierenden Versuch einer Grundlegung, der „Herleitung der Musik aus dem thierischen Entwickelungsproceß" zu, die von Darwin unternommen wurde. Stumpf lehnt die Subordination der Musik unter den „allgemeinsten Gedanken einer allmäligen natürlichen Entwicklung der ganzen Organismenreihe"[68] ab. Dazu ist der Vergleich der Musik mit der Sprache nun doch nützlich. Stumpf macht auf das Bestehen auch anderer „offenbar erst menschlicher Errungenschaften" aufmerksam. Er warnt davor, wie zwischen Musik und Sprache so zwischen Mensch und Tier durch das falsche Merkmal Ähnlichkeiten herzustellen: „Die Vögel haben auch zwei Beine, und einige unter ihnen, wie die Fettgänse, stehen völlig aufrecht"[69]. Die „Kluft" zwischen Menschen und Tieren dokumentiert sich in der Sprache durch das Fehlen allgemeiner Begriffe. Anders in der Musik: „Was mich endlich am meisten an der musikalischen Begabung der Thiere zweifeln läßt, ist das Beharren auf der absoluten Tonhöhe. Denn hieran zeigt sich, daß die Freude sich nicht an die Intervalle als solche, sondern an die Töne als solche knüpft; und dies auch dann, wenn sie Melodien nachpfeifen"[70]. Stumpf gibt nicht an, wodurch sich die vom flügellosen Lebewesen Mensch hervorgebrachten Intervalle und die von den aufrecht stehenden Vögeln produzierten Distanzen kategorisch unterscheiden, auch wenn zwischen ihnen „auffallende Ähnlichkeit"[71] besteht. (Bereits bei der Diskussion der speech theory hatte Stumpf die Definition des Intervalls verschoben[72].) Die Musik ist nicht aus der Tiermusik abzuleiten. Doch während Stumpf ironisch von dem Tirilieren, Stridulieren und dem Versuch einer Notation spricht[73], erfordert die musiktheoretische Anwendung des hier wirksamen Prinzips, der „Nativismus in der Musiktheorie", eine ernsthafte Auseinandersetzung. Sie bildet den Inhalt von Stumpfs letztem Referat, das Edmund Gurneys Buch *The Power of Sound* (1880) gewidmet ist.

Gurney hat versucht, Darwins Gedanken musikalisch durchzuführen. Gerade wegen der „außerordentlichen Stärke und Tiefe des musikalischen Eindrucks"[74] tritt er der „Herleitung der Musik aus der Sprache" entgegen. Die Macht der Musik kann nicht auf der bloßen „Kulturerscheinung" (Köhler) eines künstlich stilisierten Sprechens beruhen. Gurney definiert die Musik durch die Einzigartigkeit der ihr zu Gebote stehenden Wirkungen und besteht auf der Ursprünglichkeit eines nicht weiter analysierbaren „Musikvermögens". Diese „musical faculty"[75] kann nicht ‚erworben' sein, sondern muß als eine ‚angeborene', als „eine sich forterbende instinctive Thätigkeit"[76] vorgestellt werden. Dieser „unbegreiflichen Einzigkeit des musikalischen Vermögens"[77], auf die,

---

68 Ebd., S. 308.
69 Ebd., S. 310.
70 Ebd., S. 313.
71 Ebd., S. 312.
72 Vgl. ebd., S. 277.
73 Notenbeispiele sind angeführt in: Stumpf, *Anfänge der Musik*, Fußnote 3 (zu Seite 12), S. 74-79. Zur Auseinandersetzung mit der Tiermusik vgl.: ders., *Selbstdarstellung*, S. 20f.; ders., Rez. von: Ellis, *On the musical scales of various nations*, S. 523.
74 Stumpf, *Musikpsychologie in England*, S. 336; vgl. auch S. 316.
75 Gurney, *The Power of Sound*, S. 112.
76 Stumpf, *Musikpsychologie in England*, S. 330.
77 Ebd., S. 331.

wie Stumpf eindrucksvoll schildert, Gurney „nur kurz das Licht des Darwinismus" fallen läßt, „um desto länger und nachdrücklicher vorher wie nachher die psychologische Finsternis [...] uns zum Bewußtsein zu bringen"[78], diesem „Musiksinn"[79] steht — besonders in seiner Ausprägung als „sense of entire oneness with the melody"[80] — mit unbegreiflicher Macht und unanalysierbarer Schönheit ihr Gegenstand und Produkt gegenüber: die Melodie. Für Gurney beginnt die Musik mit der Melodie. Zwischen der Melodie und den „Tönen als solchen" besteht bei Gurney dieselbe „Kluft" wie bei Stumpf zwischen denselben „Tönen als solchen" und dem Intervall[81]. Was die Töne zur Melodie zusammenfaßt, ist nicht der „klügelnde Verstand"[82], der sich in der Aufstellung von Tonleitern übt und die Töne nach ihrer akustischen Verwandtschaft sortiert, sondern eine tiefer gehende, auf „natürlicher Verwandtschaft" beruhende Fähigkeit[83].

Schon bei seinem Referat zielt Stumpf darauf, über den Gegensatz der Parteien hinauszukommen, deren eine — Spencer mit dem Tonfall und Darwin mit der Liebeswerbung — isolierte Einzelmomente vorträgt, während der Gegner sich hinter dem unanalysierbaren Melodie- und Musikganzen verschanzt. Stumpf bietet einen Vergleich an: Er verweist auf die dem Musikgenuß zugrundeliegenden „unwillkürlichen, durch Erfahrung geleiteten Auffassungen" und trifft folgende Entscheidung: „Diese unwillkürlichen, durch Erfahrung geleiteten Auffassungen sind der Mittelpunkt der ganzen Musikpsychologie"[84]. Zunächst scheint der von Stumpf beanspruchte Mittelpunkt nur durch einen Widerspruch erreichbar zu sein. Stumpf will zwischen dem Nativismus (der Gleichsetzung der „unwillkürlichen Auffassungen" mit naturhaft-unvermeidlichen) und dem Empirismus (den prinzipvergessenen, allein „durch Erfahrung geleiteten Auffassungen" oder Assoziationen) vermitteln. Zum einen soll die Musikpsychologie nicht bei kontingenten, bei „unwesentlichen und veränderlichen Zügen" der Musik ansetzen, die der Erfahrung jeder Epoche anders entspringen. Zum anderen soll sie sich (mit Albert Wellek zu sprechen) über eine „schlichte Sinnespsychologie"[85] erheben. Als Prototyp „unwillkürlicher Auffassungen" gibt Stumpf deshalb die an die Konsonanz — ein „unveränderliches Phänomen der sinnlichen Wahrnehmung"[86] — sich anschließenden Bestimmungen. Die Konsonanz erscheint als geeignetster Ausgangspunkt für eine Untersuchungsreihe: „Auf dieser Basis" — auf der Basis einer psychologischen Theorie der Konsonanz — „muß dann das Wesen der Tonverwandtschaft und die Bildung der Skalen untersucht werden"[87]. Die *Musik*psychologie soll zugleich mit den ständigen

---

78 Ebd.
79 Ebd., S. 332.
80 Ebd.
81 Der Ausdruck „Töne als solche" bedeutet in *Musikpsychologie in England* durchweg pejorativ die bloße Tonhöhe, an der die Tiere (S. 313), die Kinder (S. 338) und die amusi (S. 329) haften.
82 Vgl. Stumpf, *Konsonanz und Dissonanz*, S. 61.
83 Stumpf, *Musikpsychologie in England*, S. 318.
84 Ebd., S. 348.
85 Vgl. Wellek, Art. *Musikpsychologie*, in: *Riemann Musik-Lexikon*, Sachteil, Mainz [12]1967, S. 609.
86 Stumpf, *Musikpsychologie in England*, S. 347.
87 Ebd.

Gegebenheiten deren ständige Bewegung theoretisch erfassen. Der Hinweis auf die Geschichte dient Stumpf etwa gegenüber Sully zu einer Kritik am Nativismus: ,,Die Tonica hat ihre Geschichte, die wir zum Theil noch verfolgen können; der mittlere Sprechton'' — von ihm hatte Sully im Anschluß an Spencer die Tonika abgeleitet — ,,der mittlere Sprechton hat keine Geschichte''[88]. Und noch an einem weiteren Argument gegen den Nativismus wird der Unterschied zwischen invarianter Ruhe und ständiger Bewegung deutlich: Bestünde die Musik in ihrem Kern aus instinkthaft gegebenen Impulsen, so müßte ihre Geschichte sie allmählich von ihrem genetischen Moment entfernen. Die Wirkung der Musik müßte sich in ,,ständiger Abschwächung'' zeigen[89]. Stumpf weist auf den Widerspruch hin, den Spencers und Sullys eigenes und lebhaftes Interesse an der Musik zu den von ihnen vertretenen Theorien bildet: ,,Man kann die Entwickelung der Musik nach deren Voraussetzungen viel eher für eine Degeneration als für einen Fortschritt ansehen; da im Anfang die Uebertreibung der sprachlichen Accente am deutlichsten, also die Erinnerung an diese und damit die Gefühlswirkung am kräftigsten sein mußte''[90]. Sully selbst hat versucht, diesen Einwand durch das Motiv der Kompensation zu parieren. Stumpf diagnostiziert eine Hypertrophierung der intellektuellen Funktionen: ,,Der zweite Essay [aus James Sullys *Sensation and Intuition*, [2]1880] »Das Schöne (Aspects of beauty) in der musikalischen Form« geht nun den mannigfachen Anlässen zum vergleichenden Denken nach, welche die Combination von Tönen und Accorden in ausgearbeiteten Musikstücken darbietet. Hier hat die intellectuelle Function, die bei einzelnen Klängen und Accorden nur schwach betheiligt ist, den weitesten Spielraum [...] Wer die Wirkungen der Kunst nicht schon aus Erfahrung kennt, müßte doch aus Beschreibungen wie den obigen'' — Sully leitet nicht nur sämtliche Formbestimmungen, sondern etwa auch ,,die melodische Verwandtschaft der Töne'' aus dem Prinzip der ,,Einheit in der Mannigfaltigkeit'' ab — ,,den Eindruck empfangen, daß nicht bloß die Kunsttheorie, sondern die Kunst selbst ein mäßiger Genuß und wenigstens die ihr zu Grunde liegende geistige Beschäftigung ziemlich hausbackener Art wäre''[91]. Dieser Gegensatz von Instinkt und Beliebigkeit, der die Musik entweder als hervorbrechenden Atavismus[92] oder als intellektuelle Setzung versteht, scheint Stumpf Ergebnis einer statischen Betrachtung zu sein. Die historische Bewegung bliebe der Musik äußerlich, ja sie müßte von dem ,,Musikgefühl'' abführen, ,,falls nicht der Musik immanente Kräfte ihm Nahrung geben''[93].

---

88 Ebd., S. 296.
89 Ebd., S. 335.
90 Ebd., S. 294f.
91 Ebd., S. 291. Was Stumpf für den ,,in musikalischen Formen Aufgewachsenen [...] etwas langweilig'', ja ,,hausbacken'' findet, diskutiert er im folgenden als ,,intellectuelles Vergnügen'': Sully läßt ,,die beständige Abnahme der ursprünglichen Lustquelle durch die hinzukommende und immer wachsende Schönheit der Form compensiert werden [...] Aber es würde dann eben nur jenes intellectuelle Vergnügen erklärt sein, welches nach Sully durch die Vergleichung der Formen, die Erfassung des Einheitlichen im Mannigfaltigen, entsteht, nicht die mysteriösen, in die tiefsten Abgründe der Seele reichenden Gefühlswirkungen'' (ebd., S. 295).
92 Vgl. ebd., S. 312.
93 Ebd., S. 335.

Die tatsächlich stattgefundene „Verstärkung und Verfeinerung des Musikgefühls" und die dabei leitenden, „der Musik immanenten Kräfte"[94] zu erläutern, ist Aufgabe einer Musikpsychologie, die nach Stumpf erst zu leisten wäre. Der erste Schritt, den er in der Abhandlung über *Musikpsychologie in England* dazu tut, ist, sich zu den gegensätzlichen Positionen von „Nativismus und Empirismus in der Musiktheorie" in ein Verhältnis zu setzen. Zunächst spricht er von der Absicht, die er mit den Engländern teilt: „Wir müssen die Hegel'sche Metaphysik bei Moritz Hauptmann gleichsam übersetzen in die Sprache der empirischen Psychologie"[95]. Um mit Hegel zu erläutern: Auch Stumpf „sucht eine apriorische Philosophie, aber nicht auf spekulative Weise"[96]. Er folgt dabei jedoch nicht dem Vorgang der englischen Musikpsychologen. Ihnen stellt sich diese Aufgabe als Dilemma dar: Die elementaren Wirkungen der Musik lassen keine empiristische Erklärung zu. Die Rettung der elementaren Gewalt der Musik macht aber zugleich ihre geschichtliche Wandlungsfähigkeit unbegreiflich. Der jeweiligen musikalischen Erfahrung gegenüber hat der empiristische Ansatz seine Stärke — um den Preis, den Motor dieser Geschichte zu verfehlen. Beide, Empirismus wie Nativismus, haben unrecht. Ebenso falsch ist eine bestimmte Verschmelzung der beiden: „Nativismus in Hinsicht der Individuen geht leicht Hand in Hand mit Empirismus in Hinsicht der Gattung. Die Vorzeit läßt man stückweise erwerben, was wir jetzt als einheitliches Kapital ererben"[97]. Stumpf bietet eine historische Herleitung dieser Koalition: „Mit dem Kampf gegen angeborene Ideen und Thätigkeiten hatte Locke die neuere Psychologie eröffnet. Häckel nimmt jene wieder zu Gnaden auf, um, was er der individuellen Entwickelung entzieht, desto freigebiger der generellen zu schenken"[98]. Hegels Wort von der Suche nach einer nicht spekulativen und doch apriorischen Philosophie rückt die beiden von Stumpf gesetzten Eckpunkte in einen größeren Zusammenhang. Das Problem ist in der Rede von „angeborenen Ideen" bereits ‚angelegt': dieser „krasse Ausdruck" des Descartes[99] läuft, beim Wort genommen, auf den ‚Nativismus' zu, den Stumpf als Lehre von einer „sich forterbenden instinctiven Thätigkeit"[100] charakterisiert. Locke hatte den dem Ausdruck bei Descartes zugrunde liegenden Gedanken kritisiert und die Ideen als subjektive Vorstellungen interpretiert. Der Leerheit und Formalität der ihnen allein vorgeordneten Assoziationsgesetze haben die schottischen Moralisten den common sense nicht als ein Ausgedachtes, sondern als wirkmächtige Objektivität, als ein kreatürlich Vorgegebenes: als angeboren gegenübergestellt. War das „Insitum est a natura" ein Bild für überindividuelle Geltung, bildet am Ende das im naturalistischen Sinn ‚Angeborene' in Bezug auf die Geschichte eine invariante Faktizität und in Bezug auf das Denken und seine „ätherische formelle Existenz als Sprache"[101] ein

---

94 Ebd.
95 Ebd., S. 348.
96 Hegel, *Vorlesungen über die Geschichte der Philosophie*, S. 286.
97 Stumpf, *Musikpsychologie in England*, S. 331.
98 Ebd., S. 331; vgl. auch S. 346 ad Helmholtz.
99 Hegel, *Vorlesungen über die Geschichte der Philosophie*, S. 155.
100 Stumpf, *Musikpsychologie in England*, S. 330.
101 Hegel, *Vorlesungen über die Geschichte der Philosophie*, S. 266.

unentrinnbares, ‚naturalisiertes' Apriori[102]. In der Abhandlung über *Musikpsychologie in England* weist Stumpf nur auf die historische Wandelbarkeit der Musik hin, die sich — nicht anders als ihre „elementare Gewalt" — auf „der Musik immanente Kräfte" stützen muß[103]. Bei einer anderen Gelegenheit hat er der „gewaltsamen Absonderung der Musik von dem übrigen geistigen Leben, wie es sich historisch entwickelt"[104], dadurch widersprochen, daß er wie ein angeborenes „Musikvermögen" so auch das von Friedrich Albert Lange vertretene „Präformationssystem der reinen Vernunft" als „psychologische Maschinerie" ablehnte. Beider Anwendung „könnte nur auf willkürlicher Satzung oder auf einem unbegreiflichen psychologischen Zwang beruhen"[105].

In der Musik stellt sich diese Alternative in der Figur dar, die wir bei Sully gesehen haben. Ihr gegenüber folgt Stumpf der Ansicht Lotzes. Lotze weist auf die Vergleichgültigung hin, die die Musik erfährt, wenn ihre Wirkungen auf nichts anderem als auf der „Fügsamkeit oder Widerspenstigkeit" gründen, „welche sie gegen die Bedürfnisse der Oekonomie unseres Vorstellens zeigen"[106]. Diese Vergleichgültigung ist das ästhetische Pendant zu dem Skeptizismus, der nach Kant aus der Annahme einer unveränderlich angeborenen „Vernunft" entspringt. Musikbegeistert versuchen die Nativisten, der Musik eine objektive Geltung zu verschaffen, indem sie auf die für jedes Individuum unentrinnbare Phylogenese verweisen; sie bringen dadurch aber die Musik um ihr objektives Interesse, denn man kann „mit niemandem über dasjenige hadern, was bloß auf der Art

---

102 In seiner Darstellung gibt Hegel einerseits der Kritik Lockes an den „angeborenen Ideen" recht: „Locke verstand nämlich darunter nicht wesentliche Bestimmungen des Menschen, sondern Begriffe, die in uns vorhanden sind und existieren — so wie wir Arme und Beine am Körper haben und der Trieb zum Essen in allen sich findet [...]" (ebd., S. 211). Eine solche konkretistische Vorstellung des Allgemeinen habe Locke zurecht zerstört. „Der Geist ist allerdings an sich bestimmt, der für sich existierende Begriff; seine Entwicklung ist, zum Bewußtsein zu kommen. Diese Bestimmungen, die er aus sich hervorbringt, kann man nicht angeboren nennen" (ebd.). Andererseits unterscheidet Hegel diese konkretistische Vorstellung von dem in der Rede von den „angeborenen Ideen" gemeinten Gedanken, an dessen philosophische Abstammung er immer wieder erinnert: In der Absicht, der Skepsis etwas Festes entgegenzusetzen, das von einer Autorität gegeben ist, heißt es bereits bei Cicero: „Insitum est a natura" (ebd., S. 286; vgl. auch: 146f., 155f., 210ff., 268, 281f.).

103 Stumpf, *Musikpsychologie in England*, S. 335.

104 Ebd., S. 330.

105 Vgl. Stumpf, *Psychologie und Erkenntnistheorie*, S. 477. Das Konzept eines „Präformationssystem der reinen Vernunft" (Kant, *Kritik der reinen Vernunft*, B 168, Zeile 5) kann man sich an folgender Stelle aus Langes *Geschichte des Materialismus* ([2]1875, Bd. II) vergegenwärtigen: „Wenn es erst erwiesen ist, daß die Qualität unserer Sinneswahrnehmungen ganz und gar von der Beschaffenheit unserer Organe bedingt ist, so kann man auch die Annahme nicht mehr mit dem Prädicat ‚unwiderleglich oder absurd' beseitigen, daß selbst der ganze Zusammenhang, in welchen wir die Sinneswahrnehmungen bringen, mit einem Wort unsere ganze Erfahrung, von einer geistigen Organisation bedingt wird, die uns nötigt, so zu erfahren, wie wir erfahren, so zu denken, wie wir denken [...]" (S. 4f.). Vgl. K. Chr. Köhnke, *Entstehung und Aufstieg des Neukantianismus. Die deutsche Universitätsphilosophie zwischen Idealismus und Positivismus*, bes. S. 151ff.

106 Lotze, *Geschichte der Ästhetik*, S. 286.

beruht, wie sein Subjekt organisiert ist"[107]. Die Musik ist auf eine „gefällige Wiedergabe [...] kleiner beschränkter empirischer Gemüthszustände"[108] reduziert.

Stumpf zeigt, wie der Gegensatz von Nativismus und Empirismus Gurneys Musikpsychologie im Innersten spaltet. Um die erlebte „entire oneness with the melody" begründen zu können, schreibt Gurney dem Menschen ein ursprünglich-urtümliches Musikvermögen zu. Stumpf nimmt Gurney als Kritiker der speech theory beim Wort und fragt nach seiner Herleitung der diskreten Tonstufen, auf denen dieses musikalische Allgefühl aufruhen muß. Er weist auf den Querstand hin, daß Gurney die Macht der Musik nativistisch, ihre Ordnung dagegen empiristisch herleiten will. Hinsichtlich des „indispensable material of musical phenomena" nämlich fußt Gurney auf Helmholtz. Stumpf zeigt, wie der „Empirismus der Gattung" bei Helmholtz fungiert, dessen akustische Erklärung der Konsonanz Gurney übernimmt. Bei Helmholtz hat die Natur ein anderes Gesicht. Sie ist die „Außenwelt", der die Individuen entgegengesetzt sind. Sowohl die Verspätung der Musik als Kunst als auch die nach seiner Ansicht verspätete Erklärung der Konsonanz kann empiristisch, aus einem pragmatischen Gebrauch unserer Sinnesorgane begründet werden. ‚Wir sind in der Beobachtung unserer Sinnesempfindungen nur so weit geübt, als sie uns zur Erkenntnis der Außenwelt dienen'.

Stumpf setzt seinen eigenen Ausgangspunkt in die Beobachtung, daß Helmholtz selbst diese empiristische Begründung für die Auffassung einer Mehrheit von Tonempfindungen als einheitlichen Ton und mithin für die verspätete Entdeckung der Obertöne aufgegeben hat. Nach Helmholtz' ursprünglichem Konzept bestehen die Klänge wie die Geräusche physiologisch betrachtet aus einer Mehrheit von Empfindungen, die einer Mehrheit von physikalischen „Tonreizen" entsprechen. Das psychologische Problem, warum ein solcher Klang als Einheit erscheint, als Ton, löst Helmholtz durch eine empiristische Erklärung: Der Klang sei immer schon als auf „Außendinge" weisendes Zeichen interpretiert worden, in welcher Funktion die Mehrheit der durch die komplexe physikalische Schwingung bewirkten Empfindungen sich zusammengefaßt habe. Stumpfs Beobachtung ist nun, daß Helmholtz in der vierten Auflage „dieses Prinzip und die Erklärung aus ihm verlassen, aber keine Gründe für die Änderung angegeben" habe[109]. Er habe lediglich „den ganzen bezüglichen Passus gestrichen"[110]. Die Tatsache, daß uns „eine Anzahl von Empfindungen, wie die Teiltöne, als Einheit erscheint", wird nun „als der ursprüngliche Zustand vorausgesetzt"[111]. Stumpf erklärt Helmholtz' empiristisches Prinzip wie seinen Zweifel an dessen Tauglichkeit für die Erklärung der musikalischen Auffassung des Tons durch folgende Unterscheidung: „Das Interessante beim Pfiff einer Locomotive liegt in der Tatsache, dass der Zug abgeht. Aber das Interessante der Musik liegt nicht in der Tatsache, dass eine Luftmasse oder die Saiten über einem Hohlraum in Schwingung versetzt werden, sondern in den Klängen und ihren

107 Kant, *Kritik der reinen Vernunft*, B 168.
108 Lotze, *Geschichte der Ästhetik*, S. 487.
109 Stumpf, *Tonpsychologie* II, S. 71.
110 Stumpf, *Musikpsychologie in England*, S. 346. Es handelt sich um die Seiten 101-107 der ersten drei Auflagen, die in der vierten Auflage durch die neuen Seiten 106-111 ersetzt wurden.
111 Stumpf, *Tonpsychologie* II, S. 77.

Verbindungen selbst; nicht darin, dass, sondern in dem, was geblasen und gegeigt wird"[112]. Helmholtz' Gedanke einer „Verschmelzung" mehrerer Empfindungen zu einer einheitlichen Wahrnehmung scheint Stumpf für die Musik nicht zutreffend. Auch die musikalischen „Klänge" werden als Töne gehört, obwohl sich hier die Aufmerksamkeit auf die Empfindungen nicht als auf Zeichen bezieht. Also können die aus der musikalischen Erfahrung entspringenden Auffassungen nicht unmittelbar dem akustisch-physikalischen Ereignis gegenüberstehen und (gemäß der Einheit von genetischer Erklärung und Funktionsmodell) die synthetisierende Leistung vollbracht haben und vollbringen[113]. Es muß sich bei der Verschmelzung um eine unmittelbare Gegebenheit handeln. Denn selbst wenn „die Aufmerksamkeit des Musikhörenden [...] in erster Linie den *Tönen selbst* zugewandt"[114] ist, bleibt es unverändert dabei, daß auch die Bestandteile eines Dreiklangs (wie die Partialtöne) „nicht leicht zu Objekten der bewußten Wahrnehmung werden"[115]. So scheint Stumpf „die Frage, ob und wie wir gleichzeitige Töne auseinanderhalten können, einer neuen eingehenden Betrachtung bedürftig": „Auf dieser Basis muß dann das Wesen der Tonverwandtschaft und die Bildung der Scalen untersucht werden"[116]. Terminologisch setzt Stumpf Helmholtz' Theorie der Verschmelzung der Töne eines Klanges zu einem Ton mit bestimmter Klangfarbe und die „Verschmelzung" gleichzeitiger Töne gleich. In den Intervallen der Töne dagegen findet er den Gegenstand, der seiner Bemühung um eine Vermittlung von Nativismus und Empirismus, von angeblich unanalysierbarem melodischem ‚Ganzen' und angeblich nur subjektiv zusammengefaßtem ‚Ersten' entspricht. In die Theorie der Intervalle der Töne setzt Stumpf die entscheidende Gelenkstelle. Er deutet drei Schritte der Bestimmtheit eines Intervalls an: (1) Zunächst legt er in die regulierten Intervalle den Unterschied von Sprache und Musik: „Die festen Intervalle sind einfach das Material der Musik, ohne welches sie nicht existierte"[117]. (2) Weiterhin trennt die Unterscheidung von musikalischem Intervall und akustisch gleicher Tondistanz die Musik von der Tiermusik bzw. deren humanem Pendant, dem „Klingklang"[118]. Stumpf unterscheidet das Intervall als „Fundament und Lebensprinzip der Musik"[119] von seiner akustischen Außenseite, den „Tönen als solchen"[120]. (3) Das isolierte Intervall ist zuletzt zu unter-

---

112 Ebd., S. 74.

113 Vielleicht aufgrund dieser Schwierigkeit hat Riemann Helmholtz' pragmatisches Prinzip zu einem ‚Denkgesetz' intellektualisiert: „Das Prinzip, welches mächtiger ist als die akustischen Phänomene, ist das der einfachsten Vorstellbarkeit. Aus dem Gesetz der Ökonomie des Vorstellens erkärt sich das Zusammenfassen der Partialtöne zur Klangeinheit, weiter die Unterscheidung primärer und sekundärer Partialtöne, d.h. die Konsonanz und Dissonanz, weiter die Begriffe der Tonalität und der Modulation, mit einem Wort der ganze Aufbau der Harmonielehre und musikalischen Formenlehre" (Riemann, *Das chromatische Tonsystem*, S. 192).

114 Stumpf, *Tonpsychologie* II, S. 73.

115 Helmholtz, *Lehre von den Tonempfindungen*, S. 594.

116 Stumpf, *Musikpsychologie in England*, S. 346f.

117 Ebd., S. 286.

118 Ebd., S. 338.

119 Ebd., S. 278.

120 Ebd., S. 313 und 338.

scheiden von den „Tönen in der Leiter", deren „Lage" das Intervall weiter bestimmt: „man kann nicht vom Gefühlscharakter eines Intervalles reden ohne Bestimmung der Lage seiner Töne in der Leiter"[121]. Dazu äquivalent ist nach Stumpf die Bestimmung des Intervalls nach seiner „Lage zur Tonica"[122].

Gurney hat zugunsten der Melodie diese drei Schritte nicht verstehen wollen. Er wundert sich über die Schwierigkeiten, die sich Stumpf mit der Konsonanz mache. In *The psychology of music* (1887), seiner Replik auf Stumpfs Kritik an der „Musikpsychologie in England", schreibt er: „Ich erblicke die dem Vergnügen an der Konsonanz zugrunde liegende Grundtatsache in dem Vorgang der Mischung zweier Töne, durch den jeder der beiden sich in gewissem Maß in ihrer Kombination zu verlieren scheint. Sie tritt als ein einheitliches Neues an uns heran. Derselbe Gedanke liegt Prof. Stumpfs ,*Verschmelzung und Krasis*' zugrunde, obwohl für ihn sonderbar genug das Problem nicht darin besteht, warum wir bisweilen gleichzeitige Töne als einen einzigen Ton wahrnehmen, sondern warum wir sie jederzeit als zwei wahrnehmen"[123].

Gurney erblickt in der Konsonanz nur ein weiteres Modell des nativistischen Einheitsprinzips. Stumpf dagegen betont den doppelten „Zusammenhang im Bewußtsein"[124], der zwischen der „Verschmelzung" der Töne als einem „unveränderlichen Phänomen der sinnlichen Wahrnehmung"[125] und der Auffassung derselben Töne nach Maßgabe des „erfahrungsmäßigen, theils im Tonsystem theils im augenblicklichen Stande der Musik begründeten Zusammenhangs"[126] bestehe. ,Durch das Gehör beurteilen wir die Größe der Intervalle, durch das Denken die Töne'. Stumpf hat Aristoxenos vorgeworfen, die Intervalle fehlerhaft als bloße Abstände, bloßes Auseinandersein der Töne betrachtet zu haben. Aber er setzt die Töne als „Empfindungen", absolute Sinnesinhalte ein und stellt die sogenannte „Verschmelzung" mit ihnen auf dieselbe Stufe der sinnlichen Wahrnehmung. Tatsächlich hat Stumpf versucht, die Konsonanzen als Mehrheit von Tönen zusamt eines „einheitlichen Neuen" zu konstruieren. Zwar wandelt sich sein Begriff der „Verschmelzung" von einer Resultante (einer Art physiologischem Pendant der Schwebungen) in dem Moment zu dem einfachsten Sachverhalt, zu dem Verhältnis zweier Glieder, als Riemann den Grad der Verschmelzung an der Zahl der Verschmolzenen festmachen will und den Dreiklang als Inbegriff einer solchen Vereinigung einsetzt. Stumpf greift Gurney wegen seiner in sich ununterschiedenen „musical faculty" an, aber er selbst stellt ein ,Tonhöhenunterscheidungsvermögen' und ein ,Konsonanzwahrnehmungsvermögen' nur nebeneinander. Die Töne bleiben entweder

---

121 Ebd., S. 339.
122 Ebd.
123 „I consider the fundamental fact in the pleasure of consonance to be the blending of two tones in such a way that each seems to some extent lost in the combination, which strikes us as a single new thing. The same idea is represented in Professor Stumpf's *Verschmelzung und Krasis*; though he strangely seems to think that the problem is not why we sometimes perceive simultaneous tones as one, but why we ever perceive them as two" (Gurney, *The Psychology of Music*, S. 292).
124 Stumpf, *Musikpsychologie in England*, S. 348f.
125 Ebd., S. 347.
126 Ebd., S. 348.

Sinnesempfindungen oder ihnen beliebig zugeordnete Vorstellungen. Diese Verfahrensweise entspricht Stumpfs ‚Substanzbegriff auf sinnlicher Grundlage', der nur in der Unterscheidung von Hinsichten an einem Ding wurzelt.

b) Die Tonempfindung als Ergebnis der Tonpsychologie

α) Verlust des Tonbegriffs an die Empfindung: Die ‚‚Tonfarbe''

Hermann Lotze hatte die Töne als eine ‚‚Reihe von Elementen'' beschrieben, als eine ‚‚qualitative Mannigfaltigkeit [...], deren Glieder dennoch gerade durch das, was sie
zu verschiedenen macht, innerlich aufeinander bezogen sind''[1]. Handschin hat sich gewundert, warum Stumpf diese Bestimmung der Tonhöhe halbiert und ihre Untersuchung nur hinsichtlich der Höhen-Unterschiede weitergeführt habe[2]. Er hat Stumpfs
individuelles ‚‚Gehör-Virtuosentum'' und den ‚‚positivistischen Zeitgeist'' dafür verant-
wortlich gemacht[3]. Aber Stumpf selbst hat nicht nur seinen Begriff einer empirischen
psychologischen Forschung (im Anschluß an Lotze) gegen den Positivismus Ernst
Machs abgegrenzt, sondern sogar dem Metaphysiker Lotze die Treue gehalten[4]. Wir
wollen seinen Entwurf einer *Tonpsychologie* möglichst eng mit seiner Auseinander-
zung mit Lotze verknüpfen. Wie bereits bemerkt, folgt Lotze Helmholtz nicht nur bei
der Darstellung der ‚‚Tonmittel''[5], sondern teilt mit ihm auch den ‚‚Grundsatz des sogenannten Empirismus im Gebiet der Sinneswahrnehmungen''[6]. Er überträgt dazu seine Lehre von den optischen ‚‚Lokalzeichen'' auf den Bereich des Hörbaren.
  Die Kritik an dieser Theorie bildet den Schlüssel zu Stumpfs ganzem psychologischen Werk. Seine Untersuchung der ‚‚Töne selbst'' beginnt mit einer doppelten Opposition gegen Lotze. Zunächst verwirft er dessen Versuch, die als ‚‚Tonhöhe'' vorfindliche Ordnung der ‚‚Gehörserscheinungen'' empirisch herzuleiten. Die Tonhöhe ist für
Stumpf in derselben Art eine unmittelbare Gegebenheit, wie für Gurney die Melodie.
Aber Stumpf denkt bei dem Wort ‚‚Tonhöhe'' an etwas anderes als Lotze. Das wird
durch eine Zweideutigkeit ermöglicht, die nicht erst in Lotzes Ausführungen, sondern
schon in dem Ausdruck ‚‚empirische Herleitung'' selbst liegt. Zum einen ist damit der
Versuch benannt, die Entstehung der in der Empfindung der Töne mitgegebenen Ordnung aus ihrer Wahrnehmung heraus zu rekonstruieren, indem man aus der Beobachtung der Funktion auf ihre Genese zurückschließt. Nativismus heißt demgegenüber zunächst nur Zweifel am Gelingen dieses Versuchs. In dem Ausdruck ‚‚empiristische Her-

---

1 H. Lotze, *Kleine Schriften* III, 1 (Rez. von: E. Hanslick, *Vom Musikalisch-Schönen*), S. 210ff.

2 Handschin, *Toncharakter*, S. 242.

3 Ebd.

4 Vgl. Stumpfs Würdigung *Zum Gedächtnis Lotzes* (1917).

5 Vgl. Lotze, *Geschichte der Ästhetik*, S. 463.

6 Stumpf, *Tonpsychologie* II, S. 75. Vgl. Stumpfs Darstellungen der wissenschaftlichen Grundli-
nien seiner Zeit: *Die empirische Psychologie der Gegenwart* (1874) und *Richtungen und Gegensätze in der heutigen Psychologie* (1907).

leitung" ist Beliebigkeit ebensowenig notwendig impliziert, wie der Gedanke an angeborene Ideen im Begriff des Nativismus. „Ganz allgemein zu sprechen unterscheiden sich aber die beiden vernünftigerweise nur darin, daß der eine mehr, der andere weniger Ursprüngliches anzunehmen geneigt ist — Ursprüngliches nicht mehr im Sinne fertig angeborener Ideen, sondern nur etwa in der Art, wie unsere Sinnesempfindungen ursprünglich sind"[7]. Die Tonhöhe als gegliederte Mannigfaltigkeit hat auch bei Lotze keinesfalls den Rang einer zufälligen Bildung. Aber die Abgrenzung derjenigen Momente in der Selbstbeobachtung, denen allgemeine Geltung zugesprochen wird, von anderen, die rein individueller Gewohnheit entspringen, bietet eine dauernde Schwierigkeit. Empirismus heißt eben auch, daß die Elemente zusamt ihrer Ordnung gänzlich aus der Erfahrung stammen und mit ihr variabel sind. So hat Stumpf den ersten Teil von Lotzes „Tonhöhe", den „gradlinigen Fortschritt der Höhe", als unableitbare allgemeine Gegebenheit betrachtet, den zweiten Teil dagegen, die „Wahlverwandtschaften der Harmonie", als eine kontingent hinzutretende Bestimmung.

Die Lokalzeichen. Lotzes „Lokalzeichen" dienen uns bei der Verfolgung von Stumpfs Argumentationsgang gleichsam als Wegmarken. Die Theorie dieser Zeichen wird in Stumpfs Habilitationsschrift *Über den psychologischen Ursprung der Raumvorstellungen* (1873) als einer von drei Versuchen diskutiert, empirisch die Frage zu beantworten, woher es kommt, daß die „Qualitäten" des Gesichts, die Farben, von den Augen nicht nur nach ihrer Farbe unterschieden, sondern zudem noch derart auseinandergelegt werden, daß dadurch das Gesichtsfeld entsteht, in welchem dieselbe Qualität zugleich an verschiedenen Punkten lokalisiert sein kann[8]. Und speziell in der Auseinan-

---

7 Stumpf, *Die empirische Psychologie der Gegenwart*, S. 215. — Daß die Frage nach den „notwendigen Bedingungen" unserer Vorstellungen (ebd., S. 214) nicht mit dem Gegensatz von „angeboren" und „erworben" gleichgesetzt werden darf, macht Stumpf besonders in seiner Abhandlung *Psychologie und Erkenntnistheorie* deutlich. Er diskutiert dazu die Frage, wie sich Kants Lehre von der apriorischen Gegebenheit der Formen unserer Anschauung mit Kants Satz verträgt: „Die Kritik erlaubt schlechterdings keine anerschaffenen oder angeborenen Vorstellungen; alle insgesamt, sie mögen zur Anschauung oder zu den Verstandesbegriffen gehören, nimmt sie als erworben an" (ebd., S. 492).

8 Wir betrachten das Raumproblem nur hinsichtlich der in Stumpfs Schrift *Über den psychologischen Ursprung der Raumvorstellungen* geübten Kritik an der empirischen Herleitung des Gesichtsfeldes, wobei wir selbst von dessen Tiefendimension absehen. — Die folgende, äußerst verkürzte Darstellung der „Theorie der Lokalzeichen" stützt sich außer der genannten Schrift und der dieser als Anhang beigegebenen Auskunft Lotzes auf die bezüglichen Stellen in: (1) Lotze, *Metaphysik* (1879); (2) Lotze, *Mikrokosmus* (1856); (3) Lotze, *De la formation de la notion d'espace. La théorie des signes locaux*, in: ders., *Kleine Schriften* (1891), Bd. III, 1, bes. S. 374-379. (Aus den sechs von Lotze gegebenen Versionen dieser Theorie [vgl. dazu Stumpf, *Zum Begriff der Lokalzeichen*, S. 70, Fußnote] wurden nur die auf Stumpfs „Theorie der psychologischen Teile" hinführenden herbeigezogen); (4) Stumpf, *Zum Begriff der Lokalzeichen* (1893); (5) Stumpf, *Psychologie und Erkenntnistheorie* (1892), S. 485f. — vgl. außerdem die im Register der *Tonpsychologie* II unter „Localzeichen" und „Zeichen" angegebenen Stellen und zuletzt *Die Attribute der Gesichtsempfindungen* (1917), S. 5, Fußnote 2; (6) D. Peipers, Editorische Notiz zu: H.Lotze, *De la formation de la notion d'espace. La théorie des*

dersetzung mit dieser Theorie und den in ihr unauflöslichen Unschärfen entwickelt
Stumpf sein eigenes Modell. Dank der präzisen Situierung von Stumpfs Einwänden ist
es für unseren Zusammenhang nicht erforderlich, den Problemraum dieser Diskussion
insgesamt zu überblicken; es genügt, auf jene kleinsten Unterschiede zu achten, denen
Stumpf nachgeht und aus denen er seine stärksten Argumente zieht.

Vor dem Hintergrund des Gegensatzes von Extensionalität der Außenwelt, wie sie
sich auf der Netzhaut abbildet, und unräumlicher Beschaffenheit der Seele (res extensa
und res cogitans) versucht Lotze zu erklären, wie die Lage eines begrenzten Eindrucks
auf der Netzhaut — man denke etwa an die Felder einer Komposition von Piet Mon-
drian — in der Seele repräsentiert wird. Die Elemente, die Lotzes Modell einem solchen
Eindruck zugrundelegt, die einzelnen Gesichtsempfindungen, sind als punktuelle Reizungen der Netzhaut durch Farbe und Intensität vollständig bestimmt[9]; sie enthalten
,,keine Andeutung räumlicher Ausdehnung oder Lage''[10]. Soll nun also ein Bild adäquat gesehen werden, müssen die räumlichen Verhältnisse den intensiven Empfindungen
auf irgendeine Weise zuwachsen; dabei entspringt aus der Prämisse, dem Gegensatz von
res extensa und res cogitans, die Bedingung, daß die geometrische Ordnung der Raumstellen zu besagter Repräsentation in eine Ordnung ebenfalls intensiver Individualitäten
transformiert werden muß. In einem Bild erklärt: ,,Es ist, wie wenn eine Bibliothek zu-
sammengepackt wird, um anderswo wieder aufgestellt zu werden; man wird dazu im
Stande sein, wenn an den einzelnen Büchern ihrer Stellung entsprechende Etiketten angebracht sind''[11]. Als solche Etiketten sollen an den optisch qualitativen (Farb-) Empfindungen zusätzlich die ,,Lokalzeichen'' haften. Dabei soll es sich nach Lotze nicht um
nur postulierte, hypothetische Zeichen, sondern um weitere Empfindungen handeln, die
die jeweils durch den Farbreiz ausgelöste Empfindung in dem Gesichtsfeld lokalisieren.
Das Gesichtsfeld selbst erweist sich als nichts anderes als das Insgesamt der Lokalzeichen, dessen Konstruktion empirisch aus dem Bau des Auges erklärbar scheint. Lotze
beobachtet, daß dieser Bau uns zwingt, einen zu betrachtenden (zu fokussierenden) Ge-

signes locaux, in: H. Lotze, Kleine Schriften (1891), Bd. III, 1, S. XXVII-XXXI; (7) R. Geier,
    Darstellung und Kritik der Lotze'schen Lehre von den Localzeichen (1885); (8) Historisches
    Wörterbuch der Philosophie, hg. von J. Ritter und K. Gründer, Basel 1971ff., Artikel Lokal-
    zeichen.
9 Vgl. Stumpf, Ursprung der Raumvorstellungen, S. 96: ,,Alle sogenannten einfachen Sinnes-
    qualitäten, Farben, Töne, Gerüche u.s.w. werden direct durch äußere Reize hervorgerufen''.
10 Lotze, Medizinische Psychologie, S. 328; vgl. Stumpf, Ursprung der Raumvorstellungen,
    S. 88: ,,Der Raum wird nicht ebenso ursprünglich und direct von der Seele wahrgenommen,
    wie die Qualitäten''.
11 Stumpf, Ursprung der Raumvorstellungen, S. 86. — Die bezügliche Stelle bei Lotze heißt:
    ,,Wenn eine Sammlung in einem neuen Orte dieselbe Aufstellung erfahren soll, die sie in ihrem
    früheren hatte, so ist es doch nicht nöthig, während der Ueberführung die gewünschte Ordnung
    aufrecht zu erhalten; man richtet sich nach den Bequemlichkeiten des Transports und ordnet
    nach seiner Beendigung die einzelnen Stücke nach Maßgabe der aufgeklebten Nummern. Ein
    solches Kennzeichen seiner früheren Oertlichkeit müßte jeder Eindruck besessen und an sich
    behalten haben während seines ortlosen Zusammenseins mit allen andern in der Einheit der See-
    le'' (Lotze, Metaphysik, S. 548).

genstand auf die Mitte der Netzhaut abzubilden. Zu dem physikalischen Reiz tritt also ein physiologischer hinzu. Das Bild der „Etiketten" konkretisiert sich dadurch folgendermaßen: „An das System der objektiven Orte auf der Netzhaut knüpft sich ein System von Muskelspannungen, an dieses sodann psychischerseits ein System von Spannungsgefühlen und an dieses endlich das System der Ortsempfindungen oder das Gesichtsfeld"[12]. Ungeachtet des Augenscheins, „daß nun wirklich der Raum etwas Anderes ist, als jene Summe von Muskelgefühlen und Farbempfindungen"[13], wendet Stumpf zunächst nur zweierlei gegen dessen empirische Herleitung ein: (1) Zum einen wissen wir von solchen Empfindungen nichts, können uns, anders als bei anderem fein geübten Muskelspiel auch keine Erinnerung an sie wachrufen. Die postulierte empirische Erwerbung der Raumvorstellung ist nicht zu belegen[14]. (2) Zum anderen erscheint es zweifelhaft, ob die bezüglichen Muskelbewegungen fein genug abgestuft sind, um die räumliche Auflösungsfähigkeit des Auges, geschweige denn das Gesichtsfeld — das ja nicht als „Summe vieler kleinster Eindrücke"[15] erscheint — darauf zurückzuführen. Erst in einem zweiten Gang kritisiert Stumpf die ebenfalls hypothetischen Prämissen[16].

Anknüpfend an den bei Lotze sichtbaren Rückzug der Theorie der „Lokalzeichen" vom Anspruch der Erklärung zu einem Modell der Beschreibung entwickelt Stumpf seine „Theorie der psychologischen Teile". Stumpf faßt „Empfindung" nicht als „die bestimmte Wirkung einer bestimmten, selbstverständlich physischen Ursache", sondern als das „letzte Unterscheidbare des Bewußtseins, den sinnlichen Elementarinhalt"[17]: „Wenn ich Jemandem einen Ton vorspiele oder eine Farbe vorhalte, und er merkt darauf, so nennen wir, was er dabei erfährt, eine Empfindung oder wirkliche Vorstellung"[18]. An einer solchen Farbempfindung ist ihre räumliche Lokalisation „ein bloßes Moment [...], welches seiner Natur nach von Anfang an aufs Innigste und integrierend mit der Qualität der Empfindung verknüpft ist"[19]. Nur durch Abstraktion wird dieses Moment aus der einfachen Empfindung herausgehoben und als „Lokalzeichen" für sich betrachtet. Das Verfahren der Abstraktion zielt darauf, die verschiedenen Veränderungsweisen, deren ein Gegenstand fähig ist, getrennt zu beobachten, je eine zu einer „Veränderungsreihe" zu systematisieren und das der Veränderung Zugrundeliegende an dem Ganzen als ein „Moment" zu unterscheiden. Mag es sich gleich unabhängig und für sich verändern, es vermag doch nicht für sich zu bestehen. Da es nur begrifflich unterschieden wird, entfällt der Zwang, nach einem physiologischen Korrelat zu fahnden. Stumpf macht die bewußte Wahrnehmung statt der schwer genug zu isolierenden Empfindung zum Ausgangspunkt der Untersuchung. Er zieht damit die Konsequenz aus ei-

---

12 Ebd., S. 92.

13 Ebd., S. 103.

14 Vgl. Stumpfs Einwände gegen die Eignung von Lotzes Beispiel: die ebenso sicher und unwillkürlich ausgeführten wie mühsam und einzeln erübten Sprünge beim Klavierspiel (Stumpf, *Zum Begriff der Lokalzeichen*, S. 71).

15 Stumpf, *Ursprung der Raumvorstellungen*, S. 106.

16 Vgl. ebd., S. 115-127.

17 Natorp, Rez. von: Stumpf, *Tonpsychologie* II, S. 782.

18 Stumpf, *Ursprung der Raumvorstellungen*, S. 3.

19 Stumpf, *Zum Begriff der Lokalzeichen*, S. 70.

ner weiteren Schwierigkeit der Lotzeschen Theorie, die in der Zuordnung der stets wechselnden Qualitäten (Farbempfindungen) zu den bestimmten Raumstellen besteht. Da die Raumstellen den sie zuerst auszeichnenden Qualitäten nicht fest zugeordnet sein dürfen, müssen auch die „Lokalzeichen" wie „Etiketten" ‚gelesen' werden[20]. Deshalb können diese ‚Signaturen' dem Inhalt der Empfindung unmittelbar zugeschrieben werden: „So hören wir's auch den Tönen an, wie sie sich in der Scala gruppieren"[21].

Stumpf kommt zu zwei Ergebnissen: Dem Gesicht entspricht eine einheitliche, nicht zusammengesetzte Empfindung; zu ihrer Beschaffenheit gehört es, auch räumlich lokalisiert zu sein. Eine solche einheitliche Farbempfindung kann auf verschiedene Momente hin betrachtet werden. Stumpf plädiert also für größtmögliche Phänomentreue und opfert ihr „Lotze's Localzeichen- und Herbart's Seelentheorie"[22]. Statt dessen wendet er sich der Unterscheidung der verschiedenen Arten des Zusammenbestehens solcher „Momente" zu. Die Relationen des „Entgegengesetzten" und des „Verschiedenen" unterscheidet er dabei als Arten des Zusammenbestehens selbständiger Vorstellungsinhalte von denen der bloßen „Teilinhalte". Ist wohl auch für erstere eine durch Gewohnheit fast untrennbare ‚Assoziation' denkbar[23], so charakterisiert eine gegenseitige „Durchdringung" die Teilinhalte gegenüber den selbständigen Inhalten. Diese Durchdringung vermag sich bis hin zur „Verschmelzung" als der exponiertesten unter den Verhältnismöglichkeiten solcher „Teile" zu steigern.

Wir sehen hier die Herleitung jener Verhältnismöglichkeiten, die Stumpf in den „Analysen" der *Tonpsychologie* benutzt. Statt einer Rekonstruktion der Funktionen durch ein mehr oder weniger hypothetisches Zusammenspiel selbständiger Empfindungsinhalte will Stumpf zunächst nur Termini prägen, die die jeweiligen „Sinnesqualitäten" möglichst genau zu beschreiben erlauben. Dies erscheint schwierig genug. Wie nachdrücklich auch Stumpf diese „psychologischen ‚Teile'" nur als „verschiedene Änderungsweisen eines an sich *einfachen* Inhalts" definiert[24], seine Theorie verrät dennoch ihre Abkunft von Lotzes kritisiertem Modell. Die bloße Rede von „Teilen" legt den Gedanken an deren Selbständigkeit nahe, von der Lotze in seiner Lokalzeichentheorie ausgegangen war. Sogar Stumpfs Alternative ist von Lotze nicht unabhängig, sondern verwendet dessen Terminologie. „Verschmelzung" als Beschreibung des Verhältnisses einander „durchdringender" Momente[25] ist der Ausdruck, den Lotze für die merkwürdige Ungeschiedenheit der Aspekte von Verschiedenheit und Gleichheit fand, unter welchen sich ein Ton bei der Vergleichung mit seinem „Wahlverwandten" im Oktavabstand zugleich darbietet. Lotze spricht von einer „undefinirbaren Verschmelzung von Steigerung [hinsichtlich der Höhe] und Gleichheit [hinsichtlich des von Lotze „Ton-

---

20 Vgl. Stumpf, *Ursprung der Raumvorstellungen*, S. 91.

21 Ebd., S. 85 und 101.

22 Stumpf, *Tonpsychologie* II, S. 20.

23 Als Beispiele nennt Stumpf „Schiller und Göthe oder Beethoven und ein Notenpapier" (Stumpf, *Ursprung der Raumvorstellungen*, S. 114).

24 Stumpf, *Die Attribute der Gesichtsempfindungen*, S. 5, Fußnote 2.

25 Vgl. Stumpfs Vorschlag von „Durchdringung" als Synonym für „Verschmelzung" (Stumpf, *Konsonanz und Konkordanz*, S. 119, Fußnote).

charakter'' genannten Moments]''. Der Ausdruck ,,undefinirbare Verschmelzung''
weist auf das Abstrakte, Sekundäre der Zerlegung in Hinsichten. Anders als für Helmholtz, bei dem die Töne composita sind und in den Obertönen die real erweislichen Indices ihrer Zusammengehörigkeit besitzen, ist der Ton für Lotze seiner ,,Qualität'' nach
einfach. Töne im Oktavabstand sind für Lotze zugleich gleich und verschieden — aber
nicht dergestalt, daß sie teils gleich und teils verschieden und diese Hinsichten auf diskrete ,,Teile'' am Ton zurückführbar wären. Lotze spricht ja von einer ,,Reihe von Elementen [...], deren Glieder dennoch gerade durch das, was sie zu verschiedenen macht,
innerlich aufeinander bezogen sind''[26]. Die beiden Dinge vermischen sich, wenn
Stumpf sein Verhältnis der ,,Verschmelzung'' simultaner Töne (deren jeder ja durchaus
für sich bestehen kann) als eine Unterart jener ,,engsten Weise der Vereinigung'' darstellt, die er als ,,,Vereinigung' der Momente einer Empfindung, z.B. Qualität und Intensität'', bestimmt[27]. Er spricht von Verschmelzung gerade, um seine Gegenposition
zu Helmholtz zu betonen, in dessen Theorie die Konsonanzphänomene auf dem Fungieren diskreter Empfindungen beruhen. Dennoch scheinen nach Stumpf die simultanen
Töne eher in *der* Weise in der Empfindung ,,ein Ganzes zu bilden'', wie bei Lotze Farbempfindung und Lokalzeichen koalieren. In seiner Rezension des zweiten Bandes der
Tonpsychologie hat Paul Natorp darauf hingewiesen, daß Stumpfs Begriff der Empfindung undeutlich ist, und hat angesichts dieses Vergleichs Stumpfs ,,Theorie der psychologischen Teile'' gegen Stumpf selbst eingewandt. ,,Zu konkreterer Verdeutlichung [sei-
nes Begriffs der ,,Verschmelzung'', die der Leser sich anhand der Vorstellung einer Oktave vergegenwärtigen möge] weist der Verf. zuerst, nicht glücklich, wie mir scheint, auf
die Vereinigung der verschiedenen ,Momente' der Empfindung (Qualität, Intensität
etc.) hin, welche ,die engste Weise der Vereinigung' darstelle. Gerade dieser Vergleich
gibt kein Bild. Sehe ich hellrot, so habe ich nicht eine besondere Empfindung von rot
und eine besondere von hell, sondern ein und derselbe, in sich unzerlegliche Eindruck
läßt verschiedene Vergleichungen mit anderen Eindrücken desselben Sinnes, anderen
Farben und anderen Helligkeitsgraden, zu, wobei im einen Fall vom Unterschiede der
Helligkeit, im andern von dem der Farbe abstrahiert wird. Wo gar nicht zwei Inhalte
sind, kann doch von Vereinigung nicht die Rede sein. Vollends unmöglich ist es, den
Ort und gar die Zeit von der Farbe existentiell zu unterscheiden; dasein heißt, jedenfalls
für Farben, dort und dann sein''[28]. In seiner Schrift *Über den psychologischen Ursprung der Raumvorstellungen* hatte Stumpf selbst in der (die Rede von ,,Teilen'' legiti-
mierenden) Verfahrensweise, ,,die Möglichkeit gewisser Aenderungen [...] für besondere Inhalte zu nehmen'' noch keine Gefahr, sondern vielmehr einen ,,Zug unseres gewöhnlichen Denkens'' gesehen: ,,Was ein Ding nur unter Umständen thut oder erleidet,
was also nur eine Fähigkeit oder Möglichkeit in Bezug auf dasselbe ist, verlegen wir in
das Ding als eine ihm wirklich und beständig inhärirende Eigenschaft hinein''[29]. Wie

---

26 H. Lotze, *Kleine Schriften*, Bd. III, 1 (Rez. von: E. Hanslick, *Vom Musikalisch-Schönen*),
    S. 210ff.
27 Stumpf, *Tonpsychologie* II, S. 65.
28 Natorp, Rez. von: Stumpf, *Tonpsychologie* II, S. 785f.
29 Stumpf, *Ursprung der Raumvorstellungen*, S. 136f.

die Kritik Natorps zeigt, hat diese Gewohnheit für die Tonlehre mißliche Konsequenzen. Denn der Ton ist zweifellos ein „in sich zerleglicher Eindruck" — welche Tatsache aber Stumpf (als eine in die Klangfarbenlehre gehörige Frage) aus der qualitativen Betrachtung des Tons heraushalten möchte. Werden die Aspekte des Tons nicht mehr als reale Bestandteile (physisch korrelierte Empfindungen) gedacht, sondern nur begrifflich (durch Auffassungen) aus der Bewußtseinstatsache „Ton" herausgehoben, sind sie nicht sicher von assoziativ herzutretenden Auffassungen abzugrenzen; werden sie aber als selbständige Momente gedacht, verliert man ihren Zusammenhang (ihr Verschmolzensein im Ton) leicht aus dem Blick. Selbst der Inbegriff solchen Zusammenhangs, die Klangfarbe, stellt sich nur der entsprechenden „Auffassung" als Einheit dar. Halten wir deshalb fest: Stumpf schreibt einer Empfindung nicht so viele Momente zu, wie Hinsichten auf sie denkbar sind; Kennzeichen eines „psychologischen Teils" ist die „Veränderungsreihe", der er angehört. Durch sie wird ein „Attribut" nicht nur isoliert, sondern auch qualifiziert. Die geschilderte Veränderung in der Modellbildung spiegelt sich im Begriff der Qualität. Der Begriff wird undeutlich, wofern man nicht mehr eine „Empfindung" als Qualität benennt (und sie dann mit der Lokalisation etc. koordiniert), sondern zunächst die vielheitliche Beschaffenheit einer Sinnesqualität in den Blick nimmt und im folgenden diskutiert, welches der Momente das zentrale sei und den Titel der Qualität für sich beanspruchen dürfe. Um diese zentrale Eigenschaft festhalten zu können, hat Hornbostel von dem „dinghaften Kern" gesprochen, „der die übrigen trägt"[30]. Stumpf dagegen suchte den „Fehlschluß der Verdinglichung" zu vermeiden, und hat den Begriff der „psychologischen Teile" durch den der „Attribute" ersetzt[31].

Die Tonordnungszeichen. In seiner Schrift *Über den psychologischen Ursprung der Raumvorstellungen* hatte Stumpf seine nativistische Theorie aus der Kritik an den Versuchen zur empirischen Herleitung der Raumvorstellung entwickelt. In der *Tonpsychologie* diskutiert er die entsprechende Lehre von den „Tonzeichen" als konkurrierendes Modell. Er unterteilt die Untersuchung seines ersten Gegenstandes, der Tonhöhe, in die „Unmittelbare Beurteilung der Tonqualitäten" und die „Anwendung mittelbarer Kriterien". Daß mit letzteren ein Analogon zu den Lokalzeichen gemeint ist, zeigt § 9 der *Tonpsychologie*. „Die hier durchgeführten Betrachtungen legen eine Parallele mit der psychologischen Raumlehre nahe [...]", schreibt Stumpf dort, um fortzufahren: „Es ist vielleicht nicht Zufall, daß Lotze, der Urheber der Localzeichentheorie, die verwandte Lehre im Tongebiet zuerst angeregt hat, indem er Muskelempfindungen auch hier als unentbehrliche Kriterien ansah"[32]. Auch Stumpfs Einwände liegen parallel. Indem

---

30 Hornbostel, *Gehörserscheinungen*, S. 703.
31 Vgl. dazu Stumpf, *Erscheinungen und psychische Funktionen* (1906), S. 21, Fußnote 2, Stumpfs Titel *Die Attribute der Gesichtsempfindungen* (1917) und Stumpf, *Selbstdarstellung* (1924), S. 40f.
32 Stumpf, *Tonpsychologie* I, S. 174f. — Stumpf unterstellt im folgenden die „Lokalzeichen" und die „Tonordnungszeichen" (ebd.) einem gemeinsamen Schicksal: „Auch die eigentümliche Schwankung der Localzeichen zwischen bewussten und unbewussten Empfindungen, ja rein physischen Vorgängen, ihre allmälige Verflüchtigung, die vorsichtige, rein hypothetische Ausdrucksweise der Neueren über die Natur dieser psychologischen Bakterien, für die nur eben das

Lotze seine Theorie der Lokalzeichen auf die „Töne als solche" überträgt, bietet er eine Gegenposition zu Edmund Gurneys Nativismus, aus der Stumpfs eigene Stellung zwischen Nativismus und Empirismus deutlich und die Gründe für seine Darstellungsweise der Tonordnung plausibel werden können.

In seiner *Geschichte der Aesthetik in Deutschland* behandelt Lotze die Töne in dem Kapitel „Das Angenehme in der Empfindung" und in dem Kapitel „Die Musik". Er trennt die Untersuchung der „Möglichkeit eines ästhetischen Eindrucks"[33] von der der „ästhetischen Principien"[34]: „Ich denke [...] noch nicht von der Schönheit zu sprechen, die der Verknüpfung des Mannigfachen entspringt, sondern nur von der, die dem Einzelnen um seiner Vergleichbarkeit mit anderen willen zukommt. In solcher Vergleichung aber lebt unser wirkliches Empfinden durchaus; wir haben, so lange wir ästhetisch urtheilen, niemals blos eine Farbe oder einen Ton gekannt, sondern stets eine Vielheit beider, deren jedes einzelne Glied von uns nicht anders als mit dem Nebengefühl seines Verhaltens zu andern vorgestellt wird; auf dieses wirkliche Empfinden allein kann sich unsere Betrachtung beziehen [...]"[35]. So betrachtet erscheinen Lotze die Töne als „Glieder einer aufsteigenden Reihe", die zueinander im Verhältnis der „Steigerung", der „Zunahme einer qualitativen Intensität" stehen[36]. Dieser Reihe setzt er die „Harmonie der Töne" gegenüber. Dem entspricht die Anlage der beiden Bände von Stumpfs *Tonpsychologie*. Im § 8 des ersten Bandes wendet Stumpf unter dem Titel „Unmittelbare Beurteilung der Tonqualitäten" die zuvor (in § 6) entwickelten Verhältnismöglichkeiten von Sinnesinhalten, nämlich Mehrheit, Steigerung, Ähnlichkeit und Verschmelzung, auf die Töne an und setzt sich mit Lotzes Begriff der „Steigerung" oder „Zunahme der qualitativen Intensität" auseinander. Erst der zweite Band bringt die Untersuchung der simultanen Töne. Stumpf übergeht dabei nicht nur aus Zwängen der Darstellung, daß Lotze mit dem Begriff der „Steigerung" die Tonhöhenvergleichung nicht erschöpfend beschrieben sieht und in seinem Kapitel „Die Musik" noch ein weiteres Moment nachträgt. Nicht allein eine „Lebendigkeit" ist den Tönen eigen, in deren „Zunahme" besagte Steigerung besteht. Ein weiteres Phänomen tritt zu ihr hinzu. Lotze spricht von „Toncharacter": „Das Reich der Töne bietet eben freiwillig ein Mehr dar durch die harmonischen Beziehungen seiner Glieder. Die einfachste von diesen, die Wiederkehr des gleichen Toncharacters mit der Verdoppelung der Schwingungszahl, ist nie unbemerkt geblieben; sie teilt die ganze Tonmenge in die Abschnitte der Octaven". Nun hebt Lotze hervor, daß „die innere Gliederung der Octaven [...] Gegenstand sehr verschiedener Auffassungen gewesen" sei[37]. Er läßt die um den „Toncharacter" erweiterte Darstellung der Tonhöhe als Gegenstand solcher Auffassungen erst in dem Kapitel „Die Musik" folgen. Es ist nicht ganz deutlich, ob der „Toncharacter" aus solchen „harmoni-

---

Mikroskop noch zu bauen wäre, endlich die Einführung der verdächtigen Innervationsgefühle, — alles das findet hier sein Seitenstück in kleinerem Rahmen" (ebd., S. 175).

33 Lotze, *Geschichte der Ästhetik*, S. 271.
34 Ebd., S. 463.
35 Ebd., S. 271f.
36 Ebd., S. 272.
37 Ebd., S. 465.

schen Beziehungen" entspringt, die erst aus „ästhetischen Principien" folgen (und sich für Lotze im Generalbaß kodifiziert finden), oder ob er dem „Angenehmen in der Empfindung" zugehört, das unmittelbar aus der Gegebenheit der „Vergleichbarkeit mit anderen Tönen" folgt. In der *Geschichte der Aesthetik in Deutschland* behandelt Lotze die Festsetzung „discreter Stufen", bevor er auf diese zusätzliche Eigenschaft des Tons eingeht. In seiner *Medicinischen Psychologie* dient die Oktave zur Unterscheidung des „Verlaufs der empfundenen Tonreihe von dem der Schwingungszahlenreihe": „Während die letztere gradlinig ins Unendliche fortgeht, bildet die erste offenbar Wendungen, so daß ihre Octavenpunkte trotz des inzwischen geschehenen Fortschritts einander sich wieder nähern". Lotze beschreibt das Verhältnis der Oktavtöne zueinander als eine „undefinirbare Verschmelzung von Gleichheit und Steigerung"[38] und erwähnt das von Drobisch erdachte Modell einer Spirale, das er in der *Geschichte der Aesthetik in Deutschland* ausführlich diskutiert. Dort stellt er zwei Möglichkeiten gegeneinander, den „leeren Raum zwischen Grundton und Octave"[39] auszufüllen: (1) „Eben solche harmonische Beziehungen, wie die, welche überhaupt die Octaven begrenzten, machten sich auch innerhalb derselben fühlbar und gaben den einzelnen unterscheidbaren Tonstufen andere Werthe, als ihre bloßen Höhenverhältnisse gefordert hätten"[40]. Einer solchen Betrachtungsweise „mußten innerhalb des Octavenraums Quint und Quart zuerst als die den beiden Endtönen nächstverwandten auffallen"[41]. (2) Die zweite Vorstellungsreihe zerfällt in zwei Unterarten. In der *Medicinischen Psychologie* beschreibt Lotze die erwähnte „Wendung" im Durchgang durch alle Töne folgendermaßen: „Indem wir vom Grundton ausgehn, glauben wir uns in den ersten Intervallen entschieden von ihm zu entfernen; von der Quinte an macht dieses Gefühl dem entgegengesetzten Platz, und obgleich wir der wachsenden Höhe der Töne uns bewußt sind, glauben wir in Sext und Septime uns der Ausgangsrichtung, oder vielmehr einer höheren Parallele derselben wieder zu nähern"[42]. Man muß nur hinzufügen, daß Lotze funktionsharmonisch denkt (und sich die bloße Möglichkeit, anders zu denken, schwerlich vorstellen kann[43]) und unter „Grundton" die Tonika versteht, um sich diesen Eindruck in der Wendung g a h c', f e d c (mit gegenläufigem Baß) vergegenwärtigen zu können. In dem Musikkapitel der *Geschichte der Aesthetik in Deutschland* dagegen heißt es anders: „Von C bis Fis steigt das Gefühl der Entfremdung von C; in g tritt zuerst eine Umkehr ein und die späteren Stufen der Skala werden mehr und mehr zu Leittönen, welche dem c zustreben"[44]. Die Vorstellung dieser Bewegung folgt nun auch darin der von Drobisch erdachten Spirale, daß die „Wendung" kontinuierlich vor sich gehe und mithin das „Maximum der Entfernung" vom Grundton „zwischen Quart und Quint etwa" liegen soll. Von dieser Besonderheit der „gehörten Töne" im Unterschied zu den ihnen

---

38 Lotze, *Medizinische Psychologie*, S. 213.
39 Lotze, *Geschichte der Ästhetik*, S. 467.
40 Ebd.
41 Ebd., S. 468.
42 Lotze, *Medizinische Psychologie*, S. 213.
43 Lotze, *Geschichte der Ästhetik*, S. 470ff.; vgl. dazu Handschin, *Toncharakter*, S. 240.
44 Ebd., S. 466.

entsprechenden Frequenzen findet sich im ersten Band von Stumpfs *Tonpsychologie*
kein Wort. Stumpf faßt die Tonhöhe als den Schwingungsfrequenzen kollineare Veränderungsreihe der Töne zwischen Tonhoch und Tontief. Wir können den Grund dafür
in der Zweideutigkeit der Rede von „harmonischen Beziehungen" umso leichter erblicken, als Lotze einer Melodie ohne harmonische Begleitung die Möglichkeit „voller
musikalischer Schönheit" durchweg abspricht und in dem Gegenbeispiel eines „Violin-
solo" den „Ausdruck einer ängstlichen Vereinsamung nur durch ein Uebermaß melodi-
öser Lebendigkeit vermieden" sieht[45].

Lotze trifft noch eine weitere Bestimmung der Töne, die er aber nicht — in der Art,
wie Stumpf es ihm zuschreibt — mit der Frage nach ihrer Organisation verbindet. In
der *Medicinischen Psychologie* vergleicht Lotze Gesicht und Gehör und findet in letzterem die Empfindungen in ihrer reproduktiven Vorstellung lebhafter erhalten. „Die vorgestellten Farben blicken uns nie so entschieden an, wie wir es erzwingen möchten. Gün-
stiger stellt sich dies für die Töne, deren melodiöses Aufeinanderfolgen mit allen Fein-
heiten melodischer Intervalle unsere Erinnerung ohne Schwierigkeit reproducirt". Lotze
gibt dafür einen physiologischen Grund: „Man kann hiervon die Ursache darin suchen,
dass keine Erinnerung von Tönen und Tonreihen vor sich geht, ohne von einem stillen
intendirten Sprechen oder Singen begleitet zu werden. Dadurch wird jedes Tonbild mit
einem schwachen Erinnerungsbilde nicht allein, sondern mit einer leisen wirklichen Erregung jenes Muskelgefühls assoziirt, das wir bei der Hervorbringung des Tones empfinden würden […] Eine Melodie können wir deshalb auch in Gedanken nicht in schnelle-
rem Tempo durchlaufen, als in welchem wir imstande sein würden, sie zu singen"[46].

Bei Lotzes Anwendung der „Lokalzeichentheorie" auf das Tongebiet handelt es
sich also um eine Art Analyse der Melodie; ihre Wirksamkeit in der Reproduktion bezieht sie für Lotze nicht aus jener Ganzheit, die Gurney als unanalysierbare Einheit vor
Augen stand. Wie Stumpf den Zusammenhang von Melodietönen und diskreten Einzel-
innervationen bei Lotze verstanden hat, geht aus seiner Notiz *Über die Vorstellung von
Melodien* (1885) hervor. Er setzt darin eine Diskussion fort, die er im § 9 der *Tonpsychologie* bei Gelegenheit der „Beurteilung aufeinanderfolgender Töne" begonnen hatte.
Es geht um die Frage, ob die „Zuhilfenahme mittelbarer Kriterien" jene unverzichtbare
Rolle spielt, die Lotze ihr zuschreibt.

Stumpf hat zu dieser Frage verschiedene Stellungnahmen eingeholt. Unter diesen
war es die — in seinen „trefflichen ‚Studien über die Sprachvorstellungen' (1880)"[47]
geäußerte — Ansicht des Wiener Pathologen Salomon Stricker, die den Anlaß zur Fortsetzung der Diskussion bot. In dem Musik-Kapitel der französischen Ausgabe des
Werks, dessen Titel nunmehr lautete: „Etudes sur le langage et la musique" (Paris
1885)[48], nahm Stricker auf die im § 9 der *Tonpsychologie* herangezogenen Stimmen in

45 Lotze, *Geschichte der Ästhetik*, S. 493; vgl. Lotzes Diskussion der von Helmholtz vertretenen
   gegenteiligen Ansicht („Die wesentliche Basis der Musik ist die Melodie", Helmholtz *Lehre von
   den Tonempfindungen*, S. VII und 389), ebd. S. 469ff.
46 Lotze, *Medizinische Psychologie*, S. 480.
47 Stumpf, *Tonpsychologie* I, § 9, S. 155, Fußnote.
48 Stumpf, *Über die Vorstellung von Melodien*, S. 45.

einer, wie Stumpf schien, gewaltsamen Interpretation Bezug. Stumpf griff Strickers Ansicht besonders deshalb so vehement an, weil er sie mit der Lotzes gleichsetzte. Dabei zählte er die Instanzen auf, die seiner Meinung nach bei der „Vorstellung von Melodien" mitwirken.

Salomon Stricker zieht den § 9 der *Tonpsychologie* zum einen als Beleg für die — dort kritisch diskutierte und zuletzt verworfene — Ansicht heran, es sei „unmöglich, zwei Töne oder zwei Tondistanzen zu vergleichen sowie die absolute Tonhöhe zu erkennen, ohne die gehörten Töne nachzusingen oder doch die Veranstaltungen dazu im Kehlkopfe, mindestens aber im Gehirne zu treffen"[49]. Zum anderen wird diese angeblich unumgängliche Bedingung bei Stricker durch den Zusatz präzisiert, daß es zwar nicht möglich sei, sich Töne ohne Kehlkopfinnervation vorzustellen, der umgekehrte Versuch aber recht wohl gelänge: man könne sich Melodien „ausschließlich in Form von Muskelempfindungen" vorstellen, „ohne jede Beimischung von Tönen"[50]. Um es mit den in Stumpfs Schrift *Über den Ursprung der Raumvorstellungen* geprägten Termini zu sagen: Nicht nur die den Empfindungsinhalt reproducirende „concrete Vorstellung", sondern auch die „abstracte Vorstellung" — „Wenn man dann viele Töne gehört hat und nun von einem Ton überhaupt spricht, so ist, was dabei gedacht wird (wie es nun auch näher definirt werden mag), eine abstracte Vorstellung oder ein Begriff"[51] — soll sich ebenso unabdingbar wie sachgerecht auf den Kehlkopf richten. Diese auf Selbstbeobachtung gestützte Ansicht Strickers hatte Stumpf in der *Tonpsychologie* als *eine* Position angeführt: „Ich denke Musik gewiß nicht in Schriftzeichen", heißt es bei Stricker, „nicht in Noten, und ebensowenig in Gehörs-Vorstellungen. Es ist für meine Reproduction ganz gleichgiltig, ob ich eine Tonreihe durch das Anhören einer menschlichen Stimme oder durch das Anhören irgend eines Instrumentes gelernt habe. Wenn sie überhaupt haftet, so geschieht es immer in gleicher Weise, nämlich so, daß ich die Töne nachsingen oder doch innerlich singend reproduciren kann. Mein stilles Denken in Tönen passt sich genau meinem Singvermögen an [...] Töne, welche ich gar nicht mehr zu singen vermag, stelle ich mir von selbst — beim inneren Singen — auch nicht vor [...]"[52]. Stumpf dagegen hatte im weiteren Verlauf des § 9 die Kehlkopfinnervationen bei der Vorstellung einer Melodie zwar als hilfreich befunden, ihnen jedoch „Notwendigkeit" keinesfalls zugestanden. Dieser Ansicht hatte Stumpf eine zustimmende briefliche Auskunft des Anatomen Henle angefügt: „In der Frage, die Sie mir vorlegen, wegen der die Tonvorstellungen begleitenden Muskelbewegungen, stimmen meine Erfahrungen mit den Ihrigen überein. Nur wenn ich mir die Tonart eines Musikstückes klar zu machen wünsche, nehme ich willkürlich die Vorstellung der Anstrengung zu Hilfe, die ich machen müßte, um den gesuchten Ton selbst zu singen oder richtiger zu intoniren. Dann fühle ich sogar mitunter, wenn es sich um hohe Töne handelt, den Kehlkopf in die Höhe steigen. Bei den willkürlich reproducirten und den unwillkürlich im Ohr summenden Melodien ist aber der Gedanke an die eigene musikalische Production ganz

---

49 Stumpf, *Tonpsychologie* I, § 9, S. 153.
50 Stumpf, *Über die Vorstellung von Melodien*, S. 45.
51 Stumpf, *Ursprung der Raumvorstellungen*, S. 3.
52 Stumpf, *Tonpsychologie* I, § 9, S. 155.

ausgeschlossen. Sind es frische Reminiscenzen, so höre ich sie wol mit dem Klang des Instruments oder der Stimme, womit ich sie objectiv vernommen hatte. In der Regel fehlt auch dies Attribut; *die Melodien spielen sich in einer abstracten Weise ab, die an keine wirkliche Klangfarbe erinnert*"[53]. An die letzte (von uns kursiv gestellte) Bemerkung Henles knüpft Stricker an. Stumpf referiert: „Nach Herrn Stricker hat nun Henle mit diesem Ausdruck ‚abstract' sagen wollen, daß [von den gehörten Melodien] in seinem Bewußtsein irgend Etwas zurückbleibe, was nicht in Tonvorstellungen bestehe. Dies andere aber kann nach Hrn. Stricker nichts Anderes sein, als Muskelempfindungen"[54]. Für Stricker bleibt nach dem Verblassen der Klangfarben als Gegenstand der Vorstellung einer Melodie nichts übrig als die ihre reale Hervorbringung begleitenden Kehlkopfeinstellungen. Stricker ist überzeugt, daß auch Henle nur an solche ‚Tonvorstellungen' gedacht habe. Wenn er den Sachverhalt nur unbestimmt zu fassen vermochte — „die Melodien spielen sich in einer abstracten Weise ab" — und sogar die Auflösung dieses ‚Abstracten' in das zugrundeliegende physiologisch Konkrete ablehnte, so sei das auf mangelnde Schulung in psychologischer Selbstbeobachtung zurückzuführen. Denn ‚abstrakte Töne' gebe es nicht. Die Vorstellung müsse sich auf etwas Positives richten: „Kann man sich einen Ton vorstellen, der weder ein Ton der menschlichen Stimme noch irgend eines andern Instrumentes wäre?"[55] Stumpf reagierte auf diese Alternative von ‚abstrakter Tonvorstellung' und „wirklicher Klangfarbe" nicht mit der ihm sonst zu Gebote stehenden Ironie[56], sondern mit einem pedantisch auf den Wortlaut der *Tonpsychologie* pochenden Protest. Es handelt sich für ihn um eine entscheidende Frage[57]. Zu ihrer Lösung beschreitet Stumpf zwei Wege: Er prägt den Ausdruck „Tonfarbe" und modifiziert den Sinn der Rede von „Tönen als solchen".

Es scheint Stumpf evident, daß nach Abzug der Klangfarbe und der zur Produktion nötigen Bewegungen noch etwas für die „Vorstellung von Melodien" übrig bleibt. Durch dieses ‚x' unterscheiden sich Stumpfs „Töne als solche" von Strickers ‚abstrakten Tönen'. Aber dem Vorwurf der Abstraktheit will Stumpf seine Einrede nicht aussetzen. Es soll sich bei dem ‚x' um etwas Konkretes handeln. Also demonstriert Stumpf seine Möglichkeit durch ein physikalisches Argument: Man könne doch den Ton zerlegen in seine Klangfarbe und seine nach Abzug der Obertöne verbleibende „Tonfarbe": „Bezeichnet man mit Helmholtz die zusammengesetzten Töne als Klänge, so haben die einfachen Töne eben nur eine Tonfarbe. Wie man es aber auch mit diesen Ausdrücken halten will, die Sache in sich selbst bietet keinerlei Schwierigkeit. Die vorgestellten Töne haben, wenn sonst keine, wenigstens die Farbe einfacher Töne"[58].

53 Vgl. ebd., S. 159f.
54 Stumpf, *Über die Vorstellung von Melodien*, S. 45.
55 Ebd., S. 46.
56 Vgl. etwa Stumpf, *Tonpsychologie* II, S. 560 [= Anm. zu: *Tonpsychologie* I, S. 410, Zeile 3] (über die Bedeutung von Mozart's außergewöhnlich großer Ohrmuschel" für seine Fähigkeit, „Symphonien im Kopfe zu tragen") oder Stumpf, *Tonpsychologie* I, S. 339-343 (über die Bedeutung der Entwicklungsgeschichte des Gehörsinnes für die Musikgeschichte).
57 „Unter den Sinnesurteilen unterschied ich unmittelbare und mittelbare und bekämpfte die Sucht, überall mittelbare Kriterien, Nebeneindrücke heranzuziehen", erinnert sich Stumpf in seiner *Selbstdarstellung* (S. 40).
58 Stumpf, *Über die Vorstellung von Melodien*, S. 46.

Die aufgezeigte Möglichkeit wird erst in einem zweiten Schritt in musikalische Erfahrung überführt: „Daß die Klangfarbe im Allgemeinen weniger treu behalten wird als die Intervalle, die das Wesen der Melodie ausmachen, ist eine wohlbekannte Thatsache". Stumpf räumt die Möglichkeit ein, „daß die Erinnerung an gewisse Muskelactionen fortdauert, während die Erinnerung an die dadurch erzeugten Töne verschwunden ist". Aber in einem solchen Fall könne man nicht von Erinnerung an Melodien sprechen, „da man nach dem Sprachgebrauch von Musik nur da redet, wo Töne sind". Stumpf schließt mit dem Ausruf: „Der Ton ist's, der die Musik macht!"

Was aber ist für Stumpf ein solcher Ton? Was ist sein proprium, dessen Kenntnis Stumpf bei Stricker vermißt? Wie verhält sich die „Tonfarbe", die den vorgestellten Melodietönen eigen sein soll, zu den „Intervallen, die das Wesen der Melodie ausmachen"? Stumpf geht durch die Art seiner Bestimmung über den wahrhaft qualitativen Unterschied von realistischer Reproduktion und musikalischer Vorstellung von Melodien hinweg. Er läßt unberücksichtigt, daß Otto Jahn und Edmund Gurney, die er als Zeugen gegen Stricker anruft, sich genau in dieser Frage widersprechen. Jahn berichtet über Mozart, daß dieser seine Opern nicht nur „abstrakt" vorstellte, sondern „das Bild des Ganzen [...] im vollsten Farbenglanz"[59] im Kopf hatte. Gurneys Beobachtungen führen weiter. Er kann (oder will) sich „Töne als solche" ebensowenig vorstellen wie Salomon Stricker. An den Stellen, die Stumpf angibt, weiß Gurney weder von der „Tonfarbe" und den „Tönen als solchen", noch von Intervallen. Wohl spricht er vom Verblassen der Klangfarbe. Aber ihm bleibt mehr in der Erinnerung zurück, als nur „Töne als solche". Ihr „An sich" wird nicht durch eine residuale „Tonfarbe" vor der Blässe abstrakter Vorstellungen bewahrt. Gurney weist darauf hin, daß die Vorstellung einer Melodie unverzüglich und unwillkürlich zu ihrer Realisierung als Pfeifen, Summen oder Singen drängt. An der ersten von Stumpf angegebenen Stelle aus *The Power of Sound* grenzt er die „qualities of music" dadurch von denen der anderen Künste ab, „daß die einzelnen Teile, aus denen sich die Formen als aus ihren Komponenten zusammensetzen, für sich betrachtet nicht nur nicht schön sind, wie Linien und Reliefs als architektonische Details, sondern isoliert keinerlei Interesse verdienen und zudem in der Erinnerung ihre Klangfarbe, also ihren Charakter sinnlicher Farbigkeit fast, wenn nicht vollständig verlieren; — während die Formen selbst eine Lebendigkeit, Abwechslung und emotionale Tiefe behalten, die von keiner anderen Art von Schönheit übertroffen wird"[60]. Eine weitere Stelle nimmt diesen Gedanken wieder auf: „Wenn man von den wirklichen Experten absieht, scheint mir die Wiedererweckung und erneute Imagination

---

59 Zitiert nach: Stumpf, *Über die Vorstellung von Melodien*, S. 46.

60 „The cardinal points thus ignored cannot be too early emphasized; namely that Music, though dealing wholly with abstract proportions, is an art preeminent for the precision, individuality, and organic quality of its forms; that the component elements out of which the forms are built are not only not beautiful units, like curves and bosses, but in isolation are absolutely uninteresting, and, moreover, in mental reproduction may loose nearly all, if not all, of their timbre or sensuous colour-character; while the forms themselves present a vividness, a variety, and a depth of emotional impressiveness, unsurpassed in any region of beauty" (Gurney, *The Power of Sound*, S. 59).

der Farben, in denen dem Hörer musikalische Formen einmal erschienen, sehr schwach entwickelt und gering an Bedeutung; jedenfalls der daraus zu ziehende Genuß scheint insofern gering, als man der bloßen stillen Vorstellung die primitivste und unvollkommenste Markierung durch Summen und Pfeifen vorzieht. Dessen reale Klangfarbe ist aber nicht nur völlig verschieden, sondern doch auch qualitativ meist wenig vergleichbar, so daß, wäre die originale Klangfarbe wirklich präzise in der Vorstellung präsent, solches in den Ohren klingendes Getön ihre Vergegenwärtigung mehr stören müßte, als daß es ihr aufhülfe"[61].

Wir sehen, wie Stumpf gegenüber dem Empiriker Stricker, der sich „nicht einmal Töne als solche vorstellen kann", den Nativisten Gurney zu Hilfe ruft, der sich für ‚Töne als solche' nicht interessiert. Die ‚Vorstellung von Melodien' richtet sich nach Gurneys Ansicht weder auf die Klangfarbe noch auf Muskeleinstellungen, sondern auf Melodien. Gurney betrachtet ja die Melodie als unanalysierbare Manifestation der Macht der Musik (*Power of Sound*). In der Abhandlung über *Musikpsychologie in England* hatte Stumpf sich darüber gewundert, daß Gurney die qualitative Bestimmung des Tons, seine „Tonqualität", in die Klangfarbe setzte und hatte demgegenüber die Tonhöhe als zentrale Eigenschaft des Tons vorgestellt[62]. Für Stumpf scheint es diese Ansicht zu bekräftigen, daß die beiden von ihm gegen Stricker zu Hilfe gerufenen Stimmen die Bedeutung der Klangfarbe für die „Vorstellung von Melodien" gering einstufen. Die „Lebendigkeit" der Tonvorstellungen, von der Gurney hier weiß, scheint aber eine eindrucksvollere Eigenheit der Töne zu sein als die „Tonfarbe", durch die Stumpf Strickers Vorwurf zu parieren sucht. Fast möchte man Gurneys musikästhetischen Nativismus, den Stumpf in *Musikpsychologie in England* als „wissenschaftliches Unding" bezeichnet, mit jener Nähe zur musikalischen Erfahrung gleichsetzen, die auch Stumpf an Gurney hervorhebt. Erscheint die physikalisch abgesicherte „Tonfarbe", die Stumpf gegen Stricker heranzieht, um dessen Interpretation des Begriffs „abstrakt" zu widerlegen, nicht ihrerseits abstrakt gegenüber den Melodievorstellungen, wie Gurney sie beschreibt? Gurney argumentiert für die musikalischen Melodievorstellungen, die er geradezu durch ihr faktisches ‚Lautwerden' charakterisiert, und verwirft deshalb die realistische Reproduktion. Auch die reproduktive musikalische Einbildungskraft ist nach seiner Ansicht auf etwas anderes gerichtet als auf die naturgetreue Wiederherstellung des

---

61 „People probably vary greatly in the distinctness with which their memory of musical forms carries with it the revivication of the actual timbre in which those forms were presented; but except with actual experts, the revivication is commonly, I think, very slight; so slight in pleasure-giving quality that the crudest and most imperfect presentation, by humming or whistling, that is, with a perfectly different and most inferior timbre, is perpetually preferred to mere silent imagination; though it would seem impossible but that such sounds, being actually in the ears, should interfere with rather than aid the imaginary sensation of the true soundcolour" (ebd., S. 297).

62 Gurney hatte „die Klangfarbe mit den Farbenqualitäten zusammengestellt", was Stumpf als Gelegenheit zu einer Grenzziehung benutzt: „In Hinsicht der ästhetischen Verwendung mag dies gelten; vom Standpunkt der physiologischen und psychologischen Akustik aber sind Tonhöhen offenbar nichts anderes als die Qualitäten des Gehörsinnes, wie Farben die des Gesichts" (Stumpf, *Musikpsychologie in England*, S. 346 Fußnote).

Gehörten und erweist sich gerade dabei als alles andere denn ,,abstrakt''. Sie veranlaßt vielmehr zu einer geradezu naturhaften Produktivität im Pfeifen und Singen[63].

Stumpf selbst hat die ,,Lebendigkeit'' der Tonvorstellungen der Musiker gegen falsch konkretisierte ,,abstrakte'' Tonvorstellungen eingewandt. In *Konsonanz und Dissonanz* (1898) diskutiert er die Frage, ob Schwebungen bzw. ihre Abwesenheit die Ursache von Konsonanz und Dissonanz seien. Nach eigenen Einwänden gegen dieses Theorem der Helmholtzschen Konsonanztheorie weist er auf v. Oettingens Argument hin, ,,daß auch in der bloßen Vorstellung die Dissonanz erhalten bleibt, während die Schwebungen getilgt sind''. ,,Wenigstens'', fährt Stumpf fort, ,,haften diese nicht nothwendig in der Erinnerung, während wir die beiden Töne selbst gar nicht in der Vorstellung reproduzieren können, ohne daß ihre Dissonanz mitreproduziert würde''[64]. Dieses zuerst im zweiten Band der *Tonpsychologie* vorgetragene Argument scheint Widerspruch hervorgerufen zu haben, denn Stumpf geht ausführlich auf den Zusatz ,nicht notwendig' ein. Er konzediert, daß man sich Intervalle zusamt ihrer Schwebungen vorstellen könne, bestreitet aber, daß einer solchen Vorstellung musikalische Bedeutung zukommt: ,,Ich habe nun selbst nicht gesagt, daß ,die Vorstellung der Schwebungen in die Phantasievorstellung nicht übergehe', sondern nur, daß sie nicht nothwendig übergehe (Tonpsych. II, 139)[65]. Und dies steht durchaus fest. Man kann sich freilich auch Schwebungen in der Phantasie vorstellen, und wenn man eine Zeit lang viel auf Schwebungen bei kleinen Intervallen geachtet hat, so kann es auch dahin kommen, daß man diese Intervalle zunächst immer mit Schwebungen vorstellt. Aber diese Gewohnheit wird wieder verschwinden, wenn man sein Interesse wieder mehr den Tönen als solchen zuwendet und von den Nebenerscheinungen abwendet, wie dies beim wirklichen Musikhören der Fall ist''[66]. Während ein Klavierbauer darin geübt ist, eine temperierte Quinte zusamt jener Schwebungen vorzustellen, nach deren Zahl er sie temperiert, stellen sich die Musikhörer nicht die Schwebungen, sondern — was immer Stumpf damit meint — die ,,Töne als solche'' vor. Damit daraus eine musikalische Vorstellung werde, ist die zusätzliche Vorstellung der Schwebungen ,nicht notwendig': ,,Die meisten Menschen wissen überhaupt nichts von Schwebungen, und wenn man sie, ohne ihnen die Erscheinung vorher sinnlich demonstrirt zu haben, fragt, ob sie an zwei Tönen, die sie sich bloss vorstellen, nicht ein eigenthümliches Rollen und Schwirren wahrnehmen, so werden sie über die Frage nur verwundert sein''[67]. Auch die Tonvorstellungen der Musiker werden gegen-

---

63 Die Klangfarbe erscheint also bei Edmund Gurney nicht in dem Sinn als ,,Tonqualität'', daß aus ihr eine Definition der Musik abgeleitet werden könnte. Dadurch unterscheidet sich Gurney von dem deutschen Ästhetiker Seidl.

64 Stumpf, *Konsonanz und Dissonanz*, S. 10.

65 ,,Nicht alle Eigentümlichkeiten gleichzeitiger Empfindungen gehen auf die Phantasievorstellung mit Nothwendigkeit über: c und cis machen beim wirklichen Hören (auf gleicher Seite) [im selben Ohr] nothwendig Schwebungen, in der Phantasie kann ich sie vollkommen ohne Schwebungen vorstellen. Und wenn ich sie schwebend vorstelle, so kann ich sie mit langsamen oder schnellen, starken oder schwachen Schwebungen vorstellen, während die Wahl des Verschmelzungsgrades mir nicht freisteht'' (*Tonpsychologie* II, S. 139).

66 Stumpf, *Konsonanz und Dissonanz*, S. 11, Fußnote.

67 Ebd.

über denen der Normalhörer nicht durch die zusätzliche Vorstellung der Schwebungen qualifiziert, sondern durch ein anderes Hinzutretendes: ,,sinnliche Lebendigkeit''. Wären es die Schwebungen, die die gehörte Dissonanz dissonant machen, so könnte die Vorstellung einer Dissonanz sich der gehörten nur in dem Maß nähern, wie sie sich deren physikalische Ursache vergegenwärtigt. Das Gegenteil ist der Fall: ,,Wenn man bedenkt, daß die bloße Vorstellung von Zusammenklängen bei Musikern einen solchen Grad der Lebhaftigkeit gewinnen kann, daß Komponisten und Partiturenleser im Stande sind, ohne wirkliches Hören die Wirkung der mannigfaltigen harmonischen Kombinationen eines Tonstücks sich vollkommen zu vergegenwärtigen, und wenn wir weiter bedenken, daß Vorstellungen ebensogut wie Empfindungen ihre physiologische Grundlage haben müssen, so wird man sich der Forderung nicht verschließen können, daß eine ausreichende Definition der Konsonanz auch auf blosse Vorstellungen Anwendung finden muss, mindestens soweit sie eine derartige sinnliche Lebendigkeit besitzen''[68].

Stumpf scheint keinen Unterschied darein zu setzen, ob Stricker von vorgestellten Tönen oder ob Gurney von vorgestellten Melodien spricht. Gurneys ,,distinctive qualities of music'' scheinen Stumpf auch in den Tönen anwesend. Daß es, wie Stumpf ausruft, ,der Ton ist, der die Musik macht' ist auch als Ansatzpunkt für eine Kritik an Gurneys Musikpsychologie gemeint.

Am Ende seiner Notiz fordert Stumpf den Leser auf, noch einmal zu § 9 der *Tonpsychologie* zurückzugehen. Und hier finden wir eine bemerkenswerte Doppeldeutigkeit des Ausdrucks ,,Töne als solche'' bei Stumpf selbst. Stumpf schreibt: ,,Aber nicht blos die ebenmerklichen Tonunterschiede (Verstimmungen der Prime) sind zu klein, um durch Muskelempfindungen erkannt zu werden, sondern auch die ebenmerklichen Intervallbestimmungen. Die Genauigkeit, mit der man musikalische Intervalle, wie Oktave und Quinte, nicht nur zu beurteilen sondern auch zu treffen vermag, begreift sich nicht auf diesem Wege, da Muskelempfindungen eben keine Oktaven und sonstige markirte Abschnitte aufweisen. Auch die Schwierigkeiten im Treffen und Festhalten des Leittones lässt sich nur aus der Mitvorstellung der benachbarten Tonica begreifen. Die benachbarte Muskelempfindung würde diese Anziehungskraft nicht ausüben. Ohne Antizipation von Tönen als solchen im Bewußtsein gibt es überhaupt kein Singen, welches diesen Namen verdient''[69]. Entgegen dem Sprachgebrauch in *Musikpsychologie in England* bezieht Stumpf hier die Wendung ,,Töne als solche'' plötzlich auf ,,Leitton'' und ,,Tonica'' statt auf die Tonhöhe. Immerhin kann beides zugleich gemeint sein. Auch an einer weiteren Stelle im zweiten Band der *Tonpsychologie*, die man als tonpsychologische Rekonstruktion der von Gurney aus der musikalischen Erfahrung heraus beschriebenen ,,Vorstellung von Melodien'' lesen kann, bleibt diese Zweideutigkeit erhalten. Stumpf eröffnet den Band mit einer Ergänzung zum Begriff der ,,Analyse''. Zur Vervollständigung der im ersten Band der *Tonpsychologie* behandelten Strukturierung einer Mehrheit durch Distanz ihrer Elemente fügt er nun die ,,besondere Wahrnehmung eines Einzelnen in der Mehrheit'' hinzu. Gegenstand einer solchen Wahrnehmung, eines solchen ,,Mehrheitsurteils'', ist ,,ein Einzelnes, aber nicht in seiner Vereinzelung, son-

---

68 Ebd., S. 11.
69 Stumpf, *Tonpsychologie* I, § 9, S. 164.

dern in seiner Umgebung, welche als Umgebung nebenbei miterfasst wird"[70]. Stumpf nimmt hier den Gedanken Lotzes auf, daß jeder Ton ‚von uns nicht anders als mit dem Nebengefühl seines Verhaltens zu andern vorgestellt wird'. Stumpf spricht von „Teilwahrnehmung": „Beim Erfassen einer Melodie ist dieses Besonders-Wahrnehmen sogar immer und notwendig vorhanden, und zwar wird der Regel nach der augenblicklich gegenwärtige Ton besonders wahrgenommen, während zugleich die jüngstvergangenen im Bewusstsein noch vorhanden sind, als von ihm unterschiedene frühere, als eine successive Mehrheit, in welcher der gegenwärtige ein Glied bildet". Stumpf findet im folgenden vom Teil zum Ganzen zurück: „Wir kehren dann auch wol zu dem Ganzen als Ganzem zurück, ohne einzelne Teile weiter zu bevorzugen, und glauben nun die Mehrheit deutlicher zu bemerken, wie einer, der an einem Bild zuerst nur einen Knäuel von Personen oder am Himmel einen Haufen leuchtender Punkte wahrgenommen, dann einzelne besonders betrachtet hat, und nun das Ganze wieder mit Einem ruhenden Blick übersieht"[71]. Aber diese Stelle, an der Stumpf sich dem Ton von seiner Umgebung her nähert, bleibt ohne Konsequenz. Dies ist insofern nicht erstaunlich, als Stumpf das Verhältnis von Ganzem und Teil im Sinne jenes „CONDILLAC'schen Princips" interpretiert und auf sukzessive Töne anwendet, mit dem er in seiner Schrift *Über den psychologischen Ursprung der Raumvorstellungen* den Absatz „Ueber die Natur der psychologischen Theile" eingeleitet hatte. Es besagt, daß man ein Ganzes umso leichter erfaßt, je besser man dessen Teile kennt[72]. In jener Schrift wendet Stumpf seinen Erfahrungssatz, der sich hilfreich erweist, ein „Gemälde" oder eine „Körpergestalt" insgesamt zu erfassen bzw. „eine Torte oder Bowle" auf ihre Ingredienzen hin zu „analysieren", nur auf das Heraushören der Instrumente aus dem Orchesterklang an. Auf diesen Gedanken greift er im zweiten Band der *Tonpsychologie* bei der Diskussion der Helmholtzschen Klanganalyse zurück. Als weitere Beispiele fügt er hier das Heraushören eines „Einzelklangs" aus einem Akkord, eines „Teiltons" aus einem Einzelklang und endlich des „gegenwärtigen Tons" aus einer Melodie hinzu.

Welch entscheidende Wendung sich in dieser Übertragung ankündigt, zeigt sich durch einen Vergleich mit dem entsprechenden Vorgang bei Helmholtz. Wie wir gesehen haben, stehen Töne als Elemente eines Klanges und Töne als Elemente einer Melodie dort durchaus nicht so zueinander, daß das Verhältnis von Teil und Ganzem in einem Klang als Beispiel für das nämliche Verhältnis in einer Melodie dienen könnte. Stumpf bezieht sich bei der Diskussion der „Beurteilung gleichzeitiger Töne" und ihrer Bedingungen im zweiten Band der *Tonpsychologie* auf den experimentellen Beleg der Helmholtzschen Lehre: die Klanganalyse durch das Ohr. Um die Aufmerksamkeit auf einen Partialton mit bestimmter Höhe zu richten, empfiehlt Helmholtz, sich den herauszuhörenden Ton einzeln vorzuspielen. Stumpf liest aus dieser Hilfestellung die Prämisse heraus, daß das Heraushören nur gelänge, wenn man sich den gesuchten Ton zuerst einzeln vorgeführt habe. Aber in der „strengen Form", in welcher sie Stumpf ausführlich als irrig erweist[73], ist die Annahme bei Helmholtz nicht gefaßt. Stumpf richtet seine ganze

---

70 Stumpf, *Tonpsychologie* II, S. 6.
71 Ebd.
72 Vgl. Stumpf, *Ursprung der Raumvorstellungen*, S. 130ff.
73 Vgl. Stumpf, *Tonpsychologie* II, S. 78.

Aufmerksamkeit darauf, den Unterschied zwischen Tönen und Farben, Auge und Ohr, herauszuarbeiten, der darin bestehe, daß dem Ton wirklich eine Mehrheit von Empfindungen entspreche, in die einheitlichen Farbempfindungen dagegen ihre Mischkomponenten nur hineingesehen würden. Er stellt dazu einen Unterschied der Auffassung zu Helmholtz her, der sich aus dessen Text nicht belegen läßt. Helmholtz ist völlig derselben Ansicht wie Stumpf, benutzt überhaupt den Vergleich mit den Farben nur als Beispiel. Über den entscheidenden Unterschied indessen geht Stumpf hinweg: Die Übertragung der Verfahrensweise des Heraushörens auf die Töne einer Melodie weicht von der Vorgabe bei Helmholtz ab.

Was die Möglichkeit des Heraushörens von Partialtönen betrifft, so hält auch Helmholtz das Vorspielen der zu fixierenden Töne nur ,,im Anfang'' für nötig und spricht sogar davon, daß die Musiker sich die herauszuhörenden Töne ,als solche' (also nach ihrer absoluten Höhe) vorstellen könnten[74]. Das eigentliche Problem besteht für Helmholtz in der Schwierigkeit, die Aufmerksamkeit auf eine begrifflich ungefaßte Empfindung zu richten. Helmholtz und Mach[75], beide Meister im Heraushören, sind sich darin einig, daß irgendein isolierter Ton nicht anders identifiziert werden kann, als mit Hilfe eines Gleichheitsurteils[76]. Musikalisches Wissen aber erleichtert das Heraushören, sofern dadurch die Vorstellung des Intervalls, das der gesuchte Partialton zu dem Grundton des gewählten Klanges bildet, das Fixieren einer Tonhöhe als ,Dieser' erleichtert. (Die Anhänger der Lehre von der ,,musikalischen Qualität'' der Töne, wonach den Korrelaten bestimmter Frequenzen bestimmte Tonnamen ein für allemal entsprechen, schweigen davon, daß weder Helmholtz noch Mach sie aus den Klängen heraushörten.) Dieser Vorversuch ist von Helmholtz mit dem aufmerksamen Zuhören beim Erklingen einer Melodie gerade nicht parallelisiert worden. In letzterem Fall ist nach Helmholtz der Gegenstand der Aufmerksamkeit anders zu bestimmen. Hier richtet sich die Aufmerksamkeit nicht auf die Höhe der Partialtöne. Das wird deutlich durch die Art, wie Helmholtz die Differenz zwischen der Vorstellung einer Melodie und ihrem wirklichen Erklingen bestimmt. Bleibt in ersterer nur das ,,Schema einer Melodie''[77] im Bewußtsein zurück, so wird es beim realen Erklingen weder durch die je eigentümliche Klangfarbe, noch durch die jeweilige absolute Höhe verlebendigt, sondern durch die Funktion der Partialtöne. Diese beruht nicht auf dem Vorhandensein von Tönen von bestimmter Höhe, sondern auf dem Weiterklingen oder Wiederanschwingen eines Tons von gleicher Höhe (welche immer es sei). Die Aufmerksamkeit des Hörers kann sich also auf die all-

---

74 Vgl. Helmholtz, *Lehre von den Tonempfindungen*, S. 84 und 112.

75 Vgl. Mach, *Analyse der Empfindungen*, S. 230ff.

76 Stumpf läßt unerwähnt, wie Helmholtz ,,den oft gehörten Einwand'' widerlegt, ,,daß der Beobachter sich nur einbilde, den Oberton in der Klangmasse zu hören, weil er ihn kurz vorher isoliert gehört hat'': ,,wenn man an einem gut nach gleichschwebender Temperatur gestimmten Klavier das e'' erst als Partialton von c hört, dann direkt anschlägt, kann man ganz deutlich hören, daß es im letzteren Fall etwas höher ist. Das ist Folge der Stimmung nach gleichschwebender Temperatur. Da also ein Unterschied der Tonhöhe zwischen beiden Tönen erkannt wird, ist sicherlich der eine nicht Fortsetzung im Ohr oder Erinnerung des anderen'' (Helmholtz, *Lehre von den Tonempfindungen*, S. 80).

77 Helmholtz, *Lehre von den Tonempfindungen*, S. 469.

gemeine Gesetzmäßigkeit richten, die der Melodie in der Funktion ihrer Töne zugrundeliegt. Die Melodietöne ruhen bei Helmholtz auf ihren verwandtschaftlichen Beziehungen, deren Struktur sich in der Empfindung freilich durch das Zusammenfallen der Teiltöne auf je einer bestimmten Tonhöhe herstellen soll.

Strickers Lehre von der Bedeutung des Kehlkopfs für die Tonvorstellungen ist ein
Pendant zu Helmholtz' ursprünglicher Ansicht, die Tonempfindungen faßten sich als
Zeichen von Außendingen, also etwa in der Vorstellung eines Instruments, zusammen.
Aber Stumpfs Einwand, daß die musikalische Auffassung ihre Aufmerksamkeit auf die
,,Töne selbst'' wende, führt in seinem Gedankenexperiment auf ein anderes Ergebnis
als bei Helmholtz. Dessen Selbstkritik bezog sich nur auf die empiristische Herleitung
des einheitlichen Eindrucks und änderte nichts an dem musikalischen Worumwillen, das
schon die Betrachtung der Tonempfindungen leitet. Helmholtz denkt keinen Moment
an bloße, ,,theoriefreie'' Deskription (Hornbostel), sondern untersucht akustische Gegebenheiten, die sich zu musikalischer Verwendung anbieten. Wir hatten Helmholtz'
entscheidenden Gedanken darin gesehen, daß der Gegenstand seiner musikalischen Interpretation entgegenkommt. Die Wendung der Aufmerksamkeit auf die Tonempfindungen leitet vermöge der in ihnen mitgegebenen Verhältnisse zu der musikalischen
Auffassung der Töne (Klänge) über. Zu einem musikalischen Ton bedarf es nach Helmholtz einer Mehrheit von Tonempfindungen. Es folgt aus Stumpfs Kritik an der Funktion der Partialtöne als Indices der Verwandtschaft von Melodietönen, daß er die Klangfarbe nur nach ihrer äußerlichen Seite, als ein zu den ,,Tönen selbst'' akzidentiell (wie
Luft- und Klappengeräusche) Hinzutretendes denkt. Ist es die wesentliche Eigenschaft
des Tons, seine ,,Qualität'', auf die man beim Hören seine Aufmerksamkeit richtet, so
behält man auch nichts anderes als sie in der Vorstellung eines Tons zurück. Nach dieser
Regel ist für Stumpf die Beobachtung, daß die Klangfarben in der Erinnerung verblassen, ein Beleg für deren untergeordnete musikalische Bedeutung. Wie immer richtig aber
Stumpfs Einwände gegen Helmholtz' Konsonanztheorie waren — er depotenziert nicht
nur die Bedeutung der Kehlkopfempfindungen und der Klangfarbe für die Vorstellung
von Melodien. Er beraubt die Melodietöne auch ihrer musikalischen Auffassung, indem
er die systematische Stelle leer läßt, die bei Helmholtz an die Verhältnisse der Obertöne,
an die Form des Klangs gebunden ist. Denn auch bei Stumpf sind die ,,Töne selbst''
Tonempfindungen. Der Unterschied zu Helmholtz folgt gerade aus der Gleichartigkeit
der Blickrichtung: Bei Helmholtz hat, was als Klangfarbe sinnlich erscheint, als Struktur
musiktheoretische Bedeutung. Als die vorfindliche Mannigfaltigkeit möglicher Nuancierungen, auf die Stumpf hinaussieht, erscheint die Klangfarbe bei Helmholtz gerade
nicht. Vielleicht weil er die Analyse von Klängen und die Analyse der Melodie paralleli-
sierte, hat Stumpf sich akribisch mit der Tonfarbe als mit einem Moment am Ton auseinandergesetzt, das Helmholtz entgangen sei. Daß Helmholtz den Beobachtungen über
die ,,Klangfarbe'' einfacher (obertonarmer) Töne keine weitere Aufmerksamkeit
schenkte, belegt seine Absicht des ,,Hinüberfindens'' (Riemann) in den Bereich der Musiktheorie. Durch das Kriterium solcher Eignung wird die physikalische wie phänomenale Betrachtung der Farben auf die ideale Klangfarbe hin orientiert. Denn ohne Beziehung auf die Vorstellung des musikalischen Tons sind die einfachen Töne für Helmholtz
einfach uninteressant. Sie klingen nicht gut. Stumpf dagegen betrachtet die Klangfarbe
als ein zu den ,,Tönen selbst'' bloß Hinzutretendes. Klangfarbe stellt sich ihm als unge-

ordnete Mannigfaltigkeit dar. Da aber die Töne auch für Stumpf nichts als Empfindungen sind, tritt bei ihm entsprechend dieser Mannigfaltigkeit empirisch wirklicher Klangfarben eine Unendlichkeit möglicher Töne, die kontinuierliche Höhenlinie in den Blick. Helmholtz ist Empirist, sofern er die Tonverhältnisse nur durch ihre sinnlich gegebenen Indices wahrnehmbar sein läßt. Urteilt man nach dem quantitativen Anteil, den die Überlegungen zur Tonfarbe in Stumpfs Werk einnehmen, könnte man die Position, die Stumpf gegenüber Helmholtz' *Lehre von den Tonempfindungen* bezieht, als die einer ,Lehre von der Tonempfindung' bezeichnen.

Stumpfs Interpretation der Stelle, an der Helmholtz die von einfachen Tönen empfangenen Eindrücke als deren „Klangfarben" beschreibt, reißt Klangfarbe als sinnlichen Eindruck und Form des Tons auseinander. Er erblickt hier einen Gegensatz von unmittelbarer Beobachtung und mitgebrachter Theorie, den er mit Helmholtz' Beobachtung der „Verschmelzung" und ihrer empiristischen Erklärung vergleicht. Stumpf zielte auf eine Musiktheorie, die von dem Einfluß der Obertöne unabhängig wäre, und fand hier bei Helmholtz selbst einen Gegenstand, in dessen „Auffassung" die Obertöne nicht fungieren. Daß Stumpf den Ausdruck „Tonfarbe" unabhängig von Helmholtz und Engel und gerade in der Notiz *Über die Vorstellung von Melodien* prägte, zeigt, daß es ihm nicht wie Engel nur um ein Spezialproblem der Klangfarbentheorie ging. Die Zweiseitigkeit als physikalischer und musikalischer Gegenstand, die der Ton bei Helmholtz durch seine Obertöne erst erhält, soll hier der einfachen Schwingung eigen sein. Durch diesen Anspruch stellt die Kategorie der „Tonfarbe" nicht nur den zentralen Begriff von Stumpfs Werk dar, sondern eröffnet — als Geschichte eines nicht auf eine objektive Form, sondern nur auf einen subjektiven Eindruck bezüglichen und deshalb immer wieder anders gefaßten Begriffs — geradezu eine Passage durch den Gesamtverlauf der Disziplin Tonpsychologie. Hauptproblem ist das Verhältnis von „Empfindung" und „Auffassung". Bei Stumpf entspricht der Helmholtzschen „Verbindung der Akustik mit der Musikwissenschaft" die doppelte Kritik an der Funktion der Obertöne für die Konsonanz einerseits, an der Allgeltung der harmonischen Tonalität andererseits. Stumpf ersetzt die Untersuchung der Klänge durch die Untersuchung der einfachen Töne, ersetzt ihren Zusammenhang mit den (Dur-)Akkorden durch die Unterscheidung von „historischen-" und „Urqualitäten". In Stumpfs Konzept der Tonfarbe sind drei Stationen zu unterscheiden. Im ersten Band der *Tonpsychologie* hatte Stumpf im Zusammenhang der Theorie der Klangfarbe die Tonfarbe als die „Gefühlsqualität" des Tons bestimmt, im Gegensatz zur Tonhöhe als seiner objektiv gegebenen „Tonqualität". „Wir haben also hier eine regelmäßige Begleiterscheinung und doch nicht ein eigentliches Moment des Empfindungsinhaltes selbst, wie Qualität und Stärke"[78]. Die beabsichtigte systematische Funktion dieser Beobachtung sollte sein, die Tonfarben aufgrund ihres subjektiven Status als „Tongefühle" von den Tonqualitäten (Tonhöhen) und ihre jeweiligen Verhältnisse als „Mischung" (nach dem Schema von Moses Mendelssohns „gemischten Gefühlen") und „Verschmelzung" zu unterscheiden. Die Tonfarben sollten sich zu Klangfarben „vermischen"; die Tonhöhen zu Konsonanzen „verschmelzen". Im zweiten Band der *Tonpsychologie* verwirft Stumpf diese Theorie der Klangfarbe aufgrund eines Einwands, den er von Mach übernahm. Mach weist auf die

---

78 Stumpf, *Tonpsychologie* II, S. 527.

Bedeutung der „Auffassung" beim Hören: Das Klanggefühl sei „in jedem Fall vorhanden, als unmittelbare Folge der Tonempfindungen"[79]. Dagegen gebe es „überhaupt eine Klangfarbe nur unter der Bedingung, dass keine Analyse oder wenigstens keine vollkommen deutliche Analyse stattfindet"[80]. Stumpf schließt: „Kurz, die Klangfarbe ist nicht wie das Klanggefühl eine direkte Funktion der Empfindungen, sondern der Auffassung der Empfindungen". Er überträgt diese Auffassungsabhängigkeit auch auf die Tonfarbe, die nun als Resultante der Momente der Höhe, Stärke und „Größe" des Tons und ihrer Verhältnisse erscheint. Dieser Begriff der Auffassung ist von dem Helmholtzschen zu unterscheiden. Keines der von Stumpf isolierten Momente verbindet „Auffassung" im Sinn eines analytischen Hinhörens im Experiment mit der musikalischen „Auffassung". In der beschreibenden Kategorie „Tongröße" kündigt sich vielmehr die nachfolgende Diversifikation des Tons in ebenso unverbundene, wie terminologisch undeutliche „Elemente" an[81]. Das Moment der Auffassung, das der Kritik an der Position der *Tonpsychologie* I zugrundeliegt, führt Stumpf nur auf die Unterscheidung von „Klanggefühl" und „Harmoniegefühl". Stumpf stellt einer unveränderlichen, physiologisch bedingten Resultante des Klingenden eine Zusammenfassung der Momente des Erklingenden durch „unwillkürliche, durch Erfahrung geleitete Auffassungen" gegenüber, die sich „mit ähnlicher Spontaneität wie die Empfindung selbst vollziehen"[82]. Auch das Harmoniegefühl resultiert also aus Auffassung. Aber die Abhängigkeit von der Richtung der Aufmerksamkeit, die nun die Klangfarbe vom Klanggefühl unterscheidet, verbindet sie nicht zugleich mit dem Harmoniegefühl[83]. Stumpf betont in *Konsonanz und Konkordanz*, zur „wirklichen Lösung der Rätsel der Tonkunst" sei es nötig, die von ihm aufgestellten Gegensatzpaare Konsonanz — Konkordanz, Wohlklang — Wohlgefälligkeit, Empfinden — Denken zu verbinden. Dazu müsse „ein Einfluß des intellektuellen auf das sinnliche Moment hinzugenommen werden"[84]. Angesichts der Gleichsetzung historisch kontingenter Auffassungen mit ihrem Gegenstand (bei Riemann) stand aber die Aufgabe seiner Objektivierung im Vordergrund. Stumpf untersuchte diesen Gegenstand als Gegebenheit, die noch dem (seiner Ansicht nach nicht historisch bedingten) Auffassungsgegensatz von Singen und Sprechen zuvorliegt und den Wechsel vom einen zum anderen überdauert. So führte Stumpf die Kategorie der Tonfarbe nach den abwägenden Überlegungen in *Singen und Sprechen* einerseits von der Musik und ihrer Untersuchung zu der der *Sprachlaute* hinüber. Andererseits ging durch die Unterscheidung von Gefühlsempfindung und Gemütsbewegung, durch die sich Stumpf gegen den Vorwurf wehrte, er gebe eine sensualistische Musiktheorie, sogar noch die von Helmholtz gesehene Verbindung verloren.

---

79 Ebd., S. 528, Fußnote.

80 Ebd., S. 529.

81 Vgl. Stumpf, *Tonpsychologie* II, S. 56 und 537. Brentanos Kritik an Stumpfs Verschmelzungsprinzip setzt bei diesem Begriff an.

82 Stumpf, *Musikpsychologie in England*, S. 348.

83 Die Möglichkeit eines solchen Zusammenhangs ist angedeutet, wenn Ernst Mach in seiner *Analyse der Empfindungen* (S. 231) als Änderung der Klangfarbe beschreibt, was die Musiktheorie als Änderung der Funktion des Tons versteht.

84 Stumpf, *Konsonanz und Konkordanz*, S. 149f.

Stumpf wollte mit seinem Projekt „Tonpsychologie" den Abstand durchmessen zwischen der „Tonfarbe", die in einem Gedankenexperiment als das Residuum der Klangfarbe eines wirklich erklingenden Tons auftritt, und jener Lebendigkeit der Vorstellung einer Melodie, von der Gurneys musikalische Erfahrung weiß. Daß er aber gegenüber beiden nicht zur Form dieser Vorstellungen, zu den Bedingungen musikalischer Allgemeinbegriffe weiterging, ist darin begründet, daß ihm weder zur Zeit dieser Auseinandersetzungen der Begriff des „Sachverhalts" — eines von den „Erscheinungen" Unterschiedenen, „das gleichwohl Bewußtseinsinhalt ist"[85] — zu Gebote stand, noch er späterhin Sachverhalten „Lebendigkeit" zuerkannte.

Stumpf läßt das interessanteste Argument in Strickers „psychologischer Deduktion" fort. Er übergeht dessen Vorwurf, in der Diskussion der Tonvorstellungen mehr zu geben, „als es eine auf Tatsachen gegründete Psychologie erlaubt"[86]. Stricker hat zwei Begriffe von Tonvorstellungen: (1) „von Klangeindrücken getrennte Vorstellungen"[87], (2) „Vorstellungen, die nur auf einem inneren Singen beruhen und nur aus Muskelempfindungen bestehen"[88]. Dazu träten bei Stumpf noch (3) Tonvorstellungen, „die sich auf abstrakte Weise vernehmbar machen"[89]. Stricker tritt der mit deren Annahme vollzogenen Grenzüberschreitung mit einem philosophischen Argument entgegen. „Was beinhaltet, so Berkeley gegen Locke, die Vorstellung eines Dreiecks, das weder rechtwinklig noch spitzwinklig noch stumpfwinklig, weder gleichschenklig, noch gleichseitig noch ungleichseitig ist, das zugleich alle diese Eigenschaften besitzt und doch keine davon im besonderen und allein besitzt? Wie ist das Pferd beschaffen, das weder groß noch klein noch mittel, noch überhaupt von besonderer Größe, das weder Fuchs noch Rappe, noch von bestimmter Farbe, weder Reitpferd noch Zugpferd, noch irgend Zwecken dienend alles dies zugleich und keines davon ist? Wer hat sich jemals ein solches Pferd vorgestellt?" beginnt er, um zu folgern: „Und was, frage ich, ist nun die Vorstellung eines Tons, der weder der Stimme eines Menschen, noch einer Geige, noch irgendeinem Instrument entspringt; der sich nicht als Gesang oder als Muskelempfindung dar- oder vorstellt?"[90] Stumpf gibt auf diese Frage keine Antwort. Er führt gegen

85 Stumpf, *Erscheinungen und psychische Funktionen*, S. 33.

86 Stricker, *Du Langage et de la Musique*, S. 172: „Mais il [Stumpf] va même plus loin que moi — sans peut-être s'en être rendu un compte bien exact —, et même plus loin que ne le permet une psychologie fondée sur des faits".

87 „Représentations de sons isolées des images auditives" (ebd.).

88 „Représentations de sons qui ne reposent que sur un chant intérieur, et qui ne consistent qu'en sentiments musculaires" (ebd.).

89 „Des mélodies intérieures qui se jouent »d'une manière abstraite« (ebd.).

90 „Qu'est-ce que la représentation d'un triangle, a demandé Berkeley (contre John Locke) qui n'est ni droit, ni aigu, ni obtus, qui n'est ni isocèle, ni à côtés égaux ou inégaux, qui est à la fois tout cela et rien de cela? Qu'est-ce qu'un cheval, qui n'est ni grand, ni petit, ni moyen, ni d'une certaine grandeur, qui n'est ni brun, ni noir, ni d'une certaine couleur, qui n'est ni cheval de selle, ni cheval de trait, ni ne sert à un certain but, mais qui est tout cela et rien de tout cela? Qui est-ce qui s'est jamais représenté un pareil cheval? Et qu'est-ce qu'un son demande-je maintenant, qui ne provient ni de la voix humaine, ni d'un violon, ni de quelque instrument, qui ne se représente ni comme chanté, ni comme sifflé intérieurement?" (ebd., S. 172f.).

Strickers Modelle (1) und (3) die vorgestellte Tonhöhe, die „Tonfarbe", an und weist Strickers Alternative (2) zurück. Stumpf macht nicht deutlich, daß Stricker die abstrakten Vorstellungen ablehnt, weil er in den Muskelempfindungen unsere einzigen Erkenntnisquellen erblickt. Letztere sind nach Strickers Ansicht im Unterschied zu den reproduktiven Vorstellungen nicht nur spontan; sie bieten — als „innere Erfahrung über die Beziehung des Willens zu unseren Muskelaktionen" — auch die Basis für „Erkenntnisse, welche von der Aussenwelt unabhängig sind", also für „dasjenige, was Kant ‚Erkenntnisse' a priori genannt hat". Stricker gibt ein Beispiel für seine Kantinterpretation: „Ohne Muskelzuckungen ist die Vorstellung einer Zahl unmöglich"[91].

Stumpf geht nicht auf die Frage nach dem Status der Allgemeinbegriffe ein, in die Stricker die Entscheidung setzen will. Er übergeht auch die Differenz zwischen Lotze und Stricker, die letzterer hervorhebt: Nach Lotze bewiesen die Tonvorstellungen in den Innervationen nur die Reichweite ihrer auf nichts Reales gestützten Macht, während sie nach seiner Ansicht in nichts anderem als solchen Innervationen bestünden. Stumpf mochte bei der Rede von einer „Antizipation von Tönen als solchen" (als Bedingung eines „Singens, das den Namen verdient") allenfalls an die Klangvertretungslehre Riemanns denken. Auf sie konnte er aber umso weniger leicht vorausgreifen, als Riemann selbst um ihrer „Abstraktheit" willen längst auf die Theorie der Kehlkopfgefühle zurückgegriffen hatte. Stumpfs Reaktion auf dieses Zurückweichen vor dem musikalisch Allgemeinen vervollständigt den Blick auf das Projekt Tonpsychologie.

Die Positionen Strickers, Stumpfs und Gurneys liegen nahe beieinander. Alle betonen die „Lebendigkeit", sozusagen die Leibhaftigkeit der vorgestellten Töne. Alle konzentrieren ihre Beobachtung auf den Zusammenhang von psychischen und physischen Vorgängen. Für Stricker liegt es als Physiologen und Vertreter der Lehre von der „psychophysischen Repräsentation" der Vorstellungen, also der Lehre, daß „ein körperlicher Vorgang denselben zu Grunde liege"[92], nahe, „Tonvorstellungen" mit Vorstellungen eines muskulären Tonus gleichzusetzen. Auch Gurney steht diesem Ansatz nicht fern, da er die musical faculty als eine aus Tiefen der Entwicklungsgeschichte „instinktiv sich forterbende", nicht bloß intellektuelle „Tätigkeit" begreift. Stumpf steht mit seinem Konzept der „Tonfarbe" noch einmal quer zu diesen Positionen. Er lobt Gurneys Nähe zur musikalischen Erfahrung und ist sich mit ihm über die relative Bedeutungslosigkeit der Klangfarbe für die Vorstellung von Melodien einig. Aber für Stumpf tritt nur die Tonhöhe hervor, wenn die reale Klangfarbe verblaßt. Die residuale „Tonfarbe", die Klangfarbe obertonarmer Töne, fällt ja mit der Tonhöhe des Grundtons zusammen. Ist damit der Gegenstand der Vorstellung von Melodien nach seinem notwendigen Momente bestimmt? Stumpf geht darüber hinweg, daß Gurney zufolge die Lebendigkeit der Vorstellung einer Melodie ebensowenig von Muskelempfindungen wie von der exakten Reproduktion der Tonhöhe abhängt. Erst spät hat Stumpf in der Absicht, zwischen „Erscheinungen und psychischen Funktionen", und hinsichtlich der Vorstellungen zwischen „Funktion und Inhalt"[93] zu unterscheiden, die Bedeutung der absolu-

91 Stricker, *Physiologie des Rechts*, S 38f.
92 Stumpf, *Tonpsychologie* I, S. 100.
93 Stumpf, *Singen und Sprechen*, S. 22.

ten Tonhöhe relativiert. „Auch bei der Musik selbst kann es vorkommen, daß wir in eine Melodie als solche, in diese bestimmte Tongestalt und ihren Reiz versunken sind, ohne daran zu denken, ob sie laut oder leise, hoch oder tief, rechts oder links von uns gesungen wird"[94]. In der Rede vom sozusagen ,tonhöhenvergessenen' Versunkensein in die Melodie (man beachte, unter welche Akzidentien Stumpf die Tonhöhe hier einreiht) ist aber auch der Ton vergessen, der nach Stumpfs Wort die Musik macht. Gegenüber abstrakten Tonvorstellungen und gegenüber der Ansicht, „ [...] als wäre die ,Aktivität des Hörens' rein intellektueller Natur"[95], geht Stumpf 1924 auf Gurneys Position zurück. Wir ziehen ein Zitat aus Kurth deshalb heran, weil es Stumpf — seinem Spott über den „linearen Kontrapunkt" als unreguliertes Auf und Ab zum Trotz[96] — nicht gelang, zwischen Strickers „Tonvorstellungen" (die sich ja auf nichts anderes stützen als auf die Zu- und Abnahme eines Muskeltonus) und Gurneys Melodievorstellungen ein Mittleres zu finden. Daß Stumpf seine eigene Vorstellung wie von Tönen so von Melodien fest an die absolute Tonhöhe band, gab seinem Projekt „Tonpsychologie" eine Richtung, die den Versuch der Analyse der Melodie in Elemente ebenso als methodisch falschen, weil „summativen" (Köhler) Ansatz erscheinen lassen mußte, wie ihm selbst die Lotzesche Theorie der Lokalzeichen als ein Operieren mit fiktiven Empfindungen erschienen war. Anders als Stumpf gegen Gurney gewollt hatte, erwies sich nun der „Zusammenhang" als „mächtigster Hebel der Forschung". Schon zur Untersuchung der Sprachlaute entschlossen, blickt Stumpf in *Singen und Sprechen* 1924 ein letztes Mal auf den Gegenstand seiner tonpsychologischen Forschung zurück. Noch einmal wendet er sich gegen die Tiermusik, gegen den Entwicklungsgedanken, und erinnert noch einmal an die Definitionen der Alten, indem er die diskrete Tonhöhenveränderung als differentia specifica der Musik gegenüber der Sprache herausstellt. In seinem Seitenhieb gegen den „linearen Kontrapunkt" findet aber eine eigentümliche Verschiebung statt. Der Musiktheoretiker nämlich, der das kontinuierliche Auf und Ab in der Tonhöhe, den „Eindruck anschwellender und nachlassender Kräfte"[97] den ,Vorstellungen von Melodien' zugrunde gelegt hat, ist nicht Kurth, sondern Riemann. Kurth führt einen ausführlichen Angriff gegen Riemanns Versuch, durch tonpsychologische Argumente die Aktivität des Hörens vor intellektueller Blässe zu bewahren[98]. Nach Riemanns Ansicht ist das „Prinzip der Melodik nicht die abgestufte, sondern die stetige Tonhöhenveränderung", und ist das Portamento „die konkreteste Versinnlichung des

---

94 Ebd., S. 21.
95 Kurth, *Musikpsychologie*, S. 48.
96 Vgl. Stumpf, *Singen und Sprechen*, S. 31f., Fußnote: „Ich kann nicht leugnen, daß das polyphone Geheul, welches die Wölfe und Schakale des Zoologischen Gartens öfters im Tage anstimmen (einer fängt an und sofort folgen die anderen) meinem durch futuristisch-atonale Musik schon einigermaßen abgehärteten Ohr ein gewisses Vergnügen bereitet. Wie jeder seine Weise durchführt, jede klar und deutlich unterscheidbar, mit verschiedenen Wende- und Höhepunkten, mit voller Unabhängigkeit der Stimmen — eine Art linearer Kontrapunkt —, wie Klage, Wut, Resignation darin ausgedrückt scheinen, das kann fesseln und interessieren, freilich nicht auf längere Zeit. Das Konzert ist denn auch immer nach wenigen Minuten zu Ende".
97 Lotze, *Geschichte der Ästhetik*, S. 464.
98 Vgl. Kurth, *Kontrapunkt*, S. 9f. und Fußnote.

melodischen Prinzips"[99]. Es beleuchtet das komplizierte Verhältnis von Tonpsychologie und Musiktheorie, wie Stumpf im Einklang mit der musiktheoretischen Tradition gegen Riemann den Unterschied von Singen und Sprechen festhält, während Riemann sich auf Stumpfs originären Neuansatz bei der Erforschung des musikalischen Materials beruft. Während Stumpf das „Hinüberrutschen von einem Ton zum anderen" sogar in der empirischen Musikpraxis verdammt, weil es „feinere Ohren" beleidige und „gegen Geist und Wesen der Tonkunst" verstoße[100], spricht Riemann von einem Prinzip. Für seine Entdeckung beruft er sich auf die Psychologie. Erst Stumpf, so Riemann in seinen *Elementen der musikalischen Aesthetik*, habe die Betrachtung der „Tonhöhe als solcher" in ihrer Bedeutung als musikalisches Konstituens in den Vordergrund gerückt, während noch bei Helmholtz über die isolierte Bedeutung der Tonhöhe „kein Wort fällt"[101]. Stumpf schweigt von der verdienstvollen Leistung, die Riemann ihm zuschreibt und übergeht die Kritik, die er an dem traditionellen Moment in seinem Neuansatz übt, um diesen zu sich selbst zu bringen und musiktheoretisch fruchtbar zu machen. Stumpfs Kürze ist umso erstaunlicher, als Riemann über ihn auf Lotze und Stricker zurückgreift. Riemann setzt die Kehlkopfbewegungen nicht nur als notwendig für die Reproduktion gehörter Musik, sondern läßt sie auch die „spontane Erzeugung von Tonvorstellungen" prinzipiieren[102]. In der stetigen Tonlinie erblickt Riemann das Mittelglied, um in lückenloser Deduktion von den „Wurzeln der Kunst" zur „Lösung des Rätsels der künstlerischen Thätigkeit" fortzuschreiten.

Riemann zieht folgende Linie aus: Die unmittelbare „Wurzel der Kunst" ist die „Menschenstimme" und ihr „Freudens- oder Schmerzensschrei"[103]. Das „Rätsel der künstlerischen Thätigkeit" löst sich in dem Moment der Vermittlung dieses Unmittelbaren durch „Bewußtwerden und bewußtes Verfolgen des Ausdrucks des spontan wirkenden Willens"[104]. Dieses Bewußtwerden ist nicht als intellektuelle Reflexion gedacht, sondern vollzieht sich für Riemann exakt nach Art des Lotzeschen Ursprungs der Raumvorstellung. Und wie Lotze das räumliche Auseinander als objektive Gegebenheit unterscheidet von der Art, wie es, repräsentiert durch intensive Zeichen, in der Seele Statt findet, so unterscheidet auch Riemann zwei Ansichten des „Tonraums".

Riemann bemüht sich um sichere Befestigung dieser Theorie. Der Aristoxenischen Unterscheidung des Geometers vom Musiker folgend, will er eine falsch theoretische, weil rein intellektuelle Betrachtung der Musik zusamt ihrer Wurzel, der „Regierung der Höhenqualität des Einzeltons"[105], exstirpieren. Um dies aber im Kontext der fortgeschrittensten Theorien zu tun, wendet er sich von Aristoxenos' Unterscheidung von diskreter und kontinuierlicher Stimmbewegung ab. Riemann bezieht sich auf den Physiologen Lotze, nicht auf den Metaphysiker. Seine Interpretation der *Geschichte der Aesthe-*

---

99 Riemann, *Elemente der Ästhetik*, S. 40, zitiert nach: Stumpf, *Singen und Sprechen*, S. 2f., Fußnote.
100 Stumpf, *Singen und Sprechen*, S. 12.
101 Riemann, *Elemente der Ästhetik*, S. 33.
102 Ebd., S. 46.
103 Ebd., S. 77.
104 Ebd., S. 78.
105 Ebd., S. 37.

tik in Deutschland erscheint insofern willkürlich, als sie sich auf einen Gedanken Lotzes stützt, ohne dessen Kontext oder gar Lotzes Ausführungen über die Musik zu berücksichtigen. Wie Stumpf stellt Riemann Lotzes Ausführungen in die von Stricker repräsentierte Linie.

Riemann bezieht sich auf die Stelle, an der Lotze einem Argument Herders gegen Kant für einen Augenblick seine Unterstützung leiht. In der Absicht, ,,der Schönheit eine größere Weltbedeutung, eine größere Verwandtschaft mit allem Guten und Wahren zu sichern''[106], kritisiert Herder die Kantische Lehre von der Reinheit des Geschmacksurteils. Lotze, der Herders Vorgang ,,unfruchtbar genug'' nennt[107], bringt dennoch zu dessen Absicht, rein formaler Schönheit als ,ausdrückender' Schönheit ,,Bedeutsamkeit''[108] hinzuzugewinnen, das Argument bei, ,,Wohlgefallen an räumlicher Symmetrie hänge nicht unmittelbar von der Regelmäßigkeit der Maßverhältnisse, sondern mittelbar von dem Angenehmen der Bewegungen ab, zu deren Vorstellungen uns diese anregen''[109]. Lotze bietet dazu Hinweise auf ,,Organisationseigenthümlichkeiten''[110] des Menschen auf, denen er die Bedeutung eines subjektiv in das ästhetische Urteil Hineinspielenden zuerkennen will[111].

Nehmen wir Riemanns Argumentation voraus. Er setzt die Betrachtung der Tonhöhe als diskret oder kontinuierlich einander gegenüber wie einer äußerlichen, geometrisch-abstrakten, einer ,,bloßen Raumdisposition der Töne nach höher und tiefer''[112] deren musikalische Auffassung. Erstere betrachtet den Tonraum als ,,Scala'', letztere als kontinuierliche Linie. In ersterer erblickt Riemann ein ,,Analogon zu dem von Lotze [...] als ästhetisch interesselos und unverständlich hingestellten Ortswechsel der Dinge im Raum'', letztere dagegen, das ,,Mitmachen der Bewegung' mit dem eigenen Willen, das Selbsterleben'', sei ,,hier wie dort die Brücke, welche selbst das tatsächlich Diskrete zum Kontinuierlichen umwandelt''[113]. Riemann wendet sich besonders gegen Stumpfs Ansicht, man erfasse den einzelnen Ton unabhängig von einer Vorstellung des Tonraums, die Riemann durch den Vergleich mit dem Stimmumfang näher erläutert.

Die Stelle bei Lotze, die Riemann sich zur Schlüsselstelle erwählt, lautet: ,,Wir, diese Doppelwesen von Seele und Körper sehen Bewegungen nicht nur geschehen, sondern bringen selbstthätig deren hervor; und obgleich wir nicht unmittelbar unsern Willen selbst in dem Schwunge fühlen, mit welchem er wirkend in unsere Glieder überströmt, so erlaubt uns doch eine andere Gunst unserer Organisation hier, wo der Schein an Wert

---

106 Lotze, *Geschichte der Ästhetik*, S. 84.
107 Ebd., S. 72.
108 Ebd., S. 70. Lotzes Kapitelüberschrift lautet: ,,Herders Hervorhebung der Bedeutsamkeit im Schönen''.
109 Ebd., S. 76.
110 Ebd., S. 78.
111 Lotze betont, daß es sich nur um eine ,,subjective Ueberzeugung'' (S. 78), mithin ,,nur darum handelt, in unserem ästhetischen Urteil die Anwesenheit eines Motivs aufzuzeigen, dessen Wirksamkeit jeder durch eigne Beobachtung in sich finden muß und daher jeder auch ableugnen kann, wenn er es nicht findet'' (S. 76).
112 Riemann, *Elemente der Ästhetik*, S. 44.
113 Ebd., S. 40.

gleich ist der Wirklichkeit, diese freundliche Täuschung. Von den Veränderungen, welche die bereits arbeitende Kraft des Willens in dem Zustande unserer Glieder hervorgebracht hat, kehrt von Augenblick zu Augenblick eine Empfindung zu unserem Bewußtsein zurück, und so leicht beweglich folgen die Veränderungen dieser Empfindung jeder kleinsten Zunahme oder Abnahme der bewirkten Spannung oder Erschlaffung nach, daß wir in diesem Spiegelbilde seiner hervorgebrachten Erfolge unmittelbar den Willen in seiner Arbeit zu fühlen und in allen Wandlungen seines Anschwellens und seiner Mäßigung zu begleiten glauben. (Erst so lernen wir Bewegungen verstehen und schätzen, was es mit ihnen auf sich hat; ohne diese Erinnerung wäre jede beobachtete äußere Bewegung nur die unverständliche Thatsache, daß vorhin etwas hier war, nun aber dort ist, und in der Zwischenzeit an Orten zwischen diesen beiden; nur jenes eigne sinnliche Erleben der Thätigkeit oder des Leidens läßt uns den kühneren oder lässigeren Schwung einer aufstrebenden Linie genießen [...])"[114]. Lotze läßt zu dem objektiven Gesetz der Schwerkraft, das den Raum „unzweifelhaft orientiert", das subjektive Gefühl bei der wirklich ausgeführten Bewegung, einen „Nebeneinfluß unserer körperlichen Organisation" hinzutreten, der durch ein subjektives Moment der „Bedeutsamkeit" die ästhetische Betrachtung räumlicher Verhältnisse vor der geometrischen Raumlehre auszeichnen mag. Riemann versteht nun diese „Organisationseigenthümlichkeiten" als das wahrhaft Objektive. Er setzt sich über jenes „Mehr", das die Töne nach Lotze „freiwillig" bieten, und damit über Lotzes zentrales Paradigma eines solchen Verhaltens der Gegenstände hinweg, „welches aus Begriffen nicht als notwendig nachweisbar ist"[115]. Eine solche Gesetzmäßigkeit als Grund von Schönheit zu bestimmen, dazu wird Lotze gerade durch die Musik bewegt. Riemann dagegen stellt dieses Mehr als intellektuelle Setzung einer Skala vor. Ihre Abstraktheit will er durch ein Moment ausgleichen, das in seiner physiologischen Bedingtheit eine objektive Basis besitzt. Die Argumentation Lotzes geht im folgenden unausgesetzt und insbesondere im musikalischen Kontext gegen eine solche Subjektivierung. Riemann folgt dagegen bei dem Versuch, Empfindung und Vorstellung in ein Verhältnis zu setzen, der Auffassung Strickers.

Konsequent macht Riemann Stumpfs „mittelbare Kriterien" zu den wahrhaft vermittelnden. Damit die melodische Bewegung eine innere werde, müssen wir sie vollziehen, uns selbst im Tonraum bewegen. Aus dieser Bewegung entspringe die Musik wie der Tanz aus unseren Gesten im sichtbaren Raum. Gerade die Innerlichkeit und Unmittelbarkeit der melodischen Bewegung wird bei Riemann an die „Kehlkopfgefühle" geknüpft, in deren Lob er einstimmt[116]. Aus Riemanns Ausführungen geht hervor, wie äußerlich und abstrakt für ihn die „Tonvorstellungen" waren. Riemann will Stumpfs isolierter Betrachtung der „Höhenqualität des Einzeltons" nicht allein die musikalische Bestimmung des Tons als Teil einer „Skala" entgegenstellen, die er als bloß ausgerechnete Serie von Höhenpunkten denkt. Zu dieser Bestimmung muß noch ein Ausdrucksmoment hinzutreten. Riemann will es physiologisch verankern, um nicht die intellektuelle Betrachtung nur durch ein weiteres subjektiv Hinzugefühltes zu ergänzen.

114 Lotze, *Geschichte der Ästhetik*, S. 79.
115 Ebd., S. 57.
116 Riemann, *Elemente der Ästhetik*, S. 46f.

Die Berechtigung dieses Motivs und die gleichzeitige Unhaltbarkeit seiner Durchführung zeigt sich in der Folge. Kurth ersetzt in seinem *Linearen Kontrapunkt* nur den physikalischen Zusammenhang der Töne durch übersinnliche Kräfte. Zum Schlagwort war der ,,Lineare Kontrapunkt'' insofern geeignet, als der ,,Bewegungszug'', in dem diese Kräfte sich versinnlichen, so abstrakt als subjektives Erlebnis der berechneten Serie gegenübergestellt wurde wie die späteren ,,Tonvorstellungen'' Riemanns. Wenig später reproduzierte Hornbostel die einst von Riemann vertretene, physiologisch vermittelnde Position[117]. Stumpf hing so sehr an der Betrachtung des Einzeltons und seiner absoluten Höhe, daß er schon den einfachsten Zusammenhang von Tönen in der abstrakten Vorstellung von Tonhöhe nur als eine assoziativ hinzutretende ,,Raumsymbolik'' gelten ließ. Hornbostel ist dieser Auffassung entgegengetreten und hat die Melodie ebenso unwillkürlich mit Gesten verknüpft sein lassen, wie Stricker sie mit Kehlkopfinnervationen und Riemann mit beidem verknüpfte. Stumpf kritisierte die Helmholtzsche Konsonanztheorie; konsequent führte Hornbostel den Nativismus Gurneys in seiner Lehre vom ,,Melodiemodell'' weiter, das unter Melodie nichts anderes versteht als jenes ausdrucksvoll bewegte Sprechen mit ,,stärkerer und resonanterer Stimmgebung, Benutzung höherer und tieferer Töne und weiterer Intervalle, sowie größere Veränderlichkeit der Tonhöhe''[118], von dessen Kritik Stumpf seinen Ausgangspunkt genommen, und zu welcher Kritik er in *Singen und Sprechen* zurückkehrte. Nun richtete sich die Kritik gegen die Konsequenzen, die seine Schüler aus seiner eigenen Vorgehensweise zogen. Stumpfs Betrachtung der Tonhöhe unter dem Aspekt der Tonfarbe bedeutete die Abtrennung der Intervalltheorie von der Tonlehre. Konsequent hat Hornbostel den Intervallen ,,Intervallfarbe'' zugeschrieben. Dadurch teilt sich das Unternehmen Tonpsychologie in zwei Richtungen, deren erste von der Tonfarbe über die einheitliche Intervallfarbe zur unanalysierbaren, nicht aus Tönen bestehenden Melodie, mithin auf die Disziplin der Musikpsychologie Hornbostels, deren andere auf die Phänomenologie musikalisch irrelevanter Toneigenschaften, mithin auf die neudefinierte Tonpsychologie Köhlers führt. Der Knoten zwischen den beiden Linien schürzt sich zwischen Stumpfs Konsonanztheorie und seiner Betrachtung der ,,Töne als solcher''. Die Intervalle der Töne fallen in die eindruckshafte Suavität der Konsonanz und die physikalischen ,,Töne als solche'' auseinander.

Stumpf hat 1924 das Thema *Singen und Sprechen* nicht wahrgenommen, um Lotze gegen Riemanns Interpretation zu verteidigen, während er sich mit einem anderen Versuch zur ,,Schaffung einer neuen Terminologie und Kategorientafel'' der Tonlehre akri-

---

117 In Riemanns Dissertation *Über das musikalische Hören* (1873) heißt es über die Oktave: ,,Die Durchführung der Zweiheit in den organischen Bildungen lässt darauf schließen, daß diese als einfachstes Vielfache die Stelle der Einheit, welche als ruhendes Moment keine Fähigkeit zu Weiterbildungen hat, zu verwerten berufen sei; so daß wir [. . .] die Zwei als eine aus sich heraustretende Eins anzusehen hätten und sie mit Eins nahezu identisch nennen müssten'' (zit. nach: Stumpf, *Tonpsychologie* II, S. 182, Fußnote 3). Stumpf kritisiert Riemanns frühe ,,naturphilosophische Speculationen''; Hornbostel dagegen legt erneut ‚die Durchführung der Zweiheit' sowohl der Oktave als der ,,Eifurchung'' zugrunde (vgl. Hornbostel, *Gehörserscheinungen*, S. 713).

118 Stumpf, *Musikpsychologie in England*, S. 265.

bisch auseinandersetzt, der ebenso um den Gegensatz von kontinuierlicher und diskreter Bewegung kreist[119]. Weder hat er auf seine eigene Kritik an sensualistischen Theorien hingewiesen, die die (musikalischen) Gemütsbewegungen als organische Sinnesempfindungen definieren, noch sein eigenes Konzept der „Urteile, die einen Standpunkt voraussetzen" gegen Riemanns Innenansicht des Tonraums eingewandt. Stumpfs eigene Unentschiedenheit wird daraus deutlich. Er wollte nicht den Metaphysiker Lotze verteidigen, der die Ortlosigkeit der Töne gelehrt, den Seelenkitzel verspottet und das unmittelbar Ergreifende der Töne in den „Ausdruck eines innerlichen, geistigen Daseins", in die Abbildung eines Intelligiblen gesetzt hatte — und er konnte ihn nicht verteidigen, ohne selbst zu sagen, woher und woran die diskreten Stufen zusamt ihrem „eigentümlichen Ethos" rühren. War dies Stumpfs ursprüngliche Absicht, so führen die Texte, in denen er die Grenze zwischen seiner und der physiologischen Psychologie zog, in ihrer Absicht, „das Geistige und das Sinnliche zu scheiden", in die Richtung der späteren „Tonvorstellungen" Riemanns[120].

In seiner *Musikpsychologie in England* hatte Stumpf erklärt, daß die der Kunst „zu Grunde liegende geistige Beschäftigung ziemlich hausbackener Art wäre", wenn mit ihr nicht die „mysteriösen, in die tiefsten Abgründe der Seele reichenden Gefühlswirkungen" zusammenhingen, sondern „nur jenes intellectuelle Vergnügen erklärt" wäre, „welches nach Sully durch die Vergleichung der Formen, die Erfassung des Einheitlichen im Mannigfaltigen, entsteht"[121]. „In der Musik sind die tieferen Wirkungen auf intellectuelle Bethätigung gegründet", daran hält Stumpf zuletzt fest[122]. Aber für den Versuch zur theoretischen Erklärung von Edmund Gurneys Beobachtungen über die Lebendigkeit von Melodievorstellungen sah Stumpf nur die Möglichkeit, einerseits auf „Richtiges in der sensualistischen Lehre"[123] hinzuweisen, andererseits die Opposition vorzustellen, über die Riemann versucht hatte, hinauszukommen: „Unsere Freude an der Musik ist teils durch die rein sinnliche Annehmlichkeit der Eindrücke, teils durch Form und Gehalt der Musikstücke bedingt"[124]. Die „intellectuelle Bethätigung" findet zuletzt wie bei Helmholtz erst gelegentlich der Kunstwerke statt. Die ursprünglich zentrale Frage, woher nun und woran die diskreten Stufen zusamt ihrem „eigentümlichen Ethos" rühren, blieb offen.

119 Stumpf, *Singen und Sprechen*, S. 21.
120 Vgl. Stumpf, *Gefühl und Gefühlsempfindung*, S. 60f. [(2), S. 7f.], Fußnote 2. Es handelt sich um die Texte: (1) *Über den Begriff der Gemütsbewegung* (1899), (2) *Über Gefühlsempfindungen* (1907), (3) *Apologie der Gefühlsempfindungen* (1916), (4) *Verlust der Gefühlsempfindungen im Tongebiete (musikalische Anhedonie)* (1924), (5) Sammelpublikation von (1), (2) und (3) nebst „Vorwort und Einleitung" unter dem Titel *Gefühl und Gefühlsempfindung* (1928). (Wir zitieren nach den Seitenzahlen der Aufsatzsammlung von 1928. Die Seitenzahlen der ursprünglichen Veröffentlichungen sind in Klammern angegeben).
121 Stumpf, *Musikpsychologie in England*, S. 295.
122 Stumpf, *Gefühl und Gefühlsempfindung*, S. 41 [(1), S. 87].
123 Stumpf, ebd., S. 47f. [(1), S. 93f.].
124 Stumpf, *Verlust der Gefühlsempfindungen*, S. 1.

β) Verlust des Intervallbegriffs an den „Eindruck einer Empfindung"

Wir haben gesehen, wie Stumpf seinen Ausgangspunkt von dem Widerspruch gegen die musikästhetische Auffassung genommen, es sei die Melodie ein unanalysierbares Erstes und entspringe aus einem ebenso unhintergehbaren „Musikvermögen". Demgegenüber hatte er sein Ziel darein gesetzt, die „Melodie" auf die in ihr vereinigten musikalischen Momente hin zu analysieren, ohne darüber das Ganze, die Idee eines gegliederten Zusammenhangs zu verlieren. Wir haben umgekehrt beobachtet, wie Stumpf das Analogon der „Lokalzeichen" im Tongebiete für überflüssig hielt. „Die Synthese setzt gewisse Ziffern des sinnlichen Materials in eine Klammer, aber die Klammer ist nicht wieder eine Ziffer"[125]. Die Tonhöhe, in die sich die verschiedenen Tonempfindungen einordnen, ist nicht selbst hoch. Wir haben nun zu betrachten, wie Stumpf den elementaren Gegenstand der Tonvorstellungen weiter zu bestimmen sucht, jene „Töne als solche", mittels derer und in welche die Melodie analysiert werden sollte.

Machen wir uns deutlich, an welcher Stelle wir stehen: Bislang waren die „Töne als solche" nur „sinnliches Material". Wie nun will Stumpf zu der „Antizipation von Tönen als solchen im Bewußtsein" fortgehen? Er setzt drei prinzipielle Bestimmungen. Er nimmt die Tonhöhe als musikalisch entscheidende Qualität des Hörbaren, an der die Verhältnisse der „Distanz" und der „Verschmelzung" beobachtet werden. Zufolge dieser „Grundverhältnisse zwischen Sinneserscheinungen" ordnen sich aufeinanderfolgende „Tonqualitäten" in eine Reihe, und ordnen sich gleichzeitige nach Graden der „Verschmelzung". Alle weiteren in der Musiktheorie thematischen Gegenstände — Stumpf zählt dazu die „Einführung fixierter Schritte", die „Auswahl bestimmter Stufen", die „Bildung der Scalen"[126] — gehören bereits der musikalischen Praxis an und sollen empirisch aus dem Zusammenwirken der beiden Kategorien hergeleitet werden. Aber nicht nur den „rein inhaltlichen, sozusagen theoretischen Bestandteil" des musikalischen „Klangeindrucks"[127], dessen arcanum das „Wesen der Tonverwandtschaft"[128] bildet, will Stumpf auf diese Weise gewinnen, sondern er will auch den „gefühlsmäßigen Bestandteil des Klangeindrucks"[129] Schritt für Schritt entwickeln, bis hin zu dem noch rätselhafteren „eigentümlichen Ethos, dem spezifischen Gefühlsausdruck, der an die Intervalle der diatonischen Leiter, auch die alterierten, geknüpft ist"[130].

Es ist dabei für Stumpfs Ansatz charakteristisch, daß er von dem Begriff der Verschiedenheit ausgeht. Weder die verschiedenen Momente des sinnlichen Materials, noch die verschiedenen psychischen „Klammern", in denen sie erscheinen, noch ersteres, als das „Außen", und letzteres, als das „Innen", werden miteinander verklammert.

Stumpf hat den Weg von den „Tönen als solchen", den Tonempfindungen, hin zur „Antizipation von Tönen als solchen im Bewußtsein", musikalischen Tönen wie „Toni-

---

125 Stumpf, *Erscheinungen und psychische Funktionen*, S. 31.
126 Stumpf, *Musikpsychologie in England*, S. 347.
127 Stumpf, *Verlust der Gefühlsempfindungen*, S. 11.
128 Stumpf, *Musikpsychologie in England*, S. 347.
129 Stumpf, *Verlust der Gefühlsempfindungen*, S. 11.
130 Stumpf, *Singen und Sprechen*, S. 12.

ka" und „Dominante", gradlinig angelegt. Die entscheidende Station erblickt er darin, daß die Musik die Dimension Tonhöhe anders benutzt als die Sprache, indem sie Bestimmungen, Verhältnisse der Tonhöhenpunkte, in sie einführt. Die Regeln, nach denen dies geschieht, sollen auf einem gegenüber der Tonhöhe (der den Schwingungsfrequenzen kollinearen Veränderungsreihe der Töne zwischen Tonhoch und Tontief) gänzlich anderen „Grundverhältnis", auf einem Phänomen nicht aufeinanderfolgender, sondern gleichzeitiger „Tonempfindungen" beruhen. Die „Klammer", die sie zusammenfassen soll, nennt Stumpf „Verschmelzung". Stumpf dachte unter dem Begriff „Verschmelzung" das Mittlere in der Begriffstrias παράθεσις — κρᾶσις — μῖξις: Nicht bloße „Nebeneinanderlagerung", ebensowenig aber „Durchdringung mit gegenseitiger Vernichtung der Substanzen und Eigenschaften und Entstehung eines neuen Körpers", sondern vielmehr „Durchdringung, aber mit Beibehaltung der Natur jeder der beiden Substanzen und ihrer Eigenschaften, weswegen sie auch wieder aus der Mischung hervorgehen können"[131]. Helmholtz' Verschmelzungsbegriff bedeutet Nebeneinanderlagerung, wodurch Isolierbarkeit der Empfindungen möglich wird; Herbarts Verschmelzungsbegriff bedeutet Vereinheitlichung. Hinter beiden Modellen steht eine räumliche Vorstellung: Helmholtz' Abbildung der diskreten Empfindungen auf die Schneckenklaviatur entspricht dem psychologischen Modell der sogenannten „Dislokation" der Empfindungen (Brentano, Mach); Vereinheitlichung bei Herbart heißt Punktualität und Einsheit. Stumpf hat an der Konsonanz die Einseitigkeit beider Vorstellungen zeigen wollen. Er sah es als das eigentlich psychologische Problem, daß die Seele weder ein Krater ist, in dem die diskreten Empfindungen entweder wie Gesteinsbrocken herumliegen oder als Lava verschmelzen, noch daß sie ein Finger ist, der auf einer rauhen Fläche entlangfährt und sich nur der Veränderungen (des „Übergangs" oder des „Zwischen") bewußt wird. Aber der Begriff „Verschmelzung" hat immer wieder sei es auf Unklarheiten, sei es auf dieses Entweder-Oder geführt.

Stumpf hat von *seinem* Begriff der „Verschmelzung" viel erhofft; für die Musiktheorie nicht weniger als eine „einheitliche Verschmelzung der Standpunkte"[132]. Aber der „durchaus sinnliche, nicht intellektuelle Charakter dieser Einheitlichkeit"[133] führte Stumpf nicht zur Zustimmung zu der Ansicht Lotzes, daß das Intellektuelle nicht das abstrakt Formale ist. Es ist geradezu die Konsequenz seiner Reserve gegenüber Lotzes Begriff des „beziehenden Denkens", daß die Kritiker sich an dem Wort „Verschmelzung" und seinen sozusagen metallurgischen Implikationen festhielten. Dies nicht nur, weil Stumpf sich weigerte, eine Definition zu geben und auf den „sinnlichen Eindruck" verwies, sondern weil ihnen, was Stumpf im Eindruck sondern wollte, mit Helmholtz' Schwebungen verschmolz[134]. Wir wollen zunächst zeigen, daß das Problem dadurch entsteht, daß Stumpf die eigentliche Wirklichkeit in eine Außenwelt verlegt, von der er das Denken als bloß subjektiv abtrennt.

---

131 Stumpf, *Geschichte des Konsonanzbegriffes*, S. 27.
132 Stumpf, *Konsonanz und Dissonanz*, S. 107.
133 Ebd.
134 „Man mache mir doch die Verschmelzung deutlich, bei der das Verschmolzene überdies unverschmolzen fortexistiert", klagte etwa Paul Natorp (zit. nach: Stumpf, *Tonpsychologie* II, S. 134).

In der *Tonpsychologie* unterscheidet Stumpf die Empfindungen von den an ihnen bemerkten Verhältnissen. Während erstere einfach „in den Sinn fallen" und dann als gegeneinander indifferente Mehrheit bloß verschiedener Elemente „im Bewußtsein vorhanden" sein sollen, beruhen letztere auf einem Urteil. „Im Urteile sind die beurteilten Empfindungen in einer Weise eingeschlossen, die sich von allen unserem Denken geläufigen Weisen physischen Einschlusses durch wesentliche Züge unterscheidet"[135]. Stumpf erklärt den Unterschied folgendermaßen: Die Mehrheit von in dem Verhältnis der Distanz oder Verschmelzung vorgefundenen Empfindungen muß nicht nur, wie es im Begriff der Mehrheit liegt, „gleichzeitig im Bewußtsein vorhanden sein"[136], sondern diese Mehrheit ist überdies auch „in dem Acte des Urteilens selbst eingeschlossen"[137]. Die Schwierigkeit liegt nun darin, sich dieses ‚Eingeschlossensein' zu vergegenwärtigen, denn dabei „bleiben die gleichzeitigen und in einem Urteile verbundenen Vorstellungen ihrem eigentümlichen Inhalte nach unverändert und unvermischt"[138]. Stumpf rekurriert auf Lotzes *Metaphysik*. Die Vergleichung, heiße es dort, „ist nur möglich, wenn eine und dieselbe Thätigkeit a und b zusammenfasst und zugleich auseinanderhält"[139]. Als schlagendstes Beispiel für die erwähnte Art des ‚Zusammenhaltens' zweier Gegenstände im Urteil verweist Stumpf auf das Konsonanzphänomen. „Die Consonanz zweier Töne beruht, wenn unsere späteren Betrachtungen richtig sind [...] auf einem eigentümlichen sinnlichen Verhalten dieser zueinander [...]"[140]. Solches Verhalten, bei dem „keineswegs aus den beiden Tönen Einer, ein mittlerer, entsteht", nennt Stumpf „in Ermangelung eines besseren Ausdrucks [...] Verschmelzung"[141]. Bereits bei dieser Exposition des Begriffs wird die Spannung zwischen Wort und Sache deutlich. Stumpf führt das als Verschmelzung bezeichnete Phänomen gerade in kritischer Absicht an, um den qualitativen Sprung zwischen „physischem Einschluß" und dem Eingeschlossensein der Empfindungen im Urteil deutlich zu machen. Während das Wort wie die Bestätigung einer Beobachtung Fechners erscheint, die den engen Zusammenhang von Physis und Psyche belegen soll: „Die psychischen Operationen entlehnen sogar fast sämmtlich geradezu ihren Namen von den physischen"[142], meint die Sache das Gegenteil. Daß aber Stumpf zu seinen Beispielen gegen einen solchen ‚Begriffsrealismus' den Verschmelzungsbegriff nicht hinzunimmt[143], weist auf eine Unschlüssigkeit. So sicher Stumpf die intellektuellen Urteile von Gehirnprozessen unterscheidet, so zwiespältig bleibt seine Position in Bezug auf die physiologische Repräsentation ihrer Gegenstände. Das eigentlich Reale bleiben die Empfindungen. Einerseits spricht das Konsonanzphänomen für den

---

135 Stumpf, *Tonpsychologie* I, S. 101.
136 Ebd., S. 98.
137 Ebd., S. 99.
138 Ebd.
139 Ebd., S. 99, Fußnote *.
140 Ebd., S. 101.
141 Ebd.
142 Stumpf, *Tonpsychologie* I, S. 104.
143 Vgl. ebd., S. 104: „Aber wenn die Sprache, die sich freilich überall anschaulicher Bilder bedient, hier etwas beweisen sollte, zu was für Gehirn-Repräsentationen würden Redensarten führen, wie „scharfes Urteil, schwere, brennende Frage, unreine Phantasie [...]"

Dualismus, belegt also die Unzuständigkeit der Physiologie für die Erklärung der „Eigenheiten des psychischen Lebens"[144], deren Erstreckung bis auf die Empfindungsurteile es dartut: „Nicht bloß die Beurteilung der Empfindungen nämlich, sondern diese selbst zeigen hier" — gemeint ist: in den „Eigenheiten des Tongebietes" — „Eigentümlichkeiten, für welche sich eine genügende physiologische Unterlage nicht will ausdenken lassen"[145]. Andererseits steht es für Stumpf außer Frage, „daß, wenn nicht den Urteilen, zum mindesten den Empfindungen selbst und allen ihren immanenten Eigentümlichkeiten bestimmte physische Gehirnzustände entsprechen"[146]. Stumpf konstatiert es als ein Dilemma, daß der Sinn intellektuelle Fähigkeiten aufweist: Einerseits scheint das nach dem Schema von Reiz und gesetzmäßiger Reaktion „bisher leicht Verständliche unbegreiflich zu werden"[147], wenn die konsonanten Töne nicht aufgrund ihrer gemeinsamen Obertöne — den sinnlich fühlbaren Indices ihrer Beziehung — als zusammengehörig aufgefaßt werden, sondern unerklärt „verschmelzen". Andererseits droht die Abgrenzung der Halluzination von der Wahrnehmung verloren zu gehen, wenn nicht die Empfindungen in sicherer Gesetzmäßigkeit mit der physischen Welt zusammenhängen und nur „die geistige Verarbeitung […] unsere Sache" ist[148].

Die zwei extremen Positionen, zwischen denen Stumpf hin und her geht, stellen sich folgendermaßen dar: (1) Verschmelzung ist ein physiologischer Vorgang, als dessen bewußtes Korrelat die Konsonanz erscheint. (2) Verschmelzung ist ein intellektueller Sachverhalt, dem eine eigentümliche sinnliche Realität zukommt. Anders als bei Lotze wurde in der Tonpsychologie nur der erste Fall diskutiert. Zwei Möglichkeiten wurden erörtert: (a) Es handelt sich um ein Pendant zu den Schwebungen, also um einen dritten, positiv gegebenen Empfindungsinhalt; (b) Es handelt sich um eine subjektive „Empfindung" sui generis. Stumpf hat vom „Eindruck *einer* Empfindung" gesprochen, und damit verhindert, was man als Verständnis eines Begriffs bezeichnen könnte: nämlich die Entfaltung dessen, was in ihm zusammengefaßt ist. Er hat reproduziert, was er an Helmholtz' Musiktheorie kritisierte: daß dort nämlich für die gleichzeitigen und die aufeinander folgenden Töne zwei verschiedene Konsonanztheorien gegeben werden. Wir geben zunächst zwei Eindrücke von den Interpretationsmöglichkeiten, die Stumpfs Verschmelzungsbegriff herausforderte.

Verschmelzung als Ersatz der Schwebungen. In seiner *Einleitung in die Helmholtz'sche Musiktheorie* weist Ernst Mach auf eine Lücke in der Helmholtzschen Theorie der Klangverwandtschaft (durch gemeinsame Obertöne) hin. Machs Angriffspunkt ist die Beobachtung, „dass das Wiedererkennen jeder Quarte als Quarte, jeder Quinte als Quinte u. s. f., kurz der *Intervallensinn*, durch die Helmholtz'sche Theorie keines-

---

144 Ebd.
145 Ebd. S. 101.
146 Stumpf, *Tonpsychologie* I, S. 101.
147 Ebd., S. 102.
148 Vgl. ebd. S. 105: „Diese Auffassungen sind ganz unwillkürlich und mit der Empfindung im entwickelten Bewußtsein untrennbar verbunden, durch sie mit der gleichen Unfehlbarkeit hervorgerufen wie die Empfindung selbst in normalen Zuständen durch den Reiz".

wegs erklärt" ist[149]. Machs Einwand beruht auf der strengstmöglichen Trennung von Empfindung und Vorstellung. Daß man „die Verwandtschaft zweier Klänge durch das blosse Ohr" erkennt, sei durch ein Empfindungsmoment erklärbar, durch das „Zusammenfallen der Theiltöne". Ob Teiltöne zusammenfallen oder nicht, mache für die Empfindung einen charakteristischen Unterschied, dessen Stärke der Zahl der Koinzidenzen entspreche. Die Musiker sprechen von Konsonanz und von Graden der Konsonanz. „Man erkennt die Verwandtschaft zweier Klänge durch das blosse Ohr", schreibt Mach, „man erkennt aber noch mehr"[150]. Und dieses bereits 1866 konstatierte „Mehr" ist es, das Mach noch in der letzten Auflage seiner *Analyse der Empfindungen* nur durch eine „Hypothese" von höchst problematischem Status erklärbar scheint. Das Problem besteht darin, daß man nicht nur die Konsonanz zweier Töne erkennt, sondern auch zwei einander folgende Terzen als Terzen und untereinander als gleich zu erkennen vermag. Mach stellt die Schritte C-E und H-dis hintereinander und beschreibt, was er empfindet: Es „haben beide Tonfolgenempfindungen etwas Gleiches an sich, welches sie beide als grosse Terzenschritte charakterisiert". Worauf soll dieses Bemerken einer Gleichheit beruhen? Die erste Terz ist Terz durch das Zusammenfallen des fünften Teiltons von C und des vierten Teiltons von E. Und ebenso ist mit Helmholtz die zweite Terz zu erklären. Aber bei der Vergleichung beider treffen fünfter und vierter Teilton einmal auf e', dann auf dis" zusammen. Und diese sind völlig verschieden. Mach führt vor, daß das Prinzip, wodurch Helmholtz die als Konsonanz bezeichnete Koalition zweier Töne erklärte, bereits auf der nächsthöheren Ebene nicht mehr funktioniert. In der *Analyse der Empfindungen* akzeptiert Mach zusätzlich die Demonstration Stumpfs, daß das Prinzip im Fall der Simultaneität auch schon auf der unteren versagt. Denn weder ist die Konsonanz durch den Grad eines dritten Inhalts, der Schwebungen, für die Empfindung ausgezeichnet, noch können auf einer Tonhöhe (als Reizung eines „Phonoreceptors") zusammenfallende Teiltöne durch Empfindung unterschieden und als verschiedenen Grundtönen zugehörige Indices deren Gemeinschaft begründend auseinander gehalten werden: dem Ohr müßten die gemeinsamen Töne einfach in einen Ton höherer Intensität zusammenfallen. Das Prinzip der gemeinsamen (sozusagen liegenbleibenden) Partialtöne hat Erklärungskraft allenfalls für sukzessiv einander folgende Töne[151]. Mach faßt beide Beobachtungen zusammen und schließt: „Es scheint also geradezu eine Intervallempfindung zu geben". Seine Lösung akzeptiert den unvermittelten Gegensatz von Empfindung und Vorstellung. Denn der Struktur nach sind beide Terzen freilich gleich. Strukturen sind aber für Mach nicht Gegenstand der „Empfindung". Der Sinn kann nur positive Inhalte feststellen, nicht Verhältnisse vergleichen. „Dieses Gemeinsame" — nämlich daß in beiden Fällen „der fünfte Partialton des tiefen mit dem vierten Partialton des höheren Klanges" zusammenfällt — „besteht aber nur für den physikalisch analysierenden Verstand, und hat mit der Empfindung nichts zu schaffen"[152].

---

149 Mach, *Helmholtzsche Musiktheorie*, S. VII.
150 Ebd., S. 46. Die folgenden Zitate ebd.
151 Vgl. Helmholtz, *Lehre von den Tonempfindungen*, vierzehnter Abschnitt, passim und S. 596.
152 Mach, *Analyse der Empfindungen*, S. 236. Zu diesem gegen die „bekante Theorie der ,unbewußten Schlüsse' " (ebd., S. 164) gerichteten Grundmotiv Machs vgl. auch ebd., S. 89 und, auf die Musik bezogen, S. 222: „Konsonanz und Dissonanz sind nicht Sache der Vorstellung, sondern der Empfindung".

Mach faßt seine Demonstration in den Ruf zusammen: „Wo bleibt der jeder Terzverbindung gemeinsame Empfindungsbestandteil?"[153]

Mach stellt seine Leser vor eine klare Alternative. Entweder man begibt sich auf die Suche nach der postulierten „Zusatzempfindung" oder man kehrt zu einer „Symbolik" zurück: „Will man ein physikalisches oder mathematisches Kennzeichen der Terz als ein Merkmal der Terzempfindung gelten lassen, so begnüge man sich nach Euler mit der Koinzidenz von je vier und fünf Schwingungen, welche Auffassung gar nicht so übel war, solange man glauben konnte, daß der Schall auch im Nerv noch als periodische Bewegung fortgehe, was A. Seebeck noch für möglich gehalten hat"[154].

Die postulierte Zusatzempfindung hat sich nicht auffinden lassen. Aber mit Machs Begriff der „Intervallempfindung" ist eine Weiche gestellt, durch die eine Kluft zwischen dem Begriff der Konsonanz, als einer einheitlichen Gesamtempfindung, und dem Begriff des Intervalls entsteht. Stumpf hat diesen Unterschied als den von „Wohlklang" und „Wohlgefälligkeit" hervorgehoben. Nur ersterer sei dem sinnlichen Eindruck zugänglich. „Harmonie bedeutet allenthalben die Wohlgefälligkeit wahrgenommener Verhältnisse, und wer ein Verhältnis als solches erfassen will, muß die Glieder unterscheiden"[155]. So „gradlinig", wie Stumpf aber die Untersuchung anlegt, kann er diese „Glieder" nur als hoch und tief unterscheiden, als dieser und der andere Ton. Stumpf benutzt die „Unterscheidung der Glieder" nicht zu deren Bestimmung, sondern bleibt bei ihrem Unterschied stehen. Sagt er aber, um von „dieser" und „jener" Tonhöhe zu abstrahieren, „Tonika" und „Dominante", so benutzt er wieder historisch kontingente Namen. Während Helmholtz auch vom „gegenseitigen Abstand der Töne" spricht und die Glieder durch Zahlen unterscheidet, gerät in Stumpfs Untersuchung der Wohlklang geradezu in Dissonanz zur Wohlgefälligkeit.

Stumpf geht folgendermaßen vor: Die „Verschmelzung" geschieht nach Graden, „Verschmelzungsstufen"; Vorstellungen eines abnehmenden „Abstands" der verschmelzenden Töne sind gänzlich fernzuhalten. „Abstand" könnte nach dieser Systematik ja auch nur „Distanz", also den Gesichtspunkt prinzipieller Verschiedenheit bedeuten, unter welchem die Töne bisher betrachtet wurden und weiterhin betrachtet werden. Stumpf verwendet zwar die musikalischen Termini und stuft die Verschmelzungsgrade von der Oktave über die Quinte und Quarte bis hin zu den Terzen und Sexten ab; von Intervallgröße, von Tönen ist aber selbst für die Dissonanzen nicht die Rede. Stumpf koordiniert die Verschmelzungsstufen zwar mit der Einfachheit des Schwingungszahlverhältnisses; er stellt diese Verhältnisse aber nur nebeneinander. Man muß die Glieder unterscheiden; wenn man sie aber dadurch unterscheidet, daß man sie zeitlich versetzt, verschmelzen sie nicht mehr, sind sie nicht mehr konsonant. „Konsonanz und Dissonanz finden, wenn anders Verschmelzungsunterschiede ihr Wesen bilden, nur zwischen gleichzeitigen Tönen statt. Die Aufeinanderfolge c-g nennen wir nur insofern konsonant, die Folge c-d nur insofern dissonant, als die beiden Töne, als gleichzeitige vorgestellt, im einen Fall einer höheren, im anderen der niedersten Verschmelzungsstufe

153 Ebd., S. 236.
154 Ebd., S. 236f.
155 Stumpf, *Konsonanz und Konkordanz*, S. 147.

angehören. Zwischen aufeinanderfolgenden Tönen als solchen können zwar Verwandtschaftsbeziehungen stattfinden, zum mindesten wenn es sich um obertonhaltige Klänge handelt, indem gemeinschaftliche Obertöne eine mehr oder minder ausgeprägte Ähnlichkeit der Klänge herstellen. Aber das ist eine andere Beziehung wie die der Konsonanz. F. Krueger hat ganz richtig erinnert, daß doch niemand beim Anhören der Tonleiter von einer Folge von Dissonanzen reden wird''[156]. Wir sehen, wie Stumpf für aufeinanderfolgende Töne auf Helmholtz' Theorie rekurriert. Erst in der *Erkenntnislehre* hat Stumpf diese Unterscheidung fallengelassen und die Verschmelzung zum sinnlichen Nebeneindruck konsonanter Töne relegiert. Der wichtigste Effekt dieser ,,theoretisch wie praktisch wichtigen Begleiterscheinung''[157] aber war die neuerliche Depotenzierung der Töne zu Sinnesempfindungen.

Die folgende Bewegung entspringt aus der Unverbundenheit der beiden Grundphänomene: Durch ,,Tonhöhe'' war für Stumpf der Einzelton in seiner zentralen Eigenschaft erfaßt. Die Konsonanz dagegen stellte er als Verhältnis zweier Töne dar, durch das ein neues einzigartiges Phänomen resultiere. Um dieses Phänomen qualitativ zu bezeichnen, wählte Stumpf den Ausdruck ,,Verschmelzung''. Mehr noch als bei der Tonhöhe ging es Stumpf hier darum, die qualitative Betrachtung des Phänomens von seiner mathematischen Betrachtung als Schwingungsverhältnis abzusetzen. Stumpf betonte unausgesetzt die qualitative Besonderheit, daß in der Konsonanz die beiden Konstituenten nicht in einem dritten, einheitlichen Empfindungsganzen untergingen, sondern daß man die Aufmerksamkeit durchaus auf einen der beiden richten könne; gegenüber jenem Moment aber, in dem er die wesentliche Bestimmung der beiden einzelnen Töne erblickte: der je diesen und nicht anderen Tonhöhe, war die Konsonanz aber gerade unabhängig. Die qualitative Besonderheit der Konsonanz schien Stumpf nicht unter Rückgang auf zwei Tonhöhen analysierbar, und ein anderes qualitatives Moment war Stumpf am Ton nicht sichtbar. So stellte sich die Konsonanz als ein neues Phänomen dar, dessen Eigenheit es zwar ist, in sich differenziert zu sein, das aber seinen Teilen insofern übergeordnet bleibt, als diese Teile an seiner abstrakten Formulierung nur namenlos partizipieren. Hier setzte die zweite Interpretation des Verschmelzungsbegriffs an. Sie wählte sich ein quantitatives Merkmal des Tons.

Verschmelzung als Konfusion. ,,Man spricht von Verschmelzung, wenn gleichzeitig erklingende Töne nicht leicht in ihrer Mehrheit erkannt werden''[158]. Brentanos Interpretation des Stumpfschen Terminus hat zwei Seiten: Brentano verallgemeinert den undeutlichen Begriff. Verschmelzung heißt Mischung, welches Prinzip sich in akustischen Phänomenen nicht anders als in anderen Sinnesgebieten zeigt. Brentano entqualifiziert dadurch, was Stumpf unter ,,Verschmelzung'' dachte, die Konsonanz. Denn für Brentano ist Verschmelzung nur negativ bestimmt: als eine diffuse Mitte zwischen Mehrheit als dem deutlich genannten und einem anderen Pol. Stumpf widerspricht: Verschmelzung soll eine besondere Art der Einheitlichkeit sein, das Zusammenbestehen zweier Tö-

---

156 Stumpf, *Konsonanz und Dissonanz*, S. 123f.
157 Stumpf, *Erkenntnislehre*, S. 156.
158 Brentano, *Sinnespsychologie*, S. 218.

ne gerade als unterschiedener. Brentano zieht die Konsequenz daraus, daß Stumpf solche Unterschiedenheit nur als Auseinandersein, ,,Distanz'' der Töne bestimmt hatte, welche Bestimmungen sich nicht mit der ,,Verschmelzung'' zusammenfügen wollten, sondern dem Begriff der Mehrheit unterstellt blieben. Mehrheit, so bestimmt Brentano, ist eine Verschmelzung vom ,,Grade null'', das deutliche ,,Verhältnis'' ist das Auseinandersein, das Ineinander, die Verschmelzung, ist sinnlicher Schein. ,,In der Tat, würden wir nicht die sinnlichen Erscheinungen mit unvollkommener Deutlichkeit perzipieren, so würden wir statt eines Scheins von Intensitätsunterschied und Wechseldurchdringung nur Besonderheiten der Kollokation in unserem Bewußtsein vorfinden''[159]. Gerade weil Stumpf Verschmelzung und Distanz nur gegeneinanderstellte, findet es Brentano inkonsequent, daß er Oktaven und Doppeloktaven denselben Verschmelzungsgrad zuschreibt. Doppeloktaven, so Brentano, werden deutlicher als zwei Töne, das heißt für Brentano: als eine Mehrheit von Tönen, erkannt. Zur Erklärung macht er sich Stumpfs eigene Bemühung um genaueste Beschreibung der von den Tönen erhaltenen Eindrücke zunutze: Stumpf selbst lehre, ,,daß uns die tiefen Töne ausgedehnter erschienen als die hohen [...]'' Brentano folgert: ,,Daß es infolge solcher Verschiedenheit der Ausdehnung im Fall der Gleichzeitigkeit zu einem Nebeneinander kommen muß, ist unleugbar''[160]. Wir finden hier zuerst die Töne anders als durch ihre Tonhöhe qualifiziert, und zwar mit Hilfe der Stumpfschen ,,Tongröße'' als eines quantitativen Merkmals. Die tiefen Töne sind dicker als die hohen[161]. Wie aber, so fragt Brentano, soll ,,verschmelzen'', was als Ausgedehntes nebeneinander liegt? Wie soll in gleichem Maß verschmelzen, was in verschiedenem Abstand nebeneinander liegt? Es scheint Brentano evident, daß die logische Klärung dieses sinnlichen ,,Eindrucks *einer* Empfindung'' Stumpf Schwierigkeiten bereitet. So kommt er ihm zu Hilfe. Stumpf habe aus den von ihm selbst beschriebenen ,,qualitativen Besonderheiten der Töne''[162] nicht ,,Besonderheiten der Kollokation''[163] abgeleitet. Brentano setzt klar und deutlich auseinander, was Stumpf sich geweigert hatte, in eine Form zusammenzufassen. Es ist nicht nur Brentanos ,,Visualismus'', der sich hier auswirkt[164]. Stumpf geht von einer Verschiedenheit als dem ersten aus und entbehrt des Begriffs einer in sich gegliederten Einheit. Brentano denkt diesen Ansatz mit unerbittlicher logischer Schärfe zu Ende.

Brentano setzt Verschmelzung als dem einheitlichen Eindruck einer Klangfarbe zugrundeliegend, setzt Verschmelzung als dem einheitlichen Eindruck einer Konsonanz zugrundeliegend, setzt Verschmelzung als dem einheitlichen Eindruck eines Tons zugrundeliegend untereinander gleich. Beginnen wir mit der Klangfarbe.

Wir hatten gesagt, daß Stumpf ,,Auffassung'' im Sinn eines analytischen Hinhörens im akustischen Experiment und ,,Auffassung'' oder ,,Einstellung'' im musikalischen Sinn nicht in Beziehung setzt. Bei Helmholtz wird in der experimentellen Analyse

---

159 Ebd., S. 81.
160 Brentano, *Sinnespsychologie*, S. 217f.; vgl. S. 220 sub 5) und S. 222. Brentano bezieht sich auf Stumpf, *Tonpsychologie* II, S. 56 und 441ff.
161 Vgl. Stumpf, *Tonpsychologie* II, S. 56 und 537.
162 Brentano, *Sinnespsychologie*, S. 220 sub 5).
163 Ebd., S. 81, sub 16).
164 Vgl. Handschin, *Toncharakter*, S. 242.

der Klangfarbe die Form sichtbar, die die Teiltöne zu einem Ton verklammert. Die Klangfarbe als der sinnliche Eindruck, worin die Teiltöne verschmolzen oder (mit Stumpfs Unterscheidung) vermischt sind, verschwindet, die Form des Tons erscheint. Auch Stumpf versteht die gehörte Klangfarbe als undeutliche Perzeption der als selbständig gedachten Teiltöne. Aber er löst sie anders auf. Die Klangfarbe „zerfließt sozusagen in dem Maße als die Analyse deutlicher und vollständiger wird"[165]. Was Stumpf in Händen bleibt; worein er die Klangfarbe zerfließen läßt: die Tonfarbe der Teiltöne (der von ihnen erhaltene sinnliche Eindruck) wird wieder als eine undeutliche Perzeption verschiedener Momente bestimmt. „Bei diesen [einfachen Tönen] ist die Tonfarbe, wenn wir das Wort nach Massgabe der Epitheta fassen, die unter Klangfarbe vereinigt zu werden pflegen, nicht etwas neben der Stärke und Höhe, sondern teils Stärke, teils Höhe, teils Grösse"[166]. Diese aus der sinnlichen Beobachtung erhaltenen Momente sind das Reale; ihr Zusammenhang ist bloß negativ bestimmt als undeutliche Perzeption. In die übergeordnete „Klangfarbe" zurückprojiziert, müßte Stumpf also sagen: Eine Klangfarbe ist, als Mischung teils dieses, teils dieses, teils jenes „Einzeltönchens", eine Mischung der jeweiligen Dreiheit von unterscheidbaren Momenten. Denn die Bedeutung der bei Helmholtz unter der Klangfarbe verborgenen mathematischen Form des Tons will Stumpf ja mit seinem Konsonanzprinzip der Verschmelzung zusamt der Klangfarbe des Tons ersetzen. Wie Klangfarbe ist Konsonanz ein Phänomen sui generis. Klangfarbe soll ein diffuser Eindruck, Verschmelzung eine Form der Einheit sein. Aber Stumpfs Untersuchung der Klangfarbe als einer amorphen Mischung undeutlich perzipierter Einzeleindrücke, „Tonfarben", hat auf den Verschmelzungsbegriff abgefärbt. Stumpf hatte gegen v. Oettingens harmonischen Dualismus eingewandt, ein „dünner Oberton" könne nicht einen Mollklang vertreten, könne „schwerlich ein starkes Band der Einheit zwischen den drei Tönen in unserem Bewußtsein herstellen [...], wenn diese sonst nichts miteinander zu thun hätten". Er traut dieselbe Leistung einem „starken Grundton" zu und geht nicht gegen v. Oettingens insgeheimen Pythagoreismus oder offensichtlichen Physikalismus an[167]. Brentano zieht die Konsequenz: So wie in der Klangfarbe die Mehrheit von Teiltönen nicht leicht erkannt wird, so wird auch in der Konsonanz die Mehrheit nicht leicht erkannt. So wie Stumpf die Klangfarbe als das Übergeordnete, als eine diffuse Resultante zerfließen läßt und eine diskrete Mehrheit von Momenten behält, läßt Brentano die Konsonanz, ja läßt er die Töne „zerfließen". Was er in Händen behält, sind „Elemente". Ton, Konsonanz, Klangfarbe sind „Besonderheiten der Kollokation" dieser Elemente. Nun folgt der ironische Schluß: Stumpf hatte die mathematische Form als quantitativ perhorresziert, weil in ihr „alle qualitativen Differenzen übersehen" würden. Das einzig quantitative Moment am Ton, seine „Grösse" oder „quasi-räumliche Ausdehnung" sollte nur ein „Klangfarbenpraedicat" ohne weitergehende musikalische Bedeutung, aber immerhin mehr als eine „blosse Association" sein[168]. Brentano setzt sie in deutlicher Klarheit aus dem Eindruck „Tonfar-

---

165 Stumpf, *Tonpsychologie* II, S. 529.
166 Stumpf, *Tonpsychologie* II, S. 540.
167 Vgl. Stumpf, *Konsonanz und Dissonanz*, S. 94.
168 Stumpf, *Tonpsychologie* II, S. 539.

be" heraus. Denn sein Denken, da es nicht durch den scheinhaften „Eindruck *einer* Empfindung" in der Analyse irre gemacht wird, ist fähig, eine solche Verschmelzung von Elementen „in jedem einzelnen Ton der Skala, für sich genommen", aufzulösen, die so „innig" ist, „daß schier alle Tonpsychologen, und insbesondere auch Stumpf in seinem großen Werke über Tonpsychologie, sie verkennen"[169]. Nun ist die Begründung einfach, warum Stumpf der Oktave und Doppeloktave denselben Verschmelzungsgrad zugeschrieben: Es ist ein anderes Element, wodurch sie nebeneinander stehen und ein anderes, wodurch sie zusammenhängen. Wir brauchen nicht die ganze Vielheit von diskreten Momenten aufzuzählen, die Brentano am Ton unterscheidet und unter denen sich auch der von Mach gesuchte „Empfindungsbestandteil" findet. Vorjetzt genügt uns der Gegensatz des Ganzen und der Teile: des Stricks, wie Brentano sagt, und der Elemente, die er bündelt.

Im einen Fall handelt es sich um eine übergeordnete Einheit, in der die Teile verloren sind, im anderen Fall um eine Vielzahl sorgfältig unterschiedener Momente. Nun können zwei Linien ausgezogen werden: Die erste Linie besteht in einer Abwendung von den Tönen zugunsten der Intervalle und der Melodie; die zweite in einer Zuwendung zu den Tönen. Wie die beiden Linien parallelgeführt werden können, hat Hornbostel gezeigt: Als Ziel hat die erste Linie die sogenannte „Melodiebewegung", die zweite führt auf die sogenannte „Tonigkeit". In der Art, wie Hornbostel zugleich Mach und Brentano folgt, brechen die von Stumpf als gleichzeitig gedachten Aspekte der Einheitlichkeit und Zweiheitlichkeit der Konsonanz auseinander. Erstere Linie wird sichtbar in der Art, wie Hornbostel bestimmte Tonabstände als „Quinte" oder „Quarte" definiert. Ihnen eignet ein gegenüber ihren „Helligkeiten" (wie Hornbostel nun die Tonhöhe nennt) Drittes: Hornbostel spricht von einem „Intervallcharakter", der aus „Intervallfarbe" und „Distanz" (Schrittweite) besteht[170]. Bei der Behandlung dieses „Intervallcharakters", der Machs „Intervallempfindung" entspricht, zieht Hornbostel die „Tonigkeit" nur als Parallele heran: wie die Helligkeit zur Tonigkeit, so verhalte sich die Distanz zur Intervallfarbe. Ton und Intervall bilden einheitliche „Ganzheiten", die nicht aufeinander zurückzuführen sind. Hornbostel fügt ihnen als ein weiteres, nochmals übergeordnetes und nicht auf Teile hin analysierbares Ganzes die Melodie an, die ebensowenig adäquat — d.h. unter Bewahrung ihrer qualitativen Besonderheit — aus den sie bildenden Intervallschritten zusammenzusetzen sei wie die Konsonanz aus zwei Tonhöhen. Durch diesen Dreischritt „Ton — Intervall — Melodie" war das Scheitern von Stumpfs Projekt „Tonpsychologie" besiegelt. Die aus einem unhintergehbaren „Musikvermögen" resultierende unanalysierbare Melodie kehrte wieder. Nicht leicht ist anzugeben, wie sich diese Linie zu der anderen verhält, die Hornbostel in den Dreischritt „toniger Ton — Tonika — Tonalität" faßt. Hornbostel baut seinen Artikel über die *Psychologie der Gehörserscheinungen* aus Absätzen auf, in denen jeweils eine einzelne Eigenschaft oder eine Gruppe von Eigenschaften des Tons betrachtet wird. Die Reihenfolge wird einer vermuteten biologischen Entwicklungsgeschichte des Gehörsinns entnommen. Systematisch führt dieser Weg vom Geräusch zum „musikalischen" Ton; er soll sich also

169 Brentano, *Sinnespsychologie*, S. 218.
170 Hornbostel, *Tonsysteme*, S. 428.

als Weg zur Musik erweisen. Hornbostel nimmt folgende Abstufung vor: (1) Geräusch und Ton; (2) Schallfarbe; (3) Helligkeit; (4) Bewegung, Höhe, Distanz; (5) Ausdehnung, Gewicht, Dichte; (6) Vokalität; (7) Tonigkeit; (8) Tonverwandtschaft, Intervall; (9) Konsonanz; (10) Lautheit; [(11) Toncharakter, d.h. „Gesamteigenschaft des Tons"]. Genau in der „Tonigkeit", derjenigen Eigenschaft des Tons, die Hornbostel als „Grundlage der Musik" (ebd., S. 712) bezeichnet, verwirrt sich die Stufung der Eigenschaften und kehrt sich der systematische Fortgang um. Einerseits scheinen die vorhergegangenen Bestimmungen in der „Tonigkeit" zusammenzulaufen, andererseits muß der Leser zu dem Abschnitt über „Bewegung" zurückblättern, um den Weg zur Musik fortzusetzen. Einerseits weiß der Leser nicht mehr, wodurch sich die in der systematischen Reihenfolge vorausliegenden Eigenschaften der „Helligkeit" und der „Höhe" des Tons als unterschiedene Momente von der „Grundlage der Musik" abheben, andererseits erscheint ihre Bedeutung gering angesichts des Ziels: einer Melodie, die nicht in Töne analysierbar ist. Doch wir haben vorgegriffen. Wir müssen nochmals bei Stumpf ansetzen.

γ) Tonsysteme und „musikalische Gewohnheiten": Dichotomie von Empfindung und Vorstellung

Stumpf geht von der Verschiedenheit aus. Die ungeordnetste Mannigfaltigkeit ist die der Klangfarben. Stumpf spricht hier von einer „so bunten Menge, daß man beim Überblick schier verzweifeln muß, sie wirklich unter Einen Begriff zu bringen"[171]. Unter dem Begriff der Klangfarbe versammeln sich Bezeichnungen, die Stumpf an einen „Schatz von Beiwörtern" erinnern, „mit welchem sich nur derjenige der Weinhändler einigermaßen vergleichen läßt". Der Oberbegriff der Klangfarbe ist in seiner Metaphorik verwandt dem der „Blume"[172]. Wie stellt sich demgegenüber der Oberbegriff Tonhöhe dar? Kann man von einer Ordnung von Elementen sprechen? Stumpf betrachtet die Tonhöhe als eine Strecke, auf der die Töne wie Punkte liegen. „Von je drei ungleichen Tönen ist stets einer ein mittlerer zwischen den beiden anderen"[173], von je drei ungleichen Tönen kann „unter allen Umständen nur Einer der mittlere sein"[174]. Das Grundverhältnis, unter das die Tonhöhe ihre Elemente bei einer solchen Betrachtung bringt, ist das der Distanz. Distanz heißt Auseinandersein, wie es mit dem Begriff einer Mehrheit von Elementen mitgegeben ist. Dieses Auseinander hat Grade, deren größter zwischen den als Tonhöhe zusammengefaßten Extremen, deren geringster zwischen eben ununterscheidbaren Elementen besteht. Betrachtet man die Tonhöhe als Ganzes, rückt der Begriff der Distanz in den Vordergrund. Man kann die Vorstellung einer Strecke zwischen den Extremen zugrundelegen. Da es sich um Empfindungen handelt und der Begriff der Gleichheit aufgrund der Unterschiedsschwelle durch den einer ge-

---

171 Stumpf, *Tonpsychologie* II, S. 514.
172 Stumpf, *Tonpsychologie* I, S. 200.
173 Ebd., S. 142.
174 Ebd., S. 144.

ringsten Distanz ersetzt werden darf, kann auch der einfache Ton noch als Strecke betrachtet werden. Den Distanzen entsprechen physikalisch die Differenzen der „Wellenzahlen"; vom selben Ton kann gesprochen werden, solange man die Schwankung nicht merkt[175].

Nun hat es aber mit den Distanzen, den Verschiedenheiten zwischen Tönen, eine besondere Bewandtnis. Stumpf faßt sie in die Feststellung zusammen, „daß das Distanzurteil durch das Konsonanzurteil gestört wird"[176]. Stumpf hätte sich gegen die Unterstellung verwahrt, er hänge einer Disziplin an, deren Forschungen durch „das Wesentlichste in der ganzen Musik, ihr Fundament und Lebensprinzip"[177] nur gestört werden. Die Betrachtung der Distanzen als des Ersten, das durch die Konsonanzen als eines Zweiten gestört wird, entspricht aber Stumpfs Vorstellung einer „gesunden psychologischen Betrachtung, die nicht das spätere zum früheren macht"[178].

Stumpf hat an der Selbständigkeit der phänomenalen Gegebenheiten der Tonhöhe und der Verschmelzung festgehalten; ihre Koordination aber war nicht als dritter, synthetischer Schritt gedacht, sondern sollte von „musikalischen Gewohnheiten" abhängen. Bei seiner Aufforderung, „verschiedene Töne anzugeben", unterschied Stumpf musikalische und unmusikalische Versuchspersonen dadurch, daß erstere die Unterschiede der Töne als Intervalle interpretierten, sich mithin nicht imstande zeigten, von den unwillkürlichen Auffassungen des Tongebiets zu abstrahieren, die sie sich angewöhnt hätten. Für sie überlagert sich die Tonqualität mit historisch bedingten Vorstellungen. Stumpf spricht von „fatalem Musikbewußtsein"[179] und „musik-infiziertem Bewußtsein"[180]. Seine Versuche, verschiedene Töne rein nach dem Grad ihrer Verschiedenheit anzuordnen, werden dadurch „gestört": „Das Hindernis [für die Distanzschätzung] liegt offenbar darin, dass musikalisch Geübte, die doch allein ein feineres Urteil haben könnten, beständig durch die Intervallenscala irre werden. Sie können von dieser, die sich ihrem Bewußtsein unauslöschlich eingeprägt hat, nicht willkürlich abstrahieren, tragen die Leiter stets im Kopfe; und die Anweisung, sie nicht zu gebrauchen, macht sie beinahe ratloser als die Unmusikalischen"[181]. Ein Modell des Tongebiets, das dieses nicht als Strecke und nicht als Leiter, sondern als eine Spirale darstellt, scheint Stumpf „zur Versinnlichung des Eindrucks der Tonleiter" geschaffen. Es beruhe „auf der Mitberücksichtigung der Consonanzverhältnisse neben der qualitativen Natur der Töne an sich, deren einfacher Fortschritt von der Tiefe zur Höhe damit nicht geleugnet sondern vielmehr anerkannt wird"[182].

Das Bewußtsein, daß die Untersuchung der „qualitativen Natur der Töne" durch musikalische Gewohnheiten gestört wird, führte Stumpf auf eine Auseinandersetzung

---

175 Ebd., S. 187f.
176 Stumpf, *Mein Schlußwort gegen Wundt*, S. 440, Fußnote.
177 Stumpf, *Musikpsychologie in England*, S. 278.
178 Stumpf, *Tonpsychologie* I, S. 137.
179 Stumpf, Rez. von: W. Wundt, *Grundzüge der physiologischen Psychologie* und von: E. Luft, *Über die Unterschiedsempfindlichkeit für Tonhöhen*, S. 544.
180 Stumpf, *Über Vergleichungen von Tondistanzen*, S. 445.
181 Ebd., S. 249.
182 Stumpf, *Tonpsychologie* II, S. 11.

mit Wilhelm Wundt. Sie beginnt mit Stumpfs Rezension der *Physiologischen Psychologie* Wilhelm Wundts, in der er einer in Wundts Laboratorium angestellten Untersuchung gegenüber „die schwersten prinzipiellen Bedenken" anmeldet[183]. Es handelte sich um ein Konkurrenzunternehmen zum ersten Band der *Tonpsychologie*, in dem ebenfalls die „Abmessung von Tondistanzen in der Empfindung"[184] untersucht werden sollte. Stumpfs Anklage ist hart. Blinder Praktizismus, „übelberatener Eifer" habe die Besinnung auf den Untersuchungsgegenstand verhindert. Nirgends wird Stumpfs musiktheoretischer Anspruch deutlicher als in dieser Kontroverse. „I have studied those things, you have not" — mit dieser Geste tritt Stumpf Wundt gegenüber.

Was heißt „Distanzschätzung"? Die Untersuchung in Wundts Labor wurde so geführt, daß den Versuchspersonen ein tiefer, ein hoher und verschiedene mittlere Töne zu Gehör gebracht wurden, wobei die Fragestellung lautete: Welcher Ton liegt zwischen dem tiefen und dem hohen derart in der Mitte, daß er den von ihnen gebildeten Abstand in zwei gleiche Abstände teilt? Befolgt wird also die „Methode der mittleren Abstufung"[185]; die Töne werden untersucht wie „Schall- oder Lichtstärken oder andere Sinnesreize"[186]. Erwartet wird in solchen psychophysischen Untersuchungen eine statistische Verteilung der ausgewählten Punkte in einem Bereich mit charakteristischer Verteilungskurve, aus der rechnerisch ein Mittelwert extrapoliert werden kann.

Durch die Versuchsreihe sollte die Frage nach einer gesetzmäßigen Abhängigkeit der Empfindungsunterschiede von den Schwingungszahldifferenzen beantwortet werden. Hinter dieser Frage steht folgende Erkenntnisabsicht: In Wundts Schule war zunächst versucht worden, den Begriff der Distanz durch die logarithmische Beziehung der Empfindung zum Reiz zu definieren. Die Konstanz der Konsonanzen bei wachsender Schwingungszahldifferenz sollte zu einem Empfindungsgesetz verallgemeinert werden. Es handelte sich um den Versuch, durch ein auch für einfache Töne zutreffendes Gesetz eine Alternative zur Helmholtzschen Konsonanztheorie zu bieten. Stumpf brachte dagegen den Einwand vor, daß die Intervalle durch das Verfahren, sie unterschiedslos als mehr oder weniger ausgezeichnete Vielfache eines Maß,intervalls' zu interpretieren, unter ein allgemeines Gesetz subsumiert werden, als dessen bloße Fälle sie ihre Eigenart verlieren. Intervalle sind nicht bloß „übermerkliche Distanzen", sondern in sich positiv qualifiziert. Der Versuch wurde aber nicht wegen solcher Überlegungen aufgegeben, sondern scheiterte an der Veränderlichkeit der Unterschiedsschwelle. Das konstante

---

183 Stumpf, Rez. von: W. Wundt, *Grundzüge der physiologischen Psychologie* und von: E. Luft, *Über die Unterschiedsempfindlichkeit für Tonhöhen* (1888), S. 544. — Stumpf setzte seine Kritik in dem Aufsatz *Über Vergleichungen von Tondistanzen* (1890) fort. Wundt antwortete unter demselben Titel [Wundt, *Über Vergleichungen von Tondistanzen* (1891)], worauf Stumpf seine Kritik erneuerte [Stumpf, *Wundts Antikritik* (1891)]. Gustav Engel trat auf die Seite Stumpfs [Engel, *Über Vergleichungen von Tondistanzen* (1891)]; Wundt antwortete auf Stumpfs „Replik" [Wundt, *Eine Replik C. Stumpf's* (1892)]. Ohne diese Antwort abzuwarten entschloß sich Stumpf, am Ende auch Wundt, zu einem „Schlußwort" [Stumpf, *Mein Schlußwort gegen Wundt* (1891); Wundt *Auch ein Schlußwort* (1892)].

184 Wundt, *Über Vergleichungen von Tondistanzen*, S. 606.

185 Ebd., S. 615.

186 Ebd., S. 616.

Maßintervall konnte nicht gefunden werden. Als Alternative sollte erforscht werden, ob einfache Proportionalität zwischen Reiz und Empfindung herrsche. Die Distanzen wären so mit den Schwingungszahldifferenzen konstant und völlig von den Intervallen abgetrennt. Eine Leiter, deren gleichabständige ‚Sprossen' durch gleiche Verhältnisse der Schwingungszahlen bestimmt vorgestellt wurden, sollte durch eine andere Leiter ersetzt werden, deren Sprossen den nämlichen Abstand halten, wenn die Schwingungszahlen die nämliche Differenz aufweisen.

Stumpf hält die Fragestellung für prinzipiell falsch. In seiner Kritik geht er von der Beobachtung aus, daß die von ein und derselben Versuchsperson geschätzten Mitten bei einigen Versuchen in weiter Streuung liegen, in anderen sehr präzise angegeben sind. ,,Rohtabellen'', in denen ,,jammervolle Schwankungen'' bei der Bestimmung des mittleren Tons stattfinden, stehen anderen Versuchsprotokollen gegenüber, in denen die Mitte eindeutig ‚sitzt'. Aus den Ergebnissen ersterer Versuchsreihen liest Stumpf heraus, ,,daß der Mann vollkommen rathlos war''[187]. Wundt in seiner *Antikritik* sieht in dieser Interpretation nichts als eine Ratlosigkeit bei Stumpf selbst. Wer die Protokolle psychophysischer Versuche (Rohtabellen) zu lesen wisse, verlange keine in die Augen springende Gesetzmäßigkeit. Er werde deshalb ,,schon beim ersten Anblick dieser Zahlenreihe den Eindruck gewinnen, daß sich der Beobachter [...] den Tönen gegenüber ungefähr ebenso verhält, wie wir Alle gegenüber Schall- oder Lichtstärken oder anderen Sinnesreizen, wo sich überall nicht sofort aus den einzelnen Versuchszahlen, wohl aber aus einer angemessenen rechnerischen Behandlung derselben brauchbare Resultate erhalten lassen''[188]. Lege man Stumpfs Betrachtungsweise zugrunde, ,,so würden sich über die sämmtlichen Probleme der Psychophysik überhaupt keine brauchbaren Versuche machen lassen''[189].

Nun will aber Stumpf gerade auf einen Unterschied hinaus, den er mit seiner Terminologie nicht präzise fassen kann: Wofern man nicht ebenmerkliche Unterschiede untersucht, sind die Töne nicht bloße ,,Höhengrade'' analog den ,,Schallstärken''. Woher rühren die signifikant präzisen ,,Schätzungen''? Wundt sagt: Es handelt sich um Unterschiede in der individuellen Zuverlässigkeit bei Sinnesurteilen, die wir aus unseren Versuchsreihen kennen, erwarten und rechnerisch eliminieren (,,herausrechnen''). Stumpf dagegen erblickt in dieser Divergenz den alles entscheidenden Sachverhalt. Die sicheren und die unsicheren Schätzungen zusammenzunehmen und einen Mittelwert herauszurechnen, ist für Stumpf nicht sachverständig. Worin Wundt das Ergebnis erblickt, darin ist für Stumpf der eigentlich interessante Sachverhalt: der Unterschied zwischen ,,Distanz-'' und ,,Intervallurteilen'' verschwunden. Wenn die Versuchsperson in ihrem Urteil ratlos ist, so ist sie für Wundt nicht ratloser als bei anderen Sinnesurteilen. Stumpf dagegen hält es für die Bedingung der Möglichkeit einer Musik, daß die Versuchsperson unter bestimmten Bedingungen nicht bloß ein wenig sicherer über die Frage urteilt: ‚Welcher Ton liegt zwischen zwei gegebenen in der Mitte?' als über die Frage: ‚Welche Lautheit ist zwischen zwei gegebenen die mittlere?', sondern daß sie im ersten

187 Stumpf, *Über Vergleichungen von Tondistanzen*, S. 430.
188 Wundt, *Über Vergleichungen von Tondistanzen*, S. 616.
189 Ebd.

Fall eine Mitte präzise bestimmt, die sie im zweiten Fall nur schätzt. Für Stumpf ist es evident, daß sich Töne zu einem Glissando nicht verhalten, wie eine Terrassendynamik zu einem Crescendo. Er betont, daß in Tondistanzexperimenten mit einem Faktor zu rechnen ist, der in andere psychophysische Versuche nicht hineinspielt. Aber der Unterschied zwischen Wundt und Stumpf ist subtil und wird deshalb durch eine mißverständliche Ausdrucksweise Stumpfs umso leichter undeutlich. Subtil: Denn Stumpf erblickt nicht anders als Wundt die „qualitative Natur der Töne an sich" darin, daß sie sich als Tonhöhengrade in eine Dimension fügen wie die Lautstärkegrade. Undeutlich: Denn die Fehlerquelle liegt nach Stumpfs Ausdruck in „musikalischen Gewohnheiten", in „Leitervorstellungen", die interferieren. Dem Leser, der hoffte, Stumpf würde durch den Hinweis auf die Sicherheit bestimmter Urteile über Tonhöhen die Musik dem drohenden Vergleich mit der Kochkunst entziehen, muß angesichts der Rede von „Gewohnheiten" Wundt als derjenige erscheinen, der nach einer Gesetzlichkeit forscht, und wäre es auch nur die empirische, mit der sich Wundt ausdrücklich begnügen will. Für Wundt macht Stumpf um einen Störfaktor ein Aufheben, der in der großen Zahl von 110 000 Versuchen verschwindet und zudem bei der Auswertung der Tabellen berücksichtigt und herausgerechnet worden ist. Stumpf hält es für absurd zu sagen: Wird zwischen musikalisch verständlichen Rahmentönen nicht eine Mitte angeboten, die als musikalischer Ton verstanden werden kann, so wird das Distanzurteil unsicher. Für ihn muß es heißen: Das Distanzurteil ist allemal so unsicher, wie Sinnesurteile im Allgemeinen; maßgebend und musikgebend ist das Intervallurteil[190]. Stumpf treibt diesen Unterschied in unzweifelhafter Deutlichkeit heraus, indem er sagt, Wundt versuche, durch Volksabstimmung eine Gleichung zu lösen[191]. Aber Stumpf deckt den Unterschied wieder zu, wenn er zu der Formel greift, das Distanzurteil werde durch die Konsonanzen gestört.

Mit dem Hinweis auf unvermeidliche, aus den Versuchen nicht eliminierbare „musikalische Gewohnheiten" faßt Stumpf mehrere Sachverhalte zusammen. Er wirft Wundt eine „Verschmelzung" vor, in der das besondere Verhältnis von Distanz- und Intervallurteil untergeht. Gerade weil er Wundt einen fehlerhaften Begriff des Intervalls zur Last legt, fällt hier Licht auf seinen eigenen Begriff der „Verschmelzung". Denn Wundts Versuche arbeiten mit sukzessiv angegebenen Tönen. Zwischen ihnen findet keine Verschmelzung in Stumpfs Sinn statt, da er diese ausschließlich als Simultanphänomen definiert. Um zu begründen, warum dennoch reine Distanzschätzung nicht möglich sein soll, muß Stumpf sagen, wie er selbst die beiden Momente zusammendenken will. Es beleuchtet Stumpfs Begriff der „Verschmelzung", daß er, was er darunter dachte (und es ist unzweifelhaft die Konsonanz) nicht in seiner eigenen Gegenposition zu Wundts „Mittelwert" wiedererkannte.

Mit der Rede von Gewohnheiten will Stumpf zunächst nur dem Herrschaftsbereich von „Empfindungsgesetzen" entrinnen, die uns auf eine bestimmte unveränderliche Reaktionsweise festlegen würden. Sein Grundsatz von der strikten Trennung von Empfindung und Vorstellung führt ihn auf seine paradoxe Stellungnahme. Einerseits wirft er

---

190 Vgl. Wundt, *Über Vergleichungen von Tondistanzen*, S. 625; Stumpf, *Wundts Antikritik*, S. 283; Wundt, *Eine Replik C. Stumpf's*, S. 311.
191 Stumpf, *Über Vergleichungen von Tondistanzen*, S. 456.

Wundt Unkenntnis der Sache vor, weil er die Eigenart der Intervalle nicht berücksichtigt habe. Andererseits betrachtet er die qua Intervallurteil gewonnene untrügliche Sicherheit gegenüber einem Sinnesurteil nur nach Maßgabe eines heteronomen „Festgelegtseins" durch rezipierte Gewohnheiten. Er fragt nicht, wodurch sie als Vorstellungen Plausibilität in sich erhalten könnten, sondern setzt sie nur als methodisch „störend" den als „rein sinnlichen Faktoren" vorgestellten Ton- und Verschmelzungsempfindungen gegenüber. Dies erstaunt besonders, wenn man bedenkt, daß Stumpf seine Interpretation der Wundtschen Beobachtungen zu dem Begriff der „musikalischen Mitte" verallgemeinert hat. Stumpf setzt den Gegenstand von Empfindung und Vorstellung nicht durch den Begriff der Fertigkeit so zu beiden in ein Verhältnis, daß er die Möglichkeit, ihn sicher zu beurteilen, aus der Bildung einer Fähigkeit begründete, wodurch die Empfindung nicht der bloße, verstandlose „Eindruck", die Vorstellung nicht die beliebig ebenfalls bloß ‚angenommene' Gewohnheit bliebe. Er trennt „Konsonanz und Konkordanz" voneinander, ohne der Formalität dieser Trennung dadurch inne zu werden, daß das einzige in dem gleichnamigen Aufsatz als „rein sinnlicher Faktor" isolierbare Phänomen, die Schwebungen, musikalisch gerade keine Rolle spielt[192].

Stumpf ist nicht der Ansicht, daß die Intervalle auf Gewohnheit beruhen. Er will nur dem Interpretationsspielraum Rechnung tragen, der bei der Verwandlung von Tonhöhengraden („Tonqualitäten" nach Stumpf) in musikalische Töne („Leitertöne" nach Stumpf) der Bestimmung der Mitte zwischen zwei Tönen daraus entsteht, daß die Konsonanzverhältnisse sich nicht in eine gleichabständige Leiter fügen. Da er aber den Begriff nicht in Richtung einer Disposition zum Denken präzisiert, wurde er in dem disjunktiven Sinn verstanden, daß es sich bei den Intervallen um Gewohnheiten handle, weil sie nicht vermögen, „die Intonation des Sängers auf bestimmte Frequenzverhältnisse — 3:4, 2:3 — festzulegen"[193]. Hornbostel läßt Grünspechte „transponieren", ist aber enttäuscht, daß die Menschen nicht auf bestimmte Intervalle „festgelegt" sind und „auch der Europäer [...], wenn man isolierte Einzelintervalle für sich betrachtet, entsetzlich unrein" singt[194].

Der Kern von Stumpfs Argument ist die Frage nach dem Allgemeinen, das sich in den Intervallen zeigt. Stumpf macht auf die von Wundt an die Versuche herangetragene Hypothese aufmerksam, den Sinnesurteilen müsse diese oder jene mathematische Form zugrunde liegen. Wundts Frage nach der entweder logarithmischen oder proportionalen Abhängigkeit der Empfindung vom Reiz entspringt, wie Stumpf bereits in der *Tonpsychologie* mitteilt, Fechners unzulässiger Verallgemeinerung der Beobachtung, daß wir unabhängig von der Tonhöhe alle Quinten als Quinten etc. wiedererkennen. Dieses Allgemeine entspricht nicht der Struktur der musikalischen Intervalle. Durch die Subsumption der Intervalle als Fälle der behaupteten Regel degenerieren die Intervalle zu unter sich bloß verschieden großen „Abständen". Folge man diesem Verfahren, so verschwinde der Unterschied von Konsonanzen und Dissonanzen. Stumpf macht deutlich, daß die positive Auszeichnung gewisser Intervalle als Konsonanzen aus diesem Gesetz (so richtig es in anderer Hinsicht sein mag) nicht hervorgeht. Geht in der Rückführung

---

192 Vgl. Stumpf, *Konsonanz und Konkordanz*, S. 138.
193 Hornbostel, *Tonsysteme*, S. 432.
194 Ebd.

auf ein „Empfindungsgesetz" das Besondere der Intervalle verloren, so blickt Stumpf auf die Intervalle in ihrer Besonderheit.

Wie betrachtet er die Verhältnisse der Intervalle zueinander? Zunächst unterscheidet er sie als gleiche und verschiedene, als große und kleine, konsonante und dissonante. Nun zeigt es sich aber in den Versuchen, daß die Intervalle weder bloße Abstände, noch unter sich nur verschieden groß sind. Der Unterschied zwischen Distanz- und Intervallurteil besteht nicht lediglich darin, daß man, anstatt einen Abstand in zwei gleiche Abstände zu teilen, nun ein Intervall in zwei gleiche Intervalle teilt. Eine solche gemeinsame Verfahrensweise würde bedeuten, daß man im einen wie im anderen Fall auf das sei es undeutliche sei es unverwechselbare „Dazwischen" (den „Intervallcharakter") achtet. Stumpf beobachtet, daß die Versuchsperson die Doppeloktave geometrisch als 2:4:8, die Oktave dagegen arithmetisch als 2:3:4 für richtig geteilt hält. Daraus geht hervor, daß die Doppeloktave nicht bloß ein „größeres" und auch nicht bloß ein anderes Intervall ist. Stumpf erklärt: In der Musik ist der Begriff der Mitte nicht eindeutig. Die Teilung der Intervalle ist weder ausschließlich auf die geometrische noch ausschließlich auf die arithmetische Mitte ,festgelegt'. „Musikalische Gewohnheit" sei es, die darüber entscheide, ob die Versuchsperson die Oktave als 6:8:12 oder als 6:9:12, ob sie die Quinte als 4:5:6 oder als 10:12:15 für richtig geteilt halte. Daß in beiden Fällen die geometrische Mitte von der Versuchsperson nicht in Betracht gezogen wurde, daß sie die „Mitte" mithin erreicht fand, wenn das große Intervall in zwei verschiedene Intervalle geteilt wird, darüber geht Stumpf hinweg.

An dieser Stelle erwartet man, daß Stumpf seine Unterscheidung einer Mittenschätzung via Sinnesurteil und der Mittenbestimmung qua Intervallurteil dazu benutzt, auch das Intervall als sinnlichen Eindruck und als musikalisches Intervall, den Ton als Sinnesinhalt und den musikalischen Ton zu unterscheiden, und zu sagen: Intervalle sind nicht bloß verschieden große Abstände, sondern jedes ist in sich qualifiziert derart, daß ihre Besonderheit sie nicht bloß zu verschiedenen (verschieden großen) Intervallen macht. Vielmehr zeigt sich in dem „einfachen" Fall der Bestimmung der musikalischen Mitte diese gerade insofern den „Mittelwerten" Wundts entronnen, als sie die Auffassung der Töne als bloßer Verschiedenheiten und der Intervalle als bloßer Ungeschiedenheiten derart verschmilzt, daß sich (mit dem Wort zu sprechen, durch das Stumpf die Implikationen des Verschmelzungsbegriffs zu überkommen suchte) die Auffassung der Intervalle als Verhältnisse besonderer voneinander unterschiedener Töne und deren Bestimmung als nicht bloß weiterer Verschiedenheiten „durchdringen". Stumpf hätte sagen können: Nicht die bloß verschiedenen akustischen Schätzwerte Wundts zusamt ihrer unspezifischen (für Sinnesurteile im allgemeinen zutreffenden) Verteilungskurve, sondern erst diese Töne, die sicher bestimmt sind, können wir eigentliche Töne nennen. Erst ihre Betrachtung können wir im Gegensatz zu einer Psychologie des Gehörsinnes eine Tonpsychologie nennen. Aber Stumpf weist die Aufgabe zurück, ein Allgemeines zu denken, das sich in Individualitäten ausgliedert, „deren Wesen ganz in ihren gegenseitigen Beziehungen aufgeht, während doch jede zugleich ihren eigenen, unverwechselbaren Charakter hat"[195]. Anstatt diesem „Denkfehler"[196] zu verfallen, stellt Stumpfs Empfindungs-

195 Stumpf, *Erkenntnislehre*, S. 117.
196 Ebd.

gesetz des Verschmelzens die unverwechselbaren Intervalle (Konsonanzen) als Verschmelzungsgrade unverbunden nebeneinander. Dieses Gesetz erschöpft sich in ihrer Aufreihung innerhalb des Gegensatzes von Konsonanz und Dissonanz und vermag die der untersten „Verschmelzungsstufe" angehörigen Intervalle überhaupt nicht mehr zusammenzuhalten und zu unterscheiden. Der Ganzton 8:9 und die Terzdifferenz 24:25 fallen ihm nicht anders in ein und denselben „Sammelkasten" (Riemann) von Verschmelzungsgrad, als bei Wundt alle in ein und demselben Empfindungsgesetz untergehen. Stumpf spricht von den „mit dem Grundton dissonierenden Tönen unserer Leitern" und rekurriert für die Herleitung ihrer „Verwandtschaft" auf Helmholtz[197]. Die „musikalische Mitte" fügt sich weder mit Stumpfs Begriff des Intervalls, noch mit seinem Begriff der „musikalischen Leiterstufen" zusammen. Im ersteren Fall ergibt sich ein verschiedener Verschmelzungsgrad der entstehenden Intervalle, im zweiten eine verschiedene Anzahl von Leiterstufen[198]. Die Töne bleiben für Stumpf absolute Sinnesinhalte, „Tonhöhen", zu denen gewohnheitsmäßige Vorstellungen hinzutreten.

c) „Musikalische Qualität des Tons" als Ergänzungsversuch: Das Intervallurteil als Tautologie oder Diaphonie

„Zur Veranschaulichung der individuellen Entwicklung des Seelenlebens haben Condillac und Bonnet das Gleichnis einer Statue benutzt, welche man sukzessive mit einer Klasse von Sinnesempfindungen, dann mit einer zweiten usw., begabt denken sollte, und sie haben jedesmal die psychischen Folgen untersucht, die sich aus dem jeweiligen Zuwachs ergeben würden. Man spricht hier zumeist von der ‚Fiktion' Condillacs; wir würden sie unter den Begriff des Modells subsumieren, da sie doch nur eine Veranschaulichung dessen sein soll, was sich ebensogut auch ganz abstrakt hätte sagen lassen, und da mit der Ersetzung des lebendigen Bewußtseins durch eine Statue nicht das geringste bewiesen werden sollte und konnte. Es sollte nur verhütet werden, daß der Leser insgeheim noch allerlei andere Fähigkeiten voraussetzte, die dem lebendigen Individuum tatsächlich und erfahrungsgemäß zukommen"[1]. Obwohl Stumpf sich an anderen Stellen seiner *Erkenntnislehre* vom Sensualismus abgrenzt und betont, daß dem Menschen noch „andere Fähigkeiten" neben den aus der sinnlichen Wahrnehmung stammenden eigen sind[2], erinnert es an Condillacs Modell, wie Stumpf in den Experimenten der *Tonpsychologie* „psychische Funktionen [...] durch Töne angeregt" werden läßt. „Man steht dem Ton, dessen Höhe zu bestimmen unter den ungewohnten Versuchsumständen nicht gelingen will, wie einer ganz neuen fremdartigen Erscheinung gegenüber [...] Ich glaubte mich kaum je in einer so wunderlichen Unklarheit befunden zu haben"[3]. Was Stumpf hier versucht, nennt er die „Unmittelbare Beurteilung der Tonqualitäten", wie sie einer

---

197 Stumpf, *Konsonanz und Konkordanz*, S. 130; S. 124.
198 Vgl. Stumpf, *Problemata*, S. 13f.; S. 35.
  1 Stumpf, *Erkenntnislehre*, S. 406.
  2 Ebd., S. 334ff.
  3 Stumpf, *Tonpsychologie* I, S. 306.

„gesunden psychologischen Betrachtung" entspringe, „die nicht das spätere zum früheren macht"[4]. Wie Condillacs Statue bleibt Stumpf stumm. Schlimmer aber als der Statue, die nach dem Bild eines Menschen geformt ist, ergeht es der an einem solchen Modell orientierten *Tonpsychologie*. Sie bleibt ein Torso. Denn Stumpf sieht in den „unwillkürlichen, durch Erfahrung geleiteten Auffassungen", in die er den „Mittelpunkt der ganzen Musikpsychologie" setzt, ein bloß Äußerliches, Sekundäres, wofür er das „gewohnheitsmäßige Hinzudenken der Tonica auch von Seiten des Laien" als Beispiel nennt[5]. In diesem Sinn gibt er sich an der zitierten Stelle Rechenschaft von der „wunderlichen Unklarheit": „Offenbar ist der plötzliche Wegfall jeder bestimmten Auffassung schuld, mit der sonst unwillkürlich in Folge des musikalischen Zusammenhanges Töne umkleidet sind". Gegenüber einem solchen Einfluß der Gewohnheiten des „musik-infizierten Bewußtseins" will Stumpf in seiner Untersuchung bei den „Sinnesurteilen" beginnen.

Aber hat nicht Stumpf das Prinzip der Musik in die Intervalle gesetzt? Hat er nicht von einem „göttlichen Funken" gesprochen, in dessen Licht die Erkenntnis der Intervalle, dieses „Wiedererkennen" der „gleichen Verhältnisse an ungleichem Material", die Ähnlichkeitserinnerung, überhaupt nur möglich sei?[6] Stumpf wendet sich mit diesem Wort Ernst Haeckels, auf das er in der *Erkenntnislehre* nicht mehr zurückkommt, sowohl gegen die von Mach erdachte alternative Erklärung des Wiedererkennens durch „Zusatzempfindungen" als auch gegen die Gleichsetzung des Wiedererkennens mit einem ,Gleichreagieren' in den monistischen Theorien Köhlers und Hornbostels. Aber er erkennt in den Verhältnissen der Töne nicht die in der „innersten Wahrnehmung" gefundenen Verhältnisbegriffe wieder, sondern bezieht sich nur auf die Fähigkeit zur Bildung von Begriffen durch „Abstraktion" und „Generalisation"[7]. Das Erste und eigentlich Objektive sind „Empfindungen". Stumpf verzichtet auf die Herleitung der Begriffe, die er im allerersten Satz seiner *Tonpsychologie* voraussetzt: „Wenn wir eine Empfindung als den Ton a oder als Terz von f bezeichnen, so drücken wir damit ein Sinnesurteil aus, d.h. ein auf sinnliche Erscheinungen bezügliches und durch sie hervorgerufenes Urteil"[8]. Er hat den Zusammenhang zwischen solchen „unmittelbaren" Auffassungen und jenen, durch die die Töne ,gewohnheitsmäßig' „umkleidet" sind, nicht hergestellt. Den dritten Band der *Tonpsychologie*, der „die Intervallurteile oder das eigentlich musikalische Denken" hätte behandeln sollen, hat Stumpf nicht herausgegeben.

Stumpf wollte die Intervallurteile auf den „Verschmelzungsthatsachen" gründen lassen. Er hat von seiner Beobachtung geradezu die „einheitliche Verschmelzung" divergierender musiktheoretischer Tonbestimmungen erhofft. Weil aber Stumpf auf dem „durchaus sinnlichen, nicht intellektuellen Charakter dieser Einheitlichkeit" bestand, ergab sich als Resultante eine Dissoziation.

---

4 Ebd., S. 137.
5 Stumpf, *Musikpsychologie in England*, S. 348.
6 Stumpf, *Anfänge der Musik*, S. 7 und S. 25.
7 Ebd., S. 23 und S. 25.
8 Stumpf, *Tonpsychologie* I, S. 3.

Alle Einwände gegen Stumpf zielen darauf, in „eigentümlicher Komplikation"
(Natorp) zu erweisen, was Stumpf in die Reihenfolge des Früheren und des Späteren
auseinanderlegen wollte. Eine bunte Menge von Neologismen dient diesem Zweck. Alle
zielen darauf, eine „musikalische Qualität" des Tons zu benennen, die er durch die bei
Stumpf erlittene Depotenzierung zur Sinnesqualität eingebüßt hatte. Aber allein in
Wolfgang Köhlers tautologischer Bestimmung der musikalischen Töne als „Töne mit
Tonhöhe" wird sichtbar, daß Stumpfs Ansatz auf solche Weise falsch war, daß ein bloß
entgegengesetzter Ansatz nicht richtig sein konnte. Als Konsequenz aus Stumpfs Verschmelzungsbegriff stellen wir einen Ausdruck ins Zentrum, der noch über Hornbostels
Ansicht hinausgeht, daß nur die Ungeschiedenheit von Laut und Sinn eine Alternative
zu jener Theorie des „Benennungsurteils" bietet, die Stumpfs *Tonpsychologie* zugrundeliegt, und die Hornbostel karikiert: „Es blitzt und jemand sagt *muh*"[9]. Dieser Versuch, die Empfindungen zu benennen, „wie sie in Wahrheit sind", reagiert auf die Absicht, Empfindungen und Vorstellungen auseinanderzuhalten und Empfindungen durch
andere Empfindungen zu erkennen, sei es durch zusätzliche Empfindungen, wie bei
Mach, oder sei es durch Vergleich mit Empfindungen eines anderen Sinnesorgans, wie
bei Brentano. Anders als Mach hält Brentano zwar dafür, daß das Denken sich nicht
auf die Hypothesenbildung (etwa auf das Postulieren von „Zusatzempfindungen") beschränkt und daß Empfindungen zweier verschiedener Sinnesorgane nicht durch ein
drittes Organ verglichen werden. Aber auch er stellt sie bloß nebeneinander, stellt dem
Hindeuten auf ein Namenloses, auf diesen oder diesen Ton, eine beliebige Terminologie
gegenüber.

α) Tautologische Bestimmung der „musikalischen Qualität"

Wolfgang Köhlers „Töne mit Tonhöhe". Im § 8 des ersten Bandes der *Tonpsycho-*
logie entwirft Stumpf für seine Untersuchung folgende Ausgangssituation: „Denken wir
uns nun zunächst, daß wir wissenschaftlich forschend dem Tongebiete als einem uns
gänzlich neuen gegenüberträten"[10]. Die Einstellung bei einer solchen Begegnung nennt
Stumpf die „Unmittelbare Beurteilung der Tonqualitäten". Stumpf beginnt nicht beim
Hörbaren, setzt nicht beim Schall und seiner Erzeugung an. „Dem Tongebiet als einem
gänzlich neuen gegenübertreten" meint, die festen Vorstellungen des Lesers über „Töne
im weiteren und populären Sinne" zu relativieren. Zumal die „Urteile, welche sich auf
die Consonanz und die damit zusammenhängenden Eigentümlichkeiten der Töne beziehen", sollen zunächst ausgeschlossen bleiben. So unterscheidet Stumpf Töne, wie sie als
bekannte Gegenstände im Buche stehen — „Töne unterscheiden sich nach Angabe der
Lehrbücher unter einander durch ihre Höhe, Stärke, Klangfarbe" — und „Tonqualitäten". Durch den neuen Terminus soll Distanz zum Gegenstand geschaffen werden. Die
einzige physikalische Bestimmung der „Tonqualitäten", die Stumpf gibt, soll eine
Lehrmeinung suspendieren: Unter „Ton" werde der „einfache Ton ohne Obertöne"
verstanden, man dürfe sich aber auch die bekannteren Töne im populären Sinn darunter

---

9 Hornbostel, *Laut und Sinn*, S. 330.
10 Stumpf, *Tonpsychologie* I, S. 142.

vorstellen, womit gemeint ist: ... sofern man nur nicht aus deren vollerem Klang die Helmholtzsche Musiktheorie heraushört.

Als „Tonqualitäten" sollen die „Tonempfindungen" in einer bestimmten Hinsicht betrachtet werden. Stumpf bestimmt seinen Gegenstand mit Hilfe einer empirischen Beobachtung: „Wird einer aufgefordert, verschiedene Töne anzugeben, so gibt er nicht Töne von verschiedener Stärke sondern verschiedener Höhe an. Man hält also die Höhe für die Eigentümlichkeit, durch welche ein Ton gerade dieser und kein anderer ist. Sie ist zugleich diejenige, wodurch Töne sich am schärfsten von allen anderen Empfindungen abheben; man kann eine Farbe und einen Ton in Bezug auf ihre Dauer, ihre Localisation, einigermaßen auch ihre Stärke, nicht aber oder nur schwer in Bezug auf ihre Qualität vergleichen. So ist zweifellos die Höhe unter den Merkmalen der Tonempfindung im Allgemeinen die am meisten charakteristische; und die Urteile über Höhe und Höhenverhältnisse sind dementsprechend, wenn auch nicht im Leben, doch musikalisch die grundlegenden"[11]. Stumpf benutzt das in seiner „Theorie der psychologischen Teile" entwickelte Verfahren der Unterscheidung von Hinsichten nicht allein, um die verschiedenen Attribute des Tons durch die ihnen zugehörigen Veränderungsreihen zu indizieren, sondern um sie gegeneinander abzuwägen und das zentrale als Qualität der Tonempfindung auszuzeichnen. Indem der Befragte zeigt, daß er seine Aufmerksamkeit vor aller musikalischen Auffassung des Tons auf dessen Zugehörigkeit zu der als Tonhöhe zusammengefaßten „Veränderungsreihe" richtet, kann diese als zentralere Eigenschaft von den gleichzeitig mitgegebenen „psychologischen Teilen" der „Stärke und Klangfarbe" abgehoben werden.

Indem Stumpf seine Beobachtung als Hinweis auf eine Qualität liest, unterscheidet er das an die Tonempfindung angelegte Maß und Urteilskriterium in dreierlei Hinsicht. Obwohl er unverzüglich zu der musikalischen Bedeutung der Tonhöhe fortgeht („die Urteile über Höhe und Höhenverhältnisse sind [...] doch musikalisch die grundlegenden"), will er musikalische Erfahrungen ausklammern, wie sie sich auch im Sprachgebrauch dieses Wortes spiegeln: „In der praktischen und zumeist auch theoretischen Musik ist der Ausdruck Tonqualität ungewöhnlich, und wo er gebraucht wird, bezeichnet er die Klangfarbe"[12]. Weiter geht aus dem Wort Qualität die Ablehnung einer quantitativen Betrachtung der Töne und Tonverhältnisse hervor, wie sie die Verfahrensweise der Pythagoreer und der von ihnen eingesetzten musiktheoretischen Tradition kennzeichne — eine Verfahrensweise, „welche sie auch sonst in der Welt alle qualitativen Unterschiede übersehen ließ"[13]. Zuletzt ist es die in dem Ausdruck Tonhöhe liegende „Raumsymbolik", die Stumpf nicht wie selbstverständlich voraussetzen will und durch den Begriff Qualität vermeidet.

Trotz dieser Abgrenzungen eignet dem Ausdruck eine Zweideutigkeit. Stumpf tritt einer Auffassung der Tonqualität entgegen, die er mit seiner Verfahrensweise bei der Bestimmung des qualitativen Moments nicht verwechselt wissen will. Wird auch das qualitative Moment am Ton durch eine Vergleichung mit anderen Tönen hervorgehoben, so

11 Ebd., S. 135.
12 Ebd., S. 136.
13 Ebd., Fußnote.

beruht es doch nicht erst auf dieser Vergleichung. ,,Es zeigt sich keinerlei Einfluß weder eines vorausgehenden noch gleichzeitigen Tones auf die Qualität eines gegenwärtigen''[14]. Obwohl es richtig sei, daß ,,dem Erwachsenen [...] sich keine Sinnesempfindung bietet, die nicht in einem gewissen Maße beurteilt, in irgend einer Beziehung aufgefaßt würde''[15], so hieße es doch ,,das spätere zum früheren'' zu machen, wenn man nicht davon ausginge, daß die Töne ,,zunächst nur als Summe absoluter Qualitäten im Bewußtsein vorhanden sind, ebenso wie Farben, Gerüche, Geschmäcke''[16]. Stumpf betrachtet die Tonhöhe als das ,,Analogon der Farbennuance, der specifischen Geruchs-, Geschmacksqualität''[17]. Er hatte im ersten Abschnitt gegen die ,,Relativitätslehre'' der Empfindungen protestiert; folge man ihrer Annahme, daß wir gar nicht absolute Inhalte, sondern nur Unterschiede und Veränderungen empfänden, so werde vom den Verhältnissen zugrundeliegenden Gegenstand abstrahiert. Dieser aber sei die ursprüngliche Gegebenheit. Stumpf hält fest: ,,Von den Empfindungen selbst aber ist keine ihrem Wesen nach auf andere angewiesen, es liegt in der Röte kein Hinweis auf die Bläue, in einem Ton kein Hinweis auf einen anderen, jeder kann seiner Natur nach für sich empfunden werden''[18]. Insbesondere die ,,Meinung von der blos relativen Natur der Töne'' führt nach Stumpf auf absurde Konsequenzen: ,,Empfindungsverhältnisse haben wir beispielsweise in den Intervallen, wenigstens hat man sie vor der Relativitätslehre als solche Verhältnisse angesehen. Künftig wird ein Intervall ein Verhältnis zwischen zwei Verhältnissen — und von Tönen selbst wird wol gar nicht mehr die Rede sein''.

Die Zweideutigkeit entspringt Stumpfs Bemerkung, es seien die Töne ,,zunächst nur als Summe absoluter Qualitäten im Bewußtsein vorhanden, ebenso wie Farben, Gerüche, Geschmäcke''[19], und gleichzeitig sei dabei jeder als ,,dieser und kein anderer'' unverwechselbar bestimmt. Besonders von Wundt und seiner Schule wurde gegen Stumpf der Vorwurf erhoben, daß er nicht experimentell verfahre[20]. Stumpf hat auf den Umfang des Projektes hingewiesen, das ihm vorschwebe: ,,Für einen Einzelnen, der das weite Feld der Tonpsychologie als Ganzes durch eine zusammenhängende Theorie umspannen will, ist es nicht möglich, sich bei Versuchsreihen in ganz unbearbeiteten Teilen dieses Gebietes länger aufzuhalten, als es zur Ziehung der ersten Umrisse seiner Überzeugung nach notwendig ist''[21]. Er hat vermutlich seinen einleitenden Satz (,,Wird einer aufgefordert, verschiedene Töne anzugeben [...]'') weder als Experiment, noch als Beobachtung, sondern als Formulierung einer evidenten Gegebenheit angesehen. Aber

---

14 Ebd., S. 20.
15 Ebd., S. 7.
16 Ebd., S. 137.
17 Ebd., S. 136.
18 Ebd., S. 14.
19 Ebd., S. 137.
20 ,,Beides, die genügende Zahl und das methodische Verfahren, vermissen wir bei den Stumpf'schen Versuchen. Es kommt ihnen kaum ein größerer Werth zu als der einzelner interessanter Beobachtungen, welche immer nur Vermuthungen zulassen, aber keine exacten wissenschaftlichen Resultate liefern'' (Lorenz, *Untersuchungen über die Auffassung von Tondistanzen*, S. 38); vgl. W. Wundt, *Über Vergleichungen von Tondistanzen*, S. 632.
21 Stumpf, *Wundts Antikritik*, S. 291f.

für seine Folgerung, die Bestimmung der Höhe des Einzeltons als dessen Qualität, er-
hielt er Kritik aus seinem eigenen Institut: „Daß die Tonhöhen nicht den ‚Qualitäten'
der übrigen Sinnesgebiete entsprechen, kommt besonders auffallend darin zum Ausdruck, daß sie für die große Mehrzahl der Menschen niemals bekannte und wiederzuer-
kennende Eigenschaften werden, wie Gerüche, Geschmacksarten, Farben u.s.w. Es gibt
sehr viele Menschen, die täglich stundenlang Klavier spielen und dabei nicht *einen* Ton
ihres Instruments der Note nach richtig erkennen, wenn er angeschlagen wird, ohne daß
sie hinsehen. In dieser Beziehung verhalten sich viel eher die Helligkeiten der Töne und
sämtliche Klangfarbeneigenschaften, besonders die vokalischen und konsonantischen
der Sprachlaute, wie die Qualitäten der anderen Sinne"[22]. Wir sehen, wie Wolfgang
Köhler das Kriterium für die Bestimmung der Qualität einer einzelnen Sinnesempfindung darein setzt, wie sie sich selbständig behaupten kann. Was er an den Tonhöhen
vermißt, ist der „positive Kontrast" (Mach), durch den sich die „Qualitäten" der anderen Sinne nicht nur unterscheiden lassen, sondern sich als je in sich bestimmt aus der
Mannigfaltigkeit des Empfundenen herausheben.

Es ist auffällig, daß Köhler von *den* Tonhöhen, von einer Mehrheit spricht, und
das, was Stumpf ebenfalls Tonhöhe nennt, als Helligkeit bezeichnet. Aber auch wenn
Köhler hier eine optische statt der althergebrachten haptischen Metapher verwendet, so
besteht er doch darauf, daß Unterschiede der Klangfarbe als charakteristisch hervortreten, wenn man die Tonhöhe nicht unter musikalischen Gesichtspunkten betrachtet.
Letztere Betrachtungsweise ist für Köhler nicht auf die Qualität des Hörbaren im psychologischen Sinn gerichtet. Köhler folgt gerade als Tonpsychologe lieber als seinem
Lehrer Stumpf dem Musiker Engel, der in der Untersuchung der „Eigentöne der Vokale" vorausgegangen war. Daß andererseits Köhler die musikalischen Töne als Tonhöhen
bezeichnet, die Reihe der Notennamen mit den Korrelaten einer bestimmten Sequenz
von Schwingungsfrequenzen fest identifiziert und das Wiedererkennen des einer bestimmten Frequenz zugeordneten Eindrucks als Tonhöhe c, d, etc. für die musikalische
Betrachtung hält, zeigt den Weg, den Stumpf seiner Disziplin mit dem ersten Satz seiner
Tonpsychologie vorschrieb: „Wenn wir eine Empfindung als den Ton a oder als Terz
von f bezeichnen, so drücken wir damit ein Sinnesurteil aus, d.h. ein auf sinnliche Erscheinungen bezügliches und durch sie hervorgerufenes Urteil"[23]. Die einfachste Form
dieses Urteils soll es sein, seinen Gegenstand zu bestimmen und sich auf ihn zu beziehen.
Köhler weist darauf hin, daß es bei der Beurteilung einer einzelnen isolierten Tonhöhe
zu anderen als musikalischen Kriterien greift.

Stumpf hat die beiden von Köhler unterschiedenen Hinblicke auf die Tonhöhe zu-
sammengenommen. Beide gehören ihm in eine einzige Stufenfolge von Auffassungen:
„Ein Ton wird nicht immer als c, d etc. aufgefasst, aber wol stets als ein hoher, tiefer
oder mittlerer; und wenn selbst dies nicht der Fall sein sollte, wird er mindestens vom
vorhergehenden Tone oder von der Stille unterschieden"[24]. Köhler ist sich mit Stumpf
darin einig, daß ein einzelner Ton „seiner Natur nach" empfunden werden kann. An-

---

22 Köhler, *Tonpsychologie*, S. 427, Fußnote 3.
23 Stumpf, *Tonpsychologie* I, S. 3.
24 Stumpf, *Tonpsychologie* I, S. 7.

ders als Stumpf räumt er aber dem „Benennungsurteil", wodurch er als „dieser und kein anderer" bestimmt festgehalten wird, einen besonderen Status ein. Schwierig ist dieses Urteil nicht allein wenn der Ton wegen extremer Lage „undeutlich in der Tonhöhe" ist[25]. Anstelle den „Umweg" der Sprache, „dass sie zur Charakterisierung der sinnlichen Gefühlsqualitäten die Ausdrücke für Empfindungen anderer Sinne mit ähnlichen Gefühlsqualitäten heranzieht", als einen anderen als den musikalischen Weg zu betrachten, setzt Stumpf beide gleich. „Wir haben freilich für das Tongefühl keine eigenen sprachlichen Ausdrücke, aber wir haben auch keine für die Tonqualitäten, abgesehen von den Buchstaben, die wir ebensogut auch für die Gefühle anwenden können"[26]. Stumpf verwendet die Notennamen durchgängig zur Bezeichnung fester Tonhöhen, die bestimmten Schwingungszahlen entsprechen.

Erst durch eine weitere Beobachtung Köhlers wurde Stumpf darauf aufmerksam, daß sein Ansatz, die Töne als „absolute Qualitäten" zu vergleichen, womöglich keinen Anspruch auf Allgemeinheit machen könne. Köhlers Beobachtung steht im tonpsychologischen Fragehorizont: Die meisten seiner Versuchspersonen sind fähig, einen angegebenen Ton nachzusingen — sie fassen ihn also als „diesen und keinen anderen" auf. Zugleich aber wissen sie nicht anzugeben, „welchen" Ton sie singen, und sie behalten ihn auch nicht im Gedächtnis. Deshalb widerspricht Köhler der herrschenden Lehre: „Der angegebene Ton, sagt man, hat eine musikalische Tonhöhe, diese ist in früheren Erfahrungen assoziiert worden mit bestimmten Bewegungsvorstellungen (Kinästhesien), die sich auf den Kehlkopf beziehen. Die Reproduktion dieser Vorstellungen ist es, die die richtige Anspannung der Kehlkopfmuskeln auslöst, die damit das richtige Nachsingen möglich macht"[27]. Erneut bildet die Verbindung des Physischen und des Psychischen das Hauptproblem. Die „Theorie der Assoziationen, das fruchtbarste Erklärungsmittel der Psychologie"[28], kann für Köhler die geschehende Vermittlung nicht erklären: „Es ist gar nicht dabei bedacht, daß es den allermeisten Menschen, die angegebene Töne ohne jede Mühe nachsingen, ganz unmöglich ist, die Tonhöhe gehörter Töne mit irgend etwas zu assoziieren, wie sich das am deutlichsten zeigt in der Unfähigkeit, die Töne zu benennen, mit den gehörten Tonhöhen Notennamen zu assoziieren"[29]. Köhler erklärt das Nachsingen als unbewußte Leistung. Nur für Menschen mit „absolutem Tonbewußtsein", wie Köhler sagt, könne man annehmen, daß sie nicht die Tonhöhe als Tonhöhe abnehmen (dies nennt Köhler „den Ton wiedererkennen"), sondern den ‚Ton als solchen' erkennen. Köhler fährt fort: „Diese andern aber [die Versuchspersonen ohne absolutes Gehör] singen — sofern sie nicht extrem unmusikalisch sind — die Töne richtig nach, obwohl sie ganz im unklaren darüber sind, welche Tonhöhen sie eigentlich nachsingen. Es muß als unmöglich bezeichnet werden, daß unter solchen Umständen mit den Tonhöhen in feinster Abstufung Muskelvorstellungen fest assoziiert sind"[30]. Köhler entwirft eine physiologische Hypothese. Er ersetzt die Assoziation ei-

25 Vgl. Engel, *Über Vergleichungen von Tondistanzen*, S. 327.
26 Stumpf, *Tonpsychologie* I, S. 203.
27 Köhler, *Psychologische Beiträge zur Phonetik*, S. 19.
28 Stumpf, *Musikpsychologie in England*, S. 348.
29 Köhler, *Psychologische Beiträge zur Phonetik*, S. 19.
30 Ebd.

nes Notennamens mit einer bestimmten Tonhöhe und mit der sie hervorrufenden Anspannung der Kehlkopfmuskulatur durch die Identität der Schwingungsfrequenz des gehörten Tons und der Frequenz des „diskontinuierlichen Prozesses im Nervus cochlea-
ris". Das Nachsingen soll eher auf einer Art von Resonanz als auf einem bewußten Akt
beruhen.

.. Unter allen Beiträgen zur Tonlehre, die aus seiner Schule hervorgingen, hat Köhlers
Konzept Stumpf am meisten beeindruckt; in den *Neuen Untersuchungen zur Tonlehre*,
im Aufsatz über *Singen und Sprechen* und in der Untersuchung der *Sprachlaute* nimmt
er dazu Stellung. Dabei war es vermutlich Köhlers Terminologie, die Stumpf auf zei-
chentheoretische Überlegungen führte. Erst als die Geltung der Tonhöhe als „Tonqualität" wankte, und Köhler die „Vokalitäten" als eigentliche „Tonqualitäten" einsetzte,
versuchte Stumpf, verschiedene Hinblicke auf die Tonhöhe zu unterscheiden.

Zuerst hat sich Stumpf zu Köhlers Theorie in seinem Aufsatz *Über neuere Untersuchungen zur Tonlehre* (1915) geäußert. Angesichts von Köhlers Überlegungen, „wonach
direkte physiologische Zusammenhänge zwischen dem Erregungszustand der Hörnerven
und der entsprechenden Muskelinnervation des Kehlkopfes angenommen werden können"[31], wehrt er sich gegen die Konsequenz, das Musizieren als unbewußte Leistung
aufzufassen: „Auch würde ich in keinem Falle soweit gehen, die Bedeutung der Tonvorstellungen für das richtige Nachsingen bzw. Transponieren um deswillen zu leugnen,
weil entsprechende Innervationen durch angeborene physiologische Mechanismen begünstigt werden." Stumpf bringt folgenden Einwand: „Köhlers Argumente gegen die
ältere Theorie, wonach das richtige Nachsingen auf fein ausgebildeten Assoziationen
zwischen Tonvorstellungen und kinästhetischen Vorstellungen beruhte, scheinen mir allerdings zutreffend. Wir wissen, daß auch bei anderen willkürlichen Bewegungen Bewegungsvorstellungen keineswegs notwendige Mittelglieder sind. Aber die Vorstellung eines Bewegungsregulativs, hier des Tones (eventuell des Noten- oder sonstigen Zeichens),
bleibt doch erforderlich, solange es sich um eine willkürliche Tätigkeit handelt." Eine
genauere Bestimmung des „Tons als Bewegungsregulativ" hat Stumpf nicht gegeben.
In seiner Abhandlung über *Singen und Sprechen* (1924) weist er erneut auf die bewußten
Leistungen hin, die Köhler übergeht, wenn er die „feste Assoziation zwischen der Tonvorstellung und einer bestimmten Muskelinnervation" durch die „direkte Anpassung
der Stimmlippenschwingungen an die Frequenz der Erregungen in der Schnecke (bzw.
im Gehirn)" ersetzt[32].

Stumpf bringt hier zu den Bedingungen seines ersten Versuchs, der Aufforderung,
verschiedene Töne anzugeben, eine Ergänzung hinzu: „Ein stetiger Übergang oder eine
Ton-Bewegung im prägnanten Wortsinn ist nicht eine Summe aufeinanderfolgender Töne, mag auch physiologisch eine diskrete Reihe wenig verschiedener Fasern erregt werden, sondern eine einheitliche, qualitativ eigenartige Tonerscheinung, so einheitlich wie
ein festliegender Ton"[33]. Angestoßen dazu wird er durch Köhlers Versuch, „eine tie-

---

31 Stumpf, *Untersuchungen zur Tonlehre*, S. 23f., Fußnote. (Dort auch die folgenden Zitate).
32 Stumpf, *Singen und Sprechen*, S. 7.
33 Ebd., S. 25.

fergreifende ganz radikale Trennung''[34] zwischen Sprache und Musik durchzuführen und dazu die ,,Qualität'' des Einzeltons neu zu bestimmen.

Nach fast 40 Jahren nimmt Stumpf das zentrale Thema der Schrift über *Musikpsychologie in England* (1886) wieder auf: die Frage nach dem Verhältnis von Sprache und Musik. In jener Abhandlung setzte sich Stumpf mit Spencers Versuch auseinander, die Musik von der Sprache abzuleiten und betonte den fundamentalen Unterschied; nun sieht er sich veranlaßt, Sprache und Musik in ein Verhältnis zu setzen. 1886 hatte Stumpf die Fortschreitung durch Intervalle als Anfang der Musik bestimmt und dem Versuch entgegengehalten, die Melodiebewegung vom sprachlichen Tonfall abzuleiten. Es war dort nicht die Rede davon, daß zu festen Intervallen auch feste Töne gehören und daß mithin der musikalische Ton anders ,,fällt'' als der gesprochene. Auch in *Singen und Sprechen* weist Stumpf zunächst auf das Treffen ,,der Intervalle und des gesamten Vortrags'' hin. Im folgenden aber muß er sich doch auf den Einzelton beziehen, denn Köhler setzt die ,,ganz radikale Trennung'' zwischen Sprache und Musik nicht in den verschiedenen ,,Bewußtseinsrahmen''[35] des Sängers und Redners, sondern in die Anwesenheit und das Fehlen eines ,,Attributs, einer sinnlichen Grundeigenschaft'' schon am einzelnen Ton.

Die ,,Klänge'' der Musik und die ,,Laute'' der Sprache unterscheiden sich bei Köhler nach ihrem ,,Tonmaterial'': es handelt sich um ,,Töne mit und Töne ohne Tonhöhe''[36]. Wir sind bereits darauf aufmerksam geworden, daß Köhler nicht von der Tonhöhe, sondern von Tonhöhen sprach. Zu diesen Tonhöhen (die also nicht die Qualitäten des Gehörsinns sein sollen) ist ,,Tonhöhe'' der Allgemeinbegriff. Was ist diese Köhlersche ,,Tonhöhe''? Offensichtlich handelt es sich um eine Neudefinition. Beabsichtigt ist die Klärung einer ,,so traurigen Verworrenheit der Terminologie, daß bisweilen die Tonpsychologen selbst einander mißverstehen''[37]. Stumpf selbst hat Köhlers ,,harte Terminologie, die sich schwerlich einbürgern wird''[38] nur verworfen. Gerade sie aber bietet im Unterschied zu anderen Neologismen (die sich sämtlich nicht eingebürgert haben) auch die Möglichkeit einer Interpretation, die auf die Ursache der Verworrenheit, auf eine Ungeschiedenheit in Stumpfs ursprünglichem Ansatz, zurückführt.

Köhler will ein Moment am Ton ,,Tonhöhe'' nennen, das Stumpf als ,,musikalische Qualität'' des Tons bezeichnet. Dieses Moment hatte im Verlauf der tonpsychologischen Diskussion trotz Stumpfs Sträuben die Tonhöhe von ihrem Platz als ,,Tonqualität'' verdrängt. Der Ton bestand hinfort aus Tonhöhe und musikalischer Qualität. Anders nun als bei Neologismen wie etwa Hornbostels ,,Tonigkeit'' findet mit Köhlers Umdefinition dieses Moment wieder in die Tonhöhe zurück. Aus der Tonhöhe wird nun der Oberbegriff aller ,,Tonhöhen'', aller ,,Töne mit Tonhöhe''. Dieses Zurückgreifen auf den Terminus Tonhöhe und seine gleichzeitige Verdoppelung erscheint Stumpf als eine terminologische Konfusion, der eine ihm ebenso dunkle Unterscheidung an die Seite tritt:

---

34 Ebd., S. 18.
35 Ebd., S. 6.
36 Ebd., S. 18.
37 Köhler, *Tonpsychologie*, S. 422.
38 Stumpf, *Singen und Sprechen*, S. 19, Fußnote 1.

die von „Tonhöhe" als dem Oberbegriff der „Tonhöhen" und von „Helligkeit" als dem Oberbegriff der „Helligkeiten der Töne". Denn was Stumpf in der Tonpsychologie Tonhöhe nannte, heißt nun „Helligkeit". Es scheint aber Stumpf fraglos, daß dies nur ein anderes, allenfalls „prägnanteres" Wort für Tonhöhe ist, so daß Köhler mit seiner Umdefinition des Wortes Tonhöhe diese von sich selbst unterscheidet (indem er sie von der Helligkeit unterscheidet) und dadurch den neuen Sinn von Tonhöhe zugleich verdeckt. Stumpf faßt die Situation, in die Köhler eingreift, folgendermaßen zusammen: „Wir nennen jetzt zumeist ‚Tonhöhe' die Eigenschaft, die sich parallel mit den Schwingungszahlen verändert und wonach eben tiefe und hohe, tiefere und höhere Töne unterschieden werden. Prägnanter nennt man sie wohl auch ‚Helligkeit'. Dagegen unterscheiden wir davon die Eigenschaft, die Tönen von gleicher Buchstabenbezeichnung, z.B. allen »D«'s, abgesehen von den Zahlenindices, gemeinsam ist. Diese werden seit Lotze und Brentano als ‚musikalische Qualität', auch kurz als ‚Qualität' bezeichnet. Also c und c^1 haben dieselbe musikalische Qualität, die sie eben zu »C«'s macht, aber ungleiche Höhe oder Helligkeit. Die musikalische Qualität ist auch für die Unterscheidung der Intervalle innerhalb der Oktave wesentlich (wenngleich nicht allein ausschlaggebend), und sie ist es, auf der das ‚absolute Tonbewußtsein' in erster Linie beruht, bei dem ja häufig der Tonname richtig, die Höhenlage falsch angegeben wird"[39]. In dieses Raster der zentralen Tonattribute setzt Stumpf nun Köhlers Systematik ein. Köhler verstehe unter „Tonhöhe" die „musikalische Qualität": „c, c^1, c^2 haben also nach K. die nämliche ‚Tonhöhe' "[40]. Stumpf sieht in solcher Neubenennung keinen Sinn.

Köhler verfolgt die Absicht, die „Helligkeiten der Töne und sämtliche Klangfarbeneigenschaften, besonders die vokalischen und konsonantischen der Sprachlaute"[41], als Qualitäten des Hörbaren einzusetzen. Sein zentrales Interesse als Tonpsychologe gilt nicht länger der „Kulturerscheinung" Musik[42]. Köhlers „Töne mit Tonhöhe" sind benannte Töne und ihre Namen weisen auf eine Eigenschaft, die den Sprachlauten fehlen soll. Stumpf räumt ein, daß sich Töne und Sprachlaute geradezu wie „zwei Welten" unterscheiden, „die so verschieden sein können wie Töne und Geräusche oder gar Töne und Gerüche"[43]. Aber der Unterschied der beiden „Welten" wird von Köhler in einen positiven Empfindungsinhalt gesetzt. Stumpf dagegen erblickt den Unterschied von Sprache und Musik in einem „Wechsel der Auffassung, nicht der Empfindung, der Apperzeption, nicht der Perzeption, des psychischen Verhaltens, nicht der sinnlichen Erscheinung"[44]: „Ich würde sagen, daß nicht das Lautmaterial selbst sich dabei ändere, sondern nur die Richtung und Verteilung der Aufmerksamkeit." Stumpf spricht von Unterschieden der „Einstellung" hinsichtlich der „Eigenschaften des Lautmaterials"[45].

39 Ebd., S. 18.
40 Ebd., S. 19.
41 Köhler, *Tonpsychologie*, S. 427, Fußnote 3.
42 Ebd., S. 419.
43 Stumpf, *Singen und Sprechen*, S. 4.
44 Ebd., S. 21.
45 Ebd., S. 6.

Noch stärker opponiert Stumpf gegen einen zweiten Grundsatz von Köhlers Theorie: Köhler setzt das Vorhandensein der verschiedenen Momente mit ihrer Beobachtung gleich. Um den Gedanken zu widerlegen, daß sich mit der Art der Hinsicht das Tonmaterial selbst verändere, weist Stumpf auf eine Konsequenz, die er am Beispiel der Sprache exemplifiziert: ,,Wie aber, wenn der Hörende überhaupt nicht auf das Tonmaterial, sondern auf den *Sinn* des Gesprochenen achtet, wie dies doch eigentlich beim Sprechenhören die Regel ist? Dann wäre eben damit die ganze sinnliche Grundlage, die Tonerscheinung samt all ihren Attributen, verschwunden und nur der abstrakte Gedanke oder allenfalls die visuelle Vorstellung der besprochenen Gegenstände noch vorhanden. Wir würden verstehen ohne überhaupt etwas zu hören.'' Stumpf trennt zwischen dem Gegenstand, dem Lautmaterial mit seinen Eigenschaften, und der Einstellung. Gegebenheiten des Materials, seine ,,Urqualitäten'' und mithin die Gegenstände der tonpsychologischen Forschung, seien vorhanden oder seien nicht vorhanden. Nur die Einstellung wechsle, so daß die Musik in der ,,musikalischen Qualität'' des Tons ein Moment dieses Materials benutze, auf das die Sprache nicht achtet. Diese Trennung will Köhler aufheben. Seine Theorie, daß eine Eigenschaft des Materials zugleich mit der auf sie sich richtenden Aufmerksamkeit entsteht und vergeht, bedeutet nicht, daß man dieses Moment durch die Hinwendung der Aufmerksamkeit gleichsam in seiner Materialität erzeugt. Daß Köhler das Vorhandensein dieses Moments mit seiner Beobachtung gleichsetzt, meint vielmehr ein neues Konzept der Aufmerksamkeit: Wenn wir einen Ton nachsingen, verstärken wir nur eine Resonanz, die der Ton als physikalische Schwingung in uns ausgelöst hat. Diese Resonanz ist viel näher an der physikalischen Schwingung als irgendwelche sie benennenden Termini; sie ist nichts anderes als die Form dieser Schwingung, ausgeführt in einem anderen Material. Köhler nennt Schwingung und Resonanz einander isomorph. Sofern aber nun Aufmerksamkeit selbst für Köhler nicht nur unabtrennbar von einem physikalischen Zustand, sondern nichts anderes als ein solcher ist, ist die Trennung eines Innen, einer ,,Einstellung'', und eines Außen, eines ,,Lautmaterials'', für ihn nur ein Schein. Wechsel der Einstellung ist Umformung (Zustandsänderung) des ihr nicht anders als ihrem Gegenstand zugrundeliegenden Materials.

Stumpf hat den zugrundeliegenden monistischen Gedanken abgelehnt. Die ,,willkürlichen Tätigkeiten'' scheinen ihm in dieser Selbstorganisation der physischen Gestalten zu kurz zu kommen. Was Köhler aber (über divergierende philosophische Grundsätze hinaus) gerade als Schüler Stumpfs zu seiner Darstellung motiviert, ist die Absicht, ein Verhältnis von Einstellung und Material, von Innen und Außen (wieder)zugewinnen, das über deren freie und doch zweckmäßige Verbindung bei Helmholtz ebenso weit hinausgeht, wie diese bei Stumpf in die Erschaffung von ,,historischen Qualitäten'' durch Manipulation von Empfindungen zerrissen wird. Köhler versucht, den Doppelaspekt der Helmholtzschen Klangfarbe wiederzugewinnen, demzufolge eine physikalische Struktur sich nicht bloß in eine subjektive Empfindung, sondern in das prägnante Element einer Systematik übersetzt. Er ersieht die gesuchte Identität in den ,,Urvokalen''. Sie sind die eigentlichen Töne.

Der Gegensatz zwischen Stumpf und Köhler erhellt aus der Art, wie Stumpf das Verhältnis von Musik und Sprache gegenüber ihrem ,,Lautmaterial'' darstellt. Auf sein erstes, aus der Sprache genommenes Beispiel für die Konsequenzen der Gleichsetzung von Einstellung und Lautmaterial (,,Wir würden verstehen ohne überhaupt etwas zu hören.'') läßt Stumpf ein zweites, musikalisches Beispiel folgen. Er führt es dem ersten vollkommen parallel. ,,Auch bei der Musik selbst kann es vorkommen, daß wir in eine Melodie als solche, in diese bestimmte Tongestalt und ihren Reiz versunken sind, ohne daran zu denken, ob sie laut oder leise, hoch oder tief, rechts oder links von uns gesungen wird. Sollen wir da sagen, daß all diese konkreten Bestimmungen, die Attribute der Stärke, Höhe, Örtlichkeit in keiner Weise im Bewußtsein repräsentiert seien?''[46]

In Stumpfs Rede von gegebenem Material und subjektiver Einstellung finden wir die beiden Betrachtungsweisen (,,Einstellungen'') wieder, die auch Helmholtz gegenübergestellt hatte. Anders aber als Helmholtz stellt sich Stumpf zu der Verbindung beider. Für Helmholtz bildete sie das Thema der Musik. Stumpf dagegen parallelisiert das Verhältnis von sprachlichen Bedeutungen (der ,,Einstellung'' beim ,,Sprechenhören'', die auf den Inhalt, auf die Vorstellung von Gegenständen gerichtet ist) und musikalischen Bedeutungen (der ,,Einstellung'' beim Musikhören, das ,,Versunkensein'', das auf Assoziationen, auf ,,tausenderlei Liebes und Trauriges''[47] gerichtet ist). Beiden stellt er, als untereinander verschiedenen Einstellungen, das nämliche Lautmaterial gegenüber.

Nach Stumpf verwendet die Musik das Lautmaterial nur zur Darstellung anderer Gegenstände als die Sprache. Köhler dagegen setzt den ganzen Unterschied in das Verhältnis zu diesem Material, das er ohne solches Verhältnis gar nicht als Gegebenheit akzeptiert. Es ist die Besonderheit dieses Verhältnisses, die Köhler ausdrückt, wenn er von ,,Tönen mit Tonhöhe'' spricht. Und es deutet auf das Problem in Stumpfs Ansatz, daß ihm ein solcher Ausdruck völlig unsinnig erscheint. Stumpf weist darauf hin, daß das tönende Material (die Tonempfindung) beim Sprechen normalerweise durch die Bedeutungsebene (die Vorstellung der Gegenstände) verdeckt ist. Durch einen Wechsel der Einstellung kann sich die Aufmerksamkeit auf das ,,tönende Material'' richten. Während aber die Sprache Vorstellungen trägt, die dem Lautmaterial der Sprache gegenüber selbständig sind, und worauf die Sprache nur durch konventionelle Zeichen deutet, macht Köhlers Protest deutlich, daß er im Fall der Musik eine andere Verbindung herstellen will. Stumpf bringt die Tatsache, daß das tönende Material beim Singen unmittelbar vor Augen steht, nicht in Zusammenhang mit der Besonderheit, daß seine Differenzierungen nicht wie im Fall der Analyse des Materials der Sprache von konstant vorgestellten Gegenständen (positiven Bestimmungen) ausgehend untersucht werden können. Zwar kann ich sagen: scharf und spitz, hell und dunkel, hoch und tief, und übertrage damit bestehende Differenzierungen auf meinen Untersuchungsgegenstand. Und nicht anders als in dieser Weise, nämlich differentiell, ist Stumpf ja auch verfahren, wenn er die Untersuchungen der *Tonpsychologie* mit der ,,Unmittelbaren Beurteilung der Tonqualitäten'' (Plural) beginnt. Aber er setzt die hier doch nur (unter Ausklammerung des ,,fatalen Musikbewußtseins'') voneinander unterschiedenen und zwischen den Extremen orientierten Punkte mit den positiv, in sich, nach ihrer Beschaffenheit bestimmten Tönen gleich. Das rührt von der Unbequemlichkeit her, daß, anders als in der Sprache, deren lautliche Differenzierungen als solche indifferent gegenüber dem Sinn bleiben, in der Musik der ganze Sinn in diesen Differenzierungen liegt, deren Regeln an

---

46 Stumpf, *Singen und Sprechen*, S. 20f.
47 Stumpf, *Musikpsychologie in England*, S. 348.

den Tonhöhen abgelesen werden, in denen sie wiederum erscheinen. Stumpf ist in der *Tonpsychologie* darüber hinweggegangen, daß die Verbindung von Material und Einstellung in der Musik anders liegt als in der Sprache. Einerseits suspendierte er diese Verbindung, um musikalisches Vorwissen abzuscheiden, und untersuchte die Tonhöhe als das Sprache und Musik gemeinsam zugrundeliegende Material. Andererseits setzte er sie doch voraus, indem er eine Reihe von Tonhöhen fest mit Notennamen identifizierte. Stumpf fühlte sich dazu berechtigt, weil er diese Bezeichnungen für völlig konventionell gegenüber der für ihn in sich qualitativen Empfindung des Einzeltons hielt. So sehr sich Stumpf bemühte, ,,festgewordene Associationen''[48] mit musikalischen Vorstellungen (Beispiel: die ,,Tonvorstellungen'' Riemanns) ebenso auszuklammern wie in der Zuhilfenahme ,,mittelbarer Kriterien'' sichtbare Idiosynkrasien (Beispiel: die Kehlkopfinnervationen Strickers), so sehr blieb ihm deren Koalition in seinem eigenen absoluten Gehör verborgen[49].

Der Ton, den die Hörer zu Köhlers Erstaunen nachsingen, und der Ton, den Stumpf im Einleitungssatz der *Tonpsychologie* als ,,f'' bezeichnet, hat womöglich dieselbe Tonhöhe. Es ist problematisch, zu sagen, das f erscheine auf einer bestimmten Tonhöhe, denn die Bedeutungsdifferenzierung, wodurch ein Element f wird, ist selbst nichts anderes als eine Differenzierung von Tonhöhen. Es ist diese Rückbezüglichkeit, die Köhler ausdrückt, wenn er von ,,Tönen mit Tonhöhe'' spricht. Als Tonpsychologe ohne absolutes Gehör betrachtet er die Musik als bloße ,,Kulturerscheinung'', weil ihre Töne nur ,,Tonhöhe'' haben und ihre Namen nicht für jedermann hörbar aussprechen. Was die Musik bearbeitet, sind für Köhler nur Eigenschaften ,,gehörten Schalls''[50]. Stumpf dagegen schreibt 1915 in seinem Bericht *Über neuere Untersuchungen zur Tonlehre*: ,,Köhler hat richtig erkannt, daß mit den bloßen Höhenunterschieden nicht auszukommen ist, daß man daneben eigentlich-qualitative Unterschiede anerkennen müsse; aber er hat sie meines Erachtens in falscher Richtung gesucht''[51]. Die Identität, nach der Köhler sucht und die er in den Vokalitäten zu finden hofft (von denen nun wieder Stumpf nur einen undeutlichen Eindruck empfängt), ist der genaue Spiegel jener Identität, die Stumpf über ihre Vermitteltheit in sich täuschte[52].

---

48 Stumpf, *Ursprung der Raumvorstellungen*, S. 110f.

49 Stumpf selbst hat beim Versuch, die Insistenz anderer Autoren auf psychophysischen Zusammenhängen zu erklären, vor dem Rekurs auf Idiosynkrasien nicht zurückgeschreckt: ,,Wenn wir uns erinnern, daß der Anatom STRICKER, der alle Ton- und Sprachvorstellungen auf Muskelempfindungen reduciren wollte, sich nur eben als ein besonders ausgeprägtes motorisches Individuum erwies, das mit Unrecht seine Eigenthümlichkeit verallgemeinerte, so ist am Ende die Vermuthung nicht zu kühn, daß LANGE zu den Vasomotorikern gehöre, während bei JAMES mehr die visceral sensations vorherrschen mögen'' (Stumpf, *Gefühl und Gefühlsempfindung*, S. 49 [(1), S. 95].

50 Köhler, *Tonpsychologie*, S. 425.

51 Stumpf, *Neuere Untersuchungen zur Tonlehre*, S. 50.

52 Hugo Riemann hat die Einsicht in das komplizierte Verhältnis von phänomenal unmittelbarer Wirklichkeit des Tons und dazu scheinbar differenzloser Verwirklichung des theoretisch bestimmten Tons aus der musikalischen Praxis gewonnen und sie zu einer Anekdote verdichtet. Er berichtet: ,,Ich erinnere mich eines achtjährigen begabten Knaben aus Biebrich, der bei der

Verschmelzung von Laut und Sinn. Nicht anders als Köhler hat Hornbostel das ,,Verhältnis des Physischen und Psychischen'' als Einheit vorgestellt. In Überlegungen zur Identität von *Laut und Sinn* (1927) hat er versucht, Köhlers Theorie der ,,physischen Gestalten'' musikalisch durchzuführen. Daß Hornbostel den Zentralbegriff seiner Theorie der Musik, den Begriff des ,,Melodiemodells'', nicht nur empirisch aus der ethnologischen Forschung gewonnen hat, wird vor diesem Hintergrund deutlich.

Köhler setzt bei der von Mach herausgestellten Schwierigkeit der Intervalltheorie an, daß keine ,,einfache Empfindung'' genannt werden kann, die als Index, als ‚Terzzeichen', das Wiedererkennen der Terzen erklärlich macht. Köhler sieht in den ,,Intervallfarben [etwa in der unverwechselbaren dulcedo der Terz] abermals Qualitäten [...], die aus der summativen Theorie nicht abzuleiten sind'', und verwirft die ,,summative Auffassung der Klänge''[53].

Was er darunter versteht, läßt sich am Beispiel des Heraushörens der Obertöne aus einem Klang erläutern: In Helmholtz' erstem Modell war die Klanganalyse nur die Rückgängigmachung einer Synthese, die Helmholtz aus den selbstbehauptenden Zwekken des ursprünglich von einem Außen getrennten Subjekts erklärte. Nach der Widerlegung dieser empiristischen Erklärung stand den unverändert als diskret perzipiert gedachten Teilschwingungen die Verschmelzung der Empfindungen als eine gegebene Reaktionsweise des Subjekts gegenüber. Köhler kehrt zur Lehre Seebecks zurück. Nur durch eine Hinwendung der individuellen Aufmerksamkeit sondere sich die einheitlich komplexe Schwingung in einzelne Sinusschwingungen, wobei der Ausdruck ,,Hinwendung'' selbst nichts anderes bedeute als eine solche Besonderung. Als wahrhaft qualitativ versteht Köhler deshalb eine Betrachtung, die nicht in einem assoziativen Ungefähr den von einer quantitativ bestimmten einfachen Schwingung ausgelösten Eindruck qualitativ als ,,dumpf'' oder ,,schrill'' beschreibt und sich an ein ,,U'' oder ein ,,I'' erinnert fühlt, sondern die zeigt, daß die bestimmte einfache Schwingung ein ,,U'' und die andere ein ,,I'' *ist*. So wäre ein bestimmter einfacher Ton mit seinem Namen identisch. Was der physikalischen Betrachtung Frequenzen, sollen der psychologischen Betrachtung Vokale sein. Köhler bemüht sich darum, eine Reihe von Frequenzen als Reihe von Urvokalen hörbar zu machen. Einem solchen Zusammenhang gegenüber müßte die empiristische Auffassung unmöglich sein, die nativistische vor einem unerklärlichen Zufall stehen. Um von einem solchen Zusammenhang des Innen und des Außen her den Heimweg in die ursprüngliche Identität theoretisch nachzuzeichnen, rückt Köhler die ,,Vokalitä-

---

Aufnahmeprüfung ins Wiesbadener Konservatorium, als ihm auf einem erheblich zu hoch stehenden alten Erard-Flügel ein Ton angegeben wurde, kurzweg erklärte: ‚Den Ton gibts nicht!' '' (Riemann, *Tonvorstellungen* (1914), S. 13). — Die Anekdote liegt in zwei Fassungen vor und beleuchtet durch deren Unterschied noch weiter die Unterschiedenheit der Tonhöhe in sich. In der älteren Fassung heißt es: ,,Mir ist ein frappanter Fall stark ausgebildeten absoluten Ohrs bei einem achtjährigen Knaben aus meiner Wiesbadener Konservatoriumspraxis erinnerlich [...] Bei der ersten Prüfung seines absoluten Ohrs durch Anschlagen eines Tones mittlerer Lage auf einem alten, zu tief stehenden Klavier erklärte der kleine Biebricher kurzweg: ‚Den Ton gibts nicht!' '' (Riemann, *Dr. Révész' Tonqualität* (1913), S. 188).

53 Köhler, *Tonpsychologie*, S. 444.

tenreihe" ins Zentrum des Interesses und depotenziert die Musik, da nicht derart „festgelegt", zur „Kulturerscheinung".

Köhler versucht, den ganzen Erklärungsweg neu zu weisen, indem er darauf hinweist, daß Komplexbildungen, „Erscheinungen, die von dem Verhältnis zweier bedingender Faktoren, nicht von den einzelnen Faktoren selbst abhängen", nicht nur in den „Empfindungen", sondern schon „in der Physik und besonders der physikalischen Chemie durchaus bekannt" seien[54].

Wenn man Köhlers Gedanken auf seine allgemeine Gestalt hin extrapoliert (wie es allerdings Köhler weit vorsichtiger getan hat als Hornbostel), so stellt sich, wie in Helmholtz' „summativer Auffassung der Klänge", auch in dieser Figur ein Weltbild dar. Um mit Köhlers eigenem Beispiel zu sprechen: Eine Seifenblase ist eine Kugel, ohne sich als Kugel zu wissen; selig ruht sie in sich selbst. Eine komplexere physikalische Struktur trennt sich von sich selbst, indem sie sich als ein Bewußtsein vorstellt, dem Gegenstände gegenüber sind. Was es an ihnen unterscheidet, entsteht durch den Akt des Unterscheidens nicht anders als dieser entsteht und sich festhält, indem er die Unterschiede in Gegenstände setzt und sich von ihnen affiziert glaubt. Es ist dieselbe „Abstraktionskraft" (Helmholtz), wodurch sich die einzelne Sinusschwingung aus der komplexen Form heraushebt und wodurch sich das Bewußtsein des Beobachters als einzelnes vermeint. In der Einleitung zu seinem Hauptwerk *Die physischen Gestalten in Ruhe und im stationären Zustand. Eine naturphilosophische Untersuchung* (1924) nimmt Köhler eine Zukunft in den Blick, in der nicht länger ein Vorwort für Physiker und ein Vorwort für Psychologen gegeneinanderstünden. (Die Gespräche zwischen Popper und Eccles über *Das Ich und sein Gehirn* (1982), in denen Popper sich an Köhler erinnert, vertreten die Stelle dieses bis heute ungeschriebenen Vorworts.)

Hornbostel hat versucht, dieses Weltbild musikalisch zu konkretisieren. Seine Grundworte sind „Melodiebewegung" und „Gesamt-Melodie"[55]. Der phylogenetische Grundzustand, von dem diese Gesamtgebärde, dieser „psychophysische Gesamtvorgang"[56] kündet, ist: „Alle erleben gemeinsam dasselbe"[57]. Er wendet sich gegen die Ansicht, daß „Laut und Sinn ohne jede innere Beziehung rein willkürlich aneinander geknüpft seien, etwa wie das Wort ‚Ufa' eine Filmfabrik bezeichnet, oder ‚L' die Selbstinduktion"[58]. Konsequent gibt es für Hornbostel „unter natürlichen Umständen keine isolierten Wörter", die vielmehr „meist" als „Kunstprodukte des analysierenden Forschers" angesehen werden müssen[59]. Deswegen wendet er sich von den Begriffen ab und der „Melodie der Sprache" zu. „Gibt man nämlich zu, daß die Melodie der Sprache einen natürlichen, nicht durch Konvention angehefteten Sinn hat, so müssen alle für die Melodie lautlich charakteristischen Momente zugleich für ihren Sinn charakteristisch sein"[60]. Hornbostel versucht, die Stelle auszufüllen, die Stumpf in seiner Auf-

54 Ebd., S. 455.
55 Hornbostel, *Laut und Sinn*, S. 335 und S. 336.
56 Ebd., S. 329.
57 Ebd., S. 332.
58 Ebd., S. 329.
59 Ebd., S. 336.
60 Ebd.

zählung von (der Melodie fremd gegenüberstehenden) Toneigenschaften leer gelassen hatte und thematisiert dazu das Verhältnis von Ganzem, der Melodie, und Teil, den Lauten. Es beleuchtet seinen Versuch, daß er im folgenden die von ihm selbst als nicht nur konventionell, sondern sogar als ,,außermusikalisch'' angesehene ,,Blasquinte'' zu seinem Gegenstand erwählte.

β) Physiologische Bestimmung der ,,musikalischen Qualität''

Bei Köhler und Hornbostel führte der Versuch, den Ton nicht nur von seiner Verschiedenheit zu anderen Tönen her, sondern als in sich bestimmt festzuhalten, auf die Tautologie, daß es sich eben um diese und keine andere Tonhöhe handelt. Eine weitere Beschreibung jener ,,Systemordnung'' (Natorp) der Töne, die sichtbar wird, sobald man einen Ton überhaupt nur bestimmt festhält, wie es doch erforderlich ist, um auch nur ,,verschiedene Töne'' anzugeben, nimmt sich die Ordnungen anderer Sinnesgebiete zum Vorbild. Wir wollen diese Versuche mit der Kritik einleiten, die Paul Natorp an dem Ansatz von Stumpfs *Tonpsychologie* übte. Aus ihr wird deutlich, was der Neuansatz, dem Natorp zustimmt, für die Musik bedeutet.

Gerade daß Natorp der Lehre vom ,Oktavzeichen' zustimmt, verleiht diesem den problematischen Status, den der Erkenntnistheoretiker Natorp den Gegenständen der ,,problematischen Wissenschaft'' Psychologie höchstens zutraut[61]. Die Bemerkung, mit der Helmholtz die verspätete Entdeckung der Obertöne begründet hatte: ,,Die Analyse unserer Sinnesempfindungen, wenn sie sich nicht entsprechenden Unterschieden der äußeren Objekte anschließen kann, stößt auf eigentümliche Hindernisse''[62], wird von Natorp gegen die Empfindungen gewendet. Helmholtz stellt die streng kausale Abhängigkeit der Sinnesempfindungen vom Reiz dem Haupthindernis für die Analyse, der in den Sinnen geschehenen Umwandlung in ,,spezifische Sinnesqualitäten'', gegenüber und rettet so die objektive Form des Tons. Daß er die Verschmelzung pragmatisch herleiten wollte, zeigt, wie sehr er einem physiologisch verankerten Verstand mißtraut. Im selben Sinn hebt Natorp hervor, daß man den Empfindungen als dem bloß ,,Empirischen der Anschauung'' eine Form nicht unterlegen dürfe, die nur den Gegenständen, den ,,objektivierten Erscheinungen'', zukomme. Die ,,erkenntnistheoretische Frage'', die Stumpf bei Gelegenheit der Bedeutung der Zahlen für die Bestimmung der musikalischen Intervalle beiseite gelassen hatte, wird bei Natorp zum Kriterium von exakter Wissenschaft. Gerade indem Natorp zustimmt, daß es sich bei den Tönen um nichts als subjektive Empfindungen handelt, denen nicht eine Form zu unterlegen, sondern höchstens ein Zusammenspiel mit weiteren Empfindungen zuzuerkennen sei, legt er die Musik auf den Bereich des Angenehmen und die Psychologie auf den Bereich empirischer Beobachtungen fest. ,,Anders schon läge die Sache, wenn das ,seelische Vermögen' irgendeine Quantitätsbestimmung zuließe''[63]; da aber hinsichtlich der Beurteilung der Töne die

---

61 Vgl. Natorp, Rez. von: Th. Lipps, Grundthatsachen des Seelenlebens, S. 191.
62 Helmholtz, *Lehre von den Tonempfindungen*, S. 84.
63 Natorp, Rez. von: Th. Lipps, Grundthatsachen des Seelenlebens, S. 208.

Psychologen selbst von quantitativen Verhältnissen nichts wissen wollen, bleibt es bei
bloßen Tonempfindungen und ihrer Beschreibung. Natorp macht auf den Abstand zwischen empirischer ,,Beurteilung der [subjektiven] Empfindung'' und ,,Beurteilung des
Objekts auf Grund der Empfindung'' aufmerksam[64].

Einen Sonderfall der ,,Beurteilung der Empfindung'' bildet für Natorp der
,,Gleichton der Oktaven d.h. dasjenige Verhältnis zwischen Grundton und Oktave, vermöge dessen sie in der Musik als ,dieselben' Töne, nur in verschiedener ,Lage' gelten''.
Er wundert sich, ,,wie Stumpf gerade diese Beobachtung, für mich die einfachste und
unwiderleglichste im ganzen Bereiche der Tonwelt, wegzudisputieren sucht''[65]. Natorp
räumt ein, daß das Oktavphänomen bei kontinuierlicher Veränderung der Tonhöhe hin-
wegfalle; sobald sich aber die Aufmerksamkeit auf einen Ton als ,,diesen und keinen
anderen'' richte, sei der Gleichton der Oktaven gegenwärtig. ,,Stumpf rät an, durch ein
Glissando oder noch besser durch kontinuierliche Tonerhöhung (auf der Saite etc.) sich
klar zu machen, daß eine Wiederkehr ähnlicher Töne ursprünglich gar nicht bemerkt
werde. Ich bemerke sie in der That nicht, so lange ich die einzelnen Tonqualitäten überhaupt nicht mehr in irgendwelcher Bestimmtheit auseinanderhalte; aber unausbleiblich,
sobald ich sie auseinanderhalte''[66]. Entscheidend ist, daß auch nach seiner Ansicht bei
dieser Beobachtung nicht die Form der Empfindung beurteilt wird (ein solcher Ausdruck ist für Natorp überhaupt widersinnig). Auch Natorp erklärt die Sonderstellung
der Oktave durch ein Empfindungsmerkmal. ,,Das [Oktavphänomen] ist noch etwas
mehr als Harmonie; nämlich es geht nicht erst aus dem Zusammenwirken gleichzeitiger
Empfindungen gleichsam als Resultante hervor, sondern muß in der ursprünglichen
Qualität der Einzelempfindungen begründet sein, daher es sich in der Aufeinanderfolge
ganz ebenso wie bei gleichzeitigem Auftreten zeigt''[67]. Wir sehen, um welchen Preis die
Tonhöhe aus ihrem Rang als qualitative Bestimmtheit des Tons verdrängt wird. Die einsinnige Tonlinie wird nur kritisiert, um zu einer ungeordneten Mannigfaltigkeit von Ein-
zelbeobachtungen zurückzukehren. Die Sonderrolle der Oktave ruft Inkonsistenzen hervor. Bereits Stumpf selbst hat einerseits die mathematische Form der Oktave gegen
Wundt eingesetzt[68] und andererseits in seinem Kommentar zu Problem 35a: ,Warum

---

64 Ebd.
65 Natorp, Rez. von: Stumpf, *Tonpsychologie* II, S. 789.
66 Ebd.
67 Ebd.
68 Um die Äquidistanz von Tönen mit gleicher Schwingungszahldifferenz, die Wundt als Empfindungsgesetz einbürgern will, ad absurdum zu führen, greift Stumpf zu einer List: Wundt behauptet, seiner Empfindung nach hätten Töne mit gleichen Frequenzdifferenzen voneinander
   dieselbe Distanz (seien im selben Maß voneinander verschieden). Stumpf wendet ein: ,,Und
   wie, wenn wir eine beliebige Oktave nehmen, z.B. $c^2 - c^3$ (512 - 1024), und die Aufgabe stellen,
   eine gleiche Distanz nach unten in der Empfindung abzumessen?'' (Stumpf, *Über Vergleichungen von Tondistanzen*, S. 426). Stumpf hat die Absicht erreicht, auf die er zielte: Wundt war
   perplex. Er sucht die Ursache für diese Unmöglichkeit in den Bedingungen von Distanzschät-
   zungen überhaupt. Aber auch Stumpf selbst blickt weniger auf die Oktave, deren Definition
   er sich hier bedient, als auf den Ton ,,in unendlicher Tiefe'' (Stumpf, ebd.; vgl. Wundt, *Über
   Vergleichungen von Tondistanzen*, S. 612; Stumpf, *Wundts Antikritik*, S. 271).

ist die Oktave die schönste Konsonanz?' nur angemerkt: ,,Wir sehen aus der Fragestellung, daß unter den Consonanzen, die nach dem Vorangehenden gegenüber dem einfachen Ton als angenehmer gelten, auch noch Gradunterschiede der Annehmlichkeit statuirt werden''[69]. Obwohl Natorp Stumpfs Beschreibung der ,,Verschmelzung'' als ,,Eindruck *einer* Empfindung'' ablehnt und den harmonisch zusammengefügten Tönen ,,völlige Wahrung ihrer Individualität'' zuerkennt[70], spricht er von einer ,,gleichsamen Resultante''. Natorp spricht von der ,,Ähnlichkeit'' der Oktavtöne; konsequent findet er es nur ,,selbstverständlich'', sie anderen Tönen untereinander abzusprechen[71]. Mit Ähnlichkeit ist nichts anderes gemeint als das Verhältnis der Gleichheit in der Form, deren die Sinnesurteile fähig sind. Im selben Sinn bezeichnet Natorp die Intervallurteile als ,,Gleichheiten des ästhetischen Eindrucks''; nicht anders als bei Urteilen über die Wohlproportioniertheit irgendwelcher Gegenstände handele es sich um bloße Schätzwerte[72]. Das die Oktave betreffende Urteil entragt den sinnlichen Schätzwerten nur dadurch, daß es sich auf einen selbständigen positiven Empfindungsinhalt stützen kann. Es bleibt aber ein Sinnesurteil und seine eigentümliche Komplikation mit dem Moment der Tonhöhe ist nichts als ein Beleg für die konfuse Erkenntnis, die aus den Sinnen resultiert. Die Lehre aber, der Natorp sich anschließt, hat Brentano entwickelt, der mit ihr dem konkurrierenden Modell Machs entgegentrat.

Die Töne als Bündel von Elementen bei Brentano und Mach. ,,Es ist sehr merkwürdig, daß gerade Mach, der in dem ‚ökonomischen' Princip das eigentliche Wesen des wissenschaftlichen Denkens erblickt [...], daß gerade er sich veranlaßt fand, in der Annahme von Entitäten auf unserem Gebiete weiter zu gehen, als irgend ein Anderer. Ich muß gestehen, dass der von dem ausgezeichneten Forscher hier eingeschlagene Weg einer sogenannten Analyse der Empfindungen mir auf ein ähnliches Verfahren hinauszulaufen scheint, wie es Aristoteles der platonischen Ideenlehre zum Vorwurf macht. Um die Ursachen des Seienden zu finden, sagt er, habe sie es verdoppelt. Hier könnte man sogar sagen: verdreifacht. Denn der Ton soll seine Höhe haben durch Teilnahme nicht bloß an der Idee der Höhe sondern auch der Tiefe. Und müssen wir nicht ebenso die Intensitäten, da sie eine Reihe bilden, durch Teilhaben an einem idealen F(ortissimo)

---

69 Stumpf, *Problemata*, S. 65.
70 Natorp, Rez. von: Stumpf, *Tonpsychologie* II, S. 787.
71 Ebd., S. 791.
72 ,,Auf Gleichheiten des ästhetischen Eindrucks werden sich die Helligkeits- und Farbenintervalle sicherlich ebenso reduzieren lassen, wie die musikalischen Intervalle als solche längst erkannt sind''. Natorp spricht hier über die ,,übermerklichen Distanzen'' Wundts und das angeblich zugrundeliegende ,,Empfindungsgesetz''; der Sonderfall der Intervallurteile, den Stumpf hervorgehoben hatte, wird übergangen. Natorp fährt fort: ,,So ist auch das Urteil über das Gleichmaß des Crescendo und Diminuendo ganz gewiß ein ästhetisches, und nicht ein unmittelbares Empfindungs-Urteil. Man mag die Sicherheit selbst des ästhetischen Gefühls (für das Ebenmaß von Proportionen, für Konsonanzen u.s.w.) schätzen nach dem Maaße der Entsprechung mit den objektiv meßbaren Verhältnissen; nichts hindert, daß diese Entsprechung für einen ausgebildeten Sinn eine hohe Präcision erreicht; nur glaube man doch nicht, die Empfindung selbst auf solche Art zu messen'' (Natorp, Rez. von: Stumpf, *Tonpsychologie* I, S. 155).

und P(ianissimo), ein mässiges Geräusch durch Mischung eines ohrenzerreissenden Getöses mit dem leisesten Flüstern, eine behagliche Zimmerwärme durch Mischung afrikanischer Hitze und sibirischer Kälte, einen mässigen Zahnschmerz durch Verknüpfung des wahnsinnigsten Reissens mit höchster Zahnlust, eine bürgerlich genügende Tugendhaftigkeit durch hypostatische Union von göttlicher Heiligkeit mit teuflischer Verworfenheit erklären und alle diese Dinge in die Formel [1-f(-n)]x + f(n)y bringen?"[73] Ironisch beschließt Stumpf seine Diskussion jenes Modells des Tongebietes und seiner Elemente, das Mach in seiner *Analyse der Empfindungen* in Analogie zum „Fixieren von Raumpunkten" entwirft: „Gesetzt, unsere beiden Augen wären nur einer einzigen Bewegung fähig, sie vermöchten nur die Punkte einer horizontalen, in der Medianebene liegenden Geraden durch wechselnde symmetrische Konvergenzstellungen zu verfolgen, der nächste fixierte Punkt sei rein rot, der fernste, welcher der Parallelstellung entspricht, rein gelb, und dazwischen lägen alle Übergänge, so würde dieses System unserer Gesichtsempfindungen die Verhältnisse der Tonempfindungen sehr fühlbar nachahmen"[74].

Machs Grundbegriff ist der des Empfindungsatoms[75]. Sein Modell des Tongebietes zielt auf einen Gegensatz einer „bunten Menge" und einer unmittelbar einleuchtenden Ordnung von Elementen, der Stumpfs Entgegensetzung von Tonhöhe und Klangfarbe entspricht. „Wir unterscheiden aber nicht bloß die Töne, wir ordnen sie auch in eine Reihe"[76]. Wogegen Stumpfs Ironie sich insbesondere wendet, ist Machs strikt durchgehaltenes „Forschungsprinzip des Parallelismus", demzufolge unerklärt bleibt, was man nicht in ein physiologisches Modell fassen kann. Stumpf verzichtet auf die Fundierung des beobachteten Höher und Tiefer durch ein physiologisches Modell. Er beschränkt sich aber darauf, die einsinnige Tonlinie „nativistisch" herzuleiten und dadurch ohne „nur zugunsten von Theorien angenommene Erscheinungen"[77] auszukommen. Stumpf geht darüber hinweg, daß Mach zwei Theorien der Tonhöhe entwickelt hat. Die erste entspricht der Strickerschen. Nur ist es bei Mach nicht die An- und Abspannung der Stimmlippen, sondern des tensor tympani, die analog der Brennweitenregulierung des Auges „nähere" und „fernere" Töne zu fokussieren erlaubt. Mach hat dieses Erklärungsmodell verworfen[78]. Der neuen Theorie, mit der er Helmholtz folgt, liegt folgendes physiologische Modell zugrunde: Die akustische Schwingung trifft im Ohr auf „Phonoreceptoren", „Endorgane", in deren Resonanz die „Tonempfindung" besteht. Gibt es nun ebensoviele selbständige Tonelemente wie Resonatoren? Brauchen wir für

---

73 Stumpf, *Tonpsychologie* II, S. 275f.

74 Mach, *Analyse der Empfindungen*, S. 232.

75 „An einem heitern Sommertage im Freien erschien mir einmal die Welt samt meinem Ich als eine zusammenhängende Masse von Empfindungen, nur im Ich stärker zusammenhängend. Obgleich die eigentliche Reflexion sich erst später hinzugesellte, ist doch dieser Moment für meine ganze Anschauung bestimmend geworden" (Mach, *Analyse der Empfindungen*, S. 24, Fußnote; vgl. auch S. 14).

76 Ebd., S. 225.

77 Stumpf, *Erscheinungen und psychische Funktionen*, S. 21.

78 Mach, *Analyse der Empfindungen*, S. 228ff.; vgl. seine Diskussion des Strickerschen Modells ebd.

jeden Ton einen eigenen Resonator? Was wird dann aus der phänomenalen Kontinuität der Tonhöhe? Und wie soll es geschehen, daß nicht die Vielzahl von Resonatoren nur eine ungeordnete Vielheit von Empfindungen hervorruft? Die Nachbarschaft von Tönen mit geringer Schwingungszahldifferenz und die Stetigkeit etwa eines Sirenengeheuls ließe sich aus der Überschneidung der Resonanzbereiche der „Endorgane" erklären, durch welche nah benachbarten Tönen „schwache gemeinsame Reizungen" zugrunde liegen[79]. Aber auch weiter auseinanderliegende Töne werden der Reihe eingeordnet. So erklärt Mach jede Tonempfindung als einen seiner Lage entsprechend proportionierten Doppelreiz. Jeder Ton wird als zusammengesetzt gedacht aus einem Moment des Hohen und einem Moment des Tiefen, so daß „durch verschiedene Organe nicht ganz verschiedene Energieen, sondern immer dieselben zwei in verschiedenem Verhältnis ausgelöst" werden[80]. Zwischen den Extremen, bei denen ein Faktor gegen Null geht, zwischen „rein Rot" und „rein Gelb" liegt die Tonlinie ausgespannt.

Überraschend ist, wie Mach fortsetzt. Er treibt seinen Sensualismus so weit, daß er sich geradezu jener Lehre wieder annähert, die Stumpf als pythagoreisch verdammt. Nachdem er seine Tonlinie aufgespannt hat, will er weiter „von einem einzelnen für sich bestehenden Tone überhaupt nichts wissen"[81]. Anders als Hornbostel, der behauptet: „Auch ein plötzlich erklingender Einzelton erscheint tonig, und zwar immer — und jedesmal von vornherein — in derselben Tonigkeit"[82], beurteilt Mach den einzelnen Ton als „etwas sehr Unerfreuliches und Farbloses", schreibt ihm (um mit Brentanos Ausdruck zu sprechen) nur ein „reines Tongrau" zu[83]. „Erst ein zweiter Ton, eine zweite Farbe wirkt belebend"[84]. Mach spricht von einem „positiven Kontrast", durch den die Töne sich gegenseitig beleuchten, und setzt den Unterschied von Tönen und Farben darein, „daß bei Farben keine so genauen gefälligen Verhältnisse angegeben werden können"[85]. Beim „Experimentieren mit der Sirene" geht der Kontrast verloren. Dagegen durch eine Umgebung aus anderen Tönen in rationalen Verhältnissen erhält jeder von ihnen eine „Zusatzfärbung": „Nach dieser Auffassung werden auch nicht direkt Schwingungszahlverhältnisse durch das Gehör erkannt, sondern nur die durch dieselben bedingten Zusatzfärbungen"[86]. Mach entwickelt für die diese Zusatzfärbungen hervorrufenden Zusatzempfindungen, die „physiologischen Elemente Z_1, Z_2 ...", eine ebenso hypothetische, wie hochkomplizierte Theorie[87]. So ohrenfällig für Mach die Zusatzfärbungen, so schwierig sind die zugrundeliegenden Zusatzempfindungen durch „Analyse

---

79 Ebd., S. 225.
80 Ebd., S. 226.
81 Vgl. Stumpf, *Tonpsychologie* I, S. 188, Fußnote **.
82 Hornbostel, *Gehörserscheinungen*, S. 714.
83 Vgl. Brentano, *Sinnespsychologie*, S. 232.
84 Mach, *Analyse der Empfindungen*, S. 235.
85 Ebd.
86 Ebd., S. 241 f.
87 Brentano (*Sinnespsychologie*, S. 231 f.) übergeht die Erklärung der Machschen Theorie der Entstehung der Zusatzempfindungen ebenso, wie Metzger (*Psychologie*, 1941). Stumpf diskutiert Machs Theorie in *Konsonanz und Dissonanz* (S. 17, Fußnote), lehnt sie aber ab, da sie ein „neues, nicht direkt gegebenes Empfindungsmoment" einführe.

der Empfindungen" zu finden, da sie niemals isoliert auftreten und mithin bei vollständiger Analyse verschwinden. (Es handelt sich um Resultanten, die nicht durch Resultantenbildung entstehen, Verschmelzungen des Unverschmolzenen.) Mach betont: „Allein
schon die Einsicht, daß sie zu suchen sind, scheint mir wichtig"[88].

Mach hat keine Theorie gegeben, in der diese (Kontrast-)Verhältnisse zusammengefaßt wären. Dadurch trat sein Postulat zusätzlicher „Elemente" in den Vordergrund.
In seiner Position wird noch einmal die Schwierigkeit der Intervalltheorie deutlich.
Durch die Rede von einer „positiven Kontrastbeziehung" will Mach die Aufmerksamkeit nicht auf ein gegenüber den Tönen Drittes lenken, sondern will die Stumpfsche
„Verschmelzung" an den verschmelzenden Tönen festmachen. Es sollen aber nicht bloße „Vorstellungen" sein, die hier durch den Kontrast die Töne „umkleiden" (Stumpf),
sondern es sollen neue Elemente den Tönen „anhaften" (Riemann). Mit der Eindrück-
lichkeit, in der sich bei den Tönen im Vergleich zu den Farben der positive Kontrast geltend macht, wächst für Mach auch die Notwendigkeit, ihn durch ein „Reales", durch
positiv gegebene „Elemente" zu fundieren.

Die Einführung neuer Tonelemente sollte zunächst nur die Schwierigkeit auflösen,
die einem physiologischen Ansatz daraus entsteht, daß auch weiter voneinander entfernte Töne der Tonreihe eingeordnet werden. Aber auf der Ebene desselben Erklärungsmo-
dells sollten auch die musikalischen Wirkungen verständlich werden. Kräftigere Wirkung als die niemals aufgefundenen Zusatzempfindungen hatte dabei ein nach Machs
Ansicht durchaus Unreales. Eine bloße Vorstellung hat sich geltend gemacht: sein Vergleich mit den Farben.

Mach hat diesen Vergleich nur zur Illustration der Tonlinie benutzt und sich dadurch Brentanos Vorwurf zugezogen, seiner Theorie nach male die Musik grau in grau.
Brentano nimmt Machs Forderung nach psychologischen „Elementen" auf, verwirft
aber die Theorie der Zusatzempfindungen. Elemente müssen von vorneherein gegeben
sein. Um über das Grau in grau hinauszukommen, schreibt Brentano jeder unterscheidbaren Tonhöhe eine „gesättigte Farbqualität" zu, die er, anders als Mach, dadurch von
den optischen Farben unterscheidet, daß er sie etwas matt, „farbenschwach" findet.

Brentano knüpft an die Bedingungen an, die „Elemente" nach Mach erfüllen müssen: Sie müssen physiologisch fundiert und isolierbar sein. Mit Mach unterscheidet er
die Tonhöhe als die Reihe diskreter Elemente von der kontinuierlich veränderlichen Frequenz. Die physiologisch fundierte Vorstellung der empfundenen Tonhöhe als Reihen-
ordnung diskreter Elemente ersetzt als ‚musikalische' Vorstellung die physikalisch fundierte Vorstellung einer kontinuierlichen Tonlinie. Beide trennen sich in Machs zweiter
Theorie der Tonhöhe dadurch, daß die Zahl der Rezeptoren im Ohr endlich ist, während
die Schwingungsfrequenz sich kontinuierlich zu verändern vermag. Obwohl Stumpf
darüber spottet, wie Wundt durch die Rede von einer „fast unendlichen Zahl" von End-
organen das physiologische Modell und die ‚musikalische' Vorstellung der kontinuierlichen Tonlinie versöhnen will[89], läßt auch er die „Tonvorstellungen" und die physiologischen „Tonempfindungen"[90] nur voneinander unabhängig sein, um sich das Tonge-

88 Mach, *Analyse der Empfindungen*, S. 240.
89 Stumpf, *Tonpsychologie* I, S. 185.
90 Ebd.

biet als stetig vorstellen zu können. Stumpf hatte das Verhältnis einer Ordnung bestimmter Töne zu diesem Kontinuum unbestimmt gelassen, als er bei Gelegenheit Strickers auf die begriffliche Bestimmung eines musikalischen Tons verzichtet und bloße Zugehörigkeit zur kontinuierlich vorgestellten Tonreihe als genügend ansah. Er hatte zwar von musikalischem Denken gesprochen, emanzipierte aber die Vorstellung nur von der Physiologie, um sie als „abstracte Vorstellung" ohnmächtig einer unbegrenzten Mannigfaltigkeit gegenüberzustellen. („Wenn man dann viele Töne gehört hat und nun von einem Ton überhaupt spricht, so ist, was dabei gedacht wird (wie es nun auch näher definirt werden mag) eine abstracte Vorstellung oder ein Begriff"[91].) Nachdem Stumpf es zwar als die musikalische Leistung ansah, den Ton angesichts einer stetigen Reihe bewußt zu „nehmen", aber dieser Fähigkeit mit der „Verschmelzung" ein physiologisches Phänomen zugrundelegte und — durch dessen allgemein als dunkel empfundene Bestimmung — das begriffliche Denken als ohnmächtig zeigte, erinnerte Brentano erfolgreich an die in der Physiologie des Ohres fundierte Ordnung.

Stumpf steht unentschieden zwischen Machs und Brentanos Theorien. Anders als Mach benutzt Stumpf den Vergleich mit den Farben durchaus zweideutig. Einmal soll die Qualität des Einzeltons das „Analogon der Farbennuance" sein, dann wieder verhält sich ein Ton zum anderen wie die „Röte" zur „Bläue". Im ersten Fall verhält sich eine Tonqualität zur anderen wie eine dunkelhellila Aster zu einer hellila Aster, wird eine unveränderlich zugrundeliegende Farbe nach ihrem Sättigungsgrad als heller und dunkler abgetönt. Im zweiten Fall werden diskrete unverwechselbare Qualitäten als Stationen zwischen hell und dunkel oder warm und kalt geordnet. Ebensowenig wie Brentano vermag Stumpf den von Mach beobachteten Kontrast zu bemerken; für beide zeigt sich „keinerlei Einfluß" der Töne aufeinander. Ebensowenig wie Mach findet Stumpf in der Oktave einen Sonderfall. Dagegen steht für Brentano der durch Gleichheit der Elemente erklärte „Gleichton der Oktaven" im Vordergrund, während er anders als Stumpf den selben Grad der Verschmelzung an der einfachen und der Doppeloktave nicht beobachten kann.

γ) Stumpfs Fazit

In seinem Aufsatz über *Singen und Sprechen* hat sich Stumpf abschließend zum Verhältnis von Tonhöhe und Tonqualität geäußert: „Ein stetiger Übergang oder eine Ton-Bewegung im prägnanten Wortsinn ist nicht eine Summe aufeinanderfolgender Töne"[92]. Auch erstere Bewegung findet innerhalb der Tonhöhe als der qualitativen Veränderungsreihe oder Dimension des Hörbaren statt; ein solches „Dahinrollen über eine gewisse Strecke des Tonreiches"[93] erscheint Stumpf aber nicht als Durchgang durch „musikalische Qualitäten". Stumpf spricht von einem „stetigen Auf- und Abheulen"[94]. Noch einmal betont er, es seien „musikalische Qualitäten [...] nur als diskrete

---

91 Stumpf, *Ursprung der Raumvorstellungen*, S. 3.
92 Stumpf, *Singen und Sprechen*, S. 25.
93 Ebd., S. 12.
94 Ebd., S. 13.

ausgezeichnete Punkte der Tonlinie möglich''. Sein Schlußwort in der Sache aber ist nicht leicht zu interpretieren. Stumpf bleibt dabei: jede Auswahl solcher ,,historischen Qualitäten, wie sie in den Leitern vorliegen'', sei der ,,an sich stetigen Reihe musikalischer Qualitäten'' entnommen[95].

95 Ebd., S. 35.

C) HANDSCHINS AUSGANGSPUNKT

Handschin beginnt sein Buch über den *Toncharakter* mit dem Satz: „Wir fragen zuerst nach dem Ton und seinen Eigenschaften"[1]. Im nächsten Satz formuliert er die Frage um und setzt bei den „Eigenschaften" an, „die ein Ton haben kann". Durch diese Änderung der Blickrichtung geht Handschin nicht von einer Definition des Tons aus, sondern wendet sich dem sinnlichen Eindruck zu. Seine Verfahrensweise erhält ihre Bedeutung durch den Hinweis auf die entsprechende Stelle bei Stumpf. Am Anfang seiner Untersuchung des Tongebietes verläßt sich Stumpf für Name und Zahl der Toneigenschaften nicht auf den trügerischen Schein, sondern beruft sich auf physikalische Lehrbücher[2]. Um Handschins Ansatzpunkt zu beurteilen, wollen wir sehen, um wieviel näher der Pythagoreer Handschin bei der sinnlichen „Empfindung" und ihren „qualitativen Unterschieden" ist, als der Sinnespsychologe Stumpf. Die Frage nach den Eigenschaften des Tons führt Handschin auf folgende Bestimmung: „Wenn bei gleichbleibender Tonhöhe die Dauer oder die Intensität des Tones wechselt, ja auch wenn die Klangfarbe wechselt, sagen wir doch, daß es ‚derselbe Ton' ist". Wie nahe Handschins und Stumpfs Bestimmung der Tonhöhe als der ausgezeichneten Eigenschaft des Tones beieinanderliegen, zeigt sich darin, daß wir ohne weiteres mit Stumpfs Konklusion weiterfahren könnten: „Man hält also die Höhe für die Eigentümlichkeit, durch welche ein Ton gerade dieser und kein anderer ist"[3]. Der ganze Unterschied zwischen Handschin und Stumpf ist darin enthalten, wie sie diese Toneigenschaft aus dem Insgesamt des sinnlichen Eindrucks herausheben. Alle folgenden Unterschiede gehen aus dem gewählten Ansatz hervor.

Stumpf, der alle Relationskategorien aus der Qualitätsbestimmung heraushalten will, bestimmt die Qualität des Tons gerade durch den Vergleich „verschiedener Töne"[4]. Wir haben betrachtet, wie dies mit seinem empiristischen Ansatz zusammenhängt: Indem Stumpf die Bestimmung des Tons als „dieser und kein anderer" nur aus der Unterschiedenheit eines Tons von allen anderen zeigt, setzt er ein Fremdes, Unbekanntes („Dieser Ton") als das Konstante und betrachtet seine begriffliche Bestimmung als sekundär. Indem er bei einem Unterschied ansetzt, übergeht er die begriffliche Unterscheidung der Unterschiede. Denn durch die Rede von der Tonhöhe nach bloß „verschiedenen" Tönen indifferenziert er zum einen die Veränderungsarten des Kontinuierlichen und des Diskontinuierlichen. Er betont nicht sogleich und als Erstes, daß der Ton nicht „abrutschen" darf, isoton bleiben muß; dadurch hat er den Gedanken an das Portamento, den wir bei Riemann durchgeführt sahen, nicht von vornehrein ausgeschlossen. Zum anderen unterscheidet er nicht zwischen unbestimmter Verschiedenheit eines

---

1 Handschin, *Toncharakter*, S. 1. Die hier anschließenden Zitate werden nicht einzeln nachgewiesen.

2 Stumpf, *Tonpsychologie* I, S. 134: „Töne unterscheiden sich nach Angabe der Lehrbücher unter einander durch ihre Höhe, Stärke, Klangfarbe".

3 Stumpf, *Tonpsychologie* I, S. 135.

4 Vgl. den Handschins Satz entsprechenden ‚Versuch' in Stumpfs *Tonpsychologie*: „Wird einer aufgefordert, verschiedene Töne anzugeben, so gibt er nicht Töne von verschiedener Stärke, sondern verschiedener Höhe an".

hohen und eines tiefen Tons, bloßer Diskontinuität eines „Klingklang"[5] und Veränderung nach musikalischen Intervallen.

Handschin dagegen hält den Ton als „diesen und keinen anderen" fest. Er fährt an der zitierten Stelle fort: „Also steht jenen anderen Eigenschaften des Tons, der Dauer, der Intensität und der Klangfarbe die Tonhöhe gegenüber, wie einem ‚Peripheren' ein ‚Zentrales' ". Auch Handschin ist ungeduldig; wie Stumpf will er von einleitenden Überlegungen zur Musik fortgehen[6]. Aber er geht dabei nicht zu etwas Anderem, Verschiedenem fort, wie Stumpf. Er unterscheidet Peripherie und Zentrum, während Stumpf nur Qualität und Nicht-Qualität unterscheidet. Bei Stumpf ruht die begriffliche Auszeichnung der Tonhöhe als Qualität vor der Klangfarbe nur auf dem Unterschied der bezüglichen „Veränderungsreihe". Er weist darauf hin, daß er das Wort „Qualität" anders verwende, als andere, die darunter die Klangfarbe verstünden. Gegenüber dieser anderen Prioritätssetzung bei Gurney und Seidl unterscheidet Stumpf die Tonhöhe als Ton„qualität" von der Klangfarbe aber nur, um einen Sprachgebrauch durchzusetzen, der die „Analogie" unter den Sinnesqualitäten gerade in ihre Unvergleichlichkeit setzt. Die Verschiedenheit der Sinne (der Modalitäten nach Helmholtz) zeigt sich am deutlichsten an der jeweiligen Sinnesqualität.

Handschin hat mit der Unterscheidung des Peripheren und des Zentralen die Richtung seiner Untersuchung gewonnen. Er wird im nächsten Schritt nach etwas gegenüber der Tonhöhe „ ‚noch Zentralerem' " fragen. Aber allein durch das Festhalten des Tons hat Handschin schon den Anhalt für begriffliche Unterscheidungen geschaffen. Indem er die Tonhöhe konstant hält, setzt er mit Klangfarbe und Intensität zwei Veränderungsmöglichkeiten des Tons gegeneinander, deren eine, die Lautstärke (Intensität), nicht nur die musikalisch verwendete Veränderungsweise des Kontinuierlichen, des Mehr oder Weniger und seiner Grade ist. Bei festgehaltener Tonhöhe hat eine solche Veränderung musikalischen Sinn über das Crescendo hinaus als Gestaltung des Tons. Durch sie wird die Betrachtung der Tonhöhe in die Richtung auf jenes „noch Zentralere" gelenkt. Schon hier erweist sich die in Handschins drittem Satz gewählte Formulierung, daß die Intensität nur „wechsle", als zwar musikalisch (Terrassendynamik), aber schon als abstrakt gegenüber dem Verlauf, den seine Argumentation nehmen wird. Wie Handschin besonders bei Gelegenheit Elias Salomonis' hervorgehoben hat, bindet der festgehaltene Ton die Arten seiner Gestaltung an sich und gibt der begrifflichen Unterscheidung einen musikalischen Inhalt. Dies gilt auch für die qualitativen Unterschiede der Klangfarben: sie stehen als diese oder jene, so oder anders nebeneinander. Stumpf nennt die Tonhöhe „Tonqualität" als „Analogon der Farbennuance". Er setzt dabei die Analogie in die Absolutheit der Empfindung und in die Bedeutung für den Sinnesbereich, bleibt aber bei der Unvergleichlichkeit der jeweiligen systematischen Organisation stehen. Die Klangfarben betrachtet er als unorganisiert. Handschin dagegen vergleicht am Ende des *Toncharakter* die Unterschiede der Klangfarben als qualitative Unterschiede. Aber auch bei der Klangfarbe zeigt sich die Zentralstellung der Tonhöhe. Denn die Klangfarbe wechselt mit der Tonhöhe. Damit ist ein nächster Zusammenhang hergestellt.

5 Stumpf, *Musikpsychologie in England*, S. 338.
6 Vgl. das Zitat oben, S. 200.

Handschin setzt zwei Veränderungsweisen aus der Tonhöhe heraus, die beide in ihr möglich sind und deren Verhältnis sich in Lotzes Rede von der Tonhöhe als dem Bereich „qualitativer Intensität'' spiegelt. Die Tonhöhe kann sich so kontinuierlich ändern wie die Lautstärke und so „umfärbend'' wie die Klangfarbe von Instrument zu Instrument. Mit Absicht haben wir letztere Möglichkeit nicht nur als diskontinuierlich bezeichnet. Handschin setzt die Tonhöhe als zentrale Toneigenschaft, weil sie durch die in ihr geschehende Zusammenfassung noch auf eine andere Möglichkeit von Zusammenhang weist.

Der Unterschied zwischen Handschin und Stumpf besteht darin, daß Stumpf die Toneigenschaften diskutiert, indem er sie ‚auseinandersetzt', während Handschin sie miteinander vergleicht. Durch die Beobachtung des festgehaltenen Tones hat Handschin die Verhältnisformen der Gleichheit, zweier Arten der Verschiedenheit und die Rangordnung des Peripheren und Zentralen sinnlich konkretisiert. Gegenüber dem festgehaltenen „Diesen'' handelt es sich um begriffliche Unterscheidungen. Worauf es Handschin ankommt ist nicht die Fiktion, daß „einer, aufgefordert, verschiedene Töne anzugeben'', nicht sogleich Intervalle angäbe; er nimmt vielmehr dieses Problem in die Beobachtung des gleichbleibenden Tons hinein. Er fragt nicht erst, in welchem Sinn man den Ausdruck „verschiedene Töne'' in Stumpfs Aufforderung verstehen kann, sondern er fragt: Wie können wir überhaupt diese Töne betrachten, die wir durch an ihnen selbst unterschiedene Aspekte zu beleuchten versuchen. Durch Handschins Insistenz auf der gleichbleibenden Tonhöhe „dieses'' Tons wird die Frage sichtbar, wie sich ein solches Dieses überhaupt bestimmen läßt und weiter, welche Bestimmung, ob die physikalische, physiologische, psychologische oder musikalische ihn am wesentlichsten erfaßt. Versucht man, diesen Ton vor all diesen Bestimmungsmöglichkeiten zu denken, zeigt sich, daß nur die Annahme eines Unveränderten, der Gedanke der Sichselbstgleichheit übrigbleibt. Handschin hat es als „das Wesen des musikalischen Hörens'' bezeichnet, „daß sich hier das Bedürfnis meldet, an einen Ton ein System (sei es nur in der Vorstellung) anzuschließen''[7]. Er hat die Frage nach diesem System an den akustischen Ton selbst gerichtet. Handschin zeigt an den Klangfarben als voneinander unterschiedenen ausgezeichneten Qualitäten dieselbe Bestimmtheit in sich und bloße Verschiedenheit gegeneinander, die Stumpf den Tonhöhen unterlegt. Er gewinnt das Problem der begrifflichen Fassung solch sinnlicher Bestimmtheit. Über das Problem der Vergleichbarkeit von individuellen Bestimmtheiten hinaus gewinnt er den Gedanken an eine Organisation, die ihre Elemente nicht bloß (unter eine „Veränderungsreihe'') subsumiert, sondern sie miteinander verbindet. Was er anhand der Klangfarben verdeutlicht, ist sein *Toncharakter*, der die Klangfarben dadurch an Bestimmtheit überragt, daß er für das Denken aus einer systematischen Ordnung entspringt, die sich mit sinnlicher Lebendigkeit als wirklich erweist. Als Musiktheoretiker bezieht sich Handschin auf Guido, der von der Unbestimmtheit des ersten musikalischen Tons sagt: „Wenn wir jemand singen hören, so wissen wir beim ersten Ton noch nicht, von welcher Art er ist, weil wir noch nicht wissen,

---

7 Handschin, *Toncharakter*, S. 31.

ob Ganztöne, Halbtöne oder andere Intervalle folgen"[8]. Wie der Anfang seines *Toncharakter* zeigt, hat Handschin in diesem Wort die Dialektik des Platonischen *Philebos* wiedererkannt, die dem Ersten nicht eine unendliche Mannigfaltigkeit entgegenstellt, sondern es mit einem Zweiten verbindet.

8 ,,Praeterea cum aliquem cantare audimus, primam eius vocem cuius modi sit, ignoramus, quia utrum toni, semitonia reliquaeve species sequantur, nescimus" (Guido, *Micrologus*, hg. von Smits v. Waesberghe, S. 144).

LITERATURVERZEICHNIS

Verkürzt zitierte Titel sind kursiv gestellt.

I. SCHRIFTEN UND AUFSÄTZE VON JACQUES HANDSCHIN

1. Bücher

Handschin, *Musikgeschichte*: Musikgeschichte im Überblick (1948), Wilhelmshaven [3]1981
  Toncharakter: Der Toncharakter. Eine Einführung in die Tonpsychologie, Zürich 1948
  Fassung N: Gelegentlich und ergänzend wurden die den Toncharakter betreffenden Stücke aus
    Handschins Nachlaß herangezogen[1]. An ausformulierten Texten sind vorhanden:
  Fassung 2: La notion de ,,qualité'' dans la psychologie du son
  Fassung 3: Les notions de ,,Qualité'' et de ,,consonance'' dans la psychologie du son
  Fassung 4: Les notions de ,,qualité'' et de ,,consonance'' dans la psychologie musicale
  Fassung 6: Les notions de ,,qualité'' et de ,,consonance'' dans la psychologie musicale
  Fassung 7: Über Quantität und Qualität in der Musik = deutsche Vorlage für: Mennyiség És
    Minöség A Zenében (Quantité et Qualité dans la Musique), in: Emlékkönyv Kodály Zoltán
    (Mélanges offerts à Z. Kodály), hg. von B. Gunda, Budapest 1943, S. 55-71
  Fassung 8: Über ,,Qualität'' und ,,Konsonanz''. Eine tonpsychologische Studie
  Fassung 10: Zur Einführung in die Tonpsychologie: Der Toncharakter

---

1 Jacques Handschin hat seinen Nachlaß Frau Dr. Hanna Stäblein anvertraut. Der Nachlaß wird
im musikwissenschaftlichen Seminar der Universität Erlangen aufbewahrt und ist bis auf den
sogenannten Initien-Katalog unbearbeitet. Die den *Toncharakter* betreffenden Stücke sind von
Handschin in 58 Konvolute geordnet. Die Konvolute sind in Mappen enthalten, die von Hand-
schin als T[1] bis T[58] bezeichnet wurden. Dabei beinhaltet, nach Handschins eigener Zählung:
T[1] die Fassungen 1 bis 4 des *Toncharakter*,
T[2] die Fassung 5,
T[5] die Fassung 6,
T[12] die Fassungen 7 und 8,
T[50] die Fassung 10 und den Briefwechsel mit Franz Brenn,
T[57] die Korrekturfahnen,
T[58] Rezensionen des *Toncharakter* und Handschins Briefwechsel mit Walter Wiora, Albert
  Wellek etc.
  Fünf weitere Konvolute enthalten das Typoskript der Druckfassung. Die übrigen Mappen
enthalten Exzerpte, Notizen und Entwürfe in der Form kleiner, mit kryptographischer Schrift
eng beschriebener Zettel. Sämtliche Typoskripte sind mit solchen Zetteln durchsät.
  Für die vorliegende Arbeit wurden die Typoskripte vollständig, die handschriftlichen Korrekturen nur ausnahmsweise, und die kryptographischen Notizen grundsätzlich nicht herangezogen.
  Von den elf von Handschin gezählten Fassungen ist die erste eine kaum lesbare Handschrift;
wohl der Entwurf zu Fassung zwei. Die fünfte Fassung ist ein Arbeitsexemplar der vierten; die
neunte hat sich nicht auffinden lassen. Desweiteren ist die Fassung vier nur durch größere Aus-

2. Aufsätze[2]

Handschin, Abendland: Artikel in MGG

Akustisches aus Rußland*, in: Gedenkboek Scheuleer, 's-Gravenhage 1925, S. 143-157

Akzent: Artikel in MGG

,Antiochien, jene herrliche Griechenstadt', in: AfMf VII, 1942, S. 193-204

Appréciations et médisances intérnationales dans le domaine de la musique médiévale, Anhang zu: Réflexions dangereuses sur le renouveau de la musique ancienne, in: Atti del Terzo Congresso Internazionale di Musica, Firenze 1940, S. 50-56

Aus dem Wohltemperierten Klavier, in: SMZ LXV, 1925, S. 371-372

Bach au tournant des époques: Bach au tournant des époques, des styles, des formes, in: RM XIII, 1932, S.388-395

Bachs ,Kunst der Fuge': Bachs ,Kunst der Fuge' und die Frage ihrer ,Wiederbelebung', in: SMZ LXXVII, 1937, S. 201-210

*Begriff der Form**: Der Begriff der Form in der Musik, in: NZZ CLIII, Nr. 1008, 11.6.1932

Camille Saint-Saëns, in: Hundertundachtzehntes Neujahrsblatt der Allgemeinen Musikgesellschaft in Zürich auf das Jahr 1930, Zürich 1930

César Francks Harmonik, in: SMZ LXXV, 1935, S. 75-78

Charles-Marie Widor*, in: Neue Basler Zeitung, 18. 3. 1937

De différentes conceptions de Bach, in: SJbMw IV, 1929, S. 7-35

Debussy: Claude Debussy (*22. August 1862), in: SMZ LXXII, 1932, S. 609-617

Der neue Riemann-Einstein: Rez. von: Riemann Musik-Lexikon, 11. Auflage Berlin 1929, hg. von A. Einstein, in: SMZ LXIX, 1929, S. 497-499

Die europäische Rolle der russischen Musik*, in: NZZ CLI, Nrn. 2501, 2509 und 2513; 19. und 20. 12. 1930

Die Kirchenmusik und die Frage der Wiedervereinigung der Kirchen, in: Bericht über den internationalen Kongress für Kirchenmusik in Bern 1952, Bern 1953, S. 9-22

Die Rolle der Nationen: Die Rolle der Nationen in der mittelalterlichen Musikgeschichte, in: SJbMw V, 1931, S. 142

Dreiklang: Artikel in MGG

Dur-Moll: Artikel in MGG

Eindrücke von der Pariser Kolonialausstellung, in: SMZ LXXI, 1931, S. 709-715

Eine alte Neumenschrift, in: AMl XXII, 1950, S. 69-97

---

führlichkeit von Fassung drei unterschieden; Fassung acht ist eine deutsche Übersetzung des ersten Teils von Fassung sechs. Die in T¹ enthaltenen Fassungen sind undatiert. Offensichtlich aber handelt es sich bei Fassung 2 um das 1936 in Barcelona verwendete Typoskript, denn hier sind am Rand mehrfach Stellen mit ,,Lect'' als Einsatzstellen für Zitatlesungen angemerkt. So dürften Fassung 3, 4 (und 5) nach 1936 entstanden sein. Fassung 6 trägt auf dem ersten Blatt den Vermerk ,,élaboré de 1936 jusqu'aux vacances de Nouvel An 1939''. Fassung 7 ist durch das Erscheinen der Kodály-Festschrift (1943) zu datieren; ein Brief Handschins, in dem das französische Résumé übersandt und letzte Korrekturen angebracht wurden, stammt vom 22.9.42. Fassung 10 ist in der Einleitung mit ,,Im Herbst 1944'' datiert.

2 Mit einem Asteriskus gekennzeichnete Aufsätze sind nachgedruckt in: *Gedenkschrift Jacques Handschin. Aufsätze und Bibliographie*, zusammengestellt von H. Oesch, Bern 1957. — Eine nach Gegenständen geordnete Bibliographie bietet: Ch. Stroux, *Jacques Handschin*, Index scriptorum, in: *In Memoriam Jacques Handschin*, hg. von H. Anglès u.a., Straßburg 1958.

Handschin, Gedanken über moderne Wissenschaft*, in: Annalen. Zeitschrift für Literatur, Kunst, Leben II, 1928, S. 512-520

Geschichte der Musik, in: Musica aeterna I, hg. von G. Schmid, Zürich 1948, S. 37-123

Händelfest und musikwissenschaftlicher Kongreß in Leipzig, in: SMZ LXV, 1925, S. 237; 249-250

Jean-Sébastien Bach et le XIXe siècle, in: La Revue internationale de Musique VIII, 1950, S. 157-164

Musik und Theater an der Pariser Kolonialausstellung, in: NZZ CLII, Nrn. 1703, 1710, 1720; 9., 10., 11. 9. 1931

Musikästhetik des 19. Jahrhunderts: Zur Musikästhetik des 19. Jahrhunderts, in: Deutsche Vierteljahresschrift für Literaturwissenschaft und Geistesgeschichte X, 1932, S. 113-120

Musikalisches aus Rußland*, in: Basler Nachrichten LXXVI, Nrn. 332 und 333, 6. 8. 1920

Musikalisches Gespräch: Musikalisches Gespräch. Belauscht und wiedergegeben von Jacques Handschin, in: NZZ CLV, Nr. 155, 28. 1. 1934

Mussorgski: Mussorgski. Versuch einer Einführung, in: Hundertundzwölftes Neujahrsblatt der Allgemeinen Musikgesellschaft in Zürich auf das Jahr 1924, Zürich 1924

Peter Wagner und die Choralwissenschaft, in: SMZ LXXI, 1931, S. 861-864

Problem der Musiktheorie: Das Problem der Musiktheorie, SMZ LXXX, 1940, S. 25-36

Réflexions dangereuses: Réflexions dangereuses sur le renouveau de la musique ancienne, in: Atti del Terzo Congresso Internazionale di Musica, Firenze 1940, S. 40-57

Rez. von: Ariel, Das Relativitätsprinzip der musikalischen Harmonie (1926), in: ZfMw VIII, 1925/26, S. 579-583

Rez. von: F. Cassirer, Beethoven und die Gestalt. Ein Kommentar (1925), in: SMZ LXVII, 1927, S. 79

Rez. von: W. Hänzer, Die Naturseptime im Kunstwerk (1926), in: ZfMw X, 1927/28, S. 501-503

Rez. von: W. Harburger, Form und Ausdrucksmittel in der Musik, (1926), in: NZZ CXLVIII, Nr. 1521, 11. 9. 1927

Rez. von: J. Kunst, Music in Java (1949) und von: ders., Around von Hornbostel's theory of the cycle of blown fifths (1948), in: AMl XXII, 1950, S. 156-171

Rez. von: A. Lorenz, Stilprinzipien der abendländischen Musik (Vortrag), in: NZZ CLII, Nr. 2181, 18. 11. 1931

Rez. von: H. Schenker, Das Meisterwerk in der Musik (1925), in: NZZ CXLVIII, Nr. 1521, 11. 9. 1927

Rez. von: A. Speiser, Formfragen in der Musik (Vortrag), in: NZZ CL, Nr. 859, 5. 5. 1929

Rez. von: K. Weidle, Bauformen in der Musik (1925), in: NZZ CXLVIII, Nr. 1363, 14. 8. 1927

Strawinski: Igor Strawinski. Versuch einer Einführung, in: Hunderteinundzwanzigstes Neujahrsblatt der Allgemeinen Musikgesellschaft in Zürich auf das Jahr 1933, Zürich 1933

Über reine Harmonie und temperierte Tonleitern, in: SJbMw II, 1927, S. 145-166

Über William Byrd und den Begriff der Fortgeschrittenheit, in: SMZ LXXXV, 1945, S. 453-462

[„Mitteilung" zu: P. Wagner, Über die Anfänge des mehrstimmigen Gesanges], in: ZfMw IX, 1926/27, S. 316-320

Zur Geschichte der Lehre vom Organum, in: ZfMw VIII, 1925/26, S. 321-341

II. ANDERE AUTOREN

Abraham, O. und Hornbostel, E. M. v., Über die Harmonisierbarkeit exotischer Melodien, in: SIMG VII, 1905/6, S. 138-141

Adorno, Th. W., Philosophie der Neuen Musik (1949), Ges. Schr. XII, Frankfurt am Main 1975

Ansermet, *Grundlagen der Musik*: E. Ansermet, Die Grundlagen der Musik im menschlichen Bewußtsein (frz. 1961, dt. 1965), München ³1985

Ariel: siehe unter Werker

Aristides Quintilianus, De musica libri tres, hg. von R. P. Winnington-Ingram, Leipzig 1963

Ps.-Aristoteles, Problemata physica, in: Aristoteles, Werke in deutscher Übersetzung, hg. von H. Flashar, XIX, Berlin-Darmstadt 1983

Aristoxeni Elementa harmonica: ed. Rosetta da Rios, Rom 1954; ed. H. S. Macran, Oxford 1902 (Kommentar)

Arro, E., Das Ost-West-Schisma in der Kirchenmusik. Über die Wesensverschiedenheit der Grundlagen kultischer Musik in Ost und West, in: Musik des Ostens II, Kassel 1963, S. 7-83

Brentano, F., Psychologie vom empirischen Standpunkt II: Von der Klassifikation der psychischen Phänomene (1874), hg. von O. Kraus (1925), Nachdruck Hamburg 1971

    Sinnespsychologie: F. Brentano, Untersuchungen zur Sinnespsychologie (1907), hg. von R. Chisholm, Hamburg 1979

Cysarz, H., Literaturwissenschaft als Geistesgeschichte, Halle a.d. Saale 1926

Dahlhaus, C., Ansermets Polemik gegen Schönberg, in: NZfM CXXVII, 1966, S. 179-183

    Musiktheorie im 18. und 19. Jahrhundert: C. Dahlhaus, Die Musiktheorie im 18. und 19. Jahrhundert. Erster Teil: Grundzüge einer Systematik (= Geschichte der Musiktheorie. Herausgegeben im Auftrag des Staatlichen Instituts für Musikforschung Preußischer Kulturbesitz Berlin von F. Zaminer, Bd. X), Darmstadt 1984

    Rez. der dritten Auflage von: J. Handschin, Musikgeschichte im Überblick, in: Frankfurter Allgemeine Zeitung, 20.2.1982

    Systematische Musikwissenschaft: C. Dahlhaus und Helga de la Motte-Haber, Systematische Musikwissenschaft (= Neues Handbuch der Musikwissenschaft, hg. von C. Dahlhaus, X), Wiesbaden 1982

Düring, *Ptolemaios und Porphyrios*: I. Düring, Ptolemaios und Porphyrios über die Musik, Göteborgs Högskolas Årsskrift Bd. XL, Göteborg 1934

Eccles, J. C. und Popper, K. R., Das Ich und sein Gehirn (engl. 1977), München 1982

Eggebrecht, H. H., Musik als Tonsprache (1961), in: ders., Musikalisches Denken. Aufsätze zur Theorie und Ästhetik der Musik, Wilhelmshaven 1977, S. 7-53

    Theorie der ästhetischen Identifikation (1977), ebd., S. 255-276

Elias Salomonis, Scientia artis musicae, GS III, S. 16-64

Ellis, A., On the musical scales of various nations (1885), in: Sammelbände für Vergleichende Musikwissenschaft I, 1922, S. 1-75 (Übers. von Hornbostel: Über die Tonleitern verschiedener Völker)

Engel, *Begriff der Form*: G. Engel, Der Begriff der Form in der Kunst und in der Tonkunst insbesondere, in: VfMw II, 1886, S. 181-233

    Begriff der Klangfarbe: G. Engel, Ueber den Begriff der Klangfarbe. Vortrag, gehalten in der Philosophischen Gesellschaft zu Berlin am 31. Januar 1885, in: Philosophische Vorträge, herausgegeben von der Philosophischen Gesellschaft zu Berlin, Neue Folge, 1887, S. 313-355

    Über Vergleichungen von Tondistanzen, in: Zeitschrift für Psychologie und Physiologie der Sinnesorgane II, 1891, S. 361-378

Fox, Ch. W., Rez. von: J. Handschin, Der Toncharakter, in: JAMS II, 1949, S. 175-179

Geier, R., Darstellung und Kritik der Lotze'schen Lehre von den Localzeichen, in: Philosophische Monatshefte XXI, 1885, S. 513-560

Georgiades, Thr., Musik und Sprache. Das Werden der abendländischen Musik, dargestellt an der Vertonung der Messe (1954), Göttingen ²1974

Gevaert, F. A., Histoire et théorie de la musique de l'antiquité I, Gent 1875

Gombosi, O. J., Key, Mode, Species, in: JAMS IV, 1951, S. 20-27; vgl. Kongreßbericht Basel 1949, o.J., S. 133-134

Studien zur Tonartenlehre des frühen Mittelalters, in: AMl X, 1938, S. 149-174; AMl XI, 1939, S. 28-39, 128-135

Guido von Arezzo, Micrologus, ed. J. Smits van Waesberghe (= CSM IV), Rom 1955

Gurlitt, W., Johannes Walter und die Musik der Reformationszeit, in: Luther-Jahrbuch XV, 1933, S. 1-112

Gurney, E., The Power of Sound, London 1880

The Psychology of Music, in: ders., Tertium Quid. Chapters on various disputed questions II, London 1887, S. 251-302

Halm, A., Von zwei Kulturen der Musik, München 1913

Hausegger, Fr. v., Die Anfänge der Harmonie. Ein Beitrag zur Geschichte der Entwicklung des musikalischen Ohres, in: Allgemeine Musikzeitung. Wochenschrift für die Reform des Musiklebens der Gegenwart XXII, 1895, S. 313-535 (in 14 Fortsetzungen)

Hegel, G. W. F., Phänomenologie des Geistes (1807). Auf der Grundlage der *Werke* von 1832-1845 neu edierte Ausgabe. Redaktion Eva Moldenhauer und K. M. Michel (= Hegel, Werke in zwanzig Bänden XII), Frankfurt 1975

Vorlesungen über die Geschichte der Philosophie III, ebd., (= Hegel, Werke in zwanzig Bänden XX), Frankfurt 1971

Helmholtz, *Lehre von den Tonempfindungen*: H. v. Helmholtz, Die Lehre von den Tonempfindungen als physiologische Grundlage für die Theorie der Musik, Braunschweig [1]1863; [2]1865 [unveränderte Neuauflage]; [3]1870 [,,dritte, umgearbeitete Auflage"]; [4]1877; [6]1913, hg. von R. Wachsmuth [Wo nicht anders angegeben, wird nach der sechsten Auflage zitiert.]

Hornbostel, *Gehörserscheinungen*: E. M. v. Hornbostel, Psychologie der Gehörserscheinungen, in: Handbuch der normalen und pathologischen Physiologie XI, hg. von A. Bethe u.a., Berlin 1926, S. 701-730

Laut und Sinn, in: Festschrift Meinhof. Sprachwissenschaftliche und andere Studien, Hamburg 1927, S. 329-348

Tonsysteme: E. M. v. Hornbostel, Musikalische Tonsysteme, in: Handbuch der Physik, hg. von H. Geiger und K. Scheel, Bd. VIII, Berlin 1927, S. 425-449

Über ein akustisches Kriterium für Kulturzusammenhänge, in: Beiträge zur Akustik und Musikwissenschaft VII, 1913, S. 1-20

d'Indy, V., Cours de Composition musicale II, 1, Paris 1909

César Franck, Paris 1924

Jan, *Scriptores*: Musici Scriptores Graeci. Aristoteles, Euclides, Nicomachus, Bacchius, Gaudentius, Alypius et melodiarum veterum quidquid exstat ed. C. Janus, Leipzig 1899

v. Jankó, P., Über mehr als zwölfstufige gleichschwebende Temperaturen, in: Beiträge zur Akustik und Musikwissenschaft III, 1901, S. 6-12

Jeppesen, K., Kontrapunkt, Leipzig 1935

Rez. von Handschin, Der Toncharakter, in: AMl XXI, 1949, S. 76-79

Kiesewetter, R. G., Geschichte der europäisch-abendländischen oder unserer heutigen Musik, Leipzig 1834, [2]1846

Köhler, W., Die physischen Gestalten in Ruhe und im stationären Zustand. Eine naturphilosophische Untersuchung, Erlangen 1924

Psychologische Beiträge zur Phonetik, in: Archiv für experimentelle und klinische Phonetik I, Berlin 1914, S. 11-26

Tonpsychologie, Art. in: Handbuch der Neurologie des Ohres I.1, hg. von G. Alexander und O. Marburg, Berlin 1924, S. 419-464

Köhnke, K. Chr., Entstehung und Aufstieg des Neukantianismus. Die deutsche Universitätsphilosophie zwischen Idealismus und Positivismus, Frankfurt 1986

Kryschanowskij, I., The Biological Basis of the Evolution of Music, Oxford 1928

Kurth, *Kontrapunkt*: E. Kurth, Grundlagen des Linearen Kontrapunkts. Bachs melodische Polyphonie (1917), Bern 1948

Musikpsychologie (1931), Bern ²1947

Romantische Harmonik: E. Kurth, Romantische Harmonik und ihre Krise in Wagners ‚Tristan', Berlin ²1923, Nachdruck Hildesheim 1968

Lange, F. A., Geschichte des Materialismus, Berlin ²1875

Lipps, *Begriff der Verschmelzung*: Th. Lipps, Der Begriff der Verschmelzung und damit Zusammenhängendes in Stumpfs ‚Tonpsychologie', Band II, in: Philosophische Monatshefte XXVIII, 1892, S. 547-591

Lohmann, *Musiké und Logos*: J. Lohmann, Musiké und Logos. Aufsätze zur griechischen Philosophie und Musiktheorie, hg. von A. Giannarás, Stuttgart 1970

Lorenz, A., Abendländische Musikgeschichte im Rhythmus der Generationen, Berlin 1928

Das Geheimnis der Form bei Richard Wagner, Bde. I-IV, Berlin 1924-1933

Periodizität in der Musikgeschichte, in: Die Musik XXI, 1929, S. 644-650

Lorenz, C., Untersuchungen über die Auffassung von Tondistanzen, in: Philosophische Studien VI, 1891, S. 26-103

Lotze, *Geschichte der Ästhetik*: R. H. Lotze, Geschichte der Aesthetik in Deutschland, München 1868

Kleine Schriften III, hg. von D. Peipers, Leipzig 1891

Medizinische Psychologie: R. H. Lotze, Medicinische Psychologie oder Physiologie der Seele, Leipzig 1852

Metaphysik. Drei Bücher der Ontologie, Kosmologie und Psychologie, Leipzig 1879

Mikrokosmus. Ideen zur Naturgeschichte und Geschichte der Menschheit, Versuch einer Anthropologie, Leipzig 1856-1858; 1858-1864

Mach, *Analyse der Empfindungen*: E. Mach, Die Analyse der Empfindungen und das Verhältnis des Physischen zum Psychischen (1885, ⁹1922), Darmstadt 1985

Die Gestalten der Flüssigkeit. Die Symmetrie. Zwei populäre Vorträge, gehalten im deutschen Casino zu Prag im Winter 1868 und 1871, Prag 1872

Helmholtzsche Musiktheorie: E. Mach, Einleitung in die Helmholtz'sche Musiktheorie. Populär für Musiker dargestellt, Graz 1866

Macran, H., The Harmonics of Aristoxenus, Oxford 1902

Maler, W., Harmonielehre I (1931), München 1975

Metzger, *Psychologie*: W. Metzger, Psychologie. Die Entwicklung ihrer Grundannahmen seit der Einführung des Experiments, in: Wissenschaftliche Forschungsberichte, Naturwissenschaftliche Reihe LII, 1941

de la Motte-Haber, Helga, Musikpsychologie. Eine Einführung, Köln ²1972

Psychologie und Musiktheorie, Frankfurt/Main 1976

Musica enchiriadis: Musica et scolica enchiriadis una cum aliquibus tractatulis adiunctis ed. H. Schmid, München 1981

Natorp, P., Rez. von: Th. Lipps, Grundthatsachen des Seelenlebens (1883), in: Göttingische gelehrte Anzeigen unter der Aufsicht der Königl. Gesellschaft der Wissenschaften 1885, S. 190-232

Rez. von: C. Stumpf, Tonpsychologie I (1883), ebd. 1886, S. 145-173

Rez. von: C. Stumpf, Tonpsychologie II (1890), ebd. 1891, S. 781-807

v. Oettingen, *Grundlage der Musikwissenschaft*: A. v. Oettingen, Die Grundlage der Musikwissenschaft und das duale Reininstrument, in: Abhandlungen der mathematisch-physikalischen

Klasse der Königlich-Sächsischen Gesellschaft der Wissenschaften XXXIV, Leipzig 1916, S. I-XV und 155-361

Pratt, C. C., Rez. von: J. Handschin, Der Toncharakter, in: MQ XXXV, 1949, S. 405-487

Révész, G., Nachweis, daß in der sogenannten Tonhöhe zwei voneinander unabhängige Eigenschaften zu unterscheiden sind, in: Nachrichten von der Königlichen Gesellschaft der Wissenschaften zu Göttingen, Math.-Physik. Klasse 1912, Göttingen 1912, S. 247-252

Über die beiden Arten des absoluten Gehörs. Tonqualitätserkennung und Tonhöhenerkennung, in: ZIMG XIV, 1912/13, S. 130-137

Riemann, H., Das chromatische Tonsystem, in: ders., Präludien und Studien. Gesammelte Aufsätze zur Aesthetik, Theorie und Geschichte der Musik I, Heilbronn 1895, Nachdruck Hildesheim 1967, S. 183-219

Dr. Révész' Tonqualität (Erwiderung), in: ZIMG XIV, 1912/13, S. 187-189

Elemente der Ästhetik: H. Riemann, Die Elemente der musikalischen Aesthetik, Berlin und Stuttgart s.a. [1900]

Geschichte der Musiktheorie: H. Riemann, Geschichte der Musiktheorie im IX. bis XIX. Jahrhundert, Leipzig 1898, Nachdruck Hildesheim 1961

Γιγνόμενον und Γεγονός beim Musikhören, in: Bericht über den I. Kongress für Ästhetik und Allgemeine Kunstwissenschaft Berlin, Oktober 1913, Stuttgart 1914, S. 518-525

Grundriß der Musikwissenschaft, Leipzig [3]1919

Handbuch der Musikgeschichte, Erster Band, Erster Teil: Die Musik des Altertums, Leipzig [2]1919

Johannes Brahms: H. Riemann, Johannes Brahms (geb. 7. Mai 1833 zu Hamburg, gest. 3. April 1897 zu Wien), in: ders., Präludien und Studien. Gesammelte Aufsätze zur Aesthetik, Theorie und Geschichte der Musik III, Leipzig 1901, Nachdruck Hildesheim 1967, S. 215-223

Musikalische Syntaxis: H. Riemann, Musikalische Syntaxis. Grundriß einer harmonischen Satzbildungslehre, Leipzig 1877

Tonhöhenbewußtsein und Intervallurteil, in: ZIMG XIII, 1911/12, S. 269-272

Tonvorstellungen: H. Riemann, Ideen zu einer ,,Lehre von den Tonvorstellungen'', in: JbP XXI/XXII, 1914/15, S. 1-26

Über das musikalische Hören (Diss.) = Musikalische Logik, Hauptzüge der physiologischen und psychologischen Begründung unseres Musiksystems, Leipzig 1873

Riemann Musik-Lexikon: 8. Auflage Berlin 1916;
    9. Auflage Berlin 1919, hg. von A. Einstein;
    10. Auflage Berlin 1922, hg. von dems.;
    11. Auflage Berlin 1929, hg. von dems.;
    12. Auflage Mainz 1959-67, hg. von W. Gurlitt und H. H. Eggebrecht

Schäfke, Musikästhetik: R. Schäfke, Geschichte der Musikästhetik in Umrissen (1934), Tutzing [2]1964

Schenker, H., Der Tonwille. Flugblätter zum Zeugnis unwandelbarer Gesetze der Tonkunst einer neuen Jugend dargebracht von Heinrich Schenker, Erstes Heft, Wien und Leipzig 1921

Seidl, A., Nachruf auf Johannes Brahms, in: Deutsche Wacht, Organ für nationale Politik; Publikationsorgan der völkischen Vereine Sachsens, Dresden 6.4.1897, S. 1-2

Shepard, R. N., Structural Representations of Musical Pitch, in: The Psychology of Music, hg. von Diana Deutsch, New York 1982, S. 343-390

Speiser, A., Die mathematische Denkweise (1932), Basel [2]1945

Stricker, S., Du Langage et de la Musique, Traduit de l'allemand par F. Schwiedland, Paris 1885
Physiologie des Rechts, Wien 1884

Stumpf, Anfänge der Musik: C. Stumpf, Die Anfänge der Musik, Leipzig 1911

Stumpf, C., Die Attribute der Gesichtsempfindungen, in: Abhandlungen der Königlich Preussischen Akademie der Wissenschaften 1917, phil.-hist. Klasse, Abh. VIII, Berlin 1917

Die empirische Psychologie der Gegenwart, in: Im neuen Reich. Wochenschrift für das Leben des deutschen Volkes in Staat, Wissenschaft und Kunst IV, Leipzig 1874, S. 201-226

Erkenntnislehre, 2 Bde., hg. von Felix Stumpf, Leipzig 1939/40

Erscheinungen und psychische Funktionen, in: Abhandlungen der Königlich Preussischen Akademie der Wissenschaften aus dem Jahre 1906, phil.-hist. Classe, Abh. IV, Berlin 1906

Gefühl und Gefühlsempfindung, Leipzig 1928 [= Nachdruck von: Stumpf, Über den Begriff der Gemütsbewegung (1899); Über Gefühlsempfindungen (1907); Apologie der Gefühlsempfindungen (1916) mit „Vorwort" und „Einleitung" von C. Stumpf]

Geschichte des Konsonanzbegriffes: C. Stumpf, Geschichte des Consonanzbegriffes. Erster Teil: Die Definition der Consonanz im Altertum, in: Abhandlungen der philosophisch-philologischen Classe der Königlich Bayerischen Akademie der Wissenschaften XXI, München 1901, S. 1-78

Konsonanz und Dissonanz, in: Beiträge zur Akustik und Musikwissenschaft I, 1898, S. 1-108

Konsonanz und Konkordanz, in: Beiträge zur Akustik und Musikwissenschaft VI, 1911, S. 116-150

Leib und Seele (1896), in: C. Stumpf, Philosophische Reden und Vorträge, Leipzig 1910, S. 65-93

Lieder der Bellakula-Indianer, in: VfMw II, 1886, S. 405-426

Mein Schlußwort gegen Wundt, in: Zeitschrift für Psychologie und Physiologie der Sinnesorgane II, 1891, S. 439-443

Melodievorstellungen: a) C. Stumpf, Sur la représentation des mélodies, in: Revue philosophique de la France et de l'Etranger XX, 1885, S.617-618; b) C. Stumpf, Über die Vorstellung von Melodien, in: Zeitschrift für Philosophie und philosophische Kritik LXXXIX, 1886, S. 45-47

Musikpsychologie in England: C. Stumpf, Musikpsychologie in England. Betrachtungen über Herleitung der Musik aus der Sprache und aus dem thierischen Entwickelungsproceß, über Empirismus und Nativismus in der Musiktheorie, in: VfMw I, 1885, S. 261-349

Neuere Untersuchungen zur Tonlehre: C. Stumpf, Über neuere Untersuchungen zur Tonlehre, in: Beiträge zur Akustik und Musikwissenschaft VIII, 1915, S. 17-56

Problemata: C. Stumpf, Die pseudo-aristotelischen Probleme über Musik, in: Abhandlungen der königlichen Akademie der Wissenschaften zu Berlin aus dem Jahre 1896, phil.-hist. Classe, Abh. III, Berlin 1897

Psychologie und Erkenntnistheorie, in: Abhandlungen der philosophisch-philologischen Classe der Königlich Bayerischen Akademie der Wissenschaften XIX, München 1892, S. 467-516

Rez. von: A. Ellis, On the musical scales of various nations (1885), in: VfMw II, 1886, S. 511-524

Rez. von: G. Engel, Über den Begriff der Klangfarbe (1887), in: VfMw IV, 1888, S. 146-150

Rez. von: W. Wundt, Grundzüge der physiologischen Psychologie. Dritte umgearbeitete Auflage (1887), und von: E. Luft, Über die Unterschiedsempfindlichkeit für Tonhöhen (1888), in: VfMw IV, 1888, S. 540-550

Richtungen und Gegensätze in der heutigen Psychologie, in: Internationale Wochenschrift für Wissenschaft, Kunst und Technik I, 1907, Sp. 903-914

Selbstdarstellung (= Die Philosophie der Gegenwart in Selbstdarstellungen. Hg. von R. Schmidt, V), Leipzig 1924

Singen und Sprechen, in: Zeitschrift für Psychologie und Physiologie der Sinnesorgane XCIV, 1924, S. 1-37

Tonpsychologie I, Leipzig 1883

Stumpf, C., Tonpsychologie II, Leipzig 1890

Tonsystem und Musik der Siamesen, in: Beiträge zur Akustik und Musikwissenschaft III, 1901,
S. 69-138

Tontabellen, in: Beiträge zur Akustik und Musikwissenschaft III, 1901, S. 139-147; Tabellen
I-IX

Über den Begriff der Gemütsbewegung (1899), zit. nach: C. Stumpf, Gefühl und Gefühlsempfindung, Leipzig 1928

Über Vergleichungen von Tondistanzen, in: Zeitschrift für Psychologie und Physiologie der
Sinnesorgane I, 1890, S. 419-462

Ursprung der Raumvorstellungen: C. Stumpf, Über den psychologischen Ursprung der Raumvorstellungen, Leipzig 1873

Verlust der Gefühlsempfindungen: C. Stumpf, Verlust der Gefühlsempfindungen im Tongebiete (musikalische Anhedonie), in: Zeitschrift für Psychologie und Physiologie der Sinnesorgane LXXV, 1916, S. 39-53

Wundts Antikritik, in: Zeitschrift für Psychologie und Physiologie der Sinnesorgane II, 1891,
S. 266-293

Zum Begriff der Lokalzeichen, in: Zeitschrift für Psychologie und Physiologie der Sinnesorgane IV, 1893, S. 70-73

Zum Gedächtnis Lotzes, in: Kantstudien XXII, 1917, S. 1-26

Zur Einteilung der Wissenschaften, in: Abhandlungen der Königlich Preussischen Akademie
der Wissenschaften V, Berlin 1906

Wagner, P., Der gregorianische Gesang, in: Handbuch der Musikgeschichte I, hg. von G. Adler,
[2]1930, Nachdruck München 1980, S. 75-125

Germanisches und Romanisches: P. Wagner, Germanisches und Romanisches im frühmittelalterlichen Kirchengesang, in: Kongreßbericht Leipzig 1925, Leipzig 1926, S. 21-34

Neumenkunde: P. Wagner, Neumenkunde. Paläographie des liturgischen Gesanges (= Einführung in die gregorianischen Melodien II), Leipzig 1905, [2]1912

Über die Anfänge des mehrstimmigen Gesanges, in: ZfMw IX, 1926/27, S. 2-7

Wellek, A., Hörpsychologie oder Gehörpsychologie, Art. in: Riemann Musik-Lexikon, Sachteil,
Mainz [12]1967, S. 374

Musikpsychologie: A. Wellek, Musikpsychologie und Musikästhetik. Grundriß der systematischen Musikwissenschaft, Bonn [3]1982

Musikpsychologie, Art. in: Riemann Musik-Lexikon, Sachteil, Mainz [12]1967, S. 609-610

Tonigkeit, Art., ebd., S. 967

Tonpsychologie und Typologie. Auseinandersetzung mit Wilhelm Wirth, in: Archiv für die gesamte Psychologie CXI, 1943, S. 117-164

Werker, W., Das Relativitätsprinzip der musikalischen Harmonie. Bd. I: Die Gesetze der inneren
Tonbewegungen, das evolutionäre Temperierungsverfahren u. d. 19-stufige Tonsystem.
Hierzu ein Band Tabellen. Neunzehn-Stufen-Verlag, Leipzig 1925 (erschienen unter dem
Pseudonym „Ariel")

Wirth, W., Erwiderung auf Welleks Verteidigung gegen meine Kritik seiner Musiktypologie des
deutschen Volkes, in: Archiv für die gesamte Psychologie CXI, 1943, S. 165-215

Psychologische Analysen des musikalischen Gehöres und seiner Typen. (Zur Kritik einer Kom-
ponentenzerlegung der Tonhöhe und ihrer typologischen Auswirkungen), in: Archiv für die
gesamte Psychologie CIX, 1941, S. 129-296

Wundt, W., Auch ein Schlußwort, in: Philosophische Studien VII, 1892, S. 633-636

Eine Replik C. Stumpf's, in: Philosophische Studien VII, 1892, S. 298-327

Über Vergleichungen von Tondistanzen, in: Philosophische Studien VI, 1891, S. 605-640

III. WEITERE LITERATUR

Bruhn, H., Oerter, R., Rösing, H., Hg., Musikpsychologie. Ein Handbuch in Schlüsselbegriffen, München, Wien, Baltimore 1985

Deutsch, Diana, Hg., The Psychology of Music, New York 1982

Jan, K. v., Bericht über griechische Musik und Musiker von 1884-1899, in: Jahresbericht über die Fortschritte der classischen Altertumswissenschaft (,,Bursians Jahresbericht'') XXVIII, 1900, S. 1-75

Riethmüller, A., Logos und Diastema in der griechischen Musiktheorie, AfMw XLII, 1985, S. 18-36

NAMENREGISTER

Abraham, O. 100
Adler, G. 61, 68
Adorno, Th. W. 66
Ansermet, E. 54, 111—116
Aristides Quintilianus 95—97
Aristoteles 32f., 54, 93f., 132, 213
Aristoxenos 23, 88—91, 95, 97, 141, 149, 174
Arro, E. 68

Bach, J. S. 13—15, 34—37, 39—44, 49, 53, 69, 82
Bach, C. Ph. E. 48
Beethoven, L. v. 12, 24, 32, 40—47, 50—53, 82, 107, 154
Berkeley, G. 171
Brahms, J. 125f.
Brentano, F. 19, 116, 138, 140, 170, 180, 185—188, 198, 205, 213, 215—217
Bruckner, A. 125

Cassirer, F. 32
Chevillard, C. 38
Chladni, E. 95
Cicero, M. T. 146
Condillac, E. B. de 166, 196f.
Cysarz, H. 61

Dahlhaus, C. 11—13, 15, 17—20, 54, 69, 86, 113
Darwin, Ch. 141—143
Debussy, C. 15, 117
Descartes, R. 145
Drobisch, M. W. 82, 158

Eccles, J. C. 210
Eggebrecht, H. H. 52, 103
Einstein, A. 25, 27f., 74
Eitz, C. 78
Elias Salomonis 96f., 220
Ellis, A. 109—111, 122
Engel, G. 44—48, 58f., 94f., 119—121, 123f., 169, 191, 201f.

Fechner, G. Th. 181, 194
Forkel, J. N. 40
Fox, Ch. W. 12

Franck, C. 39, 98—100

Gaudentios 93, 95f.
Geier, R. 152
Georgiades, Thr. 67
Gevaert, F. A. 95f.
Gombosi, O. J. 20f.
Graeser, W. 36, 53
Gregor I., d. Gr. 56
Guido von Arezzo 96, 221f.
Gurlitt, W. 66
Gurney, E. 18, 74, 108, 115, 141—143, 147, 149f., 157, 159, 162—165, 171—173, 177f., 220

Hába, A. 73, 77
Haeckel, E. 145, 197
Halm, A. 40—44, 47f.
Handschin, J. 11—16, 20f., 25—44, 48—71, 73—77, 79f., 86—88, 91, 96—101, 103f., 110—112, 115f., 122, 127f., 150, 158, 186, 219—222
Hänzer, W. 76
Harburger, W. 58
Hauptmann, M. 145
Hausegger, F. v. 119, 124, 126
Haydn, J. 40—42
Hegel, G. W. F. 44f., 47, 111, 145f.
Helmholtz, H. v. 16—18, 82, 109, 113—126, 129, 140, 147f., 155, 159, 166—170, 174, 180, 182—184, 191, 206f., 209, 211
Henle, F. G. J. 160f.
Herbart, J. F. 132, 137f., 154, 180
Herder, J. G. 175
Hornbostel, E. M. v. 20f., 100, 108f., 111, 123f., 127, 140, 156, 168, 177, 188f., 194, 197f., 204, 209—211, 215
Hume, D. 130

d'Indy, V. 39

Jan, K. v. 93—96
Janáček, L. 66
Jankó, P. v. 76f.
Jeppesen, K. 59, 69
Johannes Diaconus 56

SACHREGISTER

BEIHEFTE ZUM ARCHIV FÜR MUSIKWISSENSCHAFT

Herausgegeben von Hans Heinrich Eggebrecht in Verbindung mit Reinhold Brinkmann,
Carl Dahlhaus †, Kurt von Fischer, Wolfgang Osthoff und Albrecht Riethmüller

20. **Erik Fischer: Zur Problematik der Opernstruktur.** Das künstlerische System und seine Krisis im 20. Jahrhundert. 1982. VII, 194 S. m. 62 Notenbeisp., Ln. m. Schutzumschlag DM 54,-   ISBN 3—515—03548—6

21. **Willi Apel: Die italienische Violinmusik im 17. Jahrhundert.** 1983. X, 246 S. m. 202 Notenbeisp. u. 1 Abb., Ln. m. Schutzumschlag DM 84,-   ISBN 3—515—03786—1

22. **Renate Groth: Die französische Kompositionslehre des 19. Jahrhunderts.** 1983. VIII, 252 S. m. zahlr. Notenbeisp., Ln. m. Schutzumschlag DM 76,-   ISBN 3—515—03746—2

23. **Werner Breig/Reinhold Brinkmann/Elmar Budde,** Hrsg.: **Analysen.** Beiträge zu einer Problemgeschichte des Komponierens. Festschrift für **Hans Heinrich Eggebrecht** zum 65. Geburtstag. 1984. XVI, 444 S. m. zahlr. Notenbeisp., Ln. m. Schutzumschlag DM 168,-   ISBN 3—515—03662—8

24. **Martin Zenck: Die Bach-Rezeption des späten Beethoven.** Zum Verhältnis von Musik-hisoriographie und Rezeptionsgeschichtsschreibung der *Klassik*. 1986. IX, 315 S. m. zahlr. Notenbeisp., Ln. m. Schutzumschlag DM 120,-   ISBN 3—515—03912—0

25. **Herbert Schneider: Jean Philippe Rameaus letzter Musiktraktat.** *Vérités également ignorées et interessantes tirées du sein de la Nature.* (1764). Kritische Ausgabe und Kommentar. 1986. VII, 110 S., Ln. m. Schutzumschlag DM 58,-   ISBN 3—515—04502—3

26. **Thomas Röder: Auf dem Weg zur Bruckner-Symphonie.** Untersuchungen zu den ersten beiden Fassungen von Anton Bruckners Dritter Symphonie. 1987. 232 S. m. zahlr. Notenbeisp., Ln. m. Schutzumschlag DM 90,-   ISBN 3—515—04560—2

27. **Matthias Brzoska: Franz Schrekers Oper „Der Schatzgräber".** 1988. 209 S. m. zahlr. Notenbeisp., Ln. m. Schutzumschlag DM 68,-   ISBN 3—515—04850—2

28. **Andreas Ballstaedt / Tobias Widmaier: Salonmusik.** Zur Geschichte und Funktion einer bürgerlichen Musikpraxis. 1989. 456 S., 9 Tab., 22 Notenbeispiele u. 69 Abb., geb. DM 198,-   ISBN 3—515—04936—3

29. **Jacob de Ruiter: Der Charakterbegriff in der Musik.** Studien zur deutschen Ästhetik der Instrumentalmusik 1740—1850. 1989. 314 S., geb. DM 80,-   ISBN 3—515—05156—2

30. **Ruth E. Müller: Erzählte Töne.** Studien zur Musikästhetik im späten 18. Jahrhundert. 1989. 177 S., geb. DM 68,-   ISBN 3—515—05427—8

FRANZ STEINER VERLAG STUTTGART